beck'sche reihe

Die „midlife-crisis" des Mannes, ein Phänomen, über das unendlich Witze gerissen wurde, wird heute von der Wissenschaft als das erkannt, was es in Wirklichkeit ist: als die Wechseljahre des Mannes. Millionen von Männern zwischen vierzig und fünfundfünfzig Jahren erleben Veränderungen an ihrem Körper, denen sie hilflos gegenüberstehen. Die Muskelkraft schwindet, dafür nimmt das Fettgewebe zu. Sie leiden unter Konzentrationsschwäche, Haarausfall, sexueller Unlust und Erektionsstörungen. Und wenn Sex stattfindet, erleben sie ihn oft als unbefriedigend.

Ein Horrorszenario? Nein, sagt Jed Diamond, ein ganz normaler Vorgang. Er hat mit vielen Hundert Männern Gespräche geführt, die sich verzweifelt bemühen zu verstehen, was mit ihnen in dieser Phase ihres Lebens passiert. Von der Arztpraxis bis ins Schlafzimmer spricht Diamond alle wichtigen Themen, die sich auf den Feuerzeichen-Mann beziehen an und gibt leicht zu befolgende Ratschläge, wie z.B. Hitzewallungen, Reizbarkeit, Impotenz, Angstzustände, Depressionen usw. in den Griff zu bekommen sind. In einem ausführlichen Schlußkapitel erörtert er das Für und Wider des „Blauen Wunders" Viagra.

Jed Diamond gilt als einer der führenden Köpfe in der amerikanischen Männerbewegung und ist Autor mehrerer Bücher über Männerthemen. Er ist seit 32 Jahren Psychotherapeut und lebt in Nordkalifornien. Mit seiner Frau Carlin leitet er im ganzen Land workshops und Seminare über Beziehungs- und Männerprobleme.

Jed Diamond

Der Feuerzeichen-Mann

Wenn Männer
in die Wechseljahre kommen

Verlag C.H. Beck

Die Originalausgabe erschien unter dem Titel
Jed Diamond, Male Menopause

1997 by Sourcebook, Inc., Naperville, IL.
Aus dem Englischen übersetzt von Edtih Wesel

Die Deutsche Bibliothek – CIP-Einheitsaufnahme

Diamond, Jed:
Der Feuerzeichen-Mann : wenn Männer in die Wechseljahre kommen/Jed Diamond. – München : Beck, 1999
(Beck'sche Reihe ; 1299)
Einheitssacht.: Male menopause <dt.>
ISBN 3 406 42099 0

ISBN 3 406 42099 0

Umschlagentwurf: Groothuis + Malsy, Bremen
Umschlagabbildung: © Tony Stone Bilderwelten/
Brandtner & Staedeli (Ausschnitt)
Für die deutsche Ausgabe:

Gesamtherstellung: C. H. Beck'sche Buchdruckerei, Nördlingen
Gedruckt auf säurefreiem, alterungsbeständigem Papier
(hergestellt aus chlorfrei gebleichtem Zellstoff)
Printed in Germany

Inhalt

Teil I

Die Wechseljahre des Mannes: Männer, Frauen und die Gesellschaft

Teil II

Zum Verständnis der biologischen, psychischen, zwischenmenschlichen und sozialen Realitäten der männlichen Wechseljahre

Teil III

Das Zweite Erwachsenenalter oder der Tod: wie man behält, was man schon hat, wiederbekommt, was verloren war, und wie man die Quelle des Lebens findet

Teil IV

Viagra – Pro und contra

Anhang

Teil I

Die Wechseljahre des Mannes: Männer, Frauen und die Gesellschaft

1. Der Mann in den Wechseljahren

Als ich mit den Recherchen für dieses Buch begann, war ich skeptisch, was dieses Konzept der „Wechseljahre des Mannes“ betrifft. In meiner dreißigjährigen Tätigkeit als Therapeut hatte ich schon mit Tausenden von Männern und Frauen mittleren Alters gearbeitet. Die meisten Frauen, die ihre ersten Erfahrungen mit den Wechseljahren machten, waren sich deutlicher Veränderungen bewußt, die ganz klar auf körperliche und hormonelle Vorgänge in der Körperchemie zurückzuführen waren. Ich war mir sicher, daß auch im Körper der Männer etwas Ähnliches vor sich gehen müsse, aber ich nahm an, daß die Veränderungen beim Mann eher psychischen als körperlichen Ursprungs seien.

Ich hatte eine Reihe von Männern über die „männlichen Wechseljahre“ sprechen gehört und mich gefragt, ob sie eigentlich nur über die Schwierigkeiten ein Mann zu sein lamentierten oder nur ihr verantwortungsloses Benehmen in der Lebensmitte zu entschuldigen versuchten. In einer Gesellschaft, in der sich immer mehr Menschen als Opfer betrachten, wäre die Ausrede „daran sind nur meine Hormone schuld“ keineswegs abwegig. Als Therapeut habe ich wenig Mitleid für Männer (oder Frauen), die sich über ihr Leben beklagen oder die Schuld im Verhalten anderer Leute suchen, statt sich selbst an die eigene Nase zu fassen.

Aber nach vier Jahren eingehender Recherchen kam ich zu dem Ergebnis, daß es bei Männern in der Lebensmitte deutliche hormonelle und körperliche Veränderungen gibt und daß „Menopause“ bzw. „Wechseljahre“ durchaus die treffenden Bezeichnungen sind für das, was Männer im Übergang von der ersten zur zweiten Lebenshälfte durchmachen.

Obwohl es immer noch Zweifler gibt, die den Gedanken an eine „Menopause des Mannes“ genauso lächerlich finden, als spräche man von „Menstruationskrämpfen beim Mann“, glauben mittlerweile mehr und mehr Menschen daran, daß es diese einschneidende Lebensphase auch bei Männern wirklich gibt.

Meine erste Erfahrung mit den Wechseljahren des Mannes machte ich am 21. Dezember 1943, am Tag meiner Geburt. Als meine Mutter mich hochhob und meinem Vater mit den Worten „Es ist ein Junge!“ in die Arme legte, war er siebenunddreißig Jahre alt und steckte gerade mitten in einer ernsten Lebenskrise. Im Laufe der nächsten fünf Jahre wurde er immer depressiver und zog sich mehr und mehr zurück. Meine Mutter bezeichnete seinen Zustand als „Nervöse Unruhe in der Midlife-Crisis“. Er verließ uns, bevor ich sechs Jahre alt wurde. Ich wuchs auf und fragte mich, was damals denn eigentlich mit ihm los gewesen war.

Ich war fünfundzwanzig, als ich meinen eigenen Sohn kurz nach der Geburt in den Armen hielt. Ich schwor mir, ich würde alles anders machen als mein Vater. Ich arbeitete bereits seit zwei Jahren als Therapeut, aber mit Jemals Geburt begann ich, mein berufliches Interesse auf Männerthemen zu konzentrieren.

In den nächsten fünfundzwanzig Jahren arbeitete ich überwiegend mit Männern, von denen viele gerade ihre ganz persönlichen Veränderungen in der Lebensmitte erlebten. Sie alle machten sich Sorgen darüber, daß in ihrer Sexualität das eine oder andere nicht mehr „stimmte“, und allen gemeinsam war auch die Angst, alt zu werden.

Während ich in dem Buchladen um die Ecke herumstöberte, stieß ich auf eine Ausgabe der Zeitschrift *Vanity Fair*. Nun, ehrlich gesagt, mein Interesse galt einem Photo von Sharon Stone, die, nackt bis zur Hüfte, ihre Brüste nur unvollständig mit den Händen bedeckte. Mit einem verführerischen Blick starrte sie in die Augen des Lesers, während in riesengroßen Lettern quer über ihrer Taille „Wildkatze“ prangte. Ich war mir sicher, daß Sharon mir etwas Wichtiges zu sagen hatte.

Was das war, habe ich nie herausgefunden, denn ich kam nicht dazu, diesen Artikel zu lesen. Denn links von Sharons blondem Haarschopf, gleich unter dem Datum vom April 1993, standen die Worte, die mir einen Kloß im Hals verursachten (Vielleicht saß der Kloß auch ein wenig tiefer!): „Die Wechseljahre des Mannes – der unaussprechliche Lebensabschnitt, von Gail Sheehy“. Diese Worte sprachen mit ruhiger aber bestimmter Stimme zu mir. Ich verschlang den Artikel „Gibt es die Wechseljahre des Mannes?“ förmlich, und ich wußte, jetzt gibt's kein Zurück mehr. Ich mußte eine Antwort finden, eine Antwort für mich selbst und für die

Tausende von Männern und Frauen, die in diesem mittleren Lebensabschnitt verzweifelt darum kämpfen zu verstehen, was da mit ihrem Leben eigentlich passiert.

Gibt es sie wirklich, die „Wechseljahre des Mannes"?

Die meisten Männer spüren irgendwie, daß sie in der Lebensmitte eine schwierige Übergangsphase durchmachen, fragen sich aber auch, ob das „real" ist. Viele bemerken die Veränderung erst, wenn sie sie hinter sich haben. All die Männer, die ich befragt habe, verstanden sehr wohl, was Dave Frishberg, ein sechzig Jahre alter Songschreiber und Pianospieler, meinte: „Hey, ich hoffe, es gibt sie wirklich, die Wechseljahre des Mannes". „Denn wenn es sie nicht gibt, ... was war *es* dann???"

Bevor ich meine eigenen Untersuchungen begann, war ich der Ansicht, was auch immer dieses „es" sein mag, es ist sicher völlig anders als bei den Frauen. Ich konnte mir nicht vorstellen, den Begriff „Wechseljahre" auch auf die Männer zu übertragen, die diese lebensverändernde Phase durchmachten und erst, als ich meine Recherchen abgeschlossen hatte, änderte ich meine Meinung dazu.

Was mich schließlich davon überzeugte, daß es die Wechseljahre des Mannes wirklich gibt, waren sowohl klinische als auch akademische Untersuchungsergebnisse, aber auch ganz persönliche Erfahrungen.

Ich ließ die Gespräche der letzten zweiunddreißig Jahre mit Klienten, die solche Veränderungen in der Lebensmitte gerade durchmachten oder bereits hinter sich gebracht hatten, noch einmal Revue passieren und sprach sie noch einmal auf ihre Erfahrungen an. Zu meiner Überraschung stellte ich fest, daß sie das Gefühl hatten, etwas zu erleben oder erlebt zu haben, was sie selbst als „Wechseljahre" bezeichneten.

Ich entwickelte einen Fragebogen und ließ ihn von hundert Männern und von hundert Frauen – homosexuelle und heterosexuelle, verheiratete und ledige – aus verschiedenen Bevölkerungsgruppen und unterschiedlichen Alters ausfüllen, um genauere Informationen zu erhalten. Ich ergänzte die Fragebogenergebnisse durch Interviews, um mir ein genaueres Bild zu machen, was mit diesen Männern in der Lebensmitte und den Frauen, die sie gut kannten, eigentlich los war. Ich befragte Spezialisten in den ganzen Vereinigten Staaten. Ich durchforstete populärwissenschaftliche und wissenschaftliche Literatur aus der ganzen Welt.

Überraschenderweise fand ich tatsächlich eine Menge an Informationen über die Wechseljahre des Mannes in der wissenschaftlichen und medizinischen Literatur, vor allem der letzten zehn Jahre. Allerdings waren diese Informationen weit verstreut, und es war schwer, an sie heranzukommen. Einige Artikel kamen aus Rußland, andere aus Deutschland, Italien, Polen, Dänemark, Israel, den Niederlanden, Spanien, Großbritannien und Frankreich – nur in den USA war so gut wie nichts erschienen. Während sich die europäischen Wissenschaftler schon seit Jahren mit dem Phänomen beschäftigt hatten, begann man das Thema erst jetzt in den USA aufzugreifen.

Ich sprach mit Frauen, die die Menopause bereits durchgemacht und viel über diesen Lebensabschnitt nachgedacht hatten. Ich war überzeugt, diese Frauen würden sicher den Männern einiges über die Veränderungen an Körper, Geist und Seele zu erzählen haben. Ich entdeckte so unerwartete Ähnlichkeiten, aber auch überraschende Unterschiede zwischen dem, was Männer und Frauen in dieser lebensverändernden Phase durchmachen.

Ich sprach mit älteren Menschen, die vor langer Zeit von den Wechseljahren betroffen gewesen waren, um mir ein Bild davon zu machen, was uns jenseits des Tunnels erwartete, welchen Freuden und Herausforderungen wir im zweiten Lebensabschnitt begegnen würden.

Ich diskutierte das Thema mit den Männern aus meiner Männergruppe – alles Männer zwischen achtundvierzig und sechsundsechzig – und hörte mir an, was sie dazu zu sagen hatten. Ich traf mich mit den Frauen aus der Frauengruppe meiner Frau und erfuhr etwas über deren Erfahrungen in den Wechseljahren und auch etwas darüber, wie sie über die Männer in ihrem Leben, die in dieser Phase steckten, urteilten.

Ich redete stundenlang mit meiner Frau Carlin darüber. Wir überlegten, welche Veränderungen ich bei mir und welche sie bei sich feststellte und wie stark uns unsere individuellen Erfahrungen gegenseitig beeinflußten.

Obwohl alle Informationen, die ich erhielt, sehr hilfreich waren und durchaus bestätigten, was ich in meiner eigenen Praxis erfahren hatte, gab es nur wenig Übereinstimmung, was die Begrifflichkeit betraf. Das lag vor allem auch daran, daß unser Wissen über die männlichen Wechseljahre ungefähr zwanzig Jahre dem Wissenstand um die weibliche Menopause hinterherhinkte. Bis wir definitive Antworten auf die noch offenen Fragen die Wechseljahre des Mannes betreffend erhielten, würde noch viel Zeit vergehen. Es wartete noch viel Arbeit auf uns. Aber da wir wissen, daß es die Wechseljahre tatsächlich gibt, müssen wir schnellstens versuchen, den Millionen von Männern, die sich in dieser Lebensphase befinden, Hilfe und Unterstützung anzubieten.

Die „Wechseljahre des Mannes", „Midlife Crisis" und „alternde Männer" – Eine Begriffsbestimmung

Wir beginnen jetzt erst, die Wechseljahre des Mannes zu verstehen, und wir werden eine ganze Menge mehr darüber erfahren, wenn wir unsere Aufmerksamkeit auf die zweite Lebenshälfte lenken. Wenn ein neues Wissensgebiet entsteht, werden Begriffe und Definitionen bunt durcheinandergewürfelt, und oft ist die Verwirrung groß. Daher ist es sehr wichtig, daß wir die Begriffe, die wir verwenden, klar definieren, damit wir wissen, was gemeint ist, wenn wir über diese Dinge sprechen.

Ich biete also folgende Definitionen an, die uns auf unserer gemeinsamen Reise begleiten sollen:

Die *männliche Menopause* beginnt mit hormonellen, physiologischen und chemischen Veränderungen, von denen fast alle Männer im Alter zwischen vierzig und fünfundfünfzig Jahren betroffen werden. Die ersten Anzeichen können aber auch schon mit fünfunddreißig oder aber auch erst mit fünfundsechzig Jahren auftreten. Diese Veränderungen greifen in alle Lebensbereiche eines Mannes ein. Die männliche Menopause ist daher als ein körperlicher Zustand aufzufassen mit psychologischen, zwischenmenschlichen, sozialen und spirituellen (geistigen) Dimensionen.[1]

Andropause ist ein synonymer Begriff für die männlichen Wechseljahre, der vor allem in Europa und weltweit in der medizinischen Literatur verwendet wird. Der Wortstamm *andro* kommt aus dem Griechischen und bedeutet „Mann".

Viropause, ein anderer Ausdruck für die männlichen Wechseljahre, wird vorwiegend in Großbritannien als Bezeichnung für diesen Lebensabschnitt des Mannes benutzt. *Vir* kommt aus dem Lateinischen und heißt ebenfalls „Mann".

Schon die Wahl des Untertitels dieses Buches „Wenn Männer in die Wechseljahre kommen" deutet an, daß es wichtige Ähnlichkeiten zwischen den hormonellen, körperlichen und chemischen Veränderungen gibt, die Männer und Frauen in dieser Übergangsphase in der Lebensmitte betreffen. Davon bin ich überzeugt.

Einer der wichtigsten Unterschiede hingegen, auf den ich in den folgenden Kapiteln eingehen möchte, liegt in der Tatsache begründet, daß die Menopause bei der Frau gleichbedeutend ist mit dem Ende ihrer Gebärfähigkeit, wohingegen es bei den Männern keine eindeutige biologische Grenze ihrer Reproduktionsfähigkeit gibt. Das ist ein Segen und ein Fluch zugleich. Im Alter von sechzig, siebzig oder auch älter noch zeugungsfähig zu sein, verleiht Männern die Aura jugendlicher Sexualität und erlaubt ihnen – zumindest in der Phantasie – sich „forever young" zu fühlen. Schaffen sie es jedoch nicht, ihre „*Potenz*iale" restlos auszuschöpfen, dann folgt die sexuelle Frustration, die wiederum verhindert, daß Männer erwachsen werden; viele bleiben emotional auf dem Niveau von Jugendlichen stehen.

Menopause bezeichnet das Ende der Menstruation bei der Frau und wird häufig auch „Klimakterium" genannt. Der Wortstamm „meno" kommt von dem griechischen „menses" und bezieht sich auf den monatlichen Menstruationszyklus. „Pause" bezeichnet das Ende dieses Zyklus. Während einige ältere Frauen den Verlust ihres jugendlichen Aussehens und ihrer Leistungsfähigkeit beklagen, erleben andere eine Art „postmenstruelle Lebensfreude", die ihnen den Übergang in das Zweite Erwachsenenalter erleichtert; vielfach gewinnen sie neue Kräfte, sie sind emotional reife Menschen.

„*Altern* ... nennt man die über einen gewissen Zeitraum anhaltende Wirkung eines Energieflusses auf Materie. Der Alterungsprozeß ist unausweichlich". Es heißt, die Zeit heilt alle Wunden.[2] Aber mit der Zeit sammeln sich auch Abfallprodukte an, die den Körper schließlich abnutzen, auch wenn keine Krankheit vorliegt.

Die *Wechseljahre des Mannes* sind der Zeitraum im Leben eines Mannes, wenn er vom Ersten Erwachsenenalter ins Zweite Erwachsenenalter überwechselt. Die Veränderungen, die dieser Lebensabschnitt mit sich bringt, beinhalten biologische, psychologische, zwischenmenschliche, soziale und seelische Wandlungen. Der Begriff *Mittlere Lebensphase* wird oft synonym zu „Wechseljahre“ benutzt, und weist darauf hin, daß unser Leben nun zur Hälfte um ist, daß mehr Jahre hinter uns liegen als vor uns. Wir machen die Erfahrung, daß die Fähigkeiten, die wir brauchen, um die zweite Lebenshälfte zu meistern, völlig anderer Natur sind, als die, deren wir uns in der ersten Lebenshälfte bedienten.

„Wir sehnen uns danach, uns an die Seiten in uns zu erinnern, die wir vergessen haben,“ meint der Autor Mark Gerzon, „danach, denen neue Nahrung zu geben, die wir vernachlässigt haben, denen Ausdruck zu verleihen, die wir zum Schweigen gebracht haben, und die ans Tageslicht zu bringen, die ein Schattendasein führen.“[3]

Midlife-Crisis ist die Reaktion auf die Veränderungen der Wechseljahre. Für diejenigen Männer, die diese Veränderungen in der zweiten Lebenshälfte fürchten und glauben, sie umgehen zu müssen, die an den Attributen der Jugend festzuhalten versuchen – für sie wird dieser Lebensabschnitt zur Krise.

Für all diejenigen aber, die verstehen lernen, daß die physischen, emotionalen und spirituellen Veränderungen helfen können, uns auf unseren zweiten Lebensabschnitt vorzubereiten, wird diese Lebensphase eher ein Abenteuer als eine Krise.

Was meinen die Männer zu den Wechseljahren des Mannes?

Ich sprach mit Hunderten von Männern, mit Freunden, Klienten und Leuten, die meine Workshops im ganzen Land besuchten. Ich gab den Männern, die ich kannte, meine Fragebogen, und Freunde gaben sie wiederum an ihre Freunde weiter. Es waren drei Altersgruppen, die darauf ansprachen: Männer zwischen zwanzig und dreißig, die die Wechseljahre noch vor sich hatten, Männer in den vierziger und fünfziger Jahren, die gerade mittendrin steckten, und Männer um die sechzig oder siebzig, die diese Lebensphase bereits durchgemacht hatten.

Zu meiner Überraschung waren fast alle der Meinung, daß die männlichen Wechseljahre eine Tatsache sind und das Leben der Männer davon ebenso beeinträchtigt wird wie das Leben der

Frauen durch die weibliche Menopause. Und obwohl sie sich durchaus dessen bewußt waren, daß es auch psychische Probleme gibt, die mit dem Älterwerden in diesem Lebensabschnitt einhergehen, räumten die meisten ein, daß ebenso physische und hormonelle Veränderungen auf ihr Leben einwirkten.

Auf der Basis von Gesprächen mit Tausenden von Männern in meiner Beratungspraxis hatte ich eine Liste mit insgesamt 65 Symptomen zusammengestellt, die die Veränderungen in diesem Lebensabschnitt zusammenfaßten. Ich war erstaunt, daß die von mir befragten Männer zugaben, 55 dieser Symptome am eigenen Leib erfahren zu haben. Die am häufigsten genannten Symptome waren:

- Längere Erholungspausen nach Verletzungen und Krankheiten
- Nachlassen der Ausdauer bei körperlichen Aktivitäten
- Gewichtszunahme
- Schwierigkeiten, Kleingedrucktes zu lesen
- Vergeßlichkeit und Erinnerungsverlust
- Haarausfall
- Sorgen um die Eltern, die nun langsam alt werden
- Depressivität und Sich-zurückziehen
- Einsamkeitsgefühle
- häufigeres Wasserlassen

Die häufigsten Symptome, die das Sexualleben betreffen, sind:

- Vermindertes Interesse an Sex
- Angst vor Veränderungen in der eigenen Sexualität
- vermindertes Interesse an Sex mit dem bisherigen Partner
- erhöhte Masturbationsfrequenz
- Ängste bezüglich des eigenen verminderten Interesses am Sex
- die Sorge, die Partnerin nicht befriedigen zu können
- die Ejakulation ist nicht mehr so kraftvoll wie früher
- Erektionsverlust während sexueller Aktivität
- es kommt zu keinem Orgasmus
- vermehrte Phantasien über Sex mit anderen Personen
- wie besessen von dem Gefühl zu sein, jüngere Partner haben zu müssen und alles aufzugeben
- Beziehungsprobleme und Beziehungsschwierigkeiten im Zusammenhang mit Sexualität, Liebe und Intimität.

Auffallend war die Tatsache, daß von den hundert von mir befragten Männern nur einige wenige jemals mit anderen über diese Veränderungen gesprochen hatten und daß das Bedürfnis, sich auszutauschen sehr groß war. Viele von ihnen waren regelrecht erleichtert, als sie erfuhren, daß sie nicht die einzigen waren, die mit diesen unangenehmen Veränderungen fertig werden mußten. Es war ihnen deutlich anzusehen, wie Schuldgefühle und Beschämung von ihnen wichen, als sie ihre eigene Geschichte aus dem Mund eines anderen Mannes hörten.

Wie Frauen in den Wechseljahren Männern helfen können

Obwohl die Menopause schon seit Urzeiten eine entscheidende Rolle im Leben der Frau spielt, gibt es spezielle wissenschaftliche Untersuchungen zu diesem Thema erst seit kurzem; erst seit Frauen begannen, offen über „die Veränderung“ zu sprechen, wurde ein gewisses Verständnis dafür geweckt. Männer können eine Menge über die Prozesse, die in der Lebensmitte bei ihnen ablaufen, lernen, wenn sie sich damit auseinandersetzen, was Frauen erleben.

Ich selbst habe in einem Buch von Rosetta Reitz zum ersten Mal einen einfühlsamen Bericht über die Menopause des Mannes gelesen. In diesem Buch, einem der ersten Bücher über die Wechseljahre überhaupt (veröffentlicht 1977), faßt sie ihre Gespräche mit Frauen im Alter zwischen fünfundzwanzig und fünfundneunzig zusammen, die sich offen zu Themen wie „Sex im Alter“, „körperliche Liebe“, „Hormone“, „Ernährung“ und die „Veränderungen bei Männern in der Lebensmitte“ äußerten. Sie betont, daß sich der Begriff „Menopause“ zwar auf das Ende des weiblichen Zyklus bezieht, daß aber in Wirklichkeit wesentlich mehr dahintersteckt. „Zur Menopause gehört eine Reihe von Erfahrungen, die eine Frau gleichzeitig mit dem Ende der Menstruation durchmacht“, so Reitz, und: „Man kann diesen Begriff auch auf Männer anwenden, auch wenn Männer nicht menstruieren.“ „Denn es handelt sich dabei mehr um eine Kombination von Lebensumständen, die so um die fünfzig, bei manchen schon mit vierzig auftreten und die den Zustand ausmachen, der im allgemeinen als „Wechseljahre“ bezeichnet wird.“[4]

Reitz vertritt denn auch die Ansicht, daß Männer und Frauen ähnliche körperliche und hormonelle Veränderungen erleben, ebenso wie psychische und soziale Umbrüche.

Als Rosetta Reitz für ihr Buch recherchierte, traf sie auf Martha Weinman Lear, eine „brillante Autorin, die etwas von den Wechseljahren des Mannes versteht". Lear schrieb für das *New York Times Magazine*, und dort faßt sie die Symptome zusammen, die sie an Männern in den Wechseljahren beobachtet hatte:

- Nervosität
- Potenzminderung oder -verlust
- Depressionen
- Verminderte Merkfähigkeit und Konzentrationsvermögen
- Verminderte Libido oder Libidoverlust
- Erschöpfung
- Schlafstörungen
- Reizbarkeit
- Verlust von Interesse und Selbstvertrauen
- Unentschlossenheit
- Taubheitsgefühle und Kribbeln in den Gliedmaßen
- Das Gefühl, eine Gefahr stehe bevor
- Reizbarkeit[5]

Mit viel Witz und Sachverstand stellt Lear die Zusammenhänge zwischen den beobachteten Symptomen und den lebensverändernden Ereignissen her, mit denen viele Männer in der Lebensmitte konfrontiert werden:

- die Hormonproduktion nimmt ab
- die sexuelle Energie läßt nach
- die Kinder verlassen das Haus
- im Job stehen einem nicht mehr alle Wege offen
- im Freundeskreis treten bereits die ersten Herzanfälle auf
- Ein Nebel unverwirklichter Hoffnungen deckt die Vergangenheit zu:
  Gelegenheiten, die man nicht ergriffen hat,
  Frauen, mit denen man nicht geschlafen hat,
  Potentiale, aus denen man nichts gemacht hat und die Zukunft ...
- eine Konfrontation mit der eigenen Vergänglichkeit.[6]

In ihrem Artikel *The Unspeakable Passage*, der 1993 in der Zeitschrift *Vanity Fair* erschienen ist, kommt Gail Sheehy zu dem folgenden Ergebnis:

Wenn die Menopause der Frau ein lautloser Übergang ist, dann ist die Menopause des Mannes ein unaussprechlicher Übergang. Es ist dies ein Lebensabschnitt voller Geheimnisse, Scham und Ver-

leugnung. Im Grunde ist diese Phase von noch tiefgreifenderer Bedeutung als das Ende der Gebärfähigkeit der Frau, denn es trifft den Mann da, wo es am schmerzlichsten ist, am Kern seiner Männlichkeit.

Die Anerkennung der männlichen Wechseljahre als medizinisches Phänomen

„Wissenschaftler sind sich einig über die Menopause des Mannes und wie sie behandelt werden kann!" So lauteten Schlagzeilen für einen Bericht, den der amerikanische Fernsehsender CNN zur besten Sendezeit ausstrahlte. Die Moderatorin Nathalie Allen führte kurz in die Sendung ein: „Alter und Zeit bewirken bei der Frau in den Wechseljahren einen Rückgang der Hormone. Für viele ist eine medikamentöse Behandlung die Antwort", und der Komoderator Lou Waters fuhr fort: „Ist das bei uns Männern auch so? Umfragen haben ergeben, daß viele Männer durchaus daran glauben, und es gibt einen Arzt, der bereits eine Behandlungsmethode entwickelt." Danach schwenkte die Kamera auf den Korrespondenten für Gesundheitsfragen, Dan Rutz, der sich folgendermaßen äußerte: „In den Wechseljahren gehen die Sexualhormone der Frauen über mehrere Jahre hinweg rapide zurück. Auch bei den Männern nehmen die Sexualhormone mit dem Alter allmählich ab, allerdings viel langsamer. Ein Arzt hat diesen Prozeß einmal so beschrieben: ‚Die Frauen fallen von den Klippen in den Abgrund, während die Männer ganz langsam den Hügel hinunter rollen.' Und dennoch sind viele Leute der Ansicht, daß auch das Leben der Männer nachhaltig von diesen Veränderungen betroffen ist." Die Kamera zeigt einen gutaussehenden etwa fünfzigjährigen Mann auf der Straße. „Also, ich glaube daran. Denn je älter du wirst, desto mehr kostet es dich, mit dem Leben fertig zu werden."

Jetzt meldete sich eine Frau zu Wort. „Sie haben Stimmungsschwankungen. Sie machen Veränderungen durch wie wir auch." Die Kamera holte einen anderen Mann ins Blickfeld. „Ich denke, viele Männer haben eine Midlife-Crisis, die wahrscheinlich durch ein Ungleichgewicht oder eine Veränderung im Hormonhaushalt hervorgerufen wird. Ich glaube, vor allem ist es das Testosteron."

Anschließend erklärte Dr. Lisa Tenover von der Emory University einem Patienten, welche Art von Hormonsubstitutionsbehandlung sie bei Männern im Alter von vierzig, fünfzig, sechzig oder siebzig Jahren anwendet. „Wobei sie auch auf das Problem zu sprechen kam, daß unser Wissen darüber, was die Sexualhormone bei älteren Männern bewirken, ungleich geringer ist als unser Wissen darüber, was passiert, wenn bei der Frau in der Menopause das Östrogen zurückgeht."[7]

Wie kann den Männern, die in der zweiten Lebenshälfte Probleme haben, und die zur Bewältigung ihrer gesundheitlichen und sexuellen Schwierigkeiten Unterstützung erwarten, geholfen werden? Immerhin nimmt die Zahl der Hilfesuchenden stetig zu. Im Jahr 2020 werden es mehr als siebenundfünfzig Millionen Menschen sein.[8]

Es ist daher ganz interessant, die Meinung medizinischer Experten einzuholen, nämlich von Fachleuten, die sich lange Zeit mit Veränderungen in der Lebensmitte, beim Mann wie auch bei der Frau, beschäftigt haben.

Die Psychiaterin Helen Singer Kaplan, eine weltbekannte Sexualforscherin und Professorin am medizinischen College der Cornell University, war der Ansicht, daß es tatsächlich physiologische Veränderungen beim Mann in der Lebensmitte geben könnte, die aber, da sie eher langsam und graduell vor sich gehen, von den meisten Männern problemlos verkraftet werden. Sie kommt zu dem Ergebnis, daß „sich ein Mann mit einer ausgeglichenen Persönlichkeit an den Kontrollverlust und die Verminderung seiner sexuellen Kraft anpassen kann".[9]

Eine von Helen Singer Kaplans Mitarbeiterinnen, Theresa Crenshaw, Spezialistin für die Sexualität des Mannes und der Frau, vertritt ebenfalls die Ansicht, daß sowohl Männer wie auch Frauen eine Menopause durchmachen. Die Veränderungen, die beim Mann auftreten, werden von Crenshaw folgendermaßen beschrieben:

„Männer erleben sozusagen eine ‚Menopause light' – mit vorwiegend körperlichen Auswirkungen –, die wir als Viropause bezeichnen. Hormone und Neuropeptide gehen zurück, wenn auch weniger rapide als bei der Frau. Der Körper wird schlaffer und verändert seine Form. Es kommt zu Erkrankungen, die für dieses Lebensalter charakteristisch sind, wie zum Beispiel eine Vergrößerung der Prostata. Ihre Sexualität wird häufig beeinträchtigt durch ein hormonolles Ungleichgewicht, durch Krankheit, Medikamente, geistige oder seelische Einflüsse. Durchhaltevermögen und Temperament verändern sich ebenfalls. In emotionaler Hinsicht kann die männliche Menopause, wie bei seinem gegengeschlechtlichen Pendant auch, Auswirkungen von katastrophalem Ausmaß haben, bis hin zu schweren Depressionen und Selbstmord. Noch sind Männer häufig weniger gut gerüstet, um mit diesen extremen Situationen umzugehen, als Frauen."[10]

Tatsächlich aber ist für viele Männer, deren Hormonhaushalt auf dramatische Weise aus dem Gleichgewicht gerät, die Menopause alles andere als „light". Nach Meinung von Herbert S. Kupperman, außerordentlicher Professor am Medical Center der New York University, der sich seit zwanzig Jahren mit dem Klimakterium des Mannes beschäftigt, erfährt ein geringer Prozentsatz der Männer zwischen einundvierzig und sechzig Jahren ein totales Absinken der Testosteronfunktion. Damit einher gehen häufig ganz bestimmte Symptome:

- Potenzverlust, der sich entweder durch vorzeitigen Samenerguß oder die Unfähigkeit, eine Erektion zu bekommen, äußern kann,
- Hitzewallungen, ähnlich wie bei Frauen in den Wechseljahren, jedoch weniger heftig,
- Neigung zur Nervosität, Unentschlossenheit, gelegentliche Wutausbrüche.[11]

Ärzte mit Erfahrung in der Behandlung von Prostatakrebs wissen seit langem schon um die Auswirkungen der Wechseljahre beim Mann. Da das männliche Sexualhormon Testosteron beim Prostatakrebs das Wachstum der Krebszellen begünstigt, werden bei der Behandlung dieser Erkrankung häufig Methoden eingesetzt, die den Testosteronspiegel plötzlich abfallen lassen oder aber die Wirkung dieses Hormons blockieren.[12] Ein großer Prozentsatz der Männer, die sich einer solchen Behandlung unterziehen, werden impotent oder verlieren ihr sexuelles Verlangen, bis zu 40 Prozent der Männer bekommen Hitzewallungen. David G. Bostwick, Gregory T. MacLennan und Thayne R. Larson, die Autoren des Buches *Prostate Cancer: What Every Man – and His Family – Needs to Know*, meinen dazu: „Dabei handelt es sich um eine ähnliche hormonelle Umstellung wie sie eine Frau in den

Wechseljahren oder nach Entfernung der Eierstöcke durchmacht.“[13]

Und doch sind sich die Männer nicht bewußt, welche Auswirkungen solche Veränderungen im Hormonhaushalt auf Körper, Geist und Seele haben können. „Zu einer Zeit, als ich selbst in den Wechseljahren war und gleichzeitig Männer mit Prostatakrebs mit Medikamenten behandelte, die genau diese Anzeichen und Symptome der Wechseljahre verstärken, ist mir auf erschütternde Weise klar geworden,“ meint Stephen B. Strum, „daß Männer einsame Wesen sind, die entweder nicht darüber sprechen oder sich dieser biologischen und psychischen Veränderungen, die in ihrem Körper vor sich gehen, nicht einmal bewußt sind.“[14]

Studien mit Männern, die sich einer Prostatakrebs-Behandlung unterzogen haben, machen deutlich, was passiert, wenn die Produktion männlicher Sexualhormone künstlich gestoppt wird. Dieselben Veränderungen, wenn auch nicht ganz so dramatisch, können auftreten, wenn ein Mann in die Wechseljahre kommt. „Die Menopause des Mannes ist ein reales Phänomen“, meint Marc Blackman, Leiter der Abteilung für Endokrinologie und Stoffwechselforschung am *Johns Hopkins Bayview Medical Center*, „und sie hat dieselben Auswirkungen auf Männer wie die Menopause auf die Frauen, nur treten die Wechseljahre bei Männern seltener und in abgeschwächter Form auf.“[15]

So, wie es viele Frauen gibt, die während der Menopause kaum von körperlichen Belastungen betroffen sind, gibt es eine nicht geringe Anzahl von Männern, die ernste körperliche Probleme haben. Und dennoch sind noch nicht alle Mediziner davon überzeugt, daß „Menopause“ bzw. „Wechseljahre“ korrekte Bezeichnungen für das sind, was Männer in der Lebensmitte durchmachen.

Im November 1992 warf Andrew A. Skolnick in einem Artikel, der in dem renommierten *Journal of the American Medical Association* veröffentlicht wurde, die Frage auf: „Ist die ‚männliche Menopause‘ real oder nur eine Ausrede?“ und führte dazu aus: „Neuerdings macht man ganz gerne die ‚Wechseljahre des Mannes‘ für das seltsame Verhalten einiger Männer mittleren Alters, die sich in einer sogenannten ‚Midlife-Crisis‘ befinden, verantwortlich.“[16] Und auch Christopher Longcope, Professor für Gynäkologie, Geburtshilfe und Medizin am Medical Center der

University of Massachusetts vertritt in diesem Artikel die Meinung, daß die „Midlife-Crisis beim Mann nicht vergleichbar mit den Wechseljahren der Frau" sei.[17]

Dagegen wendet sich Crenshaw: „Die meisten Ärzte", so kommentiert sie, „glauben nicht, daß die Midlife-Crisis des Mannes auf einer physiologischen Grundlage beruht, und behandeln sie mit Psychotherapie und antidepressiver Medikation – das ist genau derselbe Ansatz, der vor vielen Jahren für die Menopause der Frau verwendet wurde."[18]

Und dennoch hat sich in der medizinischen Fachwelt, was die Einstellung zu den Wechseljahren beim Mann betrifft, in letzter Zeit einiges geändert. Einige Wissenschaftler sind der Ansicht, daß das Testosteron bei der Stimulation der Nerven und Muskeln, die bei der Entstehung und Aufrechterhaltung einer Erektion beteiligt sind, eine wichtige Rolle spielt, obwohl man immer noch nicht genau weiß, wie dieser Mechanismus funktioniert.[19] „Wir wissen mehr darüber, wie man eine Rakete auf den Mond schickt als über die Physiologie einer Erektion", meint Kaiser, Professor an der Medizinischen Fakultät der St. Louis University. „Es scheint, als sei das Testosteron ein wichtiger Regulator, der seine Wirkung über eine Reihe anderer Neurotransmitter ausübt, von denen wir die meisten jedoch noch nicht identifizieren konnten."[20]

Was die Forschung zur männlichen Menopause betrifft, hinken die USA, genau wie in vielen anderen Bereichen der medizinischen Prävention, anderen Ländern hinterher. In Großbritannien und Europa findet die Menopause des Mannes bereits große wissenschaftliche Beachtung, und zwar in der medizinischen Literatur wie auch in der klinischen Praxis.

In den 80er Jahren, während in den USA die Wissenschaftler immer noch darüber debattierten, ob es nun beim Mann zu einer signifikanten Verminderung der Hormonproduktion kommt oder nicht, begannen britische Ärzte bereits, Männer, bei denen Symptome eines Testosteronmangels auftraten, einer Hormonbehandlung zu unterziehen.[21]

John Moran vom *Hormonal Health Care Center* in London gehörte zu den ersten Medizinern, die den männlichen Wechseljahren Beachtung schenkten. Schon früh vertrat er die Ansicht, daß die Männer, wenn ihr Testosteronspiegel in der Lebensmitte absinkt, ganz ähnlichen Stimmungsschwankungen ausgesetzt sind wie Frauen in den Wechseljahren. „Männer haben oft eine leichte Depression, die ganz ähnlich ist wie die Art von Depression, die auch bei Frauen auftritt", führt Moran aus. „Gibt man Testosteron", so seine Erkenntnis, „läßt die Depression nach. Sie sind weniger reizbar, glücklicher und zufriedener."[22]

1990 gründete ein anderer britischer Arzt, Malcolm Carruthers, eine Klinik in London, in der eine spezielle Hormonsubstitutionstherapie angeboten wird. Carruthers will bei der Behandlung von Männern, die unter Depressionen, mangelndem sexuellem Verlangen, emotionaler Verflachung, Impotenz und einem geringen Selbstwertgefühl litten, außerordentliche Erfolge erzielt haben.[23]

Ein prominentes englisches Parlamentsmitglied trat sogar dafür ein, im englischen National Health Service eine Testosteron-Substitutionstherapie für alle älteren Männer anzubieten.[24] Und in Europa haben mehrere Ärzte sogenannte „Andropause-Kliniken" gegründet, in denen verschiedene kombinierte Hormonsubstitutionstherapien, einschließlich einer Testosterontherapie, durchgeführt werden. Auch der dänische Forscher Jens Moller hat sich mit der männlichen Menopause beschäftigt, mit den Veränderungen, die ein Mann durchmacht, wenn die Hormonproduktion zurückgeht. Er stellte fest, daß eine große Anzahl von Männern mit niedrigem Testosteronspiegel über Libidoverlust sowie über Schwierigkeiten, eine Erektion zu bekommen und aufrechtzuerhalten, klagen, und sich ganz generell sexuell unbefriedigt fühlen. Außerdem fand er heraus, daß diese Männer verstärkt über Erschöpfung, Depressionen, Reizbarkeit, Schmerzen und Steifheit in den Gelenken berichteten.[25]

Einer der ersten Mediziner in den USA, die sich mit den männlichen Wechseljahren beschäftigten, Aubrey M. Hill, Autor des Buches *Viropause/Andropause*, erklärte: „Obwohl ich anfangs skeptisch war, haben meine Erfahrungen mich davon überzeugt, daß die meisten Männer etwas durchmachen, was man als ‚Wechseljahre' bezeichnen könnte und daß viele von ihnen akut und unnötigerweise leiden, weil ihnen kein Zugang zu den Informationen, die sie brauchen, um ihre Symptome zu verstehen, angeboten wird."[26] Hill, der seit vielen Jahren in eigener Praxis als Hausarzt tätig ist, war überrascht, über die erstaunliche Parallelität von Symptomen, die bei seinen männlichen Patienten zwischen vierzig und fünfzig auftraten. „In meiner medizinischen Ausbildung war mir nicht vermittelt worden, daß es da einen Zusammenhang gibt zwischen den körperlichen Symptomen der Männer und dem Lebensabschnitt, in dem sie auftreten. Als ich schließlich die medizinische Literatur nach Informationen über die Veränderungen bei Männern in der Lebensmitte durchforstete, fand ich kaum etwas zu diesem Thema. Es zeigt sich dort ein deutliches Defizit, was die Veränderungen betrifft, die ich bei Männern in der Lebensmitte immer wieder beobachte.“[27] Auf der Grundlage seiner Beobachtungen bei einer ganzen Reihe von Männern mittleren Alters, die Hill bereits untersucht hatte, kam er zu folgendem Ergebnis: „Die Wechseljahre des Mannes sind ein Zustand, der verheiratete und ledige Männer betrifft, hetero- wie homosexuelle. In der wissenschaftlichen Literatur findet sich kein Hinweis darauf, daß irgendein Mann, ganz gleich, welche sexuelle Orientierung er hat, ob er in einer Beziehung lebt oder nicht, gegen das Viropause/Andropause-Syndrom gefeit ist.“[28] Marshall E. Noel, stellvertretender Direktor des *Women's Health Care Center* in Canterbury berichtet: „Zu mir als Gynäkologe kamen viele Patientinnen, die mir von ihren Sorgen im Zusammenhang mit den männlichen Wechseljahren berichteten. Obwohl ich ja nun mit der Menopause der Frau unter vielerlei Gesichtspunkten vertraut war, konnte ich die Beobachtungen meiner Patientinnen nur wohlwollend registrieren.“ Erst nachdem er selbst diese Lebensphase erreicht hatte und viele Symptome, die mit den männlichen Wechseljahren einhergehen, am eigenen Leib erfahren hatte, kam Noel zu folgendem Ergebnis: „Eine gewisses Verständnis für die Wechseljahre bei beiden Geschlechtern ist notwendig, um diesen Übergang erfolgreich zu meistern und sich das Älterwerden zu erleichtern.“[29]

Es gibt eine Vielzahl von Studien, die belegen, daß das Testosteron und andere Hormone mit dem Alter abnehmen. Dennoch leugnen immer noch viele Männer, daß es solche Veränderungen gibt. „Männer geben nur ungern zu, daß sie tatsächlich nachlassen. Das ist einfach ‚unmännlich‘.“[30] Dabei hat das Absinken des Testosteronspiegels nicht nur Auswirkungen auf die sexuelle Potenz der Männer, sondern auch auf andere Körperfunktionen. Jane Brody, Redakteurin für Gesundheitsfragen bei der *New York Times,* hat „nicht den geringsten Zweifel daran, daß das Älterwerden

Veränderungen mit sich bringt, die möglicherweise auf eine unzureichende Testosteronproduktion zurückzuführen sind. Muskelmasse- und -kraft gehen zurück, der Körper setzt Fett an, die Knochen verlieren durch Kalziummangel an Festigkeit, und die sexuelle Leistungsfähigkeit läßt nach."[31] Was die Veränderungen im Körper des Mannes betrifft, so Brody, „wissen wir viel mehr über die Gesundheit der Frau als über die Gesundheit des Mannes. Bei der Frau treten die hormonellen Veränderungen plötzlich auf, und die negativen Auswirkungen auf die Organe sind immer wieder bestätigt worden. Bei den Frauen sind die kurzfristigen wie auch die langfristigen positiven Effekte einer Hormonsubstitutionstherapie im großen und ganzen unumstritten, obwohl mögliche Risiken noch immer nicht ganz erforscht sind."

Was jedoch die Männer angeht, wird es noch Jahre dauern, bis die Ärzte sich eine Meinung gebildet haben, ob auch in diesem Falle eine Substitutionstherapie angezeigt ist und welches die Vor- und Nachteile sind. Zuverlässige Studien über die Hormonsubstitution bei normalen, gesunden älteren Männern werden zur Zeit in Angriff genommen.[32]

Die männlichen Wechseljahre: Chemie für besseren Sex

Niemand möchte ein Problem haben, für das es keine Lösung gibt. Lange Zeit nahm man an, daß Einbußen in den Sexualfunktionen einfach zum Älterwerden dazugehören. Wenn es denn so etwas wie die Wechseljahre beim Mann gibt, dann muß man die damit verbundenen Verluste eben akzeptieren.

Die neuere medizinische Forschung bietet vielversprechende Hinweise dafür, daß die Männer selbst etwas dafür tun können, um bis zum Alter von fünfzig, sechzig, siebzig Jahren – oder noch länger – gesund und sexuell aktiv bleiben zu können. Wir fangen an zu akzeptieren, daß die Wechseljahre des Mannes nicht der Anfang vom Ende, sondern eher das Ende vom Anfang sind. Sie besagen, daß das Erste Erwachsenenalter nun vorbei ist und daß wir uns auf den Weg machen sollten, den nächsten Gipfel, den Gipfel zum Zweiten Erwachsenenalter, zu besteigen.

Es gibt Menschen, die glauben, daß die Wechseljahre des Mannes eine Art Straße ohne Wiederkehr sind und das Ende ihrer sexuellen Leistungsfähigkeit anzeigen. Aber für alle, die den Mut haben, diese Straße zu beschreiten, bedeutet die Menopause einen Übergang in den leidenschaftlichsten, produktivsten und sinnerfülltesten Abschnitt im Leben eines Mannes.

Die meisten Schwierigkeiten haben Männer, die in die Wechseljahre kommen, mit den Einbußen in ihrer sexuellen Leistungsfähigkeit. Viele klammern sich an ihre Erinnerungen, an diesen „Supersteifen" ihrer Jugendzeit. Sie sind auf die normalen Veränderungen, die das Zweite Erwachsenenalter mit sich bringt, einfach nicht vorbereitet.

John Medina, Autor des Buches *The Clock of Ages* führt an, daß sich die „Ejakulationsdistanz" von ungefähr 30–60 cm in jungen Jahren auf 8–13 cm verringern kann.[33] Voller Entsetzen sind sich viele Männer sicher, in absehbarer Zeit überhaupt keinen Samenerguß mehr haben zu können.

Ob eine Behandlung mit Testosteron angezeigt ist und welche Auswirkungen diese bei Männern mit anormal niedrigem Hormonspiegel sowie bei normalen gesunden Männern hat, wird derzeit noch untersucht Peter Snyder, Professor für Medizin an der Medizinischen Fakultät der University of Pittsburgh, leitet seit kurzem eine Studie, bei der hundert Männer von fünfundsechzig Jahren und älter nach dem Zufallsprinzip entweder mit Testosteron oder mit Plazebo behandelt werden, um eine Antwort auf die Frage zu erhalten: „Wenn wir den Testosteronrückgang im Alter verhindern, wird dies mehr nützen oder mehr schaden?" Nach Auswertung der Untersuchungen werden wir mehr wissen.[34]

Aber auch andere Sexualhormone sind Gegenstand medizinischer Forschungen. Das DHEA – eine Kurzform für „Dehydroepiandrosteron" – das in den Nebennieren sowie im Gehirn und in der Haut produziert wird, ist ein Hormon, das im menschlichen Körper in großen Mengen vorkommt. Wie Testosteron nimmt dieses Hormon mit dem Alter ab. Nach Meinung von Samuel Yen, einem Reproduktionsendokrinologen, der federführend an einer großen Studie über DHEA an der University of California in St. Diego beteiligt ist, ist DHEA „ein chemischer Stoff, der dazu beitragen kann, daß das Älterwerden angenehmer wird.[35]

Insbesondere fand die Arbeitsgruppe um Yen bei Männern und Frauen nach Gabe von DHEA einen Energieanstieg und verbesserten Schlaf. Sie fühlten sich entspannter und kamen mit Streß besser zurecht. Diejenigen unter ihnen, die unter Arthrose litten, berichteten, sie hätten weniger Gelenkschmerzen. Darüber hinaus klagte keiner der Studienteilnehmer über irgendwelche Nebenwirkungen.[36]

Viele Ärzte sind durch die bisherigen Ergebnisse der DHEA-Studien bereits so von der positiven Wirkung bei älteren Patienten überzeugt, daß sie bereits jetzt eine Behandlung anbieten, ohne die endgültigen Forschungsergebnisse abzuwarten. William Regelson, Autor des Buches *The Super Hormone Promise,* verschreibt seinen Patienten DHEA schon seit Jahren und nimmt es auch selbst. Seine Schlußfolgerung: „Ich bin der Ansicht, daß die Gabe von DHEA jedem Erwachsenen über 45 von Nutzen sein kann. Am häufigsten höre ich von Patienten, aber auch von Kollegen und Freunden, die DHEA nehmen, daß ihr Interesse am Sex neu erwacht ist. Vor allem Männer berichten, daß sie wieder mehr Interesse an Sex haben."[37]

Die Wirkung von DHEA auf die Sexualfunktionen des Mannes wurde in einer bahnbrechenden amerikanischen Studie über den Alterungsprozeß bei Männern dokumentiert, in der unter anderem die sexuelle Funktionsfähigkeit und Aktivität bei Männern zwischen vierzig und siebzig Jahren untersucht wurde. Die Wissenschaftler wollten herausfinden, ob ein Zusammenhang besteht zwischen Gesundheitszustand oder Persönlichkeitsveränderungen und Impotenz, die, wie die Studie ergab, bei mehr als der Hälfte der Männer ein Problem darstellte. Von den 17 bei diesen Männern gemessenen Hormonen zeigte sich nur bei einem ein direkter und konsistenter Zusammenhang mit Impotenz: beim DHEA. Je niedriger der DHEA-Spiegel, desto mehr stieg die Impotenz.[38]

Die Euphorie der Medien, die die Vorzüge dieses aktuellsten aller Hormone preisen, das dem Mann die sexuelle Kraft seiner Jugend wiedergeben soll, verführt dazu, diejenigen Stimmen, die zur Vorsicht mahnen, zu überhören: In der Ausgabe vom Juli 1997 des *Harvard University's Men's Health Watch* warnten die Autoren: „Fest steht, daß noch wesentlich mehr Informationen benötigt werden, bevor die Gabe von DHEA bei Männern – ganz gleich welchen Alters – empfohlen werden kann. Trotz aller positiven Ergebnisse ist es unwahrscheinlich, daß DHEA ein Jungbrunnen ist. Leider hat man das Füllhorn schon ausgeschüttet und das Hormon bereits weiten Kreisen zugänglich gemacht, noch bevor Nutzen und Risiken durch wissenschaftliche Studien erforscht werden konnten.“

Men's Health Watch recherchierte auch die Forschungsergebnisse über drei andere Hormone, die mit dem Alter abnehmen: Wachstumshormon, Testosteron und Melatonin. Obwohl diese Hormone in einigen Studien durchaus positive Effekte zeigten, kam man zu dem Ergebnis, daß noch mehr wissenschaftliche Untersuchungen notwendig sind, bevor geklärt sein würde, ob Nutzen und Risiken sich die Waage halten.[39]

Mehr und mehr Männer geben mittlerweile öffentlich zu, daß sie Probleme mit ihrer sexuellen Erregbarkeit und Leistungsfähigkeit haben. Es gibt aber auch immer mehr Möglichkeiten, sich diesbezüglich Hilfe zu holen. Die Firma Upjohn, ein führendes pharmazeutisches Unternehmen, verkauft als erster kommerzieller Anbieter eine Erektionsspritze. Statt der Betätigung eines Federungsimplantats oder einer Vakuumpumpe – was einige Zeit durchaus üblich war – injiziert man eine winzige Menge eines Präparats, das auf Rezept erhältlich ist, in die Seite des Penis.

Neben dieser „Super-Potenz-Spritze“ wird es aber bald auch noch andere Möglichkeiten geben. Eine Firma mit dem Namen VIVUS in Menlo Park in Kalifornien erhielt erst kürzlich die Genehmigung der amerikanischen Lebens- und Arzneimittelbehörde FDA, ein System auf den Markt zu bringen, das sich MUSE nennt (*Medicated Urethral System for Erection*), bei dem man mit einer Einmalspritze, die eine gebrauchsfertig abgemessene Menge Alprostadil – das in der Injektionstherapie am häufigsten verwendete Mittel – enthält, direkt in die Öffnung des Penis spritzt. Auf diese Weise hat man die Anwendung so unkompliziert und angenehm wie möglich gemacht. Wie bei einer Injektion werden die Arterien im Penis erweitert, und es kommt zu einer erhöhten Blutzufuhr, durch die das Glied langsam anschwillt. Klinischen Studien zufolge funktioniert dieses System bei ungefähr 60 Prozent der Männer.[40]

Andere Firmen, wie zum Beispiel Pfizer, ein Gigant unter den Pharmakonzernen, stehen Schlange, um eine Zulassung für *die* ultimative Erektionshilfe zu bekommen: eine Pille, die man eine Stunde vor dem Geschlechtsverkehr einnimmt. Das Mittel der Firma Pfizer enthält Sildenafil, eine Substanz, die in England untersucht worden ist und die vor allem bei all den Männern die Erektion verbessern soll, bei denen kein physiologischer Grund für eine Erektionsschwäche und auch keine Krankheit, wie z.B. Diabetes, vorliegt. Das Mittel, das unter dem Namen „Viagra" (s. Schlußkapitel) getestet wurde, erhöht die Blutzufuhr im Penis und unterstützt damit die natürliche Stimulationsfähigkeit des Mannes. Es hat 90 Prozent der Patienten, die es eingenommen haben, geholfen – die Nebenwirkungen scheinen geringfügig zu sein.[41]

Ein weiteres Medikament gegen Impotenz – Phentolamin Mesylat, eine Substanz, die seit 40 Jahren als Mittel gegen Bluthochdruck eingesetzt wird und gute Resultate erzielt hat, wurde unter dem Markennamen „Vasomax" beantragt. Es wird ebenfalls in Pillenform verabreicht.[42]

Pausinstalia Yohimbine (auch Yohimbe genannt), ein pflanzliches Mittel, das aus der Rinde des afrikanischen Yohimbeh-Baumes gewonnen wird, findet in der ganzen Welt Anwendung, um die sexuelle Leistungsfähigkeit des Mannes zu verbessern oder wiederherzustellen.[43]

Einer Studie zufolge, die von Robert Margolis durchgeführt und in der Fachzeitschrift *Current Therapeutic Research* veröffentlicht wurde, sollen bei 80 Prozent von 10000 impotenten Männern nach Einnahme von Yohimbe gute bis ausgezeichnete Ergebnisse erzielt worden sein. Nach Angaben von Robert Ivker, der diese Studie in seinem Buch *Thriving* zitierte, „berichten die meisten Patienten nach der Einnahme von Yohimbe über ein allgemein stärkeres sexuelles Lustempfinden mit intensiverem Orgasmus. Außerdem verkürzt es die Latenzperiode zwischen den Samenergüssen und stimuliert die Blutzufuhr im Penis."[44]

A. J. Riley, ebenfalls Experte auf dem Gebiet der Sexualmedizin, kam nach umfangreichen Tests mit Yohimbe zu dem Ergebnis, daß es „bei bis zu 95 Prozent der Männer mit Erektionsschwäche möglich ist, wieder eine zufriedenstellende Erektion zu erreichen."[45]

Da jedes Jahr neue Technologien auf den Markt gebracht werden, neigt man im allgemeinen etwas dazu, sich ständig nur mit Einzelproblemen zu befassen und den ganzheitlichen Aspekt bei der Gesundheit des Mannes außer acht zu lassen. A. Goldberg, Gründer und Direktor des *Male Health Center* in Dallas, Texas, hat als erster ein umfassendes Gesundheitsprogramm für Männer entwickelt. Goldbergs Männer-Gesundheitszentrum, das 1989 gegründet wurde, war die erste amerikanische Einrichtung, die sich mit einem ganzheitlichen Ansatz für die Gesundheit des Mannes befaßte.

Obwohl Goldberg überzeugt ist, daß die neuen medizinischen Interventionsmethoden wahre Wundermittel sind, ist er andererseits der Ansicht, daß die komplexen sexuellen Probleme, die mit den männlichen Wechseljahren verbunden sind, nicht so einfach zu beseitigen sind. „Wir müssen den ganzen Mann in unsere Betrachtungen mit einbeziehen, seine Ernährung und Bewegungsgewohnheiten, sonstige körperliche Probleme, die Beziehung zur Partnerin, seine Kommunikationsfähigkeit und manchmal tatsächlich auch seinen Hormonspiegel.“[46]

Es besteht kaum ein Zweifel, daß die neuesten wissenschaftlichen Ergebnisse dem Manne helfen werden, mit mehr Lust gesünder und vor allem länger zu leben als je zuvor. Die weitaus wichtigere Frage, die von der Wissenschaft nicht beantwortet werden kann, lautet: „Was macht man(n) mit den gewonnenen Jahren?“ Ohne konkrete Zielsetzung für die zweite Lebenshälfte beginnen die Männer, sich nutzlos zu fühlen. Um in der zweiten Lebenshälfte zu überleben und voranzukommen, muß man(n) ganz anders motiviert sein.

Die männlichen Wechseljahre, Sex und die Rolle des Mentors: neue Wege in der zweiten Lebenshälfte

Jonathan Kramer und Diane Dunaway, die Autoren des Buches *Why Men Don't Get Enough Sex and Women Don't Get Enough Love,* glauben, daß „Männer durchschnittlich ungefähr sechsmal am Tag an Sex denken, das sind ungefähr 750 mal pro Woche, ohne die Träume“. Die Männer, ganz gleich welchen Alters, mit denen ich gearbeitet habe, berichteten, daß sie gerne ungefähr dreimal die Woche Sex haben würden, das heißt in der Regel Geschlechtsverkehr. Fast alle sind enttäuscht darüber, daß sie viel zu selten Sex haben und daß das Liebesspiel mit dem Alter seltener stattfindet.

Daß Männer „so auf Sex stehen“, sollte uns eigentlich gar nicht überraschen. Aus einer evolutionstheoretischen Sicht heraus betrachtet, stammen alle heute lebenden Menschen von Vorfahren ab, die reproduktiv sehr erfolgreich waren. Das heißt, ganz gleich, was sie sonst noch so geschafft oder auch nicht geschafft haben, sie haben sich zumindest fortgepflanzt. Daß Männer so scharf auf Geschlechtsverkehr sind, hat eine für die Evolution wichtige Funktion, nämlich so viele Nachkommen wie möglich zu produzieren und damit das Überleben unserer Spezies zu sichern.

Während eines großen Teils der Menschheitsgeschichte spielte sich die männliche Sexualität ab dem vierzehnten oder fünfzehnten Lebensjahr ab, wenn der Mann geschlechtsreif wurde, und endete mit fünfundvierzig oder fünfzig Jahren, wenn er starb. Noch im Jahre 1900 war die durchschnittliche Lebenserwartung in den USA nur 46,3 Jahre.[47] Über Millionen von Jahren brauchten wir die Sexualität nur für diese erste Lebenshälfte.

Aber die Umstände haben sich grundlegend geändert. Kinder, die heute geboren werden, können mit einer Lebenserwartung von ca. siebzig Jahren rechnen. Wenn der derzeitige Trend, daß der Mensch länger lebt und länger fit bleibt, anhält, dürfte die durchschnittliche Lebenszeit des Mannes in den USA und auch in Europa bald einhundert Jahre betragen. Es stellt sich die Frage: Wenn die Evolution uns dafür vorgesehen hat, daß wir uns fortpflanzen, Kinder aufziehen, bis diese ebenfalls fortpflanzungsfähig sind, und dann sterben, was ist dann eine angemessene Lebensweise für diejenigen Männer und Frauen, die nun doppelt so lange leben wie ihre Großeltern?[48] Ich bekam einige Antworten auf meine Fragen, als ich Männer für dieses Buch interviewte. Ich war überrascht zu hören, daß mir einer nach dem anderen sagte, je älter er werde, desto weniger Interesse habe er am Sex, dafür werde ihm intime Vertrautheit um so wichtiger. George Miller, ein fünfunddreißig Jahre alter Unternehmer, drückte es folgendermaßen aus: „Als ich jung war, liebte ich es schnell und wild. Immer, überall, mit irgendwem – allzeit bereit. Heute möchte ich mir Zeit lassen. Ich möchte berühren und berührt werden. Ich möchte eine Partnerin, an der ich wachsen kann. Ich möchte, daß Sex meine ganze Person betrifft, nicht nur meinen Penis. Ich möchte, daß wir ein richtiges Team werden und gesunde Kinder großziehen können."

Auch wenn vielversprechende Neuerungen in der medizinischen Technologie es den Männern ermöglichen können, ihre sexuelle Vitalität bis ins hohe Alter zu behalten, so befriedigt das allein die meisten nicht mehr.

Mit neunundvierzig war Robert Jessup ganz oben auf der Karriereleiter einer großen Computerfirma angelangt. Doch für ihn beinhaltet seine Rolle als Mann noch ganz andere Aufgaben: „Seit ich im Beruf etwas kürzer trete und für einen Teenager so was wie ein „großer Bruder" geworden bin, scheint mein Leben neue Dimensionen gewonnen zu haben. Früher zog ich meine Befriedigung größtenteils aus sexuellen Eroberungen und Betriebsübernahmen. Diese beiden Dinge bewirkten bei mir einen ähnlichen körperlichen Kick. Irgendwie ist es seltsam ...", Robert stockt und sucht nach den richtigen Worten. „Aber ich habe das Gefühl, daß ich eine ganz andere Art von Befriedigung daraus ziehe, Mentor eines jungen Mannes zu sein. In jungen Jahren schien mein Körper Kinder zeugen zu wollen. Jetzt scheint er eher nähren, schützen und lehren zu wollen."

Genau wie das Verlangen des Mannes nach Geschlechtsverkehr ein Teil unserer evolutionären Bestimmung der ersten Lebenshälfte ist, so ist auch das Verlangen eines Mannes, Ratgeber und Mentor zu sein, ein Teil unseres evolutionären Wesens. David Gutmann, Professor für Psychiatrie und Pädagogik und Leiter des Older Adult Program an der Northwestern University, meint dazu: „Derselbe evolutionäre Plan, der von jeher als spezielles Merkmal unserer Spezies die Anwesenheit älterer Menschen vorsah, hat dies auch in unser aller Leben verankert, indem nämlich der ältere Mensch neue, ihm bis dahin unbekannte Fähigkeiten entwickelt, die sein Leben bereichern und ihn dazu befähigen, seine speziellen Aufgaben in der Gesellschaft und zugunsten seiner Spezies wahrzunehmen."[49]

Der Psychologe James Hillman beschreibt in seinem Buch *The Soul's Code* den Perspektivenwechsel, der dann auftritt, wenn wir zu Mentoren für die jüngere Generation werden. „In der Seele bewegt sich etwas .... Das Mentor-Sein beginnt, wenn sich deine Phantasie in die Phantasie eines anderen verliebt."[50]

Michael Gurian, Autor des Buches *The Wonder of Boys*, ist der Ansicht, daß Jungen eine Art von Fürsorge und Unterstützung brauchen, die nur ein älterer Mann geben kann. „Sie brauchen einen Lehrer für ihre Sexualität, ihre Selbstdisziplin, ihre seelische Entwicklung und ihr Gewissen. Das ist die Aufgabe reifer Männer."[51]

Der Rat reifer älterer Männer ist nicht nur notwendig für das Wohlergehen der jungen, sondern auch eine wichtige Aufgabe für Männer in der Lebensmitte. Wenn Männer mit fünfzig, sechzig oder siebzig Jahren nicht in diesem Sinne zu reifen älteren Menschen werden, verlieren sie ihre Begeisterung, ziehen sich aus dem Leben zurück, werden alt und unnütz.

„‚Reife ältere Menschen' sind keine Senioren, die bei ihrer Pensionierung goldene Uhren geschenkt bekommen, in ihr Ferienhaus nach Mallorca ziehen und dort andauernd Karten, Scrabble oder Mensch-ärgere-dich-nicht spielen", meint Zalman Schachter-Shalomi, ein hervorragender Rabbi, Lehrer und emeritierter Professor an der Temple University.[52]

„Was also sind ‚reife ältere Männer'? ‚Reife ältere Männer' sind die Bewahrer von Weisheit und Lebenserfahrung", so Schachter-Shalomi, „die Verantwortung tragen für das Wohl unserer Gesellschaft und den Schutz unseres krankenden Planeten Erde."[53] Sinn und Zweck der Wechseljahre des Mannes ist nicht, eine verlorene Kindheit wiederzugewinnen, sondern sich die Begeisterung und die Kraft der reifen Jahre zu erhalten.

Viele Männer fürchten, daß sie im Alter auf sexuelle Freuden, die das Leben erst lebenswert machen, verzichten müssen. Das Image eines „reifen älteren Mannes" zeigt eine Art geschlechtslosen Heiligen. In Wahrheit ist kaum jemand mehr „sexy" als ein reifer Mann. Reife Männer sind erfüllt mit kreativer Leidenschaft, auch wenn diese Leidenschaft anders ist als das, wovon sie in jungen Jahre getrieben wurden.

Die Phase der Wechseljahre zwingt die Männer, sich mit ihrer veränderten Sexualität auseinanderzusetzen. Es muß nicht notwendigerweise ein Lebensabschnitt sein, in dem sich die Sexualität verabschiedet, sondern es kann vielmehr eine Zeit sein, in der sie sich erweitert und neue Dimensionen annimmt. Man(n) ist nicht mehr länger eingeschränkt durch den Zwang, schöne Frauen ins Bett kriegen zu müssen, sondern kann nun eine Intimität erfahren, die von tiefer Liebe geprägt ist, er kann Lebenserfahrung an die nächste Generation weitergeben und treibende Kraft für die Heilung unseres Planeten Erde werden.

2. Die persönliche Erfahrung der Männer mit der Menopause und wie die Frauen, die sie lieben, damit umgehen

Verleugnung und Neuentdeckung: meine eigenen Erfahrungen mit den Wechseljahren

Meine eigenen Wechseljahre – obwohl ich es damals nie so bezeichnet hätte – begannen fast unbemerkt und dramatisch zugleich. Das Drama nahm seinen Anfang, als mich mein Hausarzt anrief. „Jed, wir haben jetzt Ihre Testergebnisse bekommen. Bitte kommen Sie so schnell wie möglich in die Praxis." Dr. Volens Stimme war ganz ruhig. Mein Herz schien einen Moment lang auszusetzen, dann versuchte es, sich durch die Kehle auf und davon zu machen.

In meinem Leben lief alles bestens. Bis dann diese Anfälle auftraten und ich schließlich doch zum Arzt ging. Ich war siebenundvierzig Jahre alt, hatte gerade einen dicken Vertrag für ein neues Buch unterschrieben und tingelte durchs ganze Land, um Workshops zu leiten und Vorträge zu halten. Ich war glücklich verheiratet und freute mich darauf, jetzt, wo unsere beiden Jüngsten das Haus verlassen hatten, mehr Zeit mit meiner Frau verbringen zu können.

Körperlich fühlte ich mich besser als je zuvor und joggte meine täglichen fünf Kilometer. Der Himmel war strahlend blau, und die Sommerhitze trieb mir wohligen Schweiß aus allen Poren. Plötzlich begann mein Herz wie wild zu schlagen. Ich hatte das Gefühl, mein Kopf wolle gleich zerspringen. Vor Schmerzen ging ich in die Knie. Ich setzte mich auf den Boden, völlig überrascht und erschüttert. Nach einigen Stunden ließ der Schmerz nach, und ich war wieder ganz der alte. Ich entschloß mich, was immer das auch gewesen sein mag, es einfach zu ignorieren. Ich redete mir ein, daß es mir ja gut gehe. Also behielt ich die ganze Sache für mich. Schließlich willst du deine Frau ja nicht beunruhigen, sagte ich mir. Am nächsten Tag kam der nächste Anfall.

Da ging etwas vor sich, was ich einfach nicht mehr ignorieren konnte.

Noch als ich im Wartezimmer saß, war ich sicher, daß jegliche Sorge unbegründet war. Ich redete mir ein, es sei eine Unverträglichkeitsreaktion gegen das Prednison, das ich vor kurzem eingenommen hatte, um eine Blasenentzündung, die ich mir bei einem dieser Trekking-Kurse in Tom Browns Trainingscamp geholt hatte, zu kurieren. Ich war stolz darauf, normalerweise nur pflanzliche Präparate zu nehmen und redete mir ein, daß sich dieses Zeug wohl einfach nicht mit meinem super-empfindlichen Immunsystem vertrug.

„Die Tests haben ergeben, daß Sie einen Nebennierentumor haben", meinte der Arzt und sah mir direkt in die Augen. „Er muß so schnell wie möglich entfernt werden." Ich traute meinen Ohren nicht. Das konnte einfach nicht wahr sein. Ich war zu jung. Ich war zu gesund. Ich hatte alles richtig gemacht. Das mußte ein Mißverständnis sein.

Ich ließ mich noch von anderen Ärzten untersuchen und hoffte, eine Operation durch die Einnahme von Naturheilmitteln zu umgehen. Aber es war kein Mißverständnis. Der Tumor mußte entfernt werden, und mein Leben würde nie wieder sein wie vorher.

Die anderen Veränderungen waren weniger dramatisch. Sie pieksten mich irgendwo am Rande meines Bewußtseins. Man konnte sie leichter wegwischen. Aber wie die Mücken in der Dämmerung waren sie lästig und hartnäckig. Meine Mutter war gestorben, als ich dreiundvierzig Jahre alt war, und seit damals schlich sich immer wieder, genau dann, wenn ich es am wenigsten erwartete, der Gedanke an den Tod in mein Bewußtsein.

Obwohl unsere drei ältesten Kinder bereits auf eigenen Füßen standen, ertappte ich mich dabei, daß ich mir Sorgen machte, ob sie ihr Leben meistern würden. Seit damals, als ich mit siebzehn selbst das College verlassen hatte, schien die Welt um vieles chaotischer und gefährlicher geworden zu sein. Unsere zwei jüngsten hatten gerade das Haus verlassen: Aaron, um bei seinem Vater zu leben, und Angela war mit einer älteren Freundin zusammengezogen, die etwa einhundertsechzig Kilometer südlich von uns lebte. Ich vermißte sie und wünschte mir, sie kämen uns öfter besuchen. Ich machte mir Sorgen um ihre Gesundheit und ihr Wohlergehen.

Ich hatte das Gefühl, die Alltagspflichten der Kindererziehung nun hinter mir gelassen zu haben, aber ich war beunruhigt über die erhöhte Gewaltbereitschaft in unserer Gesellschaft, insbesondere unter den Jugendlichen. Junge Männer schienen die Führung älterer Männer zu brauchen. War ich schon so weit, einer dieser „älteren" Männer zu sein? Da ich ohne Vater aufgewachsen war, glaubte ich, daß es so etwas wie eine kritische speziell männliche Lebenserfahrung geben müsse, die ich selbst nie vermittelt bekommen hatte und die ich demnach auch an meine Söhne nicht würde weitergeben können.

Ich liebte meine Arbeit als Therapeut, aber ich fragte mich, ob ich vielleicht mehr tun müßte. War es genug, nur einer Person oder einer Familie zu helfen? So viele Probleme schienen gesellschaftlichen Ursprungs zu sein. Ich sah immer mehr alleinerziehende Mütter mit halbwüchsigen Söhnen, mit denen sie nicht mehr fertig wurden, Jungs, die ganz begierig waren, endlich Männer zu werden, aber denen es an männlicher Führung fehlte.

Ich sah, wie diese Jungs aufwuchsen, verwirrt und wütend im tiefsten Innern ihrer Seele, und ich wußte, daß diese Wut ausbrechen würde, wenn man es am wenigsten erwartete. Ich sah Väter, die das Vertrauen in ihre Fähigkeit verloren hatten, ihren Söhnen ein männliches Vorbild sein zu können, die in einer Gesellschaft scheitern mußten, die ihnen mehr und mehr zu verstehen gab, sie seien eine Bedrohung, und Väter seien unnötig.

Menschen zu helfen, sich einer dysfunktionalen Kultur anzupassen, schien mir unverantwortlich und unmoralisch. Ich verspürte zunehmend den Wunsch, die Gesellschaft zu verändern. Aber wie sollte ich das anstellen? So viel mußte getan werden, und die Zeit lief mir davon.

Ich war ruhelos und reizbar. Ich wollte etwas Neues machen, hatte aber keine Ahnung, was das sein könnte.

Plötzlich verlor ich das Interesse an meinen Freunden. Wir schienen nicht mehr viel gemeinsam zu haben. Sie kamen mir unreif und närrisch vor. Nie waren sie da, wenn ich sie brauchte. Und wenn ich allein sein wollte, hingen sie bei mir herum.

Ich war ein Stadtmensch, geboren in New York und aufgewachsen in Los Angeles, lebte ich nun in San Francisco. Ich liebte die Vielfalt und das Aufregende der Großstadt. Nun aber träumte ich davon, auf dem Land zu leben, dort, wo es ruhiger ist und die Uhren etwas langsamer gehen.

Meine Gefühle fuhren Achterbahn mit mir. Wenn ich „oben" war, wollte ich tagelang nur arbeiten, arbeiten, arbeiten. Meine Energie war grenzenlos. Ich nährte in mir die Vorstellung, ich könnte das Leben wie ein Füllhorn über mir ausschütten. Ich war felsenfest davon überzeugt, daß ich die Welt verändern könnte. Aber dann brachen trübe Gedanken über mich herein, und ich hatte den dringenden Wunsch, irgend etwas kaputt zu machen oder darauf herum zu trampeln. Was und warum – keine Ahnung. Die andere Seite der Medaille war die Depression, wie ein wildes Tier, das es im Zaum zu halten galt.

Mit meiner Frau Carlin lief alles bestens, besser als je zuvor. Doch ich fühlte mich unwohl und verwirrt. Ich hatte erwartet, daß wir, wenn die Kinder aus dem Haus sein würden, uns wieder näher kämen, mehr Intimität erleben würden, und letztendlich wieder mehr Zeit füreinander haben würden, nicht zuletzt auch für Sex.

Aber nicht einmal eine Woche, nachdem unser letztes Kind das Haus verlassen hatte, zog sich Carlin für einige Zeit zurück und kam wieder, um mir zu verkünden, daß sie eine Schule aufmachen würde, die *Diamond-Wise School for Sacred Living and Joyful Action*, eine Lehrstätte für geheiligtes Leben und freudvolle Aktivität. Sie sprühte vor Begeisterung, die allerdings kaum etwas mit mir zu tun hatte.

Sie ist fünfeinhalb Jahre älter als ich und hatte die Wechseljahre bereits hinter sich, eine Veränderung, die wir damals beide nicht verstanden. Für mich war es eine Zeit der Sehnsucht und der emotionalen Trennung. Immer dann, wenn ich Carlin nahe sein wollte, durchzog eine Hitzewallung ihren Körper wie ein Buschfeuer den Urwald, und sie versank in eine Art Unterwelt, in die ich ihr nicht folgen konnte und wo ich auch gar keinen Platz hatte. Ich wollte die Arme ausbreiten, sie festhalten und gehalten werden, aber ich war mir nicht sicher, ob sie mich überhaupt noch wollte.

Die Lebensfreude, die auf die Wechseljahre folgte, war wundervoll und beunruhigend zugleich. Carlin schien von einer Aura umgeben, die wie ein Diamant erstrahlte und meine Welt erleuchtete, aber ihre Entschiedenheit und Ehrlichkeit konnten einem auch angst machen. Ich sehnte mich nach mehr Intimität, fürchtete aber, verletzt zu werden.

Wir liebten uns nun seltener und nicht mehr so genußvoll wie früher. Ich war mir sicher, daß das der Anfang vom Ende unseres Sexuallebens war. Manchmal schien Carlin sogar ganz auf Sex verzichten zu können. Ich versuchte, Verständnis aufzubringen, aber innerlich schrie es aus mir heraus: „Ich bin noch zu jung, um gar keinen Sex mehr zu haben!" Ich dachte daran, mir eine jüngere Freundin zu suchen, aber ich liebe meine Frau. Ich versuchte es mit einer Affäre, aber auch das schien mehr Spaß in meiner Vorstellung zu machen als in der Realität. Was ich wirklich wollte, war meine Frau zurückbekommen.

Erst als Carlins Menopause vorbei war, begann ich langsam den Verdacht zu hegen, daß nun ich an der Reihe war. Mir das bewußt zu machen war nicht einfach. Die Veränderungen bei ihr waren so dramatisch gewesen, daß sie die meinen leicht in den Schatten stellten. Abgesehen davon war der Gedanke, ein Mann könnte eine Art Menopause durchmachen, so lächerlich und unwahrscheinlich wie die Vorstellung, er könnte ein Baby bekommen oder seine Periode oder Menstruationskrämpfe.

Okay, eine Art Midlife-Crisis hätte ich akzeptieren können. Angst, alt zu werden, uuuuh, das vielleicht auch. Aber eine Art Wechseljahre für Männer? Holla! Das muß etwas sein, was militante Feministinnen erfunden haben, dachte ich mir, um die Männer für die Jahrtausende patriarchalischer Unterdrückung zu bestrafen.

Aber ich konnte diese körperlichen und emotionalen Veränderungen, die ich durchmachte, einfach nicht ignorieren. Mein Körper machte ganz eindeutig eine Wandlung durch. Ich hatte extreme Stimmungsschwankungen. Ich wechselte in einem solchen Tempo zwischen emotionalen Höhen und Tiefen, daß ich mir dachte, dafür muß es einfach einen physiologischen Grund geben. Es fiel mir sehr schwer, einen Gang zurückzuschalten und einzusehen, daß alle diese Veränderungen etwas miteinander zu tun haben und daß es Symptome der Wechseljahre waren.

Noch beunruhigender und schwerer zu akzeptieren als die körperlichen und emotionalen Symptome waren die sexuellen Veränderungen, die mit den Wechseljahren verbunden waren:

- Manchmal wollten wir uns lieben, und ich konnte keine Erektion bekommen,

– oder mein Glied blieb nicht steif, auch wenn ich unbedingt mit ihr schlafen wollte,
– oder mein Orgasmus war nicht mehr so stark oder genußvoll wie früher,
– oder ich brauchte erotische Phantasien, um überhaupt einen Orgasmus zu bekommen.

Ich dachte an die Medikamente, die sie mir vor meiner Operation gegeben hatten. Sie sollten eigentlich meinen Blutdruck regulieren, aber als Nebenwirkung verlor ich jegliche – und ich meine wirklich jegliche – sexuelle Lust. Mein Gott, vielleicht würde ich dieses Zeug in mir nie mehr loswerden? Ich tat mein Bestes, diese Ängste aus meinem Bewußtsein zu verbannen und konzentrierte mich auf Carlin. Ich hatte Schwierigkeiten zu akzeptieren, daß das, was da in meinem eigenen Körper vor sich ging, real war.

Ich las Carlins Bücher über die Menopause. Ich sagte ihr – und mir ebenfalls –, daß ich so besser verstehen könnte, was sie durchmachte. In Wirklichkeit suchte ich etwas, was mir meine eigenen Fragen beantworten würde.

Als Carlin langsam auf der anderen Seite des Menopausen-Tunnels wieder auftauchte, deutete sie vorsichtig an, daß diese sexuellen Spannungen zwischen uns vielleicht auch etwas mit mir zu tun haben könnten. „Vielleicht kommen diese Frustrationen und deine Wut bei allem, was mit Sex zu tun hat, daher, daß du selbst in die Wechseljahre kommst", meinte sie mit einem Lächeln, das sagte: „Ich bin ja bei dir!"

Ich hörte ihr andächtig zu, dachte aber bei mir: „So ein Quatsch! Das einzige Problem, das wir mit unserem Sexualleben haben, ist dein mangelndes Interesse daran. Und der Grund, weshalb ich mich immer aufrege, ist der, daß wir nicht genug Sex haben. Verdammt nochmal, ich reiße mir hier den Hintern auf, um die Kohle heranzuschaffen, und bekomme nicht einmal die Wertschätzung, die ich verdiene. Und abgesehen davon: *„Ich bin gar nicht frustiert und wütend!"*

So sehr ich aber auch versuchte, meine eigenen Veränderungen zu leugnen, immer wieder tauchten unbequeme Fragen in meinem Bewußtsein auf. Lag es wirklich an ihrem mangelnden sexuellen Interesse, oder war ich es, der seine sexuelle Kraft verlor? Gab es vielleicht wirklich einen physiologischen Grund dafür? Machte mein Körper vielleicht wirklich hormonelle Veränderungen durch? Könnte es sein, daß der Grund für diese Veränderungen wirklich so etwas wie eine „Menopause des Mannes“ war? Falls ich wirklich in den Wechseljahren bin, heißt das, daß ich gerade dabei bin, meine Männlichkeit zu verlieren? Und die letzte und wichtigste Frage von allen: Was konnte ich tun, um meine Kraft wiederzubekommen und mein lasches Sexualleben wieder in Gang zu bringen??

Ein Weg aus Angst und Isolation: Männer, ihr seid nicht allein

Von den Männern, die zu mir in die Therapie kamen, erfuhr ich, daß sie ähnliche Probleme mit sexuellen, körperlichen und emotionalen Umwälzungen hatten wie ich. „Ich habe das Gefühl, ich verliere die Lust am Sex“, vertraute mir Roger an, ein großer, gutaussehender Börsenmakler so um die vierzig. „Als Judy und ich am Anfang zusammen waren, schlugen schon die Funken, wenn wir uns einander nur näherten. Jetzt sind wir mehr Freunde als Liebende. Wir schlafen immer noch miteinander, aber nicht mehr so oft, und es ist auch nicht mehr so aufregend wie früher. Ich vermisse das.“

George, ein vierundfünfzig Jahre alter lediger Mediziner kam zu mir, als er zum ersten Mal bei einer Frau „versagte“. „*So* ein Problem mit dem Sex habe ich zum ersten Mal“, meinte George, der sich früher immer sehr sicher gefühlt hatte. „Ich habe zwar gemerkt, daß mein Interesse am Sex mit den Jahren etwas nachgelassen hat, aber daß ich es einfach nicht mehr bringe, das ist mir noch nie passiert!“

George machte eine Pause, und ich sah denselben beschämten und peinlich berührten Gesichtsausdruck wie später noch bei vielen anderen Männern, ganz gleich ob ledig oder verheiratet, allein lebend oder mit Partnerin. „Diese unbeschreiblich gutaussehende junge Frau sah mir gierig und erregt in die Augen“, fuhr George fort, und der Schmerz war ihm förmlich anzusehen. „Ich hatte fürchterliche Angst. Ich spürte, wie er schlapp wurde, obwohl ich verzweifelt versuchte, ihn bei der Stange zu halten. Als die Erektion dahinging, hatte ich das Gefühl, als würde alles Leben aus mir entweichen.“

Ob hetero- oder homosexuell, Männer in den Wechseljahren werden alle mit ähnlichen Herausforderungen konfrontiert. Jack ist ein freundlicher, gutaussehender Mann, dem man seine zweiundfünfzig Jahre nicht ansieht. Er ist seit sechzehn Jahren mit seinem Freund Bryce zusammen. Und beide beschreiben ihre Beziehung als glücklich und befriedigend.

„Ich spüre eine neue Vitalität und Abenteuerlust", meint Jack, „die mit den gewachsenen Strukturen unserer Partnerschaft in Konflikt treten."

Jack gibt zu, daß er sich sexuell wie emotional auch noch von anderen Männern angezogen fühlt, eine Erfahrung, die bei Männern in diesem Lebensabschnitt nicht ungewöhnlich ist.

„Manchmal habe ich das Gefühl, daß mir die Zeit davonläuft", meint Jack wehmütig. „Als wäre das meine letzte Chance, jetzt noch eine kreative Arbeit zu finden, Lebensziele, die mich befriedigen, und ein Sexualleben, das mir entspricht."

„Wir befinden uns in einer Art Übergangsphase", fährt Jack fort. „Wir suchen beide nach Wegen, wie wir uns eine gemeinsame Zukunft schaffen können, in der wir beide unseren Bedürfnissen gerecht werden. Es wird zunehmend wichtiger für mich, ein älterer Mensch zu werden, der eine Aufgabe hat und Achtung erfährt."

Als ich Jack fragte, ob es denn zwischen heterosexuellen und homosexuellen Männern in dieser mittleren Lebensphase Unterschiede gebe, antwortete er mir: „Der Hauptunterschied ist der, daß die Leute glauben, es gäbe einen. Je häufiger ich in Männergruppen mit heterosexuellen Männern zusammenkomme, desto mehr denke ich, daß wir uns viel mehr ähneln als unterscheiden."

Eine Sache, an die sich Jack noch sehr gut erinnert, war die, daß der Priester Sexualität bei Jungs, die auf Jungs standen, völlig anders beurteilte, als bei solchen, die mit Mädchen gingen. „Ich bin katholisch erzogen worden", erzählt er. „Als wir so dreizehn waren, wurden Jungs und Mädchen getrennt. Den Mädchen hielt man einen Vortrag, wie sündhaft es sei, hinter den Jungs her zu sein, und die Jungs wurden in ähnlicher Weise darüber belehrt, welche Gefahren damit verbunden seien, wenn man es zuließe, daß die sexuelle Begierde einen auf den Pfad der Sünde brächte. Als der Priester wieder ging, sagte er – so selbstverständlich, als sei es kaum einer Erwähnung wert – ‚... und wenn man sich als Junge zu anderen Jungs hingezogen fühlt, ist das die schlimmste

Sünde überhaupt.' Als er das so sagte, fühlte ich mich, als hätte er mich ‚stinkende Kröte' oder ‚Scheißhaufen' genannt."

In einer Gesellschaft, in der Heterosexualität die Norm ist, ziehen Jungs, die aufwachsen und merken, daß sie schwul sind, die Ängste unserer Dominanzkultur auf sich. Sie werden gezwungen, ihre Neigung zu verbergen, und die daraus resultierende Scham kann Wunden reißen lange noch nachdem sie sich zu ihrer Sexualität bekannt haben. Auch heterosexuelle Männer werden durch die in unserer Gesellschaft existierende Homophobie tief verletzt. Heterosexuelle Männer haben Angst davor, als unmännlich zu gelten, „Kröte" oder „Scheißhaufen" oder sogar Schlimmeres genannt zu werden. Eine der größten Barrieren, die Männer davon abhalten, über die männlichen Wechseljahre zu sprechen, ist die Angst, als unmännlich zu gelten. Viele Männer würden eher sterben als zuzugeben, daß ihr bestes Stück nicht mehr ganz so steif wird wie früher oder daß sie ihn nicht mehr hochkriegen, wann immer sie wollen, oder daß sie Angst haben, sie könnten ihre Partnerinnen nicht mehr richtig befriedigen. Der Horror davor, als schwul oder als „Softi" zu gelten, bringt Millionen von Männern dazu, die Veränderungen dieser Lebensphase zu verleugnen. In gewisser Weise müssen alle Männer – heterosexuelle wie schwule – so eine Art „Coming-out" durchmachen, wenn sie in die Wechseljahre kommen.

Obwohl die Frauen in den letzten Jahren schon viel dazu beigetragen haben, den Wechseljahren das Image des „Unaussprechlichen" zu nehmen, haben auch sie es nicht leicht. Die Erfahrungen von Frauen, die ihre eigene Menopause bewußt erlebt haben, können für Männer eine große Hilfe sein.

Was die Männer von den Frauen über die Wechseljahre lernen können

Die Autorin Germaine Greer glaubt nicht an die Wechseljahre des Mannes, dennoch können ihre Einsichten für Männer, die sich gerade in dieser Lebensphase befinden, durchaus interessant sein. In ihrem Buch *The Change* erinnert sie sich, wie sie ein paar Monate nach ihrem 50sten Geburtstag mit ihrer Freundin Sandra in Beaubourg in Frankreich einen wunderschönen Tag verbrachte und wie sie begannen, sich über die Wechseljahre zu unterhalten: „So werde ich später nicht leben", sagte Sandra. Ihre Augen fixierten eine kleine grauhaarige Dame mit einer Einkaufstasche aus Plastik, die sich mit einem entschuldigenden Blick ihren Weg durch die knallig gekleideten Prostituierten und herumlungernden Jungs auf der anderen Straßenseite bahnte. „Ich werde nicht in irgendeinem kleinen Zimmerchen sitzen mit einem Teller, einem Messer und einer Gabel, und jeden Tag zum Markt krabbeln, um mir etwas Käse und Brot zu kaufen. Ich will nicht grau und unscheinbar werden."

Germaine Greers Kommentar: „Sandras Angst, mit der sie die nächsten dreißig Jahre auf ein einziges düsteres Morgen projiziert, ist typisch für das Klimakterium. Wir hatten beide die Vierziger durchlaufen, ohne groß zu merken, daß wir älter wurden. Wir hatten beide einen Elternteil zu Grabe getragen, und sie hatte ihrem Ehemann den Laufpaß gegeben. Aber beide standen wir mitten im Leben, ein Leben, das wir uns selbst aufgebaut hatten. Plötzlich entglitt uns etwas, und zwar so schnell, daß wir kaum bemerkten, was es eigentlich war. Wir wußten nur, daß dieses „etwas" unersetzbar war. Der Weg, der vor uns lag, schien dunkel. Irgendwie war unser Optimismus auf der Strecke geblieben. Wir wußten beide nicht, wie wir dieses Gefühl – Angst und Traurigkeit – einordnen sollten."[1]

Bücher wie Germaine Greers *The Change,* mit Untertiteln wie „Frauen, das Alter und die Menopause" lesen Männer sowieso höchst selten, aber wenn sie es täten, dann würden sie auf verwandte Seelen treffen. Welcher Mann, wenn er auf die fünfzig zugeht, hat nicht auch schon das Gefühl gehabt, daß ihm etwas entgleitet, was er nicht genau definieren kann? Oder wer kennt nicht dieses dumpfe Gefühl in der Brust, wenn der „Optimismus auf der Strecke bleibt"? Welcher Mann hat nicht schon mit Gespenstern gekämpft und dabei ständig ins Leere gegriffen, sich verzweifelt gefragt, was es mit dieser „Angst und Traurigkeit" eigentlich auf sich hat?

Da ich von meiner Frau Carlin schon so viel über Männer und die Wechseljahre erfahren hatte, dachte ich, vielleicht könnte ich auch von ihren Freundinnen etwas lernen. Ich fragte Carlin, ob sie nicht ein paar von ihnen einladen würde, um sich über Männer und die Wechseljahre zu unterhalten. Ich bat sie, mich ein wenig „Mäuschen spielen" zu lassen.

Wir trafen uns an einem brüllend heißen Montagabend im Juli. Die erste Besucherin witzelte, falls ich etwas über Hitzewallungen während der Wechseljahre hören wolle, dann sei das genau der richtige Zeitpunkt. Eine andere erzählte, sie habe gerade eben den besten Aufkleber gesehen, der zur Zeit in dieser Stadt herum fahre. „Er klebte auf einem Lieferwagen, den eine robuste Frau mit harten Zügen fuhr, die eine Horde Kinder herumkutschierte", meinte Susan, die sich selbst als lesbische feministische Aktivistin bezeichnete. „Sie hatte ganz bestimmt einen Ehemann, ich meine, sie war sicher keine Lesbe. Auf dem Aufkleber stand: ‚Ich habe nicht nur das PMS, sondern auch eine Handfeuerwaffe.'" Die Frauen brachen in schallendes Gelächter aus. „Mit *der* Frau wird sich wohl kaum einer anlegen wollen", vermutete Susan. Und ich dachte mir, das wird sicher ein interessanter Abend.

Carlin bat alle zehn Frauen, sich vorzustellen. Es war eine gemischte Gruppe: schwarze, weiße, hispanoamerikanische Frauen, heterosexuelle und lesbische; radikale Feministinnen und konservative Hausfrauen. Die jüngste war sechsundvierzig, die älteste fünfundsechzig. Carlin stellte ihnen die Fragen, die ich vorbereitet hatte.

Sie begann: „Was ist euer allgemeiner Eindruck von den Männern zwischen vierzig und fünfundfünfzig, die ihr so kennt? Wie geht es euch mit diesen Männern? Denkt ihr, bei denen gibt es auch so etwas wie die ‚Wechseljahre des Mannes'?"

Theresa, eine siebenundvierzig Jahre alte Homöopathin und Therapeutin, stieg gleich voll ein. „Ich dachte, ich wüßte eigentlich gar nichts über Männer. Aber als ich dann *Men Alive* sah, verdammt, dachte ich, ich werde noch zur lesbischen Separatistin. Diese Männer, hoffnungslos, einfach *hoffnungslos*!! Die können nur eine Emotion ausleben – das ist Wut. Echt hoffnungslos!" Die anderen Frauen kicherten im Hintergrund. Theresa schien das auszusprechen, was andere zwar dachten, sich aber nicht laut zu sagen trauten.[2]

Theresa hatte voll ins Schwarze getroffen, was die Ängste und Frustrationen betraf, die bei den Männern, mit denen ich sprach, immer wieder zu Tage kamen. Alle, die in dieser *Men Alive* Dokumentation mitgewirkt hatten, meinten, sie seien ehrlicher gewesen als je zuvor. Obwohl diese Männer auch Freude und Zärtlichkeit, Liebe und Sehnsucht, Leidenschaft und Verspieltheit zum

Ausdruck brachten, kam auch eine ganze Menge Wut und Frustration zum Vorschein.

Jahrelang hatten sich diese Männer von den Frauen anhören müssen: „Sagt uns, was ihr wirklich fühlt. Wir wollen es wissen. Laßt es raus." Und wenn wir denken, das haben wir nun wirklich getan, dann heißt es: „Hoffnungslos, einfach hoffnungslos!" Männer haben Schwierigkeiten, ihre wahren Gefühle zu äußern, und Frauen haben Schwierigkeiten, sie zu hören.

Als Theresa begann, über die Veränderungen, die sie in den Wechseljahren durchmachte, zu sprechen, wurde ihre Stimme weicher. „Also wenn ich so darüber nachdenke ... Was ich über die Wechseljahre des Mannes weiß ...? Alles, was ich als Frau, die selbst in den Wechseljahren ist, sagen kann, ist, daß sich da eine abgrundtiefe Traurigkeit vor dir auftut." Theresas Stimme wurde leiser, und der Schmerz war ihr förmlich anzusehen. „Da gibt es drei mir sehr nahestehende Menschen, die bald sterben werden. Ich habe in den letzten paar Jahren vier Freunde durch Krebs verloren. Der Schmerz ist einfach überwältigend. Und Männer, ganz gleich welchen Alters, können – mit einigen Ausnahmen natürlich – tiefe Gefühle einfach nicht zum Ausdruck bringen."

Sie fuhr fort, und ihre Stimme verriet, daß sie wirklich traurig war: „Sie können nicht mit Furcht und nicht mit Trauer umgehen ... und nicht mit Einsamkeit." Die anderen Frauen zeigten großes Mitgefühl, als Theresa über die Männer sprach, die sie kannte.

„Also ich denke, daß Männer in dieser Lebensphase irgendwie an Power verlieren", meinte Celia, die früher Lehrerin war. „Es muß für sie ja wirklich niederschmetternd sein, weil sie so darauf angewiesen sind. Ich meine, ihre ganze Existenz hängt davon ab."

„Ich unterrichtete elf Jahre lang an der Junior High School", fuhr Celia fort. „Und wenn das Testosteron ins Spiel kommt, sind diese Jungs wie junge Widder, die sich gegenseitig bekämpfen. Es ist fast schon lächerlich, was sie alles anstellen, um sich aneinander zu messen, z.B. wer wen beim Ringen besiegt. Männer definieren sich ständig über ihre Kraft und Macht. Alles geht über den Körper. Sie haben wenig Zugang zu spirituellen Kräften. Man trifft nur selten einen Mann, der die Kraft des Geistes versteht."

Lisa, eine dreiundfünfzigjährige Künstlerin, griff das Thema auf. „Wenn das alles ist, was du hast und du merkst plötzlich, daß deine Kraft langsam nachläßt – wie das in diesem Alter eben so ist –, wenn du dann auf nichts mehr sonst zurückgreifen kannst, dann ist das schon ein irrer Verlust. Es wäre ganz gut, wenn die Männer eine Möglichkeit hätten, diesen Verlust irgendwie auszudrücken, wenn sie sagen könnten: ‚Ich bin jetzt in den Wechseljahren, und es ist Zeit, diesen ganzen alten Kram endlich mal loszulassen'."

„Ich bin erst seit kurzem in einer Partnerschaft", erzählte Nel, die am hiesigen College unterrichtet. „Ich bin gerade fünfzig geworden, und schon seit vierzig Jahren verabrede ich mich mit Männern." Die Frauen lachten. „Also die jüngeren Männer, mit denen ich ausging, waren eigentlich immer ganz o.k. Und die älteren Männer auch. Ein echtes Problem waren wirklich nur die zwischen vierzig und fünfundfünfzig. Die sind einfach ein bißchen von der Rolle." „Testosteronvergiftung", warf Susan ein. Nel fuhr fort: „Sie sind so unmännlich. Sie sind sich selbst nicht sicher, was sie von sich als Mann eigentlich halten sollen. Und sie warten wirklich nur darauf, daß eine Frau kommt und sich um sie kümmert. Manchmal hat man das Gefühl, das ist nicht dein Partner, sondern dein Sohn." Eifriges Nicken und „Uuuuhs" von den anderen Frauen. „Irgendwie hat man das Gefühl, man begeht Inzest." „Aber Sex scheint eine wichtige Sache für diese Männer zu sein", meint Marlena, eine einundfünfzigjährige Beraterin. „Sie sind beunruhigt über die Veränderungen, die sie durchmachen, darüber, daß sie keine rechte Lust mehr auf Sex haben. Mir geht es genauso." Marlena macht eine Pause und sucht nach den richtigen Worten, um ihre Gefühle auszudrücken. „Aber irgendwie ist es für mich auch eine große Erleichterung, mir ist es ganz recht so. Gott sei dank, weißt du." Die anderen Frauen nickten zustimmend und lachten. Nel fügte noch hinzu: „Für die Männer dieser Baby-Boom-Generation scheint der Übergang zu einer reiferen Sexualität besonders schwierig zu sein. Es ist nämlich so", meinte sie weiter, „daß es eine ganze Generation von Männern gibt, die von Müttern großgezogen wurden, die unglücklich waren. Ich denke, diese Frauen waren einfach unzufrieden mit ihrer Rolle, irgendwie halbherzig. Sie waren unglücklich und übertrugen dieses Unglücklichsein auf ihre Kinder. Und was dabei herauskam, waren Feministinnen und schwache Männer."

Nel fuhr fort, sie sprach laut, und ihre Stimme verriet Selbstvertrauen: „Ich denke, daß es die Wechseljahre bei Männern wirklich gibt und daß die heute vierzig- bis fünfzigjährigen am meisten beeinträchtigt sind. Sie hatten von Anfang an schlechte Karten. Irgendwie war das immer schon eine Generation, die es schwer hat. Und wenn man noch so eine komplexe Sache wie die Wechseljahre draufsetzt, dann kommen dabei Männer heraus, die verwundet und verkrüppelt sind und weder Zugang zu ihren Körpern noch zu ihrer Sexualität und ihren Gefühlen haben."

„Also die Wechseljahre und eine Midlife-Crisis sind für mich zwei verschiedene Dinge", meint Vi, die Sprachen unterrichtet. „Die Wechseljahre sind etwas, das über einen hereinbricht. Die Midlife-Crisis schleicht sich so langsam ein. Der Körper sagt der Frau, daß sie jetzt besser keine Kinder mehr haben sollte. Es wäre gefährlich für sie und das Baby. Die Menopause dient dazu, das Ende der Gebärfähigkeit anzuzeigen, damit sich die Frauen anderen Dingen zuwenden können. Deshalb gibt es die Wechseljahre eben nicht bei Männern, sondern nur bei Frauen."

„Es ist der Begriff selber", meint Celia, „in dem der Wurm steckt. Ein Oxymoron eben. Bei den Männern gibt es so etwas wie eine Menopause nicht, weil es dieses Meno bei Männern eben nicht gibt. Aber wenn dieser Begriff ihnen die Sache erleichtert und sie es so nennen wollen, bitte schön. Ich habe kein Problem damit."

„Was mich noch interessieren würde", meinte Susan und brachte die Sache auf den Punkt, „wenn die Männer Wechseljahre haben, was sind ihre Symptome? Ich wüßte gerne, ob sie auch Kopfschmerzen haben. Ich wüßte gerne, ob sie auch denken, sie seien verrückt, weil sie nicht mehr schlafen können. Ich wüßte gerne, ob sie unruhig sind. Ich wüßte gerne, ob sie Hitzewallungen haben. Ich wüßte gerne, ob sie das Gefühl haben, ihr Leben gerät aus den Fugen."

„Ich komme aus Missouri", sagte Susan. „Ich warte erst mal ab. Ist diese Idee, Männer könnten auch Wechseljahre haben, wieder nur so eine Masche, mit der sie die Verantwortung für ihr destruktives Verhalten abgeben können? Oder machen sie wirklich physiologische Veränderungen durch?"

Ich wünschte, Susan könnte mal in meiner Männergruppe Mäuschen spielen, um zu hören was die Männer so erzählen. Frauen können eben nicht verstehen, was Männer nicht bereit sind, laut auszusprechen. Und die Männer fangen jetzt erst an, über die Veränderungen, die sie in den Wechseljahren durchmachen, zu sprechen.

Zwanzig Jahre im Leben einer Männergruppe

Wir trafen uns nun seit fast zwanzig Jahren, sieben Männer, die bereit waren, sich einander Unterstützung zu geben, und die erfahren wollten, was es heißt, die Lebensmitte überschritten zu haben. Wir waren in einem Alter zwischen achtundvierzig und sechsundsechzig. Wir saßen an einem Tisch in einem wundervollen Restaurant im Norden Kaliforniens, wo jede Menge Wein angebaut wird. Wir genossen das gute Essen, den guten Wein und die Gesellschaft von Männern, die einander gut kannten.

„Hört mal zu, ich habe das perfekte Reiseziel, den idealen Ort, wo wir unser zwanzigjähriges feiern könnten", erzählte Harry, Aktivist und Reiseführer, voller Begeisterung. „Wir sollten nach Indien fahren."

„Das gefällt mir", meinte Bob, fünfzig Jahre alt, Gründer einer privaten Grundschule. „Wir sollten uns was Exotisches, etwas Aufregendes aussuchen, uns einen Lehrer suchen, der uns spirituelle Anregungen geben kann."

„Wir könnten in Thailand Halt machen und uns dort was wirklich Exotisches suchen," warf Ben, ein Unternehmensberater, ein, der mit seinen sechsundfünfzig Jahren wirklich noch gut aussah.

„Ich weiß nicht so recht", erwiderte ich, „mir gefällt die Idee, eine spirituelle Erfahrung zu suchen, aber ich fühle mich mehr mit den Indianern verbunden als mit den Indern."

„Wie wär's mit einem Kloster in Frankreich?" Die Frage kam von Ralph, unserem Fachmann für öffentliche Gesundheit, der mit seiner Frau und seinen halbwüchsigen Töchtern – seine zweite Ehe übrigens – gerade aus Europa zurückgekehrt war.

„Also wie ist das nun", fragte Alvin, ein einundfünfzigjähriger Computerspezialist, „wollen wir jetzt eine spirituelle Erfahrung machen oder einfach nur Spaß haben?"

„Warum müssen wir eigentlich wegfahren, um zu feiern und eine spirituelle Erfahrung zu machen, die unser Leben in der zweiten Lebenshälfte bereichert?" mischte sich nun Dave ein, mit ruhiger aber bestimmter Stimme. Er war mit seinen sechsundsechzig Jahren der älteste in unserer Gruppe und vertrat häufig eine andere Sichtweise in den Diskussionen als die jüngeren unter uns. „Wenn wir eine spirituelle Erfahrung machen wollen", sagte er ernst, „warum fahren wir nicht nach New York und verbringen einige Zeit in einem Kinderkrankenhaus bei drogenabhängigen Babys?"

In den fast zwanzig Jahren, in denen wir uns nun schon trafen, hatten wir eine Menge Dinge miteinander erlebt. Gemeinsam haben wir erlebt, wie unsere Kinder geboren wurden. Der eine oder andere ließ sich scheiden, heiratete, ging in Rente oder suchte sich ein neues berufliches Betätigungsfeld. Bei diesem Treffen in Kalifornien hatten wir nun schon den ganzen Tag damit verbracht, uns über Gesundheitsfragen auszutauschen, über die Veränderungen, die das Älterwerden mit sich brachte, und was wir so alles unternahmen, um geistig, körperlich und seelisch „fit" zu bleiben.

Unsere Sorgen waren ziemlich typisch für die Männer, die ich kannte. Obwohl wir uns nun schon so lange trafen und uns sehr gut kannten, war es immer noch schwierig für uns, offen und ehrlich über unsere Gefühle und Ängste in bezug auf das Älterwerden zu sprechen. „Ich bin beunruhigt über diese chronischen Schmerzen im Rücken und diese Knieverletzung, die nie so richtig verheilt ist", meint Bob, der aussieht, als könne er den Jungs aus dem Football-Team seiner High School noch etwas beibringen. „Ich bekomme Falten, und meine Augen werden auch nicht besser."

„Was hast du denn für Probleme mit den Augen", wollte Harry wissen, „du trägst doch schon eine Brille!"

„Wahrscheinlich brauche ich eine Bifokalbrille", erwiderte er mit einem etwas dämlichen Grinsen, „die will ich aber nicht aufsetzen. Ich befürchte, mit der sehe ich ... alt aus." Alle nickten und kicherten, denn das kannten wir bereits von uns selbst, wie es ist, wenn man diese körperlichen Veränderungen am eigenen Leib erfährt, und was die anderen wohl von uns denken.

„Meine Falten sehe ich natürlich nur äußerst ungern", fügte Harry noch hinzu, „aber weit mehr Sorgen macht mir meine Ferse. Manchmal schmerzt sie so, daß ich kaum laufen kann. Außerdem nehme ich zu und kriege die Pfunde einfach nicht mehr runter."

„Hey, solange du was anderes noch hochkriegst, ist ja alles o.k.", witzelte Ben.

„Gar nicht komisch", fuhr Harry mit ernster Miene fort. „Ich habe das Gefühl, meine sexuelle Energie läßt nach. Es beunruhigt mich, daß ich immer weniger Lust auf Sex habe."

„Okay, ich reiße Witze darüber", meinte Ben. „Aber eigentlich kenne ich das Problem auch. Seit zwei Jahren habe ich das Gefühl, daß mein Glied nicht mehr so steif wird wie früher, und manchmal kriege ich überhaupt keinen mehr hoch. Außerdem bin ich vergeßlicher geworden, und sehr schnell im Denken bin ich offenbar auch nicht mehr."

„Tönt ihr euch eigentlich die Haare?" wollte ich wissen.

„Ich schon", erwiderte Ben fast stolz. „Mit diesem Zeug, was man so zu kaufen kriegt. Ich habe das Gefühl, wenn die Haare dünner werden, sieht das einfach besser aus. Und wenn man als Berater arbeitet, kann so etwas schon ziemlich wichtig sein."

„Letzte Woche hatte ich mitten in einem Gespräch plötzlich den Namen von dem Typen vergessen, mit dem ich gerade sprach", erzählte Ralph, und man merkte ihm deutlich an, wie peinlich ihm das war. „Manchmal habe ich Angst, ich kriege Alzheimer." Alle nickten zustimmend.

„Wie kriegt ihr eigentlich euer Gewicht in den Griff?" fragte Dave.

„Na ja, nachdem ich fast dreißig Pfund abgenommen hatte, hab' ich jetzt leider schon wieder etwas zugelegt", gab Ralph zu. „Ich muß jetzt wirklich wieder öfter Rad fahren, obwohl meine Prostata, die mir etwas zu schaffen macht, damit offenbar nicht ganz einverstanden ist."

„Der Arzt meint, meine sei etwas vergrößert", stimmte ich mit ein. „Ganz normal für mein Alter, meint er. Aber ich wache halt alle zwei bis drei Stunden auf und muß pinkeln."

„Da wir gerade von der Prostata sprechen: Wir haben doch hoffentlich alle unsere Untersuchung machen lassen, oder? Beugen, Hosen runter, Finger in den Hintern, drehen, schieben, aua!" Alle nicken. „Keiner mag das. Es ist ein körperlicher Übergriff, es erinnert einen an etwas, wovor man in seiner Jugend Angst hatte. Aber die *American Cancer Society* meint, daß dieses Jahr hierzulande bei etwa 317000 Männern Prostatakrebs diagnostiziert werden wird, das sind weit mehr als die 184000 Frauen, die feststellen werden, daß sie Brustkrebs haben.[3] Also, ist diese Überden-Tisch-Untersuchung nun notwendig, oder nicht?“ Die Männer nickten zustimmend.

„Na ja, nicht unbedingt so“, antwortete ich. „Früher wurde ich immer von einem Mann untersucht. Als ich aber meinen letzten Checkup in der Klinik machen ließ, war da eine Ärztin, die die Prostata-Untersuchung durchführte. Statt mich über den Untersuchungstisch zu beugen, mußte ich mich auf die Seite legen. Es hat überhaupt nicht weh getan. Kein körperlicher Übergriff. Nächstes Mal, wenn mein Arzt mir sagt, ich soll mich über den Tisch beugen, werde ich ihn bitten, die Untersuchung anders zu machen, so, daß ich ganz entspannt auf der Seite liegen kann. Wenn sich diese männlichen Ärzte bei der Untersuchung etwas respektvoller verhalten würden, dann würden vielleicht nicht mehr so viele von uns nur deshalb grundlos leiden, weil sie sich weigern, zum Arzt zu gehen. Die gehen erst, wenn wirklich ein medizinischer Notfall vorliegt.“

„Das stimmt“, pflichtete Alvin mir bei. „Die meisten Jungs, die ich kenne, würden lieber heiße Kohlen fressen als zum Arzt zu gehen. Leider sterben zu viele nur deshalb, weil sie nie die Unterstützung gefunden haben, die sie gebraucht hätten, um ihre Ängste zu überwinden.“

„Also, was sind denn deine gesundheitlichen Beschwerden, Dave“, fragte ich den Ältesten in unserer Runde.

„Um ehrlich zu sein, jetzt fühle ich mich besser als so um die fünfzig“, sagte Dave und lächelte. „Ich habe weniger Streß und sehe klarer, was im Leben wirklich wichtig ist. Ich bin vergeßlicher, verliere gelegentlich das Gleichgewicht und gerate leichter aus der Puste als früher. Aber alles in allem fühle ich mich großartig.“

„So werden wir also alle älter und machen eine Art Übergang in der Lebensmitte durch“, sagte ich. „Aber glaubt ihr, daß es eine ganz spezifische physiologische Veränderung gibt, die ihr als die „männlichen Wechseljahre“ bezeichnen würdet?“ Obwohl alle Männer das Thema meines Buches kannten, wußten sie nicht, was ich darüber dachte oder recherchiert hatte.

Alle meinten, daß die Wechseljahre für sie etwas Reales seien. Alle waren der Ansicht, daß es etwas mit verminderter Vitalität und sexueller Potenz zu tun hatte und mit beträchtlichen, manchmal schwierigen emotionalen, zwischenmenschlichen und seelischen Veränderungen einherging.

„Ich bin überzeugt, daß es da eine ganz beträchtliche hormonelle Komponente gibt“, meinte Ben. Als ich immer weniger Lust auf Sex hatte, ging ich zum Arzt und fragte ihn, ob das an den Hormonen liegen könnte. Er testete mich und stellte fest, daß mein Testosteronspiegel zu niedrig war.“

„Und, was hat er gemacht?“ fragte Harry mit offensichtlichem Interesse.

„Er gab mir Testosteronspritzen, und die halfen tatsächlich“, erwiderte Ben und sprach vor Aufregung immer lauter.

„Wohin bekommt man diese Spritzen?“ wollte Bob wissen. Die meisten hatten von einer Spritze gehört, die in den Penis injiziert wird, damit das Glied steif wird. Aber wir alle hatten irgendwie Angst vor so was.

„In den Hintern“, sagte Ben. „Es scheint mir tatsächlich geholfen zu haben, ich habe wieder mehr Interesse am Sex und fühle mich vitaler. Allerdings hat meine Prostata angefangen, sich zu vergrößern, also habe ich eine Zeitlang ausgesetzt. Jetzt nehme ich ein Medikament, um zu verhindern, daß die Prostata weiter wächst. Und ich probiere diese neuen Testosteronpflaster, die man jeden Tag drauf macht. Hey, wenn die Frauen für ihre Symptome Östrogen nehmen können, warum sollten wir dann nicht Testosteron für unsere nehmen?“

„Mein Problem ist eher emotionaler als sexueller Art“, erklärte Harry traurig. „Ich kann diesem Kampf, der ständig in mir wütet, einfach kein Ende machen. Stimmungsmäßig fühle ich mich wie auf einer Achterbahn. Es geht rauf und runter, rauf und runter. Ich weiß, daß ich Rita liebe, aber ich frage mich immer wieder, ob es wirklich richtig war zu heiraten. Ich habe hier ein gutes Leben und ich mag meine Arbeit, aber ich bin mir nicht sicher, ob es das ist, was ich immer wollte.“ Viele in der Gruppe nickten zustimmend.

„In den Büchern heißt es immer: ‚Suchen Sie ihr Glück, folgen Sie ihrer Leidenschaft‘“, fährt Harry fort. „Ich glaube, ich weiß einfach nicht mehr, wofür ich mich begeistern soll und was meine Ziele eigentlich sind.“ Nach einer Pause fuhr er kopfschüttelnd fort: „... vielleicht hab’ ich es ja noch nie gewußt. Wenn das die Wechseljahre sind .... Hart ist das, wirklich hart.“

Als ich Harry so zuhörte, erinnerte ich mich an eines unserer ersten Gespräche, kurz nachdem sich unsere Männergruppe zusammengetan hatte. Alvin hatte ein neues Buch von Daniel Levinson mitgebracht: *The Seasons of a Man's Life*.

„Was heißt es eigentlich, erwachsen zu sein?" fragte Levinson in der ersten Zeile seines Buches. „Was sind die wesentlichen Elemente des Erwachsenenlebens, die grundlegendsten Probleme und Quellen der Zufriedenheit, die Gründe für Enttäuschungen, Trauer und Erfüllung?"[4] Seine Fragen waren auch unsere Fragen. Wir verschlangen sein Buch förmlich, und es war, als sei er einer von uns.

Ich fühlte mich mit Dan Levinson sehr verbunden, obwohl wir uns nie begegnet waren. Wie Levinson habe ich jüdische Vorfahren. Meine Familie kam aus Rußland und emigrierte nach New York, um ihren Kindern ein besseres Leben zu ermöglichen. Wie bei Levinson bekamen auch meine Eltern ihre Kinder erst sehr spät, und sie waren beide leidenschaftliche Verfechter persönlicher Selbstverwirklichung und sozialer Gerechtigkeit.

Als Dan Levinson am 12. April 1994 starb, hatte ich das Gefühl, unsere Männergruppe hatte ein Mitglied verloren. Er hatte gerade sein Buch *The Seasons of a Woman's Life* beendet, das seine Untersuchungen über den Mann ergänzen und erweitern sollte und das sich mit den Veränderungen im Leben der Frau befaßte.

Was Levinson über den mittleren Lebensabschnitt schrieb, traf genau die Erfahrungen unserer Männergruppe. „Die Erwachsenen hoffen, daß das Leben mit vierzig beginnt – aber ihre große Angst ist die, daß es mit vierzig eigentlich schon aufhört. Ergebnis dieser weitverbreiteten Furcht vor der Lebensmitte ist das große Schweigen über die Erfahrungen des Erwachsenseins."[5] Also trafen wir uns, um dieses Schweigen zu brechen.

Wie viele Männer hatten wir die Vorstellung, das Leben sei ein Berg und der 40ste Geburtstag sozusagen der Gipfel. Uns gefiel der Aufstieg, aber auf den Abstieg waren wir natürlich nicht besonders scharf. Wir hofften, daß wir noch einen zweiten Gipfel erklimmen konnten, der da hieß „Zweites Erwachsenenalter". Aber dennoch fürchteten wir uns vor dem Abstieg von diesem ersten Gipfel. Was, wenn unten nichts als nur noch der Tod auf uns wartete?

Obwohl sich seit Levinsons Untersuchungen in den 70er Jahren bereits vieles geändert hat, ist es auch heute noch schwierig zu akzeptieren, daß man älter wird. „Ängste vor dem Älterwerden sind weit verbreitet", meint Levinson. „In der Lebensmitte, lange bevor das Alter wirklich gekommen ist, treten unsere innersten Ängste vor Verfall und Tod zutage. Die schlimmste aller Ängste des frühen Erwachsenenalters ist die Angst, daß das Leben mit der Jugendzeit zu Ende geht."[6]

Die besten Beschreibungen dieses Lebensabschnittes lesen wir in der Literatur. In dem Roman *Independence Day* von Richard Ford, der mit dem Pulitzer-Preis ausgezeichnet wurde, geht es darum, was die Hauptfigur, Frank Bascombe, ein Mann mittleren Alters, nach der Scheidung durchmacht. „Vielleicht ist es eine Art schwere Krise oder das Ende von etwas Stressigem, auf das etwas Undefinierbares folgt."[7]

Wie viele andere Männer auch meint Bascombe, er müsse endlich etwas ändern. „Von heute auf morgen gab ich meinen Job bei einem großen New Yorker Sportmagazin auf und zog nach Florida. Im Jahr darauf fuhr ich nach Frankreich, wo ich unbedingt einmal hinwollte, aber noch nie in meinem Leben gewesen war."[8]

Aber nicht einmal die Flucht nach Frankreich, sogar in Begleitung einer zwanzig Jahre jüngeren Frau, half ihm, dieses ungute Gefühl, das ihn verfolgte, loszuwerden. „Was ich in Frankreich zu fühlen begann, war eine Art versteckte Unruhe (versteckt – wie das bei drängenden Gefühlen so häufig der Fall ist – hinter der Maske der Gleichgültigkeit), ein Gefühl, das so ganz anders war als diese mir wohlbekannte, schwelende, wirbelnde, knisternde Unruhe, die ich aus meinen letzten Tagen als Sportjournalist kannte: dieses Gefühl des Getrenntseins, des Bedauerns, ich mußte einfach Frauen haben, um mich in einer Art Trance zu halten, damit ich ruhiger wurde, mir meinen inneren Frieden aufrecht und mich bei Laune halten konnte."[9]

Aber da ist etwas, das tiefer geht, ein Gefühl, das in der Lebensmitte zum Vorschein kommt, das uns ganz persönlich betrifft und das uns Lektionen erteilt, die machtvoll und erleuchtend zugleich sein können. „Dieses neue Gefühl", fährt Bascombe fort, „war ein tiefer innerer Drang, der mit mir und nur mit mir zu tun hatte, nicht mit mir und jemand anderem. Es war – dessen bin ich mir jetzt sicher – das leise Pochen der Lebensmitte, die – statt möglichst schmerzlos vermieden zu werden – von mir in Angriff genommen werden wollte."[10]

„Es gibt nichts Besseres, als acht Wochen mit einer Frau zu verbringen, die zwanzig Jahre jünger ist als du", stellt Bascombe fest, „um dir klar zu machen, daß du eines Tages von der Bildfläche verschwinden wirst, dir auf unangenehme Weise bewußt zu machen, wie bekloppt es eigentlich ist, der ewigen Jugend nachzurennen, wie unmöglich es ist, mit einem anderen Menschen wirklich *zusammen* zu sein."[11]

Wie Frank Bascombe lernen Männer mittleren Alters ihre wichtigsten Lektionen oft dann, wenn sie mit jungen Menschen zusammen sind. So war es auch bei mir.

Als mein Sohn Jemal, damals achtzehn, seinen Geburtstag mit mir und meinem einundachtzigjährigen Vater verbrachte, kam uns allen eine große Erkenntnis. Nachdem mein Vater uns einige von seinen Gedichten vorgelesen, mit seinen Puppen etwas vorgespielt und ein Tänzchen auf's Parkett gelegt hatte, ging ein Lächeln über Jemals Gesicht, und sein Blick erhellte sich. „Mir ist gerade zum ersten Mal in meinem Leben klar geworden, daß ich keine Angst davor haben muß, erwachsen zu werden. Ich dachte immer, älter werden heißt, Lebendigkeit und Lebensfreude zu verlieren. Du hast mir klar gemacht, daß das nicht stimmt." Er umarmte seinen Großvater herzlich. Der runzlige, rauhe alte Mann und der Junge mit der Pfirsichhaut gaben sich gegenseitig ein großes Geschenk: der eine gab die Erfahrungen und die Weisheit seines Lebens weiter, und der andere nahm sie an.

Als der „Mann in der Mitte" hatte ich ebenfalls eine wichtige Erkenntnis über meine Rolle im Kreislauf von Leben und Tod. Ich spürte Dan Levinsons Gegenwart, als wir seine Worte lasen: „Unser allzu negatives Bild vom Alter", schrieb Levinson, „trägt in hohem Maße dazu bei, daß uns die Lebensmitte zur Last wird. Es macht angst, wenn der mittlere Lebensabschnitt schon vom Tod überschattet ist, so, als wäre man schon sehr sehr alt. Andererseits ist es aber auch eine Illusion, im Schatten der Jugend leben zu wollen, als ob man selbst noch jung wäre."[12]

Zu den Freuden des mittleren Lebensabschnittes gehört es, zurückzublicken auf den Weg, den man gekommen ist, aber auch vorwärts, auf den Weg, den man noch vor sich hat. Jetzt, nachdem ich den Abstieg vom „Gipfel des Ersten Erwachsenenalters" geschafft habe, kann ich bestätigen, daß da noch ein zweiter Gipfel erklommen sein will.

Einige von uns würden gerne geradewegs vom Gipfel des ersten zum Gipfel des zweiten Berges wandern. Aber leider will es das Leben anders. Der Weg zum Gipfel des „Zweiten Erwachsenenalters" kann erst beschritten werden, wenn der Abstieg vom Berg des ersten geschafft ist. Der Weg nach unten und durch das Tal ist das, was wir als die „männlichen Wechseljahre" bezeichnen.

Sinn und Zweck der Menopause des Mannes ist es, Männer in der Lebensmitte auf ihre Rolle als reife ältere Menschen vorzubereiten, damit sie jüngeren Männern Stütze und Lehrer sein können. Der Poet und Schriftsteller Robert Bly nennt diesen archetypischen Prozeß eine „männliche Mutter werden", ein Prozeß, der für das Wohlergehen und Wachstum unserer Jugend von enormer Wichtigkeit sei.

Bly erinnert daran, daß der reife Mann bestimmte Rechte und Pflichten hat: „Wenn z.B. ein junger Mann dich fragt, wie du dich in deinem Alter fit hältst, dann mußt du ihm eine Antwort geben können."[13] Nur wer die Menopause erfolgreich gemeistert hat, besitzt die Reife und die Weisheit, um die hoffnungsvollen Fragen der Jugend beantworten zu können.

Wenn Männer die Wechseljahre leugnen, dann schaffen sie eine Welt, in der die Weisheit des älteren Menschen fehlt, eine Welt, in der die Erwachsenen auf das Niveau von Adoleszenten regredieren und die Jugend, die sich im Stich gelassen fühlt, ihre Wut an ihren Mitmenschen ausläßt. Diese Männer schaffen, kurz gesagt, eine Welt, in der das regiert, was Robert Moore, Psychologe und Psychoanalytiker nach C. G. Jung, als „Monsterjungen-Männlichkeit" bezeichnet.[14]

3. Die Verleugnung der männlichen Wechseljahre und der Siegeszug der „Monsterjungen-Männlichkeit“

Ältere und Mentoren sind in jeder Gesellschaft unersetzbar. Ohne sie ist die Jugend verloren – weil sie ihre überschüssigen Energien in nutzlosen Aktivitäten vergeudet. Die Alten müssen in den Jungen gegenwärtig sein wie eine Kraft, die sie auf den Boden zurückholt und ihren Drang bändigt, sich in tapferen aber nutzlosen Aktivitäten zu ergehen, und sie auf den Pfad der Weisheit führen. Gibt es keine Älteren mehr, dann wird die Gemeinschaft am Ungestüm der Jugend langsam zugrunde gehen.

Malidoma Patrice Somé – Of Water and Spirit

Wenn wir die männlichen Wechseljahre wie eine Krankheit betrachten, die den Mann mit vierzig, fünfzig oder sechzig befällt, dann werden wir sie meiden wie die Pest. In Wirklichkeit ist die Menopause aber keine Krankheit, sondern der Übergang in einen Lebensabschnitt, der mehr Enthusiasmus, Kraft, Produktivität und Lebenssinn hervorbringen kann als irgendeine Zeit zuvor.

Sinn und Zweck des Zweiten Erwachsenenalters ist es, ein reifer älterer Mann zu werden – das heißt, als Mensch für etwas einzustehen, eine Vision für die zweite Lebenshälfte zu haben, und zu den Männern zu gehören, zu denen die jungen aufschauen und denen sie nacheifern können.

Wenn ein Mann diesen Lebensabschnitt leugnet oder nicht in der Lage ist, den Übergang zu meistern, dann wird er nie wirklich erwachsen. Er bleibt ein großes Kind, eine Art Peter Pan. Wenn eine ganze Gesellschaft diesen Lebensabschnitt leugnet oder nicht in der Lage ist, den Übergang zu meistern, dann schaffen wir eine Welt, in der die „Monsterjungen“ dominieren, ein Begriff, den der Psychologe Robert Moore geprägt hat.

Wenn in einer Gesellschaft die sogenannten „Monsterjungen“ das Ruder in der Hand halten, dann ist dies das unausweichliche Produkt einer Kultur, in der Eltern und Großeltern ihre heranwachsenden Kinder im Stich lassen. „Die verzerrte Darstellung der Erfahrungen unserer Jugend im Amerika der neunziger Jahre, wie sie uns von offizieller Seite und von den Medien geboten wird“, schreibt Mike A. Males in seinem Buch *The Scapegoat Generation,* „beweist nur, daß wir eine Generation von Eltern und Großeltern haben, die ihre Jugend gar nicht zu kennen scheinen und – was noch viel schlimmer ist – denen es offensichtlich gleich ist, was aus ihr wird. Der erbarmungslose Abbau öffentlicher und privater Unterstützung für die Jugend, die durch die wohlhabendsten Amerikaner mittleren Alters oder älter, die es in der amerikanischen Geschichte jemals gegeben hat, verantwortet werden muß, ist erschütternd und gefährlich zugleich.“[1]

Ohne das Vorbild reifer älterer Männer suchen sich die jungen selbst ihren Weg in die Welt des Mann-Seins. Aber junge Männer können sich nicht gegenseitig in diese Welt einführen. Wenn junge Männer das versuchen, geraten sie in Abhängigkeiten und müssen scheitern. Ganz gleich, ob sie nun von Drogen oder einem bestimmten Verhalten abhängig sind, ihre Handlungen werden immer zwanghafter, geraten außer Kontrolle und drohen trotz aller Probleme, die dadurch verursacht werden, zu eskalieren.

Je verzweifelter ein Jugendlicher seine Identität als Mann allein zu finden versucht, desto frustrierter wird er und desto extremer werden seine Versuche, sich selbst zu beweisen, daß er ein Mann ist. Je mehr er versucht, sich als Mann zu fühlen, desto stärker verstrickt er sich in Verhaltensweisen, die einfach nicht funktionieren können. Eskalierende Wut und Gewalt sind das unausweichliche Ergebnis.

Der Siegeszug der „Monsterjungen-Männlichkeit“

Es war an einem heißen Sommerabend in Philadelphia, als Mohammed mit seinem Eiswagen durch die Straßen fuhr. Er summte die Lieder im Radio mit und lächelte einer lärmenden Kinderschar zu, als er seinen Wagen anhielt. Er liebte den Glanz in ihren Augen, wenn sie ihm das Geld hinauf und er ihnen die Tüten mit der köstlich kühlen Mister Softee Eiskrem hinunter reichte.

Plötzlich tauchte ein junger Mann am Fenster seines Wagens auf und verlangte Geld. Mohammed schloß schnell das Fenster. Der junge Mann verschwand aus seinem Blickfeld. Statt zu verschwinden, ging er um den Eiswagen herum, stieg lautlos ein und schoß Mohammed in den Kopf.

Mohammed taumelte auf den Bürgersteig und schrie um Hilfe. Zeugen sagten aus, daß die Teenager um ihn herum lachten, die Musik in seinem Eiswagen spielte weiter. Statt ihm zu Hilfe zu kommen, machten sie sich über den sterbenden Mann lustig und trällerten: „Mr. Softee ist tot ... Mr. Softee war zu geizig ..." Zwei Tage später verhaftete man einen sechzehnjährigen. Das Opfer, Mohammed Jaberipur, Vater von drei Kindern, hatte diesen Job erst seit einer Woche.[2]

Die Gewaltbereitschaft bei Jugendlichen nimmt immer mehr zu. Und Opfer wie Täter werden immer jünger.

Weil er vom Nachbarn beim Spielen auf dessen Grundstück geschimpft wurde, rannte der zehnjährige Joseph heim und stahl aus dem Versteck unter der Nachttischlampe den Schlüssel zu Vaters Gewehrschrank. Er öffnete die Schublade, in der sein Vater die Munition aufbewahrte, lud das Gewehr mit einer einzigen Remington Patrone, öffnete das Fenster, entsicherte und gab einen einzigen tödlichen Schuß auf das siebenjährige Nachbarsmädchen ab. Zunächst log er, als er darüber befragt wurde, wo der Kratzer über der Augenbraue herkomme, bis man schließlich feststellte, daß dieser Kratzer durch das Zielfernrohr verursacht worden war. Als man ihm seine *Miranda*-Rechte vorlas, saß er auf dem Schoß seiner Mutter.[3]

Es vergeht kein Tag, an dem nicht über ein schreckliches und sinnloses Gewaltverbrechen berichtet wird, eines sinnloser und gewalttätiger als das andere. Immer häufiger stellt sich heraus, daß die meisten dieser Verbrechen von jungen Männern begangen werden. Die Statistiken zeichnen ein düsteres Szenario:

- In den USA werden täglich vierzehn Kinder von Kindern getötet, hundert Kinder pro Tag werden von Kindern verletzt,[4]
- schwarze Jugendliche werden mehr als zehnmal häufiger durch Schußwunden verletzt als weiße Jugendliche,[5]
- zum ersten Mal in der Geschichte sterben mehr Jugendliche an Schußverletzungen als an natürlichen Todesursachen. Das gilt für weiße wie für schwarze Jugendliche gleichermaßen.[6]

„Die größte nationale Tragödie Amerikas sind die jungen Amerikaner", heißt es in einer großen amerikanischen Studie. „Die jungen Männer zwischen achtzehn und fünfundzwanzig Jahren sind der Brennpunkt unseres Kriminalitätsproblems."[7]

In einer anderen amerikanischen Studie, in der die jungen

Amerikaner mit ihren Altersgenossen in der ganzen Welt verglichen wurden, kam man zu folgenden Ergebnissen:

- In den USA gibt es zwanzigmal so viele Vergewaltigungen wie in Japan, England oder Spanien.[8]
- Bei den jungen Männern, die in Harlem leben, ist die Wahrscheinlichkeit, daß sie vierzig Jahre alt werden, geringer als bei vergleichbaren Altersgruppen in Bangladesch.[9]
- Unter den jungen Männern in den USA werden zwanzigmal so viele Morde begangen wie in Westeuropa oder in Japan.[10]

Viele Wissenschaftler haben versucht, eine Erklärung für die Gewaltbereitschaft unter den amerikanischen Jugendlichen zu finden, die vermuteten Gründe reichen von ärmlichen Familienverhältnissen bis hin zur amerikanischen Wild-West-Tradition. Ein häufig genannter Zusammenhang besteht zwischen der Gewalt bei amerikanischen Jugendlichen und der Armut, in der viele unserer Kinder aufwachsen:

- In den Vereinigten Staaten wachsen mehr Kinder und Jugendliche in Familien auf, die unter der Armutsgrenze leben, als in allen anderen Industrienationen (1993 11522 Dollar pro Jahr für eine dreiköpfige Familie). Der Grund dafür ist die Tatsache, daß in den USA weniger öffentliche Gelder für Kinder zur Verfügung stehen als in jeder anderen Industrienation.[11]
- Die Kinderarmut ist in Amerika um 50 Prozent höher als in Nachbarländern wie Kanada und Australien, sie ist zwei- bis achtmal höher als in Europa.[12]
- Was die prozentualen Ausgaben für Bildung betrifft, liegen die USA auf dem drittletzten Platz der Rangskala, nur das verarmte Irland und das durch Kämpfe erschütterte Israel geben noch weniger Geld für Bildung aus.[13]

Wenn ich manchen jungen Männern in die Augen schaue, bekomme ich es mit der Angst zu tun. Was ich früher sah, war sehr viel Verwirrung und Wut. Heute scheint diese Wut in vielen Fällen ins Unterbewußtsein verdrängt. Ich sehe Dumpfheit und Tod in diesen Augen. Wenn ich über die jungen Männer von heute nachdenke, erinnere ich mich an ein Interview mit einem vierzehnjährigen Jungen namens Jeffrey, der in einer geschlossenen Einrichtung des Staates Kalifornien untergebracht war. Der Junge war für schuldig befunden worden, einen zwölf Jahre alten Nachbarjungen bei einem Streit um Geld getötet zu haben. Ich wollte erfahren, was passiert war, um anderen jungen Männern wie Jeffrey helfen zu können.

Als ich die Einrichtung betrat, war ich bestürzt über die Gefängnisatmosphäre, die dort herrschte. „Das sind doch noch Kinder", war meine erste spontane Reaktion. „Warum werden sie wie Tiere eingesperrt?" Dann dachte ich daran, daß ich in meinen wilden Jahren ebenfalls einige Dinger gedreht hatte, und irgendwo ganz tief in meinem Innern fühlte ich: „Ich müßte Gott dafür danken, daß ich hier nur Besucher bin, ich hätte auch schon hier eingesperrt sein können."

Als man mich eingehend durchsucht und darüber instruiert hatte, was ich dürfe und was nicht, brachte man Jeffrey. Er war groß und schlaksig, trug Jeans und T-Shirt. Ein ganz normaler Junge, dachte ich bei mir. Aber bald wurde ich eines besseren belehrt.

„Warum wolltest du ihn töten?" fragte ich in bester Absicht, ihn zu verstehen.

„Ich weiß nicht", antwortete er und zuckte gleichgültig mit den Schultern. „Schätze, ich wollte seine Kohle, und er redete mich gleich schwach an."

„Wieviel Geld hast du ihm weggenommen?" „Ungefähr 60 Cents." Wieder zuckte er mit den Schultern. Er sah mir nicht in die Augen, wenn er mit mir sprach. Er schien eigentlich überhaupt nirgendwo hinzusehen. Seine Stimme klang wie die eines Roboters.

„Tut es dir leid, daß er tot ist?" fragte ich ihn und war mir sicher, jetzt irgendeine Reaktion von ihm zu bekommen.

„Ich habe mir darüber noch keine Gedanken gemacht", sagte er kalt, „ich mache mir ja auch keine Gedanken darüber, wenn ich Fliegen töte."

„Willst du damit sagen, daß es für dich dasselbe ist, ob du einen Menschen umbringst oder ob du eine Fliege tötest?" Trotz meiner Bemühungen, meine Gefühle in Schach zu halten, wurde meine Stimme lauter. Ich hatte nun nicht mehr die ruhige Stimme eines Interviewers. Ich hätte ihn am liebsten geschüttelt, bis ihm die Zähne ausfielen. „Fühlst du denn gar nichts?" hätte ich gerne geschrien.

Ich merkte, daß ich zu zittern begann. Man konnte es nicht sehen, es war mehr innerlich. Ich hatte so ein komisches Gefühl im Nacken, als ob man eine unsichtbare Gefahr spürt. Obwohl ich es zu diesem Zeitpunkt nicht hätte auf den Punkt bringen können, es war, als fühlte ich die Gegenwart eines Toten. Nicht körperlich tot, eher so eine Art Zombie wie man sie in den Filmen sehen kann, eine Kreatur, die einmal menschlich war, die sich aber in etwas anderes verwandelt hatte.

Als ich mehr über Menschen wie Jeffrey erfuhr, wurden meine anfänglichen Wahrnehmungen bestätigt. „Wenn man auf das Tor zum Gefängnis von Massachusetts blickt, stehen da nicht etwa Dantes Worte geschrieben: ‚Du, der du dieses Tor durchschreitest, lasse alle Hoffnung hinter dir'.[14] Das ist auch gar nicht notwendig, denn alle, die dort leben, haben alle Hoffnung bereits aufgegeben." So lauten die Worte von James Gilligan, einem Psychiater, der nahezu sein ganzes berufliches Leben der Aufgabe gewidmet hat, herauszufinden, was Männer gewalttätig macht. Seine Erfahrungen, die er als Direktor des *Center for the Study of Violence* an der Medizinischen Fakultät der Harvard University gemacht hat, können uns helfen, Menschen wie Jeffrey besser zu verstehen.

„Wenn ich diese Menschen als ‚lebende Tote' bezeichne, so ist das nicht einfach eine Metapher, die ich mir ausgedacht habe", meint Gilligan, „sondern die konkreteste, wörtlichste und am wenigsten verzerrende Zusammenfassung dessen, was diese Männer mir sagten, als sie mir beschrieben, wie sie sich selbst sehen und erfahren .... Einige meinten, sie fühlten sich wie Zombies oder Roboter, sie hätten das Gefühl, ihre Körper seien leer oder mit Stroh gefüllt, als hätten sie weder Fleisch noch Blut .... Ein anderer Mörder, mit dem ich arbeitete, sagte, er sei ein ‚Vampir'."[15]

Als ich ein Junge war, glaubte ich, Zombies seien nur eine Erfindung, die man sich in Hollywood ausgedacht hat, um uns das Fürchten zu lehren. Als ich dann Jeffrey traf, änderte ich meine Meinung. Ich war überzeugt, daß es Zombies wirklich gibt. Doch sie sind selten und leben hinter Gittern. Wenn ich mich jetzt umsehe, dann sehe ich eine Welt voller junger, männlicher Zombies. Sie sind nicht mehr selten, sie leben nicht mehr hinter Gittern, und wir sind nicht mehr vor ihnen sicher.

Was ist passiert? Wie haben wir es geschafft, eine Welt voller desinteressierter, verschlossener, totenähnlicher Männer zu schaffen? Robert Moore, der sich eingehend mit der Erforschung der männlichen Psyche beschäftigt hat, ist der Ansicht, daß wir uns von einer „gesunden Männlichkeit“ hin zu einer „Monsterjungen-Männlichkeit“ entwickelt haben.

Die Arbeit von Wissenschaftlern wie James Gilligan kann uns einen Hinweis darauf geben, wie wir uns diese Monsterjungen geschaffen haben und weshalb sie zu brutalen Mördern wurden.

Scham: Die Wurzel der Monsterjungen-Männlichkeit

Ich habe bisher keinen einzigen schwerwiegenden Akt der Gewalt gesehen, der nicht hervorgerufen worden wäre durch die Erfahrung, beschämt und gedemütigt, mißachtet und lächerlich gemacht worden zu sein, und der nicht den Versuch darstellt, diesen Gesichtsverlust abzuwehren oder ungeschehen zu machen – ganz gleich welche Strafe dafür zu erwarten ist, und sei es die Todesstrafe.

James Gilligan – Violence

Wir leben in einer Kultur, in der das Ehrgefühl einen wesentlichen Raum einnimmt, und in der mehr und mehr Menschen das Gefühl haben, nicht respektiert zu werden. Viele würden ihre Seele verkaufen, wenn sie einen Job dafür bekämen oder den, den sie haben, behalten könnten. Andere haben keinerlei Hoffnung, irgendwann einmal eine Arbeit zu finden, die ihrem Leben einen Sinn gibt.

Viele Männer, die auf die Lebensmitte zugehen, fühlen sich entmutigt durch die Veränderungen, die sie an ihrem Körper, ihrem Geist und ihrer Seele erleben. Sie fühlen sich unnütz, „jenseits von Gut und Böse“. Statt stolzen Hauptes als Mentoren für junge Männer aufzutreten, lassen sie beschämt die Köpfe hängen. Doch es gibt viele junge Männer, die förmlich hungern nach der Fürsorge und dem Respekt, den nur reife ältere Männer ihnen geben können. Viele junge Männer würden töten, um sich Respekt zu verschaffen oder um das bißchen Respekt, das ihnen entgegengebracht wird, nicht zu verlieren. Und viele tun es auch.

„Von den Gefängnisinsassen, mit denen ich arbeitete, bekam ich auf die Frage, warum sie getötet hatten, immer wieder zu hören: ‚... weil er keinen Respekt vor mir hatte ....‘ Der Begriff ‚Respektlosigkeit‘ ist im Vokabular, im moralischen Wertesystem und in der Psychodynamik dieser chronisch gewalttätigen Männer ein so zentraler Begriff, daß sie dafür sogar einen verkürzten Slangausdruck gefunden haben: ‚to dis‘ statt ‚to disrespect‘.“[16]

„Wir mißverstehen diese Männer, und zwar zu unserem eigenen Schaden", meint Gilligan, „wenn wir nicht begreifen, daß es durchaus wörtlich zu nehmen ist, wenn sie sagen, eher würden sie jemanden töten oder verstümmeln, oder selbst getötet oder verstümmelt werden, als ohne Stolz, Würde und Selbstachtung zu leben. Sie ziehen den Tod der Ehrlosigkeit vor."[17]

In den zweiunddreißig Jahren, in denen ich mit drogenabhängigen Klienten arbeitete, lernte ich, daß eine zentrale Erfahrung, die zur Drogensucht führt, die Verletzung des Ehrgefühls ist. Fast alle meinten, daß da eine tiefe Wunde sei, ein „schwarzes Loch" in ihrem Innern. Und bei vielen war damit ein Gefühl der Scham verbunden. „In meinem Innern, da wo mein Ich sein sollte, da ist ein Loch", meinte einer der Drogenabhängigen.

Drogen helfen, diese Leere auszufüllen. Die Dynamik ist ähnlich wie bei der Gewalt. „Die Verletzung des Ehrgefühls ist die zentralste oder grundlegendste Ursache für Gewalt", meint Gilligan, „... ganz gleich, ob sie nun gegen andere oder gegen einen selbst gerichtet ist."[18]

Bei den meisten Männern liegt das Ehrgefühl tief in ihrem Innern verborgen. Oft sind es völlig nichtige Dinge, die dieses Ehrgefühl verletzen. Viele fühlen sich durch Dinge verletzt, die so nichtig sind, daß kaum jemand glaubt, daß man sich dadurch betroffen fühlen kann. Ein „komischer Blick", ein Tonfall oder irgend etwas, das beim Gemüsehändler liegengeblieben ist, kann ausreichen, um einen Mann in die Luft gehen zu lassen. Was viele Männer mit allen Mitteln verbergen wollen, ist, wie leicht man sie kränken kann. „Das ist ein Geheimnis, für das viele Männer eher sterben würden als es zuzugeben", schreibt Gilligan. „Es ist ein Geheimnis, daß sie gekränkt sind – sehr gekränkt, daß sie ständig gekränkt und überhaupt leicht zu kränken sind, und zwar wegen Dingen, die so trivial sind, daß eben diese Trivialität es noch beschämender macht, daß man deswegen gekränkt ist."[19]

Viele junge Männer wachsen heutzutage in Familien und in Gemeinschaften auf, in denen sie so oft und so tief gedemütigt und in ihrer Selbstachtung verletzt werden, daß schon ein nichtiger Anlaß genügt, um sie aus der Fassung zu bringen. Sie hungern förmlich nach einem wohlwollenden Wort – sie möchten gerne hören, daß sie clever, gut sind, daß sie gebraucht werden oder daß man sie schätzt. Sie sind wie obdachlose Bettler. Einerseits sind sie tief beschämt darüber, wie bedürftig sie sind und wie leicht andererseits diese Bedürftigkeit angesprochen werden kann. „Oft verstecken sich gewalttätige Männer aus Selbstschutz hinter einer Maske aus Draufgängertum, Arroganz, Macho-Gehabe, Selbstgenügsamkeit, vermeintlicher Sorglosigkeit oder oberflächlicher Gleichgültigkeit", schreibt Gilligan[20], und er faßt seine Erkenntnisse folgendermaßen zusammen: „Hinter dieser Maske des ‚coolen' Draufgängertums oder der Selbstsicherheit, mit der viele gewalttätige Männer ihr wahres Gesicht verbergen – und zwar mit einer Verzweiflung, die aus der Überzeugung genährt wird, daß sie ihr Gesicht verlieren würden, würden sie diese Maske auch nur einen Spalt breit lüften –, verbirgt sich ein Mensch, der sich verletzlich fühlt, der nicht nur Angst hat, sein Gesicht zu verlieren, sondern auch seine Ehre, Prestige, Respekt und Status, der Angst hat vor dem völligen Verlust seiner Identität, seiner Identität als Erwachsener, als Mann, als Heterosexueller, vor dem Verlust seines Selbst, seiner Würde als Person, seines Verstandes und seiner seelischen Gesundheit."[21]

Dies gilt nicht nur für erwachsene, sondern um so mehr für junge Männer, die ihre Identität und ihr Selbst noch nicht voll entwickeln konnten. Sie fingen gerade an, sich von ihren Müttern abzunabeln und ihren Platz in der Welt zu suchen. Sie sind noch mehr gefährdet, ihr Gesicht zu verlieren, noch empfänglicher für Kränkungen, noch unsicherer in ihrer Männlichkeit und noch eher bereit, Gewalt einzusetzen in einem Kampf, der schon verloren ist, um sich das Selbstwertgefühl zu verschaffen, das man nur entwickeln kann, wenn man von einem reifen älteren Mann geachtet, anerkannt und geschätzt wird. Sie brauchen dringend Männer, die die Menopause erfolgreich hinter sich gelassen haben, und die ihrer heranreifenden Männlichkeit Achtung entgegenbringen können.

Monsterjungen und die Angst der Frauen

Nach einem Bericht der Justizkommission des US-Senats ist Gewalt gegen Frauen das kriminelle Delikt, das am stärksten zunimmt, wobei aus neunundzwanzig US-Staaten Rekordzahlen von Übergriffen gegen Frauen gemeldet werden.[22] In unserer Angst vor Gewalt denken wir meistens an Überfälle durch Fremde, doch die Wirklichkeit sieht anders aus, denn am häufigsten passiert Gewalt zwischen Menschen, die sich kennen. Gewalt in der Familie und Vergewaltigungen durch Männer aus dem Bekanntenkreis gehören zu den häufigsten Formen von Gewalt.

In einer kürzlich durchgeführten Umfrage berichteten zwanzig Prozent der Frauen, daß sie schon einmal bei einer Verabredung vergewaltigt worden sind. Nicht einmal fünf Prozent von ihnen erstatteten Anzeige. Eine der Frauen drückte es so aus: „Ich habe nie jemandem erzählt, daß ich vergewaltigt worden bin. Damals hielt ich es nicht für eine Vergewaltigung. Es war ‚Sex gegen meinen Willen'. Ich wollte nicht, und er tat es trotzdem. Heute, mit neunundzwanzig, weiß ich erst, es war eine Vergewaltigung."[23]

Die meisten Männer, die Frauen vergewaltigen, mit denen sie sich verabreden, sind nicht gerade Jack-the-Ripper. Die meisten Frauen berichten, daß ihre Vergewaltiger intelligent, attraktiv und nett waren. Nichts an ihrer äußeren Erscheinung ließ vermuten, daß sie eine Neigung zu sexueller Gewalt haben könnten. Was man auf den ersten Blick nicht sieht, was aber bei den meisten dieser Männer der Fall ist: Sie kommen aus Familien, in denen Gewalt an der Tagesordnung ist. Sie haben gelernt, daß Sex eine Art Kampf ist, und daß Frauen, die sich widersetzen, mit Gewalt unterworfen werden müssen.

Wenn die Zeit der Verabredungen vorbei ist, wird die Gewalt aber nicht weniger. Den Untersuchungen der Soziologin Myriam Miedzian zufolge werden jährlich 1,8 Millionen Frauen von ihren Ehemännern oder Lebensgefährten körperlich angegriffen.[24]

Warum sind Männer den Frauen gegenüber so gewalttätig? Wir ahnen etwas von den Gründen, wenn wir uns bewußt machen, daß eine Beziehung, in der es zu Gewalttätigkeit kommt, eine ganz besondere Dynamik hat. Der Mann glaubt, von seiner Frau erwarten zu können, daß sie ihm gehorcht und tut, was man von ihr verlangt. Damit eine solche Beziehung entstehen kann, muß eine Art beiderseitiges Einvernehmen herrschen.

Wenn eine Frau in einem solchen Umfeld aufwächst, dann wird ihr als Teil ihrer weiblichen Sozialisierung beigebracht, daß es ihre wichtigste Lebensaufgabe ist, ihrem Mann zu gefallen. Er glaubt schließlich, von ihr erwarten zu können, daß sie sich ihm unterordnet, und wird emotional von ihrer ständigen Bereitschaft, immer und immer nur zu geben, dermaßen abhängig, daß jegliche Abweichung für ihn zur Bedrohung seiner Männlichkeit wird.

Diese adoleszente Beziehungsdynamik ist typisch für Jungs, die nie erwachsen geworden sind, und für Mädchen, die sich sehnlichst einen Partner wünschen, aber keine erwachsenen männlichen Vorbilder haben, so daß sie sich mit diesen Jungs einlassen und hoffen, sie könnten ihnen mit viel mütterlicher Zuneigung helfen, Männer zu werden. Das Problem dabei ist, je mehr mütterliche Zuneigung diese Männer erhalten, desto mehr schämen sie sich, sie zu brauchen, und desto mehr müssen sie ihre Männlichkeit unter Beweis stellen, indem sie zeigen, daß keine Frau ihnen sagen darf, wo es langgeht. Dies ist eine Double-bind-Situation, die viele Frauen nur zu gut kennen.

In seinen Workshops arbeitet Robert Bly häufig mit solchen Frauen. „Je weniger wirklich erwachsene Männer es gibt, desto mehr Töchter wachsen ohne die Präsenz eines erwachsenen männlichen Vorbildes auf, so daß sie sich Lebensgefährten suchen, ohne eine Vorstellung davon zu haben, was Reife eigentlich ist. Manche Frauen berichten voller Verwunderung: ‚Er sah gut aus und konnte seine Gefühle zeigen. Anfangs war er ganz anders als diese Typen, aus denen kein Wort herauszubringen ist. Er erzählte von seiner Kindheit, gab mir das Gefühl, daß er mich braucht, und scheute sich nicht, über seine Ängste zu sprechen.‘“

„Und dann?“ fragt Bly. „‚Plötzlich ist es dann aus mit der Arbeitsteilung, überall liegen seine Klamotten herum .... Er gibt seinen Job auf, weil der auf Dauer zu anstrengend ist, und sucht sich keinen neuen mehr. Wenn ich sage, daß ich traurig bin oder mich einsam fühle, sieht er durch mich hindurch. Dann komme ich mir vor wie seine Mutter. Eine Mutter, die mit ihrer Erziehung gescheitert ist. Und wenn man dieses Stadium dann einmal erreicht hat, hat er auch keine Lust mehr auf Sex. Schließlich sind wir wie Bruder und Schwester. Aus, fertig. Das war's.‘“[25]

Die Autorin Elizabeth Janeway erläutert in ihrem Buch *Man's World, Woman's Place*, daß diese Abhängigkeit der Männer auf eine frühe Eltern-Kind-Beziehung zurückzuführen ist. Die Erfahrungen, die wir mit unseren Müttern machen, werden auf unsere Partner übertragen. Janeway faßt die Gefühle der Männer so zusammen: „Ich möchte eine Frau ganz für mich alleine, eine Frau, der ich befehlen kann und die mir willig gehorcht, die mich tröstet, wenn mir etwas fehlt, wenn ich einsam oder frustriert bin, so wie meine Mutter früher."[26]

Ganz gleich, ob nun unsere Mutter da war, wenn wir sie brauchten, oder nicht, glauben wir zumindest unser Leben lang, daß sie hätte da sein müssen.

Wir alle kennen dieses Bedürfnis oder können es zumindest nachvollziehen. Aber hinzu kommt, daß – wie Janeway es formuliert – „der Mann die Frau nicht nur braucht, sondern ein Recht auf sie hat. Und dieses Recht ist sozusagen ein Bestandteil der göttlichen Ordnung."[27] Kombiniert man nun diesen geradezu mystischen Glauben mit der Scham und der Wut, die Männer darüber empfinden, daß sie die Frauen so sehr brauchen und sie sich deshalb so unmännlich und kindisch fühlen, dann haben wir alles, was für die Entstehung von Gewalt notwendig ist.

Wen ein Mann die Menopause erfolgreich hinter sich gebracht hat, fühlt er sich stolz, stark und liebevoll. Er kann mit einer starken Frau zusammen sein, ohne sie klein zu halten oder ihre Kraft unterdrücken zu müssen. Statt ein bedürftiges Kind zu sein, kann er ihr ein gleichberechtigter Partner werden.

Monsterjungen und die Gewalt gegen Männer

Jeder dritte Schwarze kommt in irgendeiner Form mit dem Gesetz in Konflikt. Die Verzweiflung dieser Menschen fängt an, sich in unserer gesamten Kultur widerzuspiegeln. Und deshalb wollen die Kinder in den Städten Rap-Musik hören.

Robert Bly – The Sibling Society

Jedes Jahr fuhr Malik Smith nach Utah, um sich ein paar Tage Urlaub in einem der besten Skigebiete der Welt zu gönnen. Er liebte diese Gegend und genoß die leichten Abfahrten. Bei seinem letzten Aufenthalt besuchte er abends einen Nachtclub. Als er auf dem Weg zu seinem Tisch war, wurde er von John Tavo Leota angepöbelt, einem achtzehnjährigen ihm fremden jungen Mann. Leota schlug Malik Smith bewußtlos. Einen Tag später erlag Smith seinen schweren Gehirnverletzungen. Nachdem der Täter festgenommen worden war, meinte einer der Polizeibeamten: „Das Tragische daran ist, daß der Verdächtige einfach herumlief, um wahllos Schlägereien anzufangen, und dieser Smith ihm ganz zufällig in die Quere kam. Dem Angriff ging keinerlei Provokation voraus."[28]

Wenn wir an „männliche Gewalt" denken, dann denken wir meistens an Männer als Täter und an Frauen und Kinder als deren Opfer. Gewalt von Männern gegen Männer wird in unserer Kultur als völlig normales Verhaltensmuster betrachtet, so daß sie kaum noch auffällt. Wenn wir zum Beispiel an Vergewaltigungen im Bekanntenkreis denken, dann denken wir, das sind Männer, die Frauen Gewalt antun. Überraschenderweise ergab dieselbe Studie, in der 20 Prozent der Frauen berichteten, schon einmal von Männern aus ihrem Bekanntenkreis vergewaltigt worden zu sein, daß 37 Prozent der befragten homo- oder bisexuellen Männer schon einmal von Männern, die sie kannten, vergewaltigt worden waren.[29]

Obwohl Frauen oft von Männern verletzt oder getötet werden, ist die Gewalt der Männer am häufigsten gegen andere Männer gerichtet. Jedes Jahr werden ungefähr dreimal so viele Männer ermordet wie Frauen.[30] Doch nicht alle Männer sind gleich gefährdet. Auf einen weißen Amerikaner, der umgebracht wird, kommen jedes Jahr sieben Afro-Amerikaner.[31]

Gewalt ist in unseren Gemeinden so sehr an der Tagesordnung, daß viele Menschen sie einfach als Tatsache akzeptiert haben. Wir hören nicht auf, nach einfachen Lösungen für komplexe Probleme zu suchen. Einige hoffen, daß das Problem dadurch gelöst werden kann, daß der Besitz von Schußwaffen stärker kontrolliert wird. Andere meinen, daß man die Polizei mit den neuesten Automatikwaffen ausstatten sollte.

Die richtigen Fragen werden ganz selten gestellt. Warum nimmt die Gewalt denn zu? Warum werden die meisten Gewalttaten von jungen Männern begangen? Besteht ein Zusammenhang zwischen der Gewalttätigkeit von jungen Männern und der Abwesenheit liebevoller Väter und anderer Mentoren im Leben dieser jungen Männer? Wenn wir auf diese Fragen keine Antworten finden, wird die Gewalt weiter eskalieren. Die einzige Lösung scheint darin zu bestehen, noch mehr Gefängnisse zu bauen und diese jungen Menschen hinter Schloß und Riegel zu bringen. Aber junge Männer ins Gefängnis zu stecken, heißt nicht, daß sie lernen, ihr gewalttätiges Verhalten abzulegen, sondern daß die Gewalt weiter eskalieren wird.

Nach Schätzungen des US-Justizministeriums werden in den USA pro Jahr 135 000 Frauen vergewaltigt. Manchen halten diese Zahl für zu niedrig.[32] James Gilligan schätzt die Anzahl der Männer, die im Gefängnis vergewaltigt werden, auf achtzehn pro Minute, das sind 1 000 pro Stunde oder neun Millionen pro Jahr.[33]

Wenn Sie von diese Zahlen genauso geschockt sind wie ich, dann bedenken Sie folgendes: (1) „Zu jedem x-beliebigen Zeitpunkt sind nahezu zwei Millionen Männer in den verschiedenen Strafanstalten dieses Landes inhaftiert .... Und da der Durchlauf von Männern, die auf ihren Prozeß warten oder aber zu kurzen Gefängnisstrafen verurteilt wurden, besonders hoch ist, beläuft sich die Anzahl der Männer, die sich zumindest für einen Teil des Jahres – und zwar jedes Jahr – in Haft befinden, auf mehr als zehn Millionen. Und fast ebenso viele Männer werden wieder in unsere Gemeinden entlassen." (2) In den Haftanstalten gehört sexuelle Gewalt für fast alle Männer zum täglichen Leben.[34]

Eine Studie ergab, daß „sexuelle Gewalt ein so brisantes Thema ist, daß man in einem Bericht an einen Abgeordneten einen Vollzugsbeamten zitierte, der erklärt hatte, die Chancen eines jungen Strafgefangenen, im Gefängnis einer sexuellen Gewalttat zu entgehen, seien ‚nahezu null .... Er wird innerhalb der ersten ein bis zwei Tage vergewaltigt. Das ist fast schon die Regel.'"[35]

„Aber diese Kerle, die in den Gefängnissen sexuell mißbraucht werden, sind schließlich selber Kriminelle," mag so mancher zu sagen geneigt sein. „Vielleicht haben sie es nicht verdient, vergewaltigt zu werden, aber zumindest haben sie das Gesetz gebrochen und müssen mit den Konsequenzen ihres Handelns leben." Wir würden uns nur zu gerne von diesen Menschen distanzieren und die Augen schließen vor dem, was Tag für Tag in unseren Strafanstalten passiert. Die Wahrheit ist nur schwer zu akzeptieren. Stephen Donaldson ist einer von denen, die sich nie mehr von diesen Männern distanzieren können und die Wahrheit akzeptiert haben. „Vor zwanzig Jahren wurde ich im Gefängnis von einer Gruppe von Männern vergewaltigt. Ich saß ein für eine Tat, von der ich später freigesprochen wurde."[36] Für diejenigen, die meinen, das würde einem selbst oder den Männern, die man so kennt, sicher nie passieren, ist es vielleicht nicht unwahrscheinlicher, vergewaltigt zu werden, als eine Anklage wegen illegaler Beteiligung an einer Anti-Kriegsdemonstration an den Hals zu bekommen.

Für viele Frauen ist sexuelle Gewalt ein Prozeß, der in zwei Stufen abläuft. Erst sind sie frei und leben ihr Leben, dann werden sie mißbraucht, und ihr Leben wird nie wieder sein wie zuvor. Für viele Männer in unserer Gesellschaft ist es genau das gleiche. Auch sie werden mißbraucht und vergewaltigt, entweder von Familienmitgliedern, bei Verabredungen und manchmal auch von Fremden. Aber für die meisten Männer, die vergewaltigt werden, hat sexuelle Gewalt drei Stufen. Erst sind sie frei, dann landen sie im Gefängnis, und schließlich werden sie vergewaltigt. In den Gefängnissen sind sie „aus den Augen, aus dem Sinn", und deshalb erfahren viele Menschen nicht einmal, daß so etwas passiert. Für Männer und Jungen gibt es keinen Notruf, wenn sie vergewaltigt worden sind, keine öffentlichen Proteste. Nur wenige treten für sie ein und versuchen, uns wachzurütteln. Das FBI definiert den Sachverhalt der Vergewaltigung folgendermaßen: „... sexueller Übergriff gegen eine Frau unter Anwendung von Gewalt und gegen ihren Willen" – eine Formulierung, mit der praktisch ignoriert wird, daß auch ein Mann vergewaltigt werden kann.

Ich habe die Vergewaltigung von Männern aus drei Gründen angesprochen: Erstens, um zu zeigen, daß sexuelle Gewalt nicht nur das Problem von Frauen ist. Sie ist also durchaus auch „Männersache". Zweitens, um zu zeigen, welche Wut sich bei Männern aufbaut, wenn ihr Bedürfnis nach Liebe und Respekt nicht erfüllt wird. Drittens, um zu zeigen, daß die Gewalt von Männern nicht dadurch zurückgedrängt wird, daß man sie einsperrt. Gewalttätigkeit bei Männern entsteht dann, wenn Männer in ihrer Ehre verletzt, beschämt und mißbraucht werden. Eine Heilung ist nur dann möglich wenn alle Männer, auch die in den Gefängnissen, mit Fürsorge und Respekt behandelt werden.

Monsterjungen und die Umwelt

Feministische Wissenschaftlerinnen haben schon lange festgestellt, daß zwischen der Gewalt gegenüber verletzbaren Männern und Frauen und der Gewalt, die unserer Umwelt angetan wird, ein Zusammenhang besteht. „In unserer Kultur ist die körperliche Vergewaltigung von Frauen durch Männer vergleichbar mit dem gewalttätigen Umgang mit unserer Mutter Erde", schreibt Arisika

Razak in *Reweaving the World.* „Auch die Erde ist weiblich. Blind für die Konsequenzen unseres Tuns und unwissend, wie eine harmonische Koexistenz aussehen könnte, konsumieren und vergeuden wir in unersättlicher Art und Weise die knappen Rohstoffe unseres Planeten Erde."

„Ohne Respekt dringen wir in ‚jungfräuliche' Gebiete ein", fährt Arisika Razak fort. „Die Natur ist eine natürliche Bedrohung für uns, sie muß unterworfen, reduziert und unserer Ordnung angepaßt werden."[37]

Zwar sind auch Frauen an den Handlungen beteiligt, die zur Zerstörung unseres Planeten führen – am exzessiven Warenkonsum, am steigenden Verbrauch von Erdöl im Straßen- und Luftverkehr, an der Zerstörung von Lebensraum für Pflanzen und Tiere, um Platz zu schaffen für die „explodierende" Weltbevölkerung – aber Männer haben weniger Zugang als Frauen zu den natürlichen Rhythmen des Lebens. Daher sind es auch eher die Männer, die versuchen, die Natur zu kontrollieren und zu beherrschen.

So beschreibt der Autor Sam Keen die in unserer Kultur unterschiedliche Orientierung von Männern und Frauen folgendermaßen: „Ganz gleich in welcher Form die Frau an der Konsumgesellschaft partizipiert, ihre ursprüngliche psychische Identität entspricht der biologischen Ordnung. Nicht Gewinn und Verlust stehen für sie an erster Stelle, sondern das Gebären und Nähren. Im Gegensatz dazu ist die männliche Identität seit der industriellen Revolution so eng mit der Ausbeutung der natürlichen Ressourcen verknüpft, daß es einer grundlegenden Veränderung unseres männlichen Selbstverständnisses bedarf, wollen wir eine Ethik der Wertschätzung gegenüber unserem Planeten Erde schaffen. Sowohl unsere Taten als auch unsere Identität müssen sich ändern."[38]

In vieler Hinsicht haben wir uns, was das Verhältnis zur Erde betrifft, verhalten wie die Kinder. Wir behandeln sie, als sei sie eine selbstlose Mutter, deren einzige Aufgabe es ist, unsere Bedürfnisse zu befriedigen. „Wir benehmen uns wie ein fünf Monate alter Säugling, der nicht erwachsen werden will", meinte kürzlich ein Psychologe. „In diesem narzißtischen Kindheitsstadium ist die Mutter für das Baby in den Augen des Babys ausschließlich dazu da, um es zu versorgen. Als habe sie keine andere Existenzberechtigung und kein anderes Ziel als dieses. Sie kommt und geht, wenn das Baby nach Trost, Nahrung oder Wärme verlangt. Das Kind sieht sich selbst als Zentrum des Universums."[39]

Die meisten Kinder wachsen auf, und irgendwann erkennen sie, daß die Mutter ein von ihnen getrenntes Wesen mit eigenen Bedürfnissen ist. Sie lernen die Bedürfnisse anderer zu achten und sich um sich selbst zu kümmern. „Leider lernt nicht jedes Baby diese Lektion," so der Psychologe. „Es gibt immer noch Männer mittleren Alters, die ihre Mütter, die sie immer noch bereitwillig versorgen, tyrannisieren."[40]

Der Schriftsteller und Psychotherapeut Anuradha Vittachi aus Sri Lanka macht uns darauf aufmerksam, daß „wir Menschen jetzt langsam begreifen – oder besser, daß wir uns wieder daran erinnern –, daß wir nicht kleine Götter sind, die die Mutter Erde besitzen und nur zu schreien brauchen und ein Recht darauf haben, aus ihren unerschöpflichen Nahrungsquellen versorgt zu werden."[41]

Wenn Jungs aber nicht die Unterstützung bekommen, die sie brauchen, um erwachsen zu werden, dann behalten sie diese kindlichen Ansprüche bei. Sie erwarten, daß die Frauen sie versorgen, und werden wütend, wenn diese eigene Bedürfnisse anmelden. Ähnliche Ansprüche stellen sie auch an die Umwelt und erwarten, daß die Erde sie bis in alle Ewigkeit aus den unerschöpflichen Reichtümern, die ihrem mütterlichen Busen entspringen, ernährt. Sie glauben, ein Recht darauf zu haben, alles was sie wollen, auch zu bekommen.

Einer der Hauptgründe, weshalb wir vor einer globalen Umweltkrise stehen, ist die Tatsache, daß wir in einer Welt leben, in der viele Männer immer noch nicht erwachsen geworden sind.

Wenn die Männer nicht lernen, die Menopause erfolgreich zu meistern, werden sie sich weiter verhalten wie hungrige, fordernde Kinder, die glauben, ein Recht darauf zu haben, gefüttert zu werden. Wir wissen, daß es den jungen Männern nicht gelingen kann, zu verantwortungsbewußten Erwachsenen heranzuwachsen, ohne daß ihnen starke und liebevolle Väter dabei helfen.

1993 sahen wir sein Bild auf der Titelseite des Nachrichtenmagazins *Newsweek*. Ein Mann mittleren Alters, ein frustrierter, in seinen Gefühlen verletzter, arbeitsloser, geschiedener Vater, der von den Anforderungen unserer modernen Welt aus der Bahn geworfen wird. Das Bild zeigte Michael Douglas in dem Kinofilm „Ein Mann sieht rot". Aber wir alle erkannten in ihm auch den Mann von nebenan. Vielleicht sehen wir ihn ja sogar jeden Morgen im Spiegel, wenn wir uns rasieren. Er ist der Menopausen-Mann, und zur Zeit stehen die Dinge für ihn ziemlich schlecht. Die Kritiker waren sich nicht ganz sicher, was sie von diesem Film und der Botschaft, die er uns über unsere Gesellschaft übermitteln sollte, halten sollten, aber in allen amerikanischen Zeitschriften von *The National Review* bis zu *Rolling Stone* war man sich einig, daß der Film einen wichtigen Trend widerspiegelt: das zunehmende Konflikt- und Gewaltpotential in der amerikanischen Gesellschaft und die Frustration des weißen Mittelklassebürgers mittleren Alters.

Wir alle haben so etwas schon mal erlebt. Bedrückt durch ein immer stärker werdendes Gefühl von Wut und Isolation, völlig verschwitzt im Abgasdunst des Morgenverkehrs der Straßen von Los Angeles, so springt der „Held" des Films „Ein Mann sieht rot", der fast den ganzen Film hindurch ohne Namen bleibt, aus seinem Wagen. „Was glaubst du eigentlich, wo du hingehst?" schreit ihm ein ärgerlicher Autofahrer hinterher, als er über die Leitplanken klettert. „Nach Hause", antwortet der Mann in der Menopause ganz schlicht und deutet in die Richtung, in die er sich aufmacht.

Von der Polizei unter der Leitung von Detektive Prendergast (Robert Duvall), der kurz vor seiner Pensionierung steht, bekommt er später den Spitznamen „D-FENS", nach der Aufschrift auf dem Nummernschild des Wagens, den er hat stehen lassen. Noch so ein gefeuerter Mitarbeiter des hiesigen Rüstungsbetriebes. Sehr bald wird deutlich, daß Prendergast, der ältere Mann mit Durchblick, für den Menopausen-Mann und seine Familie die einzige Hoffnung ist, die Katastrophe noch abzuwenden.

Der Menopausen-Mann sucht eine Telefonzelle, um seine Ex-Frau (Barbara Hershey) anzurufen und ihr zu sagen, daß er zur Geburtstagsparty seiner Tochter unterwegs ist. Für den Menopausen-Mann wird der Heimweg zum Alptraum, denn sein eigener Schmerz mischt sich mit der Hoffnungslosigkeit und Wut anderer Männer, denen er auf seinem Weg begegnet.

Wir werden Zeuge, wie er mehr und mehr an Menschlichkeit verliert. Wir erwarten die drohende Konfrontation mit seiner Ex-Frau und seiner Tochter und fragen uns, ob er eher ein Verrückter ist, der den liebevollen Vater spielt, oder ob er tatsächlich ein liebevoller Vater ist, der durch den Verlust seiner Frau, seiner Familie, seiner Arbeit und seiner Selbstachtung in den Wahnsinn getrieben wird. Als Prendergast ihn schließlich mit der Wahrheit konfrontiert und ihm seinen Abstieg vor Augen führt – „Sie hätten ihre Frau und ihre Kinder umgebracht und dann sich selbst" –, ist der Menopausen-Mann völlig perplex. Völlig erstaunt fragt er mit einem Flüstern: „Der Böse bin also ich? Wie konnte das passieren? Ich habe immer alles getan, was man mir gesagt hat."

„Die haben Sie angelogen", antwortet ihm Prendergast schlicht.

In den Filmbesprechungen zu „Ein Mann sieht rot" konzentrierten sich viele sozialkritische Kommentare auf die Rassenkonflikte, die im Film angesprochen werden, und auf die Angst vieler Mittelklasse-Weißen vor farbigen Minderheiten. Auf der Titelseite der Zeitschrift *Newsweek* z.B. prangte die Überschrift: *„Der Verfolgungswahn des weißen Mannes: Sind sie die neuen Opfer oder nur schlechte Verlierer?"*[42]

Andere Kommentatoren erkannten auch die Bedeutung der Vaterrolle und wie wichtig es ist, daß ein Mann die Menopause meistert. David Blankenhorn beschreibt in seinem Buch *Fatherless America* die Filmfigur, die Michael Douglas verkörpert, wie folgt: „Er hat sein Heim verloren, ist von seinen Kindern entfremdet, und die Rolle als Ehemann und Vater bleibt ihm versagt, so macht sein Leben immer weniger Sinn. Er fühlt sich verloren. Er fühlt sich kastriert, entmannt, seiner Funktion als Vater beraubt."[43] Er ist tief beschämt, das ist der „Zündstoff", der zur Gewalt führt.

Der Verlust der „Väterlichkeit" breitet sich in unserer Kultur aus wie ein Buschfeuer und führt so zur Zerstörung unserer Familien und unserer Gesellschaft. „Die Vaterlosigkeit ist eine der schädlichsten gesellschaftlichen Tendenzen dieser Generation", meint Blankenhorn. „Sie ist einer der Hauptgründe für die immer katastrophaler werdende Situation der Kinder in unserer Gesellschaft. Sie ist auch der Motor für unsere drängendsten sozialen Probleme, von der Kriminalität über den Anstieg der Schwangerschaften bei minderjährigen Müttern und den sexuellen Mißbrauch von Kindern bis hin zur sexuellen Gewalt gegen Frauen in der eigenen Familie."[44]

Vor noch nicht allzu langer Zeit waren die Väter wichtige Mitglieder der Familie, doch jetzt verschwinden sie immer mehr von der Bildfläche. „Die Vereinigten Staaten werden mehr und mehr zur vaterlosen Nation", schreibt Blankenhorn. „Noch vor einer Generation konnte ein Kind mit hoher Wahrscheinlichkeit erwarten, mit dem eigenen Vater aufzuwachsen. Heute ist die Wahrscheinlichkeit höher, daß es nicht mit ihm aufwächst."[45]

Was in unserer Gesellschaft noch mehr Schaden anrichtet, ist die Tatsache, daß wir die Abwesenheit von Vätern als Norm anerkannt haben. Mittlerweile glauben wir, daß Vaterschaft eigentlich etwas Überflüssiges ist und daß es keine Notwendigkeit mehr gibt, Väter in den Aufgaben der Vaterschaft zu unterweisen. Das aber wäre die wichtigste Aufgabe der Männer, die die Menopause erfolgreich hinter sich gebracht haben.

Wenn eine Gesellschaft hinter zahlungsunwilligen Vätern her ist, um sie zu zwingen, für den Unterhalt ihrer Kinder aufzukommen, aber wenig oder gar nichts dafür tut, um diese Väter zu unterstützen, damit sie mit ihren Kindern in Kontakt bleiben können, so ist die Botschaft die, daß Männer nur ihres Geldes wegen gebraucht werden. Hat aber ein Vater keine Arbeit oder verdient er nicht genug Geld, um seine Familie zu ernähren, dann fühlt er sich hoffnungslos, hilflos und unnütz.

Die männlichen Wechseljahre und die finanzielle Misere eines Vaters

Ich kann mich noch gut an diese Angst in unserer Familie erinnern. Ich war fünf Jahre alt und mein Vater zweiundvierzig. Er war mitten in den Wechseljahren, ohne daß er überhaupt wußte, daß es so was gibt. Seit über einem Jahr war er arbeitslos. Seine Karriere als Schauspieler und Schriftsteller war erst einmal auf Eis gelegt. Meine Mutter ging arbeiten und versuchte, die Familie zu ernähren. Obwohl wir immer genug zu essen hatten, befürchtete ich, unsere Familie könnte auseinanderfallen. Mein kleines, fünf Jahre altes Köpfchen hatte keine Ahnung, was eigentlich los war. Erst vor kurzem, als ich das Tagebuch meines Vaters fand, das er zu dieser Zeit führte, wurde mir endlich bewußt, was er damals wirklich durchmachte.

4. Juni:
„Es kribbelt in deinen Gliedern und deine Haare sträuben sich, wenn du dich umschaust und all die guten, etablierten Schriftsteller siehst, Schriftsteller, die jede Menge Auszeichnungen gekriegt haben, und du selber kannst dich nicht verkaufen, findest keine Arbeit. Ja, das genügt, um jeden blaß und krank werden zu lassen."

15. August:
„Ich laufe schneller, schneller, immer schneller. Ich rackere mich ab, um Arbeit zu finden, irgend etwas, damit ich meine Familie ernähren kann. Ich versuche es immer und immer wieder, ohne Unterlaß."

8. November:
„Hunderte von Absagen, unzählige Fehlschläge, mein Vertrauen, meine Hoffnung und der Glaube an mich selbst sind mir völlig abhanden gekommen. Ein Mann mittleren Alters, ich stehe hier und blicke in die Zukunft, dumpf, verwirrt und völlig verzweifelt. Um mich herum alle diese Jungen, jung in ihrem Geist, in ihrem Herzen, sie haben zehnmal so viel Selbstvertrauen und nur die Hälfte meiner Jahre auf dem Buckel, sie besitzen das Zehnfache meines Elans, und ihre Ausbildung ist doppelt so gut wie meine. Ich sehe sie alle, eine Armee von Jungen, sie stehen vor den gleichen Türen Schlange wie ich, versuchen sich auf demselben Gebiet wie ich. Ja, an einem Sonntag morgen Anfang November ist meine Hoffnung so tief gesunken und meine Lebensgeister sind so schwach geworden, daß ich den Atem anhalte vor Angst, daß der düstere schwarze Vorhang jeden Moment fallen wird."

Jetzt bin ich selbst ein Mann mittleren Alters und kann den Schmerz meines Vaters nachempfinden, wie seine Selbstachtung langsam dahinschwand. Die Angst und Frustration, die er erlebte, bei dem Versuch, seine Familie zu ernähren, forderten ihren Tribut, und eine Flut von Scham und verletzten Gefühlen brach über ihn herein.

Sechs Tage nach diesem 8. November versuchte mein Vater, sich das Leben zu nehmen. Obwohl er körperlich überlebte, war er emotional nie mehr derselbe. In den letzten dreißig Jahren habe ich viele Männer behandelt, die ähnlichen Streßfaktoren ausgesetzt waren wie mein Vater. Die wirtschaftlichen Bedingungen und die soziale Entwurzelung, die bei ihm dazu geführt hatten, daß er sich schämte und hoffnungslos fühlte, lasten auch heute noch schwer auf manchen Männern, besonders bei denen, die sich gerade in der Menopause befinden.

„Die wirtschaftliche Entwicklung der letzten Jahre hat viele Männer langfristig zu Unterbeschäftigten oder Arbeitslosen gemacht .... Akademiker, die älter als fünfundvierzig Jahre sind, ... müssen Jahr für Jahr einen Rückgang ihres Einkommens um 18 Prozent hinnehmen."[46] Einer Analyse der *New York Times* zufolge, die auf den statistischen Angaben des US-Arbeitsministeriums beruht, sind seit 1979 in den USA mehr als 43 Millionen Arbeitsplätze gestrichen worden.[47] In den letzten zwanzig Jahren haben sich die USA zu einer nachindustriellen Gesellschaft entwickelt. Das Ergebnis ist zwar ein Gewinn für das Big Business, nicht aber für die Männer und ihre Familien.

Aufgrund der zunehmenden Technologisierung und Spezialisierung in der amerikanischen Wirtschaft sind die traditionellen Arbeiter-Jobs (z.B. in den Fabriken, im Baugewerbe und im Transport) rar geworden. In den 80er Jahren ist der Prozentsatz der Männer, die das ganze Jahr hindurch einer Vollzeit-Arbeit nachgingen, um 10 Prozent zurückgegangen. Bis zum Jahre 1991 sank die Anzahl der Männer, die ganzjährig einer Vollzeit-Arbeit nachgingen, um jährlich 1,2 Millionen.

Nach einer neuen Umfrage der *New York Times* waren seit 1980 in drei Viertel aller US-Haushalte die Familienmitglieder immer wieder kurzzeitig wegen Arbeitsmangels ausgestellt worden. In einem Drittel aller Haushalte hatte ein Familienmitglied seinen Arbeitsplatz verloren, und nahezu 40 Prozent haben einen

Verwandten, Freund oder Nachbarn, der kurzfristig wegen Arbeitsmangel ausgestellt war.[48]

Wenn ein Mann für seine Familie nicht mehr aufkommen kann, dann schämt er sich und bekommt Schwierigkeiten mit seiner Rolle als Mann. Wenn er seinen Job verliert, keine Aussicht auf eine neue Anstellung hat und dann auch noch gerade die Menopause durchmacht, dann kann das verheerende Folgen haben.

Viele Väter machen ihren Frustrationen durch Gewalttätigkeit Luft, die gegen sie selbst und gegen die Umwelt gerichtet ist. Vor lauter Wut werden sie völlig hilflos. Unfähig, ihre Rolle als Mann auszufüllen, geraten sie aus dem Gleichgewicht. Gerade dann, wenn sie das Gefühl haben, sie müßten jetzt die Früchte ihres Erfolges an die nächste Generation weitergeben, stolz sein und etwas vorweisen können, wird ihnen der Boden unter den Füßen weggezogen. Statt ihren erwachsenen Kindern etwas geben zu können, fühlen sie sich selbst wie ein Kind. Statt in der Lage zu sein, ihren Kindern nun die Früchte ihrer Arbeit zukommen zu lassen, fühlen sie sich wie ein Baum, der keine Früchte mehr trägt. Statt als reife ältere Menschen einen Platz in ihren Familien und Gemeinden zu haben, sind sie wie Kinder, die langsam alt werden.

Wenn wir es nicht schaffen, die Wechseljahre erfolgreich zu meistern, werden wir zu einer Geschwistergesellschaft

In einer Geschwistergesellschaft regredieren die Erwachsenen zu Heranwachsenden. Und angesichts dieser Vorbilder haben die Heranwachsenden keine Lust mehr, erwachsen zu werden.

Robert Bly – The Sibling Society

Ohne Väter sind wir in unserer Gesellschaft, wie Robert Bly es ausdrückt, „alle Fische, die in einem Bassin voller Halbwüchsiger schwimmen."[49] Ohne starke, liebevolle Väter, zu denen wir aufschauen können, werden wir uns immer wie ängstliche, miteinander konkurrierende Geschwister fühlen. Ohne Männer, die die Menopause hinter sich gebracht haben und als Rollenvorbilder und Mentoren fungieren können, verlieren mehr und mehr männliche und weibliche Jugendliche das Interesse, erwachsen zu werden.

Um es einmal ganz einfach auszudrücken: Damit eine Gesellschaft richtig funktionieren kann, brauchen unsere Kinder Männer und Frauen, die ihre Elternrolle ausfüllen. Die Anzahl der Familien, in denen die Kinder ohne Vater aufwachsen, nimmt immer mehr zu. Ohne die Unterstützung von reifen älteren Männern, die die Menopause bereits erfolgreich hinter sich gebracht haben, sind Väter nicht in der Lage, all das zu lernen, was sie brauchen, um bei ihren Familien bleiben zu können.

Als Betty Friedan 1963 ihr Buch *The Feminine Mystique* schrieb, war dies der Anfang einer weiblichen Revolution. Im selben Jahr schrieb der bis dahin wenig bekannte deutsche Psychiater Alexander Mitscherlich sein Buch *Die vaterlose Gesellschaft*, mit dem er den Grundstein legte für ein besseres Verständnis dafür, warum die Männer in unserer Gesellschaft so schwierig, uneffektiv und gewalttätig sind.

„Unsere Massengesellschaft, in der wir für unsere Arbeit keine Verantwortung mehr übernehmen dürfen, schafft eine riesige Armee von rivalisierenden, neidischen Geschwistern“, schreibt Mitscherlich. „Der Hauptkonflikt ist nicht ödipale Rivalität, was bedeutet, daß man mit dem Vater um die Privilegien von Freiheit und Macht kämpft, sondern Geschwisterrivalität, die sich gegen Nachbarn und Konkurrenten richtet, die mehr haben als man selbst.“[50]

Als Psychotherapeut, der in den 60er, 70er, 80er und 90er Jahren tätig war, war ich Zeuge von umwälzenden Veränderungen auf individueller, familiärer und gesellschaftlicher Ebene.

In dieser Zeit habe ich miterlebt, was man als den Niedergang der alten Vaterrolle bezeichnen könnte. Der „alte“ Vater war der, für den sich die Vaterschaft darin erschöpfte, daß er für die Familie „die Brötchen verdiente“, der glaubte, daß der Platz der Frau am Herd und er selbst der „Herr im Hause“ sei, daß man ihm auf's Wort und ohne Widerrede folgen müsse, der sich emotional distanzierte und meinte, Frauen und Kinder solle man sehen, aber nicht hören, und dem man mehr Furcht als Liebe entgegenbrachte.

Die Frauenbewegung half den Frauen, sich von der Dominanz des „alten“ Vaters zu befreien und sich einen Platz in der Welt zu schaffen. Sie trug auch dazu bei, uns auf die Beschränkungen einer Männerrolle aufmerksam zu machen, die den Mann an ein altes

Rollenmodell banden, das genauso begrenzt und tödlich war wie das alte Rollenmodell der Frau.

Allerdings haben wir nun nicht etwa eine neue Vaterrolle entwickelt, die die alte ersetzen soll. Nein, wir haben einfach den „alten Vater“ durch das „Gegenteil des alten Vaters“ ersetzt. Mit dem Ergebnis, daß es nun Väter gibt, die nicht die Absicht haben, ihre Kinder finanziell zu unterstützen, und die ihre Macht an die Frauen abgetreten haben. Männer, die sich selbst wie Kinder verhalten statt wie gleichberechtigte Partner, die extrem emotional und weinerlich sind, die glauben, „Mutter weiß es sowieso am besten“, die in ihrem eigenen Haus wie Dienstboten leben, die sensibel und liebevoll sind, aber weder Rückgrat noch Courage haben.

Frauen, die solche Männer zu Hause haben, beschließen, die Dinge selbst in die Hand zu nehmen. Sie versuchen, ihren Kindern Vater und Mutter zu sein, was völlig unmöglich ist. Da nur Männer Väter sein können, fühlen sich die Mütter schließlich völlig ausgebrannt und die Väter nutzlos.

Ohne die Präsenz starker fürsorglicher Väter verlieren die Kinder den Respekt vor den Männern. Die Jungs wachsen auf und haben zwei verschiedene Möglichkeiten. Einige beschließen, daß der beste Weg, um „männlich“ zu werden, der ist, sich zu verhalten wie ihre Mütter. Sie wachsen also mit einer weiblichen Sicht von Männlichkeit auf. Die anderen dagegen lehnen alles ab, was auch nur im mindesten weiblich wirkt, und werden zu „Super-Männern“.

Das sind diejenigen jungen Männer, die sich im Extremfall dann zu den „Monsterjungen“ unserer Gesellschaft entwickeln. Sie werden immer gewalttätiger in dem vergeblichen Versuch, männlich zu werden, ohne starke männliche Vorbilder zu haben. Die anderen Jungs, die versuchen, ihre Männlichkeit dadurch zu definieren, daß sie sich verhalten wie „starke Frauen“, sind genauso verloren. Beide Gruppen werden zu „Pseudo-Männern“. Sie entwickeln eine „So-tun-als-ob-Männlichkeit“, und in der Lebensmitte haben sie dann das Gefühl, daß sie zu wenig echte Männlichkeit zu bieten haben, die sie an jüngere Männer weitergeben könnten.

Und so ist unsere Gesellschaft in einem Teufelskreis gefangen. Selbst in der Lebensmitte suchen die Männer noch nach der väterlichen Fürsorge, die sie in ihrem Leben niemals bekommen haben. Sie glauben, sie müßten erst dieses letzte Stück Männlichkeit noch finden, damit sie zu Vätern werden und jüngeren Männern etwas weitergeben können.

Die jungen Männer, die nach Anerkennung und Respekt hungern, fühlen sich zurückgewiesen. Wenn sie auf die älteren Männer schauen, dann sehen sie sie nur von hinten. Die Wahrheit ist, daß Männer in der Lebensmitte erst dann wirklich männlich fühlen werden, wenn sie sich den jungen Männern zuwenden. Wenn sie sich den jungen Männern, denen sie einerseits so gerne etwas geben möchten, deren Ablehnung sie aber auch fürchten, von Angesicht zu Angesicht entgegentreten, dann erst werden sie selbst zu den Vätern, die auch sie in ihrem Leben vermißt haben. Und es bringt sie einen Schritt weiter auf dem Weg, zu den Männern zu werden, die sie immer sein wollten.

Am Ende seines Buches *The Sibling Societey* versucht Robert Bly, uns seine Gedanken mit einem Bild näherzubringen. Die jungen Männer stehen auf der einen Seite des Feldes, die älteren auf der anderen. Beide Gruppen schauen einander an. Dazwischen ist eine Linie auf den Boden gezeichnet. „Die erwachsenen Männer und Frauen unserer Zeit", meint Bly, „sind dazu aufgefordert, ihre Hände über die Linie auszustrecken und die jungen Menschen herüberzuholen in das Erwachsenenalter. ... Wenn wir uns nicht umdrehen, um diesen jungen Menschen von Angesicht zu Angesicht entgegenzutreten, dann wird ihre Distanzierungsmaschinerie, die lauter und durchdringender dröhnt als die unsere, deutlich machen ‚Ich gehöre nicht zu dieser Familie dazu ...', und sie wird jede echte Beziehung zu ihren Eltern im Keim vernichten."[51]

Es sind die Männer in der Lebensmitte, die sich zuerst umdrehen müssen, um den jungen Männern ins Gesicht zu sehen. „Die Hoffnung liegt in unser aller Sehnsucht, erwachsen zu werden", meint Bly. „Wenn wir am Leben der Jüngeren Anteil nehmen, indem wir ihnen helfen, Mentoren zu finden, sie mitnehmen zu unseren Treffen oder zu anderen Veranstaltungen für Erwachsene, wenn wir unsere Aufmerksamkeit auch denen schenken, die nicht zu unserer Familie gehören, dann wird auch unser eigenes Gefühl, wirklich erwachsen zu sein, gestärkt werden, und das Erwachsensein kann wieder zu einem erstrebenswerten Lebensabschnitt für viele junge Menschen werden."[52]

Teil II

Zum Verständnis der biologischen, psychischen, zwischenmenschlichen und sozialen Realitäten der männlichen Wechseljahre

4. Er funktioniert nicht mehr so gut wie früher: der Körper des Mannes in der Lebensmitte

Der Verlust von Power und Potenz, Leidenschaft und Lebenssinn

Männer in der Lebensmitte spüren oft einen Verlust an Männlichkeit und Lebenskraft, sie sind unzufrieden mit ihrem Leben, und ihr Wohlbefinden läßt nach. Über all das können Männer noch eher sprechen als über ihre Sorgen die Sexualität betreffend. Als Robert, ein fünfundvierzigjähriger Buchhalter, zum ersten Mal zu mir in die Praxis kam, klagte er über mangelnde Energie und vermehrten Streß am Arbeitsplatz.

Erst nach drei Monaten Beratung begann er, mit mir über die Beziehung zu seiner Frau Susan zu sprechen. Sie waren seit zwei Jahren verheiratet, Robert in zweiter, Susan in erster Ehe. Er erzählte mir von ihren Streitereien und Frustrationen, weil er so spät von der Arbeit nach Hause kam, über die Konflikte mit seiner Ex-Frau und Susans Art, mit Geld umzugehen. Schließlich redete er auch darüber, was im Schlafzimmer passierte.

„Es ist wie verhext", meinte Robert lachend, obwohl ihm die Angelegenheit ganz offensichtlich Sorgen bereitete. „Alles ist prima, und wir sind zusammen im Bett. Sie ist bereit und möchte mit mir schlafen und auch ich mit ihr. Und dann will dieses verdammte Ding einfach nicht mehr!" Er redete nun sehr hastig, so als wolle er schnell noch alles loswerden, bevor die Decke über ihm einstürzte.

„Wie oft ist das schon passiert?" wollte ich wissen. „Mehr als einmal", lautete die Antwort, die etwas gequält klang. Wie die meisten Männer glaubte auch Robert, daß es zwar unangenehm, aber immerhin noch akzeptabel war, wenn man mal „versagte". Aber mehr als einmal – das war eine Katastrophe.

So wie Robert geht es vielen Männern. Ich hörte die gleiche Geschichte von Hunderten von Männern verschiedenen Alters, und die Männer zwischen vierzig und fünfzig beklagten sich darüber am häufigsten. Den meisten ging es zunächst genau wie Robert. Erst der Schock, man kann es einfach nicht glauben. Dann ignoriert man es und hofft, daß sich das Problem von selbst wieder gibt. Wenn das nicht der Fall ist, kriegen sie Angst und schließlich Panik.

Was die Sache in den meisten Fällen noch schlimmer macht, ist die Tatsache, daß so viele Männer sich deswegen schämen. Sie sind sich sicher, daß nur ihnen das passieren kann, und sie „wissen" ganz genau, daß sie mit ihrer Erektionsfähigkeit auch ihre Männlichkeit verlieren. Der schwierigste Schritt für Männer wie Robert ist es, sich dem Problem zu stellen, mit einer Person ihres Vertrauens darüber zu sprechen und – falls dieses Problem tatsächlich nicht von selbst wieder verschwindet – sich Hilfe zu holen.

Viel zu viele Männer verleugnen jedoch das Problem einfach, weigern sich standhaft, mit irgend jemandem darüber zu reden. Sie geben sich oder der Partnerin die Schuld, ziehen sich zurück und finden schließlich jede Menge Ausreden, um keinen Sex haben zu müssen. Das Problem, das ja „gar nicht existiert", frißt ihre Selbstachtung auf, ihre Beziehung geht in die Brüche, und überhaupt geht es mit ihrem Leben nur noch bergab. Das muß nicht so sein. Erektionsstörungen sind keine Seltenheit und durchaus therapierbar.

Ebenfalls therapierbar und bei Männern in mittleren Jahren häufig anzutreffen ist das mangelnde Bedürfnis nach Sex. Ein Mann, der sein sexuelles Interesse verliert, bekommt häufig Erektionsstörungen. Und umgekehrt ist es so, daß ein Mann, der Schwierigkeiten hat, „einen hochzukriegen", schließlich keine Lust mehr auf Sex hat. Beides ruft Ängste und Konflikte hervor.

„Ich bin einfach nicht mehr so leicht erregbar wie früher", erzählt John, ein vierundfünfzigjähriger Schulleiter, der seit 25 Jahren verheiratet ist. „Als ich zwanzig, ja sogar noch als ich dreißig war, dachte ich fast ständig an Sex. Es war beinahe wie ein Zwang. Jetzt denke ich immer weniger daran und fühle kaum mehr sexuelle Energie in meinem Körper. Manchmal akzeptiere ich es einfach als Tatsache, weil man halt älter wird, aber meistens vermisse ich diese saftigen sexuellen Gefühle von früher."

Für viele Männer waren sexuelles Begehren und sexuelle Aktivität die großen Konstanten in ihrem Leben. Sie heirateten, bekamen Kinder, verloren ihren Job, wurden geschieden, sahen ihre

Kinder aufwachsen und das Haus verlassen, sie zogen in eine andere Stadt, legten ein paar Pfunde zu, verabredeten sich wieder mit Frauen und heirateten wieder, und so weiter und so weiter. Im Fluß des Lebens war alles ständig im Wandel begriffen, nur ihr sexuelles Begehren und ihre sexuelle Aktivität waren wie gute Freunde, denen man vertraut, ständige Begleiter, Teil des eigenen Selbst. Wenn diese Freunde einen verlassen, gerät man ins Wanken.

Obwohl die meisten dieser Männer ihre angstvollen Fragen nicht artikulieren können, kann man sie ihnen an den Augen ablesen. „Wenn ich es sexuell nicht mehr bringe und sogar die Lust auf Sex verliere, was kommt dann als nächstes? Ist das der Anfang vom Ende? Stehe ich vielleicht mit einem Bein schon im Grab?"

Durch Veränderungen in der Sexualität werden Männer häufig gezwungen, auch anderen Problemen, die mit den Wechseljahren zusammenhängen, ins Auge zu sehen. Wie machen wir das Beste aus den Veränderungen, die uns in diesem Abschnitt unseres Lebens begegnen? Was haben wir zu erwarten? Wieviel von diesen Veränderungen ist einfach dem Älterwerden zuzuschreiben, wieviel davon können wir selbst kontrollieren? Um diese Fragen beantworten zu können, müssen wir einiges über den Prozeß des Älterwerdens wissen und über die Veränderungen, die bei diesen natürlichen Vorgängen im Körper des Mannes passieren.

Älterwerden ist keine Krankheit

Um den Prozeß des Älterwerdens zu verstehen, ist es notwendig, daß wir zu unterscheiden lernen zwischen dem Älterwerden als solches und den Krankheiten, die man bekommen kann, wenn man älter wird. Sowohl der Alterungsprozeß selbst als auch diese Krankheiten können zu Beeinträchtigungen und Defiziten führen, so daß man nicht mehr wie früher optimal „funktioniert". Doch es ist wichtig, zwischen beiden zu unterscheiden. So ist zum Beispiel ein gesunder Fünfzigjähriger, der körperlich fit ist, trotzdem nicht mehr in der Lage, so schnell zu rennen wie mit zwanzig. Dieses Langsamerwerden ist ganz einfach auf die unausweichlichen Veränderungen zurückzuführen, die der Körper durchmacht, wenn er älter wird. Es handelt sich dabei nicht um eine

Krankheit. Genausowenig wie es eine Krankheit ist, wenn man graues Haar oder eine Glatze bekommt, faltig wird und die Knochenmasse abnimmt.

Nun leben wir aber in einer Kultur, in der die Furcht vor dem Älterwerden so groß ist, daß wir mehr Angst haben vor den ganz normalen körperlichen Veränderungen als vor den meisten Krankheiten. Zumindest kann man ja von einer Krankheit geheilt werden, denkt man, aber das Älterwerden ist eine Einbahnstraße, auf der man unausweichlich mit Schmerz konfrontiert wird und schließlich auf dem Abstellgleis landet.

Dave Barrys Bestseller *Dave Barry Turns 40* ist voll von lustigen Begebenheiten. Aber der Ausblick auf „die Jahre danach" strotzt nur so vor schwarzem Humor:

Kann man da irgend etwas machen? Aber klar doch! Man kann zurückschlagen. Der Greisenmacher wird dich nicht kriegen, Menschenskind. Alles was du brauchst ist ein wenig Willenskraft – also raus aus dem bequemen Ohrensessel, rein in den Jogginganzug und her mit den Sportschuhen. Nichts wie raus durch die Vordertür, da kannst du dann ein bißchen vor dem Bus her rennen.

Die Krankheiten, die im Alter verstärkt auftreten, sind keineswegs Bestandteil eines normalen Alterungsprozesses. Krebs, Herzerkrankungen, Alzheimer und Schlaganfälle treten mit dem Älterwerden nur deshalb häufiger auf, weil wir sie nicht mehr so gut abwehren können. Auch Erektionsstörungen und andere sexuelle Schwierigkeiten kommen häufiger auf, aber sie sind nicht unumgänglicher als eine Herzerkrankung.

In Wahrheit ist vieles, was wir als Effekt des Alterungsprozesses betrachten, in Wirklichkeit eine Krankheit. Viele von uns haben Angst vor dem Älterwerden, weil sie denken, daß im Alter körperlicher Verfall und Funktionsstörungen nicht zu umgehen sind. Die schlechte Nachricht lautet, daß alle Systeme des menschlichen Körpers mit der Zeit langsamer arbeiten. Die gute Nachricht lautet, daß das Ganze bei guter Gesundheit so langsam vor sich geht, daß wir die meisten wichtigen Körperfunktionen intakt halten können, bis wir im hohen Greisenalter schließlich sterben.

Ganz gleich, was wir für unsere Gesundheit tun, die meisten unserer Körperfunktionen werden pro Jahr um ca. 0,5 Prozent langsamer.[1] Diese Tatsache sollte uns jedoch nicht dazu veranlassen, Gebrechlichkeit im Alter als unausweichlich zu akzeptieren. Walter M. Bortz II von der Medizinischen Fakultät der Stanford University und Autor des Buches *Dare to Be 100,* schreibt, daß dieser Rückgang von 0,5 Prozent pro Jahr zwar nicht zu verhindern ist, daß aber alles, was schneller geht, lediglich auf schlechte Gewohnheiten im Lebensstil zurückzuführen sei, an denen man ja durchaus etwas ändern kann.[2] „Bei dieser Verlangsamungsrate", so Bortz, „hat man mit fünfundsechzig Jahren nur 15 Prozent seiner ursprünglichen Vitalität verloren, was bedeutet, daß die Funktionalität im wesentlichen voll erhalten bleibt. Rechnet man diese Zahlen hoch, dann würde das bedeuten, daß wirkliche Altersschwäche erst mit einhundertundzwanzig Jahren zu erwarten ist."[3]

Von Kopf bis Fuß etwas älter werden: Wie sich der Körper mit der Zeit verändert

Es gibt drei Anzeichen dafür, daß man langsam alt wird. Das erste ist, wenn das Kurzzeitgedächtnis nachläßt, und .... an die beiden anderen erinnere ich mich leider nicht mehr.

Anonym

Roger Morris war sechsundneunzig, als man ihn bat, an einer der wichtigsten und ambitioniertesten Altersstudien teilzunehmen, die es je gab. Die *Baltimore Longitudional Study of Aging*, eine Längsschnittstudie zum Thema Alter, allgemein bekannt unter den Initialen BLSA, wurde im Jahr 1958 gestartet.[4] Mehr als 1500 „gesunde, sozial integrierte" Männer wurden als Probanden rekrutiert.[5] Seit Beginn der Studie werden diese Männer alle zwei Jahre für zweieinhalb Tage getestet, und zwar mit einer Batterie von mehr als hundert verschiedenen Tests. Mit sechsundneunzig Jahren war Roger der älteste Proband, Joe Firestone, ein siebzehnjähriger Teenager, der jüngste.[6]

Die Ergebnisse dieser Studie haben uns bereits eine Menge Informationen darüber geliefert, was beim gesunden Menschen während des Alterungsprozesses passiert. Und eine Menge Mythen, die mit dem Prozeß des Älterwerdens verknüpft sind, konnten widerlegt werden. Der erste Mythos, den man entmystifizieren konnte, war: „Alle alten Menschen sind im wesentlichen gleich", genau wie „Im Alter baut man unweigerlich ab".

Die Studie ergab, daß „ältere Menschen eine größere Spannbreite von individuellen Unterschieden in vielen physiologischen und psychologischen Variablen aufweisen als jüngere Erwachsene. ... Die Wissenschaftler der BLSA fanden außergewöhnliche (junge) Achtzigjährige und außergewöhnliche (alte) Vierzigjährige."[7]

Nun wissen wir also, daß Ihr Weg durch das Zweite Erwachsenenalter einzigartig sein wird, also lassen Sie uns einen Blick auf die Veränderungen werfen, die Sie auf diesem Weg zu erwarten haben.[8]

Von mehr als fünfzig Fragen zu den charakteristischen Veränderungen beim Älterwerden war das Ergrauen der Haare der zuverlässigste Indikator für den Alterungsprozeß. Allerdings bekommt bei weitem nicht jeder Mann graue Haare und wenn, dann betrifft dies Männer unterschiedlichsten Alters. Später kommen eine Verlangsamung des Haarwachstums und Haarausfall bei vielen Männern hinzu, aber wie auch das Grauwerden ist dies nicht bei jedem Mann der Fall.

Zwar wird das Kopfhaar mit dem Alter in der Regel weniger, in den Ohren, in der Nase und an den Augenbrauen können die Haare jedoch noch weiter kräftig wachsen. Unter den Armen und im Schambereich ändert es sich möglicherweise in Farbe und Struktur und wird auch etwas weniger.

In mehreren Studien fand man heraus, daß die Nase und die Ohren im Alter länger werden. Andere Gesichtsbereiche scheinen sich nicht wesentlich zu verändern. Auch der Gehörsinn verändert sich mit dem Alter, viele ältere Menschen können höhere Frequenzen nicht mehr hören.

Einige Gerontologen sind der Ansicht, daß die Veränderungen in den Augenlinsen noch am ehesten als universelle Erscheinung im Alterungsprozeß zu sehen ist. Die Linse wird mit dem Alter dicker und schwerer, dadurch kann das Auge Objekte in nächster Nähe nicht mehr so gut anvisieren.

Ältere Menschen liegen nachts länger wach und wachen, nachdem sie erst einmal eingeschlafen sind, häufiger auf als früher. Nach Angaben von Leonard Hayflick, Autor des Buches *How and Why We Age* kommt „nächtliches Erwachen bei Männern wesentlich häufiger vor als bei Frauen."[9] Hayflick ist der Ansicht, daß dies auch etwas damit zu tun haben könnte, daß Männer wesentlich häufiger schnarchen als Frauen.

„Kürzlich fand man heraus, daß Störungen der Atmung während des Schlafes mit dem Alter sehr viel häufiger werden. ... In einer Gruppe von gesunden Männern und Frauen im Alter zwischen zweiundsechzig und sechsundachtzig Jahren berichteten 30 Prozent der Probanden über fünf- bis zehnmaliges Erwachen pro Stunde, das durch Störungen in der Atmung ausgelöst wurde."[10]

„Schnarchen weist fast immer auf eine Abnormität irgendwo in den Atemwegen hin. ... Die Häufigkeit des Schnarchens nimmt mit dem Alter stark zu. Fast 60 Prozent aller Männer ab sechzig und 45 Prozent der Frauen gleichen Alters schnarchen regelmäßig."[11]

Niemand stirbt daran, daß seine Haut altert, aber die Haut verändert sich mit zunehmendem Alter ganz enorm. Falten kommen daher, daß der reiferen Haut das Protein Collagen fehlt. Die beiden Schichten unserer Haut, die Epidermis und die Dermis, werden mit zunehmendem Alter dünner. Die Dermis der Männer ist in der Regel dicker als die der Frauen, weshalb die Haut der Frauen schneller zu altern scheint als die der Männer. Die meisten Hautschäden sind nicht das Ergebnis einer normalen Entwicklung, sondern werden durch UV-Strahlung des Sonnenlichtes verursacht. Menschen, die in ihrer Jugend die Sonne anbeten, müssen später den Preis dafür bezahlen. Sie bekommen früher stärkere Falten als andere Menschen.

„Fast alle Studien (über Gewichtsveränderungen im Alter) haben ergeben, daß das Körpergewicht in den mittleren Jahren zu- und mit zunehmendem Alter wieder abnimmt."[12] Und dennoch „wissen wir viel mehr über eine optimale Ernährung bei Säuglingen, Kindern und Jugendlichen als bei älteren Menschen. Wir wissen nicht einmal, ob die Neigung älterer Menschen, weniger zu essen, gut oder schlecht für sie ist."[13]

Innere Organe wie das Gehirn und die Nieren werden im Laufe des Alterungsprozesses kleiner. Das Herz, die Lunge und bei Männern leider auch die Prostata werden größer. Die Falten werden tiefer und die Muskelmasse nimmt ab. „Männer haben mit siebzig ungefähr neuneinhalb Kilo weniger Muskelmasse als mit vierzig und ungefähr viereinhalb Kilo mehr Fett und Bindegewebe. Auch die Knochenmasse nimmt in der Regel mit dem Alter ab.“[14]

„Auch die sportliche Leistungsfähigkeit nimmt gewöhnlich mit zunehmendem Alter ab, was wiederum auf den Schwund der Muskelkraft zurückzuführen ist. Die maximale Leistungsfähigkeit bei sportlichen Betätigungen nimmt zwar in der Regel mit dem Alter ab, aber ältere Menschen, die körperlich aktiv bleiben, sind wesentlich leistungsfähiger als gleichaltrige oder sogar jüngere Menschen, die viel sitzen. Auch ihre Reaktionsfähigkeit ist besser.“[15]

Bis vor kurzem noch glaubte man, daß das Älterwerden auf jeden Fall eine Verschlechterung der Herz- und Gefäßfunktionen mit sich bringen müsse. Edward G. Lakatta, ein Wissenschaftler, der ebenfalls an der BLSA beteiligt war, und seine Mitarbeiter fanden heraus, daß bei Menschen ohne Herz-Kreislauf-Erkrankungen mit zunehmendem Alter keine Verschlechterung der Körperfunktionen eintritt. Um es noch einmal deutlich zu machen: Wenn bei Männern keine Erkrankung vorliegt, dann bringt das Altern nur *minimale* Einschränkungen der Funktionsfähigkeit mit sich.

„Der normale Alterungsprozeß verursacht in jedem von uns eine Verminderung des Knochengewebes, um wieviel, das kann bei jedem von uns variieren. Diese Verminderung beginnt bei Männern wie bei Frauen so um die fünfzig, schreitet dann aber bei Frauen rascher voran als bei Männern. Bei den Frauen ist die Verminderung des Knochengewebes in den ersten fünf bis zehn Jahren nach der Menopause am stärksten. Männer büßen ca. 17 Prozent ihrer ursprünglichen Knochenmasse ein, Frauen dagegen 30 Prozent.“[16]

Auch Erkrankungen des Immunsystems, einschließlich bestimmte Arten von Arthritis, nehmen mit dem Alter zu. Aufgabe des Immunsystems ist es, Mikroorganismen und andere körperfremde Stoffe aufzuspüren, zu zerstören und aus dem Körper zu entfernen. Wenn wir älter werden, verändern sich einige unserer körpereigenen Proteine geringfügig und werden deshalb von unserem Immunsystem als „Fremdling“ betrachtet und als vermeintlicher „Angreifer von außen“ angegriffen.

Noch bevor uns körperliche Veränderungen daran erinnern, daß wir älter werden, machen sich Veränderungen in unserem

Kopf bemerkbar. Unser Kurzzeitgedächtnis zum Beispiel läßt nach. Wenn man anfängt, sich für Dinge, die man sich früher ohne weiteres merken konnte, Notizzettel zu schreiben, dann ist es soweit. „Es ist wissenschaftlich belegt, daß ältere Menschen in Gedächtnistests schlechter abschneiden als jüngere. Insbesondere das Namensgedächtnis scheint davon betroffen zu sein. Ein Wissenschaftler fand bei seinen Probanden über vierundsechzig, die über Gedächtnisschwierigkeiten klagten, als Hauptschwierigkeit das Phänomen, daß man ein Wort „auf der Zunge liegen" hat, es aber nicht aussprechen kann.[17]

Viele Menschen befürchten, daß diese mit zunehmendem Alter auftretenden normalen Veränderungen erste Anzeichen der Alzheimer-Krankheit seien. Dies ist jedoch nicht der Fall. Von 1906, als der deutsche Neurologe Alois Alzheimer diese Form der geistigen Beeinträchtigung zum ersten Mal beschrieb, bis vor weniger als zehn Jahren glaubte man, daß diese Form der „Senilität" ganz selbstverständlich zu den Folgen des Älterwerdens dazugehöre. Heute weiß man, daß die Alzheimer-Krankheit in Wirklichkeit eine Erkrankung ist, und nichts mit dem normalen Alterungsprozeß zu tun hat.

Obwohl Männer und Frauen älter werden, scheinen die Männer anfälliger zu sein für die Erkrankungen, die mit dem Alterungsprozeß verbunden sind. Sie sterben auch häufiger an diesen Erkrankungen als Frauen. Für Männer in der Menopause ist es besonders wichtig, die Gründe dafür zu erfahren, wenn sie diese Probleme vermeiden wollen.

Warum Männer früher sterben und kränker sind

„Die Männer in den USA und in fast allen europäischen Ländern leiden meist schwerer an chronischen Erkrankungen, sterben häufiger an den fünfzehn meistgenannten Todesursachen und zudem sieben Jahre früher als die Frauen", erklärt uns Will H. Courtenay, Psychotherapeut und Gründer der *Men's Health Consulting*, aus Berkeley, Kalifornien.[18]

Obwohl man festgestellt hat, daß eine Reihe psychosozialer Faktoren die Gesundheit beeinflussen, unter anderem bessere oder schlechtere Möglichkeiten der medizinischen Versorgung, wirtschaftliche Stellung und Rassenzugehörigkeit, scheint sich das biologische Geschlecht immer wieder als stärkster Indikator für Gesundheit und Lebenserwartung zu erweisen.[19]

Bis vor kurzem akzeptierten es die meisten Menschen einfach als Tatsache, daß der Körper des Mannes früher abbaut als der Körper der Frau. Wir dachten, das gehöre eben zur Natur des Mannes dazu. Zwar scheinen einige der Unterschiede in dieser Hinsicht tatsächlich vom Geschlecht abzuhängen, aber einiges ist auch durchaus auf die Lebensweise der Männer zurückzuführen.

Auf der Grundlage neuester Forschungsergebnisse bestimmte Will Courtenay die folgenden zehn Hauptfaktoren, die dazu beitragen, daß Männer mit zunehmendem Alter leider auch immer kränker werden.[20]

1. Männer gehen nicht so oft zum Arzt wie Frauen und lassen sich seltener gründlich untersuchen

Es ist erwiesen, daß regelmäßige Arztbesuche und Vorsorgeuntersuchungen wesentlich zur Gesundheit und zur Erhöhung der Lebenserwartung beim Mann beitragen. Dennoch werden nach Angaben von Kenneth Goldberg pro Jahr 130 Millionen mehr Arztbesuche von Frauen registriert als von Männern. Durch regelmäßige Untersuchungen können zum Beispiel verschiedene Krebserkrankungen bereits in einem frühen Stadium, wenn noch Aussicht auf eine erfolgreiche Behandlung besteht, erkannt werden. 90 Prozent aller Krebserkrankungen sind heilbar, wenn sie genau lokalisiert werden können.[21]

2. Männer schenken ihrer Gesundheit weniger Aufmerksamkeit

Eine kürzlich mit 6000 Mitgliedern von Fitneß-Organisationen durchgeführte Studie ergab, daß 77 Prozent der Frauen gegenüber nur 45 Prozent der Männer an sich selbst Krebsvorsorge durchführen.[22]

Ausreichender Schlaf ist ebenfalls ein wichtiger Faktor, um gesund zu bleiben. Männer bekommen wesentlich weniger Schlaf als Frauen. Eine landesweite Umfrage unter 11 000 Personen, die als gesundheitsbewußt gelten können, ergab, daß Männer durchschnittlich sechs Stunden schlafen, Frauen hingegen acht Stunden.[23]

Die Tatsache, daß Männer weniger schlafen als Frauen, trägt dazu bei, daß Männer eine signifikant höhere Verletzungsquote aufweisen. Man geht davon aus, daß jährlich etwa 7000 nächtliche Unfälle mit Todesfolge, 3500 Todesfälle durch unbeabsichtigt herbeigeführte schwere Verletzungen und mehr als die Hälfte aller Unfälle am Arbeitsplatz auf mangelnden Schlaf zurückzuführen sind.[24]

Und man hat herausgefunden, daß wenig Schlaf das Immunsystem schwächen kann. Auch die schlechtere Schlafqualität bei Männern trägt zu deren Gesundheitsrisiko bei. So erhöht zum Beispiel die sogenannte Schlafapnoe (Atemstillstand, häufig in Verbindung mit Schnarchen) das Risiko eines Herzinfarktes um das dreiundzwanzigfache.[25]

3. Männer ernähren sich ungesünder als Frauen

Im allgemeinen nehmen Männer mehr gesättigte Fettsäuren und Cholesterin zu sich als Frauen, selbst wenn man die unterschiedliche Körpergröße statistisch berücksichtigt, und sie verzichten seltener auf Fette und rotes Fleisch.[26] Sie essen weniger Obst und Gemüse als Frauen und nehmen weniger Ballaststoffe zu sich.[27] Sie lassen öfter das Frühstück aus und sind weniger geneigt, ihren Konsum von Zucker und Süßigkeiten einzuschränken. Außerdem trinken sie wesentlich mehr Kaffee – und zwar mindestens fünf Tassen pro Tag.[28] Der durchschnittliche „Speiseplan des amerikanischen Mannes" trägt ganz wesentlich zu Herz- und Krebserkrankungen bei, den häufigsten Todesursachen. Immerhin können 40 Prozent der Krebserkrankungen bei Männern mit der Ernährung in Verbindung gebracht werden.[29]

4. Männer haben häufiger Übergewicht als Frauen

Ganz im Gegensatz zur landläufigen Meinung haben mehr Männer als Frauen Probleme mit dem Gewicht. Nach den Kriterien des amerikanischen Gesundheitsministeriums liegt dann eine signifikante Übergewichtigkeit vor, wenn das Körpergewicht um 20 Prozent über dem Idealgewicht liegt. Ein Drittel aller Erwachsenen in den USA erfüllen diese Kriterien, sind also übergewichtig. Die Mehrzahl davon sind Männer.[30] Nur halb so viele Männer wie Frauen versuchen, ihr Gewicht zu reduzieren.[31] Es besteht ein eindeutiger Zusammenhang zwischen einem akzeptablen Körpergewicht einerseits und einem besseren Gesundheitszustand und einer höheren Lebenserwartung andererseits.

Einer neueren Studie zufolge ist das Risiko, eine Herzerkrankung zu bekommen, bei Männern, deren Taillenumfang einhundert Zentimeter oder mehr beträgt, fast dreimal so hoch wie bei Männern, deren Taillenumfang nur etwa fünfundachtzig Zentimeter beträgt.[32]

5. Männer sind körperlich weniger aktiv als Frauen

Unter den fünfunddreißig- bis vierundvierzigjährigen sind wesentlich mehr Männer als Frauen entweder nur wenig oder gar nicht körperlich aktiv. Unter denen, die körperlich aktiv sind, halten sich mehr Frauen als Männer durch leichtes bis mittleres körperliches Training fit, was nach Expertenmeinung und den Ergebnissen der Gesundheitsforschung zufolge ein optimaler Ausgangspunkt für die Gesunderhaltung des Körpers darstellt.[33]

Männer, die körperlich aktiv sind, gehören leider häufig zu den „Wochenend-Kämpfern", die unregelmäßig sehr anstrengenden körperlichen Betätigungen nachgehen, wie zum Beispiel Joggen, Tennisspielen, Schneeschippen oder Rasenmähen. Einer kürzlich veröffentlichten Studie zufolge erhöht sich bei ihnen das Herzinfarktrisiko um das Hundertfache.[34]

Es ist seit langem unumstritten, daß körperliche Betätigung die Wahrscheinlichkeit, eine der häufigsten chronischen Erkrankungen zu bekommen und vorzeitig zu sterben, beträchtlich vermindert. 12 Prozent aller Todesfälle sind auf mangelnde regelmäßige körperliche Aktivität zurückzuführen.[35]

Bei inaktiven Männern mittleren Alters ist die Wahrscheinlichkeit zu sterben, ganz gleich woran, zwei- bis dreimal höher als bei ihren aktiveren Altersgenossen. Mehr als ein Drittel aller Todesfälle, die durch Herzerkrankungen verursacht werden, sind auf mangelnde körperliche Betätigung zurückzuführen, der Rest wird mit Rauchen, Übergewicht und Bluthochdruck in Verbindung gebracht.[36]

6. *Männer trinken mehr und nehmen häufiger Drogen*

Männer konsumieren weit mehr Alkohol und Drogen als Frauen. So nehmen zum Beispiel mehr als doppelt so viele Männer Kokain, fünfmal so viele Männer wie Frauen trinken durchschnittlich zwei oder mehr alkoholische Getränke pro Tag. Wie jüngste Forschungsergebnisse belegen, ist auch das Problemtrinken und damit Alkoholmißbrauch und -abhängigkeit unter ihnen viel stärker verbreitet.[37]

Für ungefähr ein Fünftel aller Todesfälle wird das Rauchen verantwortlich gemacht, in der Altersgruppe der Fünfunddreißig- bis Vierundsechzigjährigen sogar ein Viertel. Doppelt so viele Männer wie Frauen sterben aufgrund ihres Tabakkonsums. Und die Tatsache, daß Männer – auf die Lebenszeit gesehen – viel länger Tabak konsumieren als Frauen, gilt als einer der Hauptgründe, warum bei Männern Herz-Kreislauf-Erkrankungen und Schlaganfälle häufiger vorkommen.[38]

Jahr für Jahr sterben in den USA ungefähr eine halbe Million Menschen an Krebserkrankungen, die auf das Rauchen zurückzuführen sind. Und die meisten davon sind Männer. Drei Viertel aller Männer, die irgendeine Art von Krebs bekommen, sind Raucher.[39]

7. *Männer sind risikofreudiger als Frauen*

Männer fahren in der Regel riskanter als Frauen. Verkehrsunfälle mit tödlichem Ausgang machen fast die Hälfte aller unbeabsichtigt herbeigeführten tödlichen Verletzungen aus. Die Wahrscheinlichkeit, bei einem Verkehrsunfall ums Leben zu kommen, ist bei einem Mann zweieinhalbmal höher als bei Frauen.[40] Männer gehen eher riskanten Sportarten und Freizeitbeschäftigungen nach als Frauen. Man vermutet, daß Sportverletzungen ein höheres Risiko für die öffentliche Gesundheit darstellen als das Gros der Infektionskrankheiten. Schätzungen zufolge kommt es in den USA jährlich zu drei bis fünf Millionen Sportverletzungen, die meisten davon bei Männern.[41]

Männer werden früher sexuell aktiv als Frauen und gehen beim Sex eher hohe Risiken ein. Täglich stecken sich 33000 Amerikaner mit Geschlechtskrankheiten an, 1990 waren ungefähr 30000 Todesfälle auf riskantes Sexualverhalten zurückzuführen.[42] Aufgrund ihres Sexualverhaltens, von der Benutzung von Kondomen bis zur Anzahl wechselnder Sexualpartner, gehören mehr Männer als Frauen zur Hochrisikogruppe für AIDS-Erkrankungen oder andere Geschlechtskrankheiten.[43]

8. Männer neigen eher zu Gewalt als Frauen

Auch die Bereitschaft der Männer zu offener körperlicher Gewalt stellt für sie ein Gesundheitsrisiko dar. Männer werden viel eher als Frauen zu Tätern, aber auch zu Opfern von Gewalttaten. So ist zum Beispiel fast die Hälfte aller Männer schon einmal geschlagen oder verprügelt worden, bei den Frauen ist dies nur bei einem Viertel der Fall.[44] Bei einem Großteil der Tötungsdelikte ging eine Schlägerei unmittelbar voraus. Viermal mehr Männer als Frauen werden ermordet.[45] Schußverletzungen sind bei Männern siebenmal häufiger als bei Frauen. Fast 40000 Todesfälle pro Jahr gehen auf das Konto von Schußwaffen. 90 Prozent der Opfer sind Männer, einschließlich der neun von zehn Opfern, deren Tod sehr wahrscheinlich auf einen Unfall zurückzuführen ist.[46]

9. Männer haben weniger sozialen Rückhalt als Frauen

Männer pflegen weniger und nicht so enge Freundschaften wie Frauen. Und sie haben – außer ihren Ehefrauen – seltener enge Vertraute. Einige Wissenschaftler kamen sogar zu dem Ergebnis, daß die meisten Männer überhaupt keine engen Freunde haben.[47] Es ist wissenschaftlich belegt, daß dieser Mangel an sozialen Bindungen einen Risikofaktor für die Mortalität darstellt – und zwar besonders bei Männern. Bei Männern mit extrem wenig sozialen Bindungen ist die Gefahr eines frühen Todes – ganz gleich aufgrund welcher Ursache – zwei- bis dreimal höher.[48] Laut einer Studie über Herzerkrankungen starben 50 Prozent der Probanden ohne enge Beziehung zu einer vertrauten Person bereits fünf Jahre nach Ausbruch der Krankheit; von denen, die verheiratet waren oder bei denen eine Vertrauensperson existierte, waren es hingegen nur 17 Prozent.[49]

Menschen mit mehr sozialem Rückhalt gehen häufiger Aktivitäten nach, die fit halten. Sie sind eher geneigt, ungesundes Verhalten aufzugeben und sich medizinisch behandeln zu lassen. Ihr Immunsystem funktioniert besser und wehrt Streß effektiver ab.[50]

10. Männer haben riskantere Jobs und leiden mehr unter ihrer Arbeitslosigkeit

In Amerika gibt es bei den meisten Jobs große Unterschiede zwischen den Geschlechtern. Während die meisten Arbeiterinnen in den USA bei Tätigkeiten eingesetzt werden, die weitgehend frei von Risiken sind, werden Jobs, die mit höheren Risiken verbunden sind, so zum Beispiel im Baugewerbe und in der Landwirtschaft, immer noch vorwiegend von Männern ausgeübt. 95 Prozent aller Polizeibeamten sind Männer, ebenso wie ein Großteil der Feuerwehrleute. Die Jobs, die mit höheren Risiken verbunden sind, sind auch der Grund dafür, daß mehr Männer als Frauen bei der Arbeit ums Leben kommen.[51] Während die Arbeiterschaft lediglich zu 56 Prozent aus Männern besteht, sind jedoch in 94 Prozent aller Fälle von tödlichen Verletzungen am Arbeitsplatz Männer die Opfer. Zu den fünf Arbeitsbereichen, in denen die Arbeiter gefährlichen Chemikalien ausgesetzt sind, zählen beispielsweise das Baugewerbe, die Landwirtschaft, die Öl- und Gasgewinnung und der Wassertransport – alles Bereiche, in denen überwiegend Männer vertreten sind.[52]

Zu den Faktoren, die der Gesundheit abträglich sind, gehört die Arbeitslosigkeit und die mit ihr verbundenen Belastungen. Es gibt Anhaltspunkte dafür, daß die negativen Folgen sich stärker bei Männern als bei Frauen auswirken. So besteht zum Beispiel, was die Selbstmordrate bei Männern betrifft, ein Zusammenhang zu Arbeitslosigkeit und wirtschaftlicher Not, was bei Frauen nicht der Fall ist.[53]

Wenn Männer in die Wechseljahre kommen, bietet sich ihnen die Möglichkeit, neu zu überdenken, was es für sie bedeutet, ein Mann zu sein. Viele können nun – zum ersten Mal in ihrem Leben überhaupt – entscheiden, welche dieser Verhaltensweisen, die einmal für sie der Inbegriff der Männlichkeit waren, sie ändern wollen.

Josh zum Beispiel, ein achtundvierzigjähriger Rechtsanwalt, erinnerte sich an die „Gesundheitspraktiken" seiner Jugendzeit. „Als ich jung war, aß ich meine Hochrippe mit Kartoffeln (dazu jede Menge saure Sahne mit Schnittlauch) und trank Unmengen von Alkohol und koffeinhaltigen Getränken. Ich spielte nächtelang, schlief wenig und hatte mir ganz stolz vorgenommen, ‚im Sattel zu sterben', noch bevor ich fünfzig werde."

Will Courtenay kam bei seinen Untersuchungen über Männer und was sie tun, um sich fit zu halten, zu dem Ergebnis, daß in unserer Kultur Gewohnheiten, die schlecht für die Gesundheit sind, zum Mannsein einfach dazugehören. Ein Mann, der all das tut, was er tun muß, um ein richtiger Mann zu sein, wird viele Dinge tun, die schlecht sind für seine Gesundheit. „Er denkt, er sei unabhängig, er habe es nicht nötig, von anderen umsorgt zu werden", meint Courtenay. „Er hat Schwierigkeiten, Freundschaften zu schließen, und seine Sozialkontakte sind dürftig. Er kann andere Menschen nicht um Hilfe bitten ... Er fühlt sich unverwundbar, auch was die Risiken betrifft, von denen man weiß, daß sie mit solch einer ungesunden Lebensweise einhergehen."[54]

Josh fiel es wie Schuppen von den Augen, als er begann, sich mehr um seine Gesundheit zu kümmern. „Verdammt, jetzt weiß ich endlich, daß überhaupt nichts Männliches daran ist, wenn man sich selber umbringt, und daß es im Gegenteil keineswegs unmännlich ist, gut zu essen, weniger zu trinken, regelmäßig Sport zu treiben und sich in einer Männergruppe zu engagieren."

Männer wie Josh haben von Kindheit an gelernt, daß es unmännlich ist, auf das eigene Wohlergehen zu achten. Und viele haben auch gelernt, daß Hormone nur bei den Frauen von Bedeutung sind. Damit Männer endlich begreifen lernen, was mit ihnen in den Wechseljahren geschieht, müssen sie verstehen, welche Auswirkungen hormonelle Veränderungen auf ihr Leben haben.

Männer, Sex und die Hormone

Das endokrine System, das aus Zellen und Gewebe besteht, die Hormone produzieren, spielt eine sehr wichtige Rolle im Alterungsprozeß. Ein Hormon ist ein Stoff, der vom Körper – meistens in einer Drüse – produziert und in den Blutkreislauf abgegeben wird, den Körper durchwandert und seine Wirkung in einer anderen Drüse oder im Körpergewebe entfaltet. Die tiefgreifende Wirkung, die unsere Hormone auf nahezu alle Körperzellen ausüben, und die Tatsache, daß die im Körper befindliche Menge einiger Hormone mit dem Alter abnimmt, ist der Grund dafür, daß eine Hormonsubstitutionstherapie oft als die beste Möglichkeit betrachtet wird, um „die Uhr zurückzudrehen".[55]

Die Sekretion vieler Hormone – zum Beispiel Insulin, verschiedene Wachstumshormone, Schilddrüsenhormon, Aldosteron, Melatonin, DHEA, Pregnenolon und Testosteron – geht mit dem Alter zurück. Um das Ganze noch komplizierter zu machen: Die Hormone entfalten ihre Wirkung, indem sie sich an einen Rezeptor der Empfängerzelle „anklicken". Untersuchungen haben gezeigt, daß Anzahl und Effizienz dieser Rezeptoren sich mit dem Alter vermindern. Daher ist es durchaus möglich, daß Veränderungen, die der Abnahme der Hormonproduktion zugeschrieben wurden, in Wirklichkeit auf eine Verminderung der Aufnahmefähigkeit der Empfängerzellen zurückzuführen sind.[56]

Wirken sich die Hormone auch auf die männliche Sexualität aus? Obwohl man in der Vergangenheit eher davon ausging, daß der Kopf der Motor für unsere Sexualität ist, kommen mehr und mehr renommierte Wissenschaftler zu der Erkenntnis, daß die männlichen Sexualhormone durchaus eine entscheidende Rolle spielen.

Zu den Wissenschaftlern, die glauben, daß die Hormone im Leben des Mannes eine wichtige Rolle spielen, gehört auch Theresa L. Crenshaw, die ich bereits zitiert habe (s. S. 19f.).

Sie führt an, daß der Testosteronspiegel des Mannes Tagesschwankungen unterliegt und versucht einen Zusammenhang zwischen diesen alle fünfzehn bis zwanzig Minuten eintretenden Schwankungen und der männlichen Sexualität herzustellen. „Ist etwa diese ständig auftretende Testosteronwelle für die sexuellen Gedanken und Impulse verantwortlich, die beim Mann angeblich alle zwanzig Minuten auftreten sollen? Es würde durchaus Sinn machen."[57]

Da das Testosteron eine so wichtige Rolle für das Verständnis der männlichen Sexualität und die in den Wechseljahren stattfindenden Veränderungen spielt, sollten wir uns mit diesem Hormon einmal eingehender befassen.

Testosteron: Das Gute, das Böse und das Häßliche

Es wird „Höllenhormon“ und „Quelle der Jugend“ genannt. Es wird für Kriege verantwortlich gemacht, für die Gewalttätigkeit von Jugendbanden, für Vergewaltigung und sogar für das einsilbige Grunzen eines Sylvester Stallone. Es soll Männer angeblich stark machen, ihre Bäuche schrumpfen lassen, vor Herzbeschwerden bewahren und bei Männern wie bei Frauen den Sexualtrieb ankurbeln. Es ist wahrscheinlich der am meisten mißverstandene Musiker in der Symphonie der menschlichen Sexualität. Es ist wohl das, was diejenigen, die mit je einem X- und einem Y-Chromosom geboren wurden, zu Männern macht. Es heißt Testosteron. Ich erkläre Ihnen jetzt, wie es wirkt. In den ersten Wochen nach der Zeugung ist der kleine menschliche Fötus weder männlich noch weiblich. Er ist mit allem ausgestattet, was er braucht, um beide Geschlechter auszubilden. Mit etwa sechs Wochen wird das Geschlecht schließlich endgültig festgelegt, indem nämlich besondere Zellen im Hoden männliche Hormone produzieren, deren wichtigstes das Testosteron ist. „Meistens leistet das Testosteron ganz gute Arbeit“, sagt Crenshaw. „Es bildet den Penis aus und das ganze Drumherum, den Hodensack und die Testikel, und noch die passende Körperform dazu.“[58]

Dieses Hormon verhält sich ziemlich passiv, bis es mit einem großen Knall loslegt, wenn der Knabe in die Pubertät kommt, und der Testosteronspiegel um das 400- bis 1000fache ansteigt. „Dann“, so Crenshaw, „werden halbwüchsige Jungs zu lebenden Granaten, die nur darauf warten zu explodieren. Wenn die Hormonproduktion den schnellsten Gang einlegt, dann ist die psychologische und körperliche Wirkung einfach überwältigend. Mehr als jeder andere Stoff beeinflußt das Testosteron die Entwicklung und Ausprägung männlicher Merkmale. Das Sprießen der Bartstoppeln zwischen all den Aknepickeln. Dann der Stimmbruch. Die Schultern werden breiter, die Hüften schmäler. Auch die Körperbehaarung und der Körpergeruch passen zum Gesamtbild. Spermien werden gebildet und wollen nach draußen, und zwar möglichst oft.“[59]

Doch nicht nur Männer bekommen die Wirkung von Testosteron zu spüren. Auch Frauen haben dieses Hormon in ihrem

Körper, wenn auch in weit geringeren Mengen. Die Frauen, die der Ansicht sind, daß die Welt viel besser wäre, wenn es das Testosteron nicht gäbe, kennen sicher nicht die neueren Forschungsergebnisse, die darauf hinweisen, daß das Testosteron durchaus auch eine Bedeutung für die Entwicklung des weiblichen Geschlechts hat. „Auch wenn es sich nur um ein Zehntel der Menge handelt, die bei den Jungs im Umlauf ist, ist es nicht etwa das Östrogen, sondern das Testosteron, das die erhöhte erotische Sensibilität in der Klitoris, der Brust und den Brustwarzen bewirkt. Es ist außerdem dafür verantwortlich, daß das Gewebe im Genitalbereich dick, üppig und gesund bleibt."[60]

Ein ausreichend hoher Testosteronspiegel ist überdies, wie es aussieht, für Frauen in den Wechseljahren notwendig, damit sie auch in der Menopause ein gesundes Sexualleben haben können. In der Einführung zu dem Buch *The Hormone of Desire* von Susan Rako heißt es: „Die weibliche Sexualität ohne Testosteron ist wie ein Haus ohne Fundamente."[61]

Die Testosteronschwankungen beim Mann sind sein ganzes Leben hindurch von ungeheurer Bedeutung. Wenn ein junger Mann die Pubertät hinter sich hat, pendelt sich der Testosteronspiegel ein und alles wird etwas ruhiger, bis sich erneut eine große Veränderung ankündigt, wenn in der Lebensmitte das Testosteron zusammen mit den anderen Hormonen wieder abzunehmen beginnt.

Das Testosteron und die männliche Menopause

> *Was die Menopause des Mannes betrifft, sind wir noch auf dem Stand von vorgestern. Die Männer von heute erhalten weniger Hilfestellung als die Frauen eine Generation früher. Wir fangen erst jetzt richtig an, diese biochemischen Vorgänge zu verstehen, wobei eine eher physiologische Erklärungsweise naheliegt.*
>
> *Theresa L. Crenshaw – The Alchemy of Love and Lust*

Es gibt immer mehr wissenschaftliche Hinweise darauf, daß die Potenzkrise des Mannes in der Lebensmitte eine biologische Grundlage hat. Auch andere Krankheiten wie z.B. Alzheimer oder Depression haben nach neuesten Erkenntnissen neben einer psychologischen und sozialen Komponente auch eine biologische

Grundlage. Bei den Frauen in der Lebensmitte ist man häufig auf die hormonellen Veränderungen fixiert, während man psychosoziale Veränderungen gerne außer acht läßt. Bei Männern ist es genau umgekehrt. Man betont die psychologischen und sozialen Aspekte der „Midlife-Crisis", während den hormonellen Zyklen beim Mann weniger Bedeutung beigemessen wird.

Das wird nun langsam anders. Crenshaw stellt nach der Auswertung neuerer wissenschaftlicher Studien fest: „... die Hormone und andere mit ihnen in Verbindung stehende Moleküle würfeln alles durcheinander, und zwar sowohl bei Männern als auch bei Frauen. Die Erkenntnisse, die in diesen Studien gewonnen wurden, dürften die Perspektive, mit der das Verhalten des Mannes in der Lebensmitte bisher betrachtet wurde, wohl genau ins Gegenteil verkehren, da sie eine Komplexität chemischer Vorgänge zum Vorschein brachten, die sich bisher nur in Hypothesen fassen läßt."[62]

Was also geht eigentlich in den Fortpflanzungsorganen des Mannes vor, wenn er älter wird? Im Vergleich zu dem deutlich erkennbaren altersbedingten Ende der Reproduktionsfähigkeit der Frau unterliegt das Reproduktionssystem des Mannes im Alterungsprozeß einer eher graduellen Veränderung. Und das Ergebnis ist eben keineswegs das Ende der Fortpflanzungsfähigkeit, wie dies bei der Frau der Fall ist. Es steht eindeutig fest, daß es Männer gibt, bei denen die Fortpflanzungsfähigkeit bis ins hohe Alter hinein voll erhalten bleibt.

Dennoch wurde eindeutig nachgewiesen, daß es bei älteren Männern zu einer Einschränkung der Reproduktionsfähigkeit und des sexuellen Interesses kommen kann, was mit hormonellen Veränderungen in Verbindung gebracht wird.

„Für jedes wichtige Hormonsystem, das untersucht wurde, fanden sich altersabhängige Veränderungen, die möglicherweise für den Alterungsprozeß von Bedeutung sind", bestätigt Marc R. Blackman, Leiter der endokrinologischen Abteilung des Johns Hopkins Bayview Medical Center in Baltimore. Zu den Veränderungen, die mit dem Rückgang der Hormone in Verbindung gebracht werden, gehören unter anderem der Verlust an Muskelmasse und -kraft, der Ansatz von Körperfett, insbesondere im Bauchbereich, eine Schwächung der Knochen, eine verminderte Aktivität des Immunsystems, ein allgemeiner Energieverlust sowie die Minderung des sexuellen Interesses.[63]

In ihrem Buch *Love Cycles* berichtet Winnifred Cutler über ihre Untersuchungen, bei denen sie auf eine altersbedingte Verminderung des Testosteronspiegels stieß. Das Interessante an ihrer Untersuchung ist die Tatsache, daß die Testosteronspiegel der Probanden auch innerhalb der Altersgruppen stark variierten. So wurden zum Beispiel bei Probanden um die Zwanzig Werte von 300 ng/100ml bis 1100 ng/100ml gemessen. Bei den Männern um die Fünfzig fanden sich Werte von 200 ng/100ml bis zu 1000 ng/100ml.[64]

Obwohl bei den Männern der Testosteronspiegel im Durchschnitt mit dem Alter abnimmt, ist es sehr wichtig, den eigenen individuellen Spiegel zu kennen, um zu verstehen, was in unserem Körper vor sich geht.

„Ist der Testosteronrückgang unumgänglich? Offensichtlich schon", meint Cutler. „Bis auf eine einzige Studie haben alle Untersuchungen ergeben, daß das Testosteron mit zunehmendem Alter systematisch zurückgeht. Bisher ist es allerdings noch nicht möglich, eine Aussage darüber zu treffen, wie stark der Rückgang voraussichtlich sein wird."[65]

Die Veränderungen im Hormonspiegel verlaufen parallel zu den Veränderungen in der Sexualität. Cutler bemerkt, daß die Forschung über die Zusammenhänge zwischen männlicher Sexualität und hormonellen Veränderungen noch in den Kinderschuhen steckt. „Doch selbst mit diesen groben Meßwerten konnte man bereits einige signifikante Zusammenhänge zwischen dem Testosteronspiegel und der Sexualität im Alterungsprozeß gesunder Männer nachweisen."[66]

Cutlers Untersuchungen haben gezeigt, daß ein Zusammenhang besteht zwischen einem altersbedingten Hormonrückgang und einer ebenfalls altersbedingten Rückläufigkeit von Orgasmen, morgendlichen Erektionen und sexuellen Gedanken (die Häufigkeit, mit der man an Sex denkt).

So kommt es zum Beispiel bei Männern um die Sechzig im Gegensatz zu jüngeren Männern nur einmal im Monat oder seltener zum Orgasmus, bei Männern ab Siebzig ist der Rückgang noch drastischer. Wenn man den Rückgang der sexuellen Aktivität mit dem Rückgang des durchschnittlichen Testosteronspiegels zum gleichen Zeitpunkt vergleicht, wird der Zusammenhang klar.

Die Wechseljahre des Mannes und die Erektionsstörung

Eines der verheerendsten Probleme, die ein Mann in der Lebensmitte haben kann, ist die Unfähigkeit, eine Erektion zu bekommen oder lange genug aufrechtzuerhalten, um einen befriedigenden Sexualakt durchführen zu können. Es ist das, was die Mediziner „Impotenz" nennen und ich als Erektionsstörung bezeichne.

Ich denke, der Begriff „Impotenz" ist nicht nur falsch, sondern auch irreführend. Der Begriff „impotent" kann definiert werden als „unfähig zu handeln oder irgend etwas zuwege zu bringen, körperlich schwach". Diese Sichtweise trägt nur noch mehr dazu bei, daß ein Mann Angst und Scham empfindet. Der Begriff Erektionsstörung sagt aus, wo das Problem liegt, ohne all die anderen Indikationen, die nur Ballast sind und dazu führen, daß ein Mann sich schlicht zu nichts mehr nütze fühlt. Die Unfähigkeit, eine Erektion lange genug aufrechtzuerhalten, um einen Sexualakt durchzuführen, ist schon Ballast genug für die Millionen von Männern, die davon betroffen sind. So schrieb Donovan Webster 1996 in seinem Artikel *Erections 'R' US* in der Juniausgabe von *Men's Health*:

18 Millionen amerikanische Männer sind von Impotenz betroffen, und sogar 30 Millionen Männer leiden gelegentlich unter ihren Auswirkungen.

Trotz der Häufigkeit dieses Problems und der Bedeutung, die es für die betroffenen Männer und deren Partner/innen hat, wurde den Erektionsstörungen bisher wenig Beachtung geschenkt. Bis vor kurzem war der Kinsey-Report, der vor mehr als vierzig Jahren auf der Grundlage einer Meinungsumfrage in einem sozialen und medizinischen Kontext entstand, und der sich von den heutigen Verhältnissen grundlegend unterscheidet, die einzige zuverlässige Informationsquelle über Art und Auftreten von Erektionsstörungen.[67]

Mittlerweile haben viele Kliniker und Wissenschaftler erkannt, daß Erektionsstörungen auch eine biologische Grundlage haben, insbesondere bei älteren Männern. Einige wichtige Erkenntnisse über Erektionsstörungen verdanken wir der aus öffentlichen Geldern finanzierten *Massachusetts Male Aging Study*, der wohl umfangreichsten Studie zur männlichen Sexualität seit dem Kinsey-Report. Mehr als 1700 Männer zwischen vierzig und siebzig Jahren nahmen an dieser Studie teil. Speziell ausgebildete Interviewer befragten die Probanden zu Hause, und neben Blutproben berücksichtigten sie eine Reihe weiterer Faktoren: physiologische Meßwerte, soziodemographische Daten, psychologische Indikatoren sowie Informationen zu Gesundheitszustand, Medikamenteneinnahme, Nikotinkonsum und den allgemeinen Lebensumständen. Ein Fragebogen zum Sexualverhalten, der von den Probanden allein ausgefüllt wurde, gab Hinweise auf die Erektionsfähigkeit der Teilnehmer. Die Studie ergab, daß bei mehr als der Hälfte der amerikanischen Männer über Vierzig Erektionsstörungen auftreten. Ebenso fand man heraus, daß sich das Auftreten einer kompletten erektilen Dysfunktion von fünf Prozent bei Probanden um die Vierzig auf 15 Prozent bei den Teilnehmern um die Siebzig erhöht.[68] Aber es gibt auch eine gute Nachricht, die besagt, daß der großen Mehrheit der Männer, auch der älteren, ihre Potenz und die Lust am Sex erhalten bleiben.

Ein weiteres Ergebnis der Studie war, daß obwohl psychologische Faktoren beim Älterwerden des Mannes durchaus eine Rolle spielen, die physiologischen, also körperlichen Faktoren jedoch sehr viel entscheidender sind. So zeigte sich beispielsweise ein enger Zusammenhang zwischen Erektionsstörungen und Herzerkrankungen, Bluthochdruck, Diabetes und den Medikamenten, die häufig eingenommen werden, um diese Probleme in den Griff zu bekommen. Von den siebzehn Hormonen, die in dieser Studie gemessen wurden, zeigte nur das Nebennierenhormon DHEA eine Korrelation zur Impotenz. Die altersangepaßte Wahrscheinlichkeit, völlig impotent zu werden, stieg bei einem Rückgang des DHEA-Hormons von 10 auf 0,5 mg/ml von 3,4 auf 16 Prozent an.[69]

Interessanterweise fand sich kein Zusammenhang zwischen Impotenz und vermindertem Testosteronspiegel.

Nach Angaben von Crenshaw „nimmt der DHEA-Spiegel beim Mann mit zunehmendem Alter rapide ab. Wenn sie achtzig sind, ist er kaum noch meßbar. In einer Studie, in der sechzig gesunde Männer zwischen zwanzig und vierundachtzig Jahren mit sechzig gesunden Frauen verglichen wurden, war das DHEA bei den Männern signifikant niedriger als bei den Frauen."[70]

Auch wenn Erektionsstörungen kein normaler Bestandteil des Alterungsprozesses sind, so müssen wir doch die Tatsache akzeptieren, daß sich unsere Sexualität mit zunehmendem Alter verändert. Wir haben nicht mehr diese gewaltigen Erektionen, die uns in unserer Jugend so verlegen machten, die wir aber nun, da wir älter werden, oft vermissen.

Ein Mann behandelt seinen Penis oft wie einen Sklaven, der immer Gewehr bei Fuß stehen und mit Gewalt in Form gebracht werden muß, damit er, allzeit bereit, willig und funktionsfähig, alle Dienste tut, die man von ihm verlangt. Wie alle Sklavenhalter verstehen Männer nicht, daß sich die Bedürfnisse derer, die ihnen dienen, verändern können. Die Männer würden sich viel Frust ersparen, lernten sie die Veränderungen, die ihre Sexualität mit der Zeit durchmacht, zu verstehen.

Sieben Veränderungen, die bei gesunden, normalen Männern mit zunehmendem Alter auftreten:

1. Es dauert länger, bis eine Erektion eintritt.
2. Männer brauchen oft eine direkte körperliche Stimulation, um eine Erektion zu bekommen. Ein erotischer Anblick oder eine Phantasievorstellung reichen nun – anders als früher – nicht mehr aus, um sie sexuell zu erregen.
3. Auch bei einer vollen Erektion wird das Glied nicht mehr ganz so steif wie früher.
4. Die Drang zu ejakulieren ist nicht mehr so stark wie früher. Manchmal hat man das Gefühl, überhaupt keinen Orgasmus gehabt zu haben.
5. Der Samenerguß ist nicht mehr so stark wie früher. Die Menge der Samenflüssigkeit nimmt ab und kann unter Umständen auch weniger Spermien enthalten.
6. Der Wunsch sich selbst zu befriedigen und die Häufigkeit der Selbstbefriedigung können nachlassen. Bei manchen Männern ist allerdings auch das Gegenteil der Fall.
7. Der Hoden wird etwas kleiner, und der Hodensack wird schlaffer. Außerdem schwillt er während der sexuellen Erregung nicht mehr so stark an.[71]

Obwohl neuere Forschungsergebnisse gezeigt haben, daß sexuelle Probleme eine breitere biologische Grundlage haben als zunächst vermutet, wird die enge Verknüpfung von Körper und Seele nirgends deutlicher als in der Sexualität. Jetzt wissen wir zum Beispiel, daß Veränderungen im Hormonhaushalt unsere Sexualität beeinflussen und daß umgekehrt unsere Sexualität den Hormonhaushalt beeinflussen kann.

„Die männlichen Sexualhormone stimulieren das Sexualverhalten", erklärt Cutler. „Aber umgekehrt scheint auch das Sexualverhalten die Produktion der Sexualhormone zu stimulieren. Der Testosteronspiegel ist vor, während und nach dem Geschlechtsakt in der Regel höher als in Zeiten sexueller Enthaltsamkeit."[72]

Welchen Einfluß hat der Zusammenhang zwischen Körper und Seele auf die Gesundheit, die Sexualität und die Wechseljahre des Mannes? Im nächsten Kapitel werden Sie ihr Wissen zu diesem Thema vertiefen und erweitern können.

5. Die Verbindung zwischen Körper, Geist und Seele: zurück zu einer ganzheitlichen Betrachtung des Mannes

Schließlich ging ich ins Krankenhaus, weil ich Schwierigkeiten mit dem Urinieren hatte. Manchmal begannen die Probleme mit dem Wasserlassen, es kam kein Strahl, obwohl ich genau spürte, daß ich mußte. Ein anderes Mal konnte ich gar nicht schnell genug zur Toilette kommen, aber wenn ich zu pinkeln anfing, hatte ich das Gefühl, ich müßte den Urin regelrecht herauspressen. Obwohl ich, wie die meisten Leute, noch nie gerne zum Arzt gegangen bin, habe ich mich dabei selten unwohl gefühlt. Aber diesmal schon, denn irgendwie war es mir peinlich. Ich wußte einfach nicht, wie ich mich ausdrücken sollte, im nachhinein jedoch denke ich, es schien mir einfach unmännlich, Probleme mit dem Penis zu haben. Das letzte Mal, daß ich eingehender über meinen Penis nachdachte, war, als ich sechs oder sieben Jahre alt war, und mein Onkel mir einen Rat unter Männern gab: „Bevor du ihn in die Hose zurück tust, schüttle ihn dreimal fest", meinte er mit einem Grinsen und legte mir die Hand auf die Schulter. Er fuhr mit seinen Instruktionen fort, indem er mir zur Verdeutlichung drei kräftige Klapse gab. „Weniger als dreimal, dann hast du nachher einen nassen Fleck an der Hose. Mehr als dreimal, dann spielst du mit dir selber rum."

Die Stimme des Arztes unterbrach meine Gedanken. „Es ist wirklich nichts Ernstes", sagte er mit fachmännischem Lächeln. Was wir da haben, ist ein Fall von Prostatitis. Sie bekommen ein Antibiotikum, dann wird es bald vorbei sein." Ich war so erleichtert, daß ich sofort mit meinem zweiten Anliegen herausplatzte, für das ich ebenfalls eine unmittelbare Lösung erwartete, die das Problem für immer zum Verschwinden bringen würde.

„Nun, wenn ich schon hier bin ...", begann ich zögernd. Der Arzt hielt seinen Kopf geneigt, um mir ein Rezept auszuschreiben, was mir die Sache wesentlich erleichterte. Er blickte nicht hoch. „Da ist noch etwas anderes. Ich stelle seit einiger Zeit fest, daß mein Glied nicht immer ganz so steif wird wie früher." Jetzt hob er seinen Kopf und sah mich an, aber sein offener Blick verriet nicht, was er wohl dachte. Ich wünschte, ich hätte nichts gesagt und wäre einfach gegangen. Aber ich wagte schließlich den Sprung nach vorn und erinnerte mich an einen Spruch meines Onkels beim Poker: „Wer zehn Cent setzt, kann auch einen Dollar setzen, wenn du ansagst, kannst du auch erhöhen." „Na ja, außerdem sieht es so aus, als wäre mein Samenerguß nicht mehr so stark wie früher", fuhr ich schnell fort, „und der Geschlechtsverkehr macht mir nicht mehr so viel Spaß." Er sah etwas verwirrt drein, dann faßte er mein Problem, begleitet von einem breiten Grinsen, folgendermaßen zusammen: „Also, sie möchten, daß ich ihnen helfe, den alten Knaben wieder auf Vordermann zu bringen!"

Gemischte Gefühle durchfluteten mich. Einerseits war ich erleichtert, daß man, was immer es auch sein mag, darüber witzeln konnte, also konnte es ja nicht so schlimm sein. Aber es war mir auch unangenehm, daß seine Diagnose wie aus der Pistole geschossen kam. Ich fragte mich etwas verwirrt, was denn nun wirklich das Problem sei. Ich war mir keineswegs sicher, daß es nur darum ging, „den alten Knaben wieder auf Vordermann zu bringen". Würde das meinen Samenerguß wieder stärker machen und – noch wichtiger – mir die Freude am Sex wiedergeben?

„Dieses Medikament dürfte ihnen helfen", sagte er und drückte mir einen Zettel in die Hand. Im Hinausgehen rief er noch über die Schulter: „Wenn es nicht besser wird, dann kommen sie wieder und wir werden sehen, was sich machen läßt." Er sagte das so, als sei es völlig unnötig, daß ich wiederkäme. Ich legte meine Bedenken beiseite und eilte in die Apotheke, um mir meine Medikamente abzuholen, die mein Problem beseitigen würden, ganz gleich, was es war.

Ein Jahr später waren die Symptome immer noch die gleichen. Der Arzt hatte vier oder fünf verschiedene Medikationen an mir ausprobiert. Als ich ihn wegen meiner sexuellen Schwierigkeiten, die mit der Zeit immer schlimmer zu werden schienen, löcherte, gab er schließlich zu, daß er über diese sexuellen Aspekte nicht sehr viel wußte, aber sicher war, daß das richtige Medikament das Problem lösen würde. Als die Medikamente nichts bewirkten, empfahl er mir, mich operieren zu lassen.

Ich war völlig durcheinander und meine Gefühle waren in Aufruhr. Ich schämte mich, daß ich für mein „Problem" einen Arzt brauchte. Und jetzt, da ich mich ihm und seinen magischen „Heil"-Kräften völlig ausgeliefert hatte, wagte ich nicht, die Behandlung, die ja sowieso nichts nützte, wieder aufzugeben. Je weniger es funktionierte, desto mehr Angst bekam ich und desto unzulänglicher fühlte ich mich. Ich fühlte mich mehr und mehr von diesem Arzt und seiner Behandlungsmethode abhängig. Wenn ich jetzt zugab, daß das Problem einfach nicht verschwinden wollte, hieße das auch zuzugeben, daß ich nicht einfach in die Reparaturwerkstatt gehen, meinen Körper abgeben und nach der Arbeit repariert, voll funktionsfähig und so gut wie neu wieder abholen konnte. Es hieße nämlich, daß ich für meine Gesundheit mehr Verantwortung übernehmen mußte. Und es hieße auch, daß ich mich nun damit beschäftigen mußte, was eigentlich in meinem Kopf vor sich ging und welche Auswirkungen das auf meinen Körper hatte.

Schließlich konsultierte ich noch einen anderen Arzt, der ebenfalls Urologe war, der aber in dem Ruf stand, mehr zu tun als nur „den alten Knaben wieder auf Vordermann zu bringen". Als ich die Praxis betrat, wußte ich, daß das eine ganz andere Art von Erfahrung werden würde. Er sagte mir, er könne mir nicht garantieren, daß meine Probleme mit dem Urinieren und mit meinem Sexualleben tatsächlich behoben werden könnten, aber wenn wir gut zusammenarbeiteten, um herauszufinden, was eigentlich los war, sehe er gute Chancen, daß sich das Blatt zu meinen Gunsten wende.

Er begann mit einer eingehenden körperlichen Untersuchung, gründlicher und sanfter als alles, was ich je bei meinem ersten Arzt erlebt hatte. Zum ersten Mal nach mehr als einem Jahr hatte ich wieder Hoffnung. Als nächstes bat er mich, ihm etwas über mein Leben in den letzten Jahren zu erzählen. Alles, was ich sagte, schien ihn zu interessieren. Er nickte, als ich darüber sprach, daß der Druck in der Arbeit immer mehr zunahm, daß meine Frau so viel herumreiste und ich Angst hatte, sie könnte auf ihren Reisen einen anderen Mann kennenlernen. Nach etwa zwei Stunden schrieb mir der Arzt ein ungewöhnliches Rezept. Er bat mich, alle bisherigen Medikamente abzusetzen. Er schlug vor, meine Frau und ich sollten vierzehn Tage lang keinen Sex haben. In dieser Zeit sollte ich täglich sieben bis acht Liter Wasser trinken, um „mein System durchzuspülen". Er erklärte mir, daß der Körper zum Großteil aus Wasser bestehe, und daß viel zu trinken seiner Erfahrung nach die beste „Behandlung“ sei für Probleme wie dieses. Obwohl ich, meinen alten Gewohnheiten entsprechend, am liebsten gesagt hätte: „Geben sie mir doch lieber ein Medikament“, machte mich die ruhige und direkte Art, mit der er an die Sache heranging, zuversichtlich, daß mir dieser unkonventionelle Ansatz helfen könnte. Schließlich riet er mir noch, ich sollte mich einfach entspannen und aufhören, so krampfhaft alles wieder „in Ordnung“ bringen zu wollen. Ich sollte für die Zeit nach Ablauf dieser vierzehn Tage ein schönes, romantisches Wochenende mit meiner Frau verbringen, aber keine Erwartungen oder Forderungen damit verknüpfen. „Genießen Sie es und warten Sie ab, was passiert.“ Zu meiner Überraschung trat eine Besserung ein. Im Gespräch über meine Probleme mit der Prostata erklärte mir der Arzt, daß ein ganz entscheidender Zusammenhang bestünde zwischen den Erwartungen und Ängsten eines Menschen und der Art, wie sein Körper darauf reagiere. Dies war das erste Mal, daß ich mit ganzheitlicher Medizin in Berührung kam.

Alles, was man über die Prostata wissen sollte: der Schlüssel zur sexuellen Gesundheit des Mannes

In den Gesprächen, die ich über viele Jahre mit Tausenden von Männern geführt habe, fand ich heraus, wie viele Männer wegen Prostata-Problemen einen Arzt konsultierten und eine ähnliche Antwort erhielten wie ich. Erst bekamen sie verschiedene Medikamente verschrieben, und als alles nichts nützte, empfahl man ihnen, sich operieren zu lassen.

Da fast alle Männer irgendwann einmal in ihrem Leben irgendein Problem mit der Prostata haben und die „Gesundheit“ der Prostata in einem solch engen Zusammenhang mit der männlichen Sexualität steht, ist es wichtig, einen Blick auf Struktur und Funktion dieser wichtigen Drüse zu werfen.

Wie wir alle wissen, sind die Strukturen des männlichen Harnsystems und der männlichen Sexualorgane eng miteinander verknüpft. Die Prostata oder Vorsteherdrüse ist der Mittelpunkt beider Systeme. Die Drüse ist etwa walnußgroß und sitzt unter der Blase. Die Urethra oder Harnröhre, die den Harn von der Blase nach außen leitet, verläuft durch diese Drüse hindurch.[1]

Ein Großteil der Drüse, ungefähr 75 Prozent, besteht aus Drüsengewebe. Zwischen Vorder- und Rückseite der Prostata verläuft die Harnröhre. Die Prostata ist in erster Linie ein Sexualorgan. Sie produziert und „lagert“ die Flüssigkeit, die ungefähr ein Drittel der gesamten Samenflüssigkeit ausmacht. Diese Flüssigkeit wird beim Orgasmus durch Muskelkontraktionen aus der Prostata geschleudert und vermischt sich mit Spermien und Samenflüssigkeit, die neues Leben entstehen lassen, wenn Spermium und Ei miteinander verschmelzen.[2]

Durch die Prostata fließt Blut zum Penis und die Nerven, von denen die Prostata durchzogen ist, sind von großer Bedeutung für die sexuelle Stimulierbarkeit. Die Blutzufuhr zum Penis ist wichtig für die Erektion, und die Nerven geben die Impulse weiter, die notwendig sind, damit man sexuelle Lust empfindet. Eine gesunde Prostata ist also notwendig für eine lustvolle sexuelle Erfahrung.[3]

Die Prostata liegt tief im Innern des männlichen Beckens. Die Lage der Prostata und ihre Funktion als gemeinsame „Leitung“ für Harn, Samenflüssigkeit, Drüsenflüssigkeit und Sperma, macht deutlich, weshalb so viele verschiedene Symptome auftreten können, wenn die Prostata anfängt, ihrem Besitzer Schwierigkeiten zu bereiten.[4]

Die drei häufigsten Probleme mit der Prostata

Der Autor John Irving beschreibt die Probleme, die viele Männer bekommen, wenn sie älter werden, wie folgt: „Daß das Pinkeln unangenehm ist und weh tun kann, ist nichts Neues für mich. Siebenmal hatte ich im letzten Jahr diese Störung, über die man nicht gerne spricht. ... Das Urinieren kann zur Herausforderung werden, ein Gefühl, das immer wieder neu und überraschend sein kann. Außerdem ist es eine zeitraubende Angelegenheit – den ganzen Tag denkst du nur daran, wann du das nächste Mal zum Pinkeln gehen mußt. Von Sex ganz zu schweigen. Der Orgasmus ist im wahrsten Sinne des Wortes der Höhepunkt. Es dauert ewig, bis man kommt – ... die lange, wundersame Reise eines groben überdimensionalen Kugellagers. In der letzten Zeit hatte ich das Ganze schon völlig aufgegeben. Also mußte ich was trinken. Aber wenn ich viel trinke, muß ich häufig pinkeln, und das Pinkeln brennt – ein Teufelskreis. Und immer irgend eine Wischiwaschi-Diagnose."[5]

Die Prostata ist das krankheitsanfälligste Organ des Menschen.[6] Die drei häufigsten Krankheiten, die bei der Prostata vorkommen, sind:

1. Prostatitis, eine akute oder chronische Entzündung der Prostata
2. gutartige Prostatavergrößerung (BPH)
3. Prostatakrebs

Nach Angaben von Bradley R. Hennenfent, einem der führenden Wissenschaftler auf diesem Gebiet, „liegt die Wahrscheinlichkeit, daß ein Mann eine dieser Erkrankungen bekommt, bei nahezu 100 Prozent".[7] Doch wir wissen noch nicht sehr viel über diese Krankheiten, in welchem Zusammenhang sie zueinander stehen und warum so viele Männer daran erkranken, wenn sie älter werden.

„Die Vergrößerung der Prostata bewirkt", so Theresa M. Crenshaw, „daß die Männer bei Tag und bei Nacht häufiger urinieren müssen, was ihren Schlaf und ihr Ego beeinträchtigt." Sie führt aus, daß diese Veränderungen für das Selbstverständnis eines Mannes von großer Bedeutung sind. „Eine schwache Blase kommt gleich nach der Glatze, sie ist ein sicheres Anzeichen dafür, daß man nun langsam zum ‚alten Eisen' gehört."[8]

„Zu einer leichten Vergrößerung kommt es bei 10 Prozent aller Vierzigjährigen und bei 80 Prozent aller Achtzigjährigen. Meistens ist die Vergrößerung auf gutartiges Zellwachstum zurückzuführen, aber manchmal ist das Zellwachstum auch bösartig. Deshalb sollte man eine solche Vergrößerung ständig von einem Urologen kontrollieren lassen."[9]

Nach Angaben von Thomas M. Bruckman von der *American Foundation for Urologic Disease* kommt der Prostatakrebs gleich nach dem Hautkrebs, der Nummer eins auf der Liste der häufigsten Krebserkrankungen in den USA. Diese Erkrankung gehört neuerdings zu den wichtigsten Gesundheitsthemen, die in den USA im Zentrum des öffentlichen Interesses stehen.[10]

Prostatakrebs wird häufig mit dem Brustkrebs verglichen, da es zwischen der Brust und der Prostata strukturelle Ähnlichkeiten gibt. Außerdem ist die Mortalitätsrate bei Frauen, die an Brustkrebs erkrankt sind, ähnlich hoch wie bei Männern mit Prostatakrebs. 1996 starben in den USA 41 000 Männer an Prostatakrebs,

45000 Frauen an Brustkrebs. Im selben Jahr wurden 317000 Fälle von Prostatakrebs diagnostiziert, gegenüber 184000 Brustkrebserkrankungen. Und dennoch belaufen sich die öffentlichen Mittel für die medizinische Forschung über den Prostatakrebs auf nur 80000 Dollar gegenüber 550000 Dollar, die für Forschungen über Brustkrebs ausgegeben werden.[11]

Fällt die Prostatakrebsforschung schon sehr dürftig aus, findet die Forschung über Prostatitis fast gar keine Beachtung. „Chronische Prostatitis ist wirklich so etwas wie eine vergessene Krankheit in diesem Land. Die Forschung auf diesem Gebiet ist geradezu himmelschreiend rückständig"[12], betont R. Alexander und der bekannte Urologe Thomas Stamey weist darauf hin, daß 50 Prozent aller Männer Prostatitissymptome bekommen werden, die u.a. mit Schmerzen im Urogenitalbereich, Störungen im Harnfluß und sexuellen Funktionsstörungen einhergehen.[13] Betroffen sind vor allem Männer um die Vierzig herum. Für 95 bis 97 Prozent dieser Patienten lautet die Diagnose: „Sie haben eine chronische Prostatitis", eine Krankheit, bei der man weder die Ursache kennt, noch weiß, wie sie zu heilen ist.[14]

Diese Aussage ist für Männer nun nicht gerade ermutigend. Wenn man(n) gesagt bekommt, daß es sich um ein Problem handelt, dessen Symptome sich auf das tägliche Leben und die Sexualität auswirken, für das es aber keine Behandlungsmöglichkeiten gibt, dann kann das einen Mann durchaus frustrieren, wütend oder sogar depressiv machen.

Nun hat die neuere Forschung allerdings Ergebnisse erbracht, die Männer mit Prostataproblemen wieder hoffen lassen. Die Ergebnisse besagen, daß alle drei genannten Prostataerkrankungen möglicherweise auf schwer nachweisbare virale oder bakterielle Infektionen zurückzuführen sind. Nach Aussagen von Bradley R. Hennenfent gibt es „konkrete Hinweise darauf, daß die gutartige Prostatavergrößerung schlicht durch eine unbehandelte chronifizierte Infektion verursacht wird." Und er vertritt die Auffassung, daß Prostatavergrößerung und Prostatakrebs mit einer unbehandelten Prostatitis in Zusammenhang stehen könnten und daß man dieses Thema unbedingt weiter erforschen sollte.[15]

Auch wenn immer mehr Männer über ihre Probleme miteinander sprechen und Antworten von der Medizinwissenschaft auf ihre Fragen verlangen, wird sich das Blatt erst wenden, wenn sich die Männer noch mehr darum bemühen, ihre gesundheitlichen Belange selbst in die Hand zu nehmen.

Es scheint, daß Männer um die Zwanzig ihre Gesundheit gänzlich vernachlässigen, weil sie sich unsterblich fühlen und sicher sind, daß sie einfach zu jung und zu stark sind, um krank zu werden. Mit dreißig sind sie allzusehr beschäftigt mit der Verantwortung in Beruf und Familie, um sich um ihre Gesundheit Gedanken zu machen. Um die Vierzig bekommen sie dann oft erste Auswirkungen dieser Vernachlässigung zu spüren, trauen sich aber nicht zum Arzt zu gehen, weil sie Angst haben, es könnte etwas Ernsteres sein. Kommen sie schließlich in die Wechseljahre, ergibt sich eine neue Chance, sich endlich um die eigene Gesundheit zu kümmern.

Ebenso wie die Forschung Zusammenhänge zwischen den einzelnen Prostataerkrankungen aufgezeigt hat, gibt es mehr und mehr wissenschaftliche Hinweise darauf, daß auch zwischen den körperlichen Aspekten der Menopause einerseits und den geistig-seelischen Dimensionen andererseits ein Zusammenhang besteht.

Bei meinen eigenen Klienten zum Beispiel habe ich festgestellt, daß sich Prostataprobleme verschlimmern, wenn Spannungen in der Ehe auftreten. Umgekehrt können auch Prostataprobleme Spannungen in der Ehe erst verursachen. Geistige und psychische Aspekte beeinflussen den Krankheitsverlauf, und körperliche Erkrankungen beeinflussen den Geist und die Psyche eines Mannes.

Viele Männer glauben jedoch nicht so recht daran, daß geistige und psychische Dimensionen den Heilungsprozeß beeinflussen. Sie meinen, sie müßten „auf dem Boden der Tatsachen" bleiben, um im Leben erfolgreich zu sein. Sie begreifen nicht, daß es hilfreich sein kann, Zusammenhänge zwischen Körper, Geist und Seele zu verstehen.

Aber wenn man diese Aspekte des Lebens ignoriert, ist es, als fahre man mit einen 8-Zylinder-Motor, bei dem nur zwei Zylinder arbeiten, oder als spiele man mit einem Basketball, der nicht ganz aufgeblasen ist. Wenn man(n) in die Wechseljahre kommt, wird es zunehmend wichtiger, mit allen Dimensionen des Lebens in Einklang zu sein. Um die Kraft einer ganzheitlichen Lebensauffassung, die Körper, Geist und Seele integriert, besser verstehen zu können, ist es ganz nützlich, einen kleinen Abstecher in die Welt des Profisports zu machen.

Willkommen im Allerheiligsten. An einer Wand hängt ein hölzerner Pfeil, an dem ein Tabaksbeutel befestigt ist, an der anderen eine Kette aus Bärenklauen. In dem Zimmer findet man auch noch eine Eulenfeder, ein Bild, das eine Szene aus dem Leben des großen mystischen Kriegers Crazy Horse darstellt, und Photos eines weißen Büffelkalbs, das in Wisconsin geboren wurde.

Wo sind wir hier? Man könnte meinen, man befinde sich in einem Indianerwigwam, einer heiligen Stätte zur Reinigung und Erneuerung von Körper, Geist und Seele. Man erwartet jedenfalls nicht, in diesem Raum so viele Bullen anzutreffen, nun ja, besondere Bullen, die *Chicago Bulls* nämlich, die Profi-Basketballmannschaft des Super-Basketballers Michael Jordan, die von dem phänomenalen Phil Jackson trainiert werden. Bei einer Sportart, die so körper- und konkurrenzorientiert ist wie das Basketballspiel, erwartet man keinesfalls, im Mannschaftsraum des fünffachen Weltmeisters so viele Dinge vorzufinden, die darauf hinweisen, daß hier auch Geist und Seele von besonderer Bedeutung sind.

„Das ist der Raum, in dem der Mannschaftsgeist Gestalt annimmt", sagt Phil Jackson, der Chef-Trainer der Bulls. Als einer der erfolgreichsten Trainer in der Geschichte des amerikanischen Basketballs, hat Jackson eine ganz neue Dimension der Menschenführung geprägt, einen Führungsstil, der auf den Prinzipien östlicher und indianischer Kultur aufbaut. Sein Ansatz ist so ganz anders als diese egoistische Alle-Macht-dem-Sieger-Haltung, die den amerikanischen Lebensstil bis heute geprägt hat. Statt seine Spieler durch Einschüchterung zum Sieg zu führen, setzt Jackson – der sich selbst als Zen-Christ bezeichnet (sein Vater war Prediger in einer Pfingstgemeinde, er selbst kam erst später mit dem Zen-Buddhismus in Berührung) – auf Bewußtheit, Mitgefühl und vor allem selbstlosen Mannschaftsgeist.

Wenn das alles entscheidende Spiel stattfindet und die meisten Trainer ihre Mannschaft mit „Alles auf eine Karte! Macht sie alle!" anspornen und Vince Lombardi zitieren: „Gewinnen ist nicht alles, es ist das *einzige!!*", dann sagt er seinen Spielern, sie sollen meditieren, visualisieren und an ihre Mannschaftskameraden denten. „Da gibt es eine Passage in Rudyard Kiplings ‚Zweitem Dschungel-Buch', die ich vor einem solchen Spiel oft lese", erzählt Jackson, „um das Team an unser Hauptprinzip zu erinnern":

Dies sind die Gesetze des Dschungels,
So alt und so klar wie das Licht;
Der Wolf, der sie hält, wird gedeihen,
Und sterben der Wolf, der sie bricht.
Lianengleich schlingt das Gesetz sich
Voran und zurück, auf und ab;
Die Stärke des Rudels ist der Wolf,
Und die des Wolfs ist das Rudel.[16]

Jackson, selbst ein Athlet in Höchstform, hat sein ganzes Leben dem Sport gewidmet. Als in der Lebensmitte sich die ersten körperlichen Gebrechen bemerkbar machten und er nicht länger als Profi-Basketballspieler eingesetzt werden konnte, seine Basketball-Karriere damit also endete, war es, so erzählt er, „für mich so eine Art von Sterben. Es bedeutete, meine Identität als Krieger aufzugeben, meine *raison d'être* von Kindheit an, und – in meinen Augen – eine Unperson zu werden."[17]

Nach Monaten der inneren Einkehr wurde Jackson Trainer der unteren Klassen. Seine erste Aufgabe war es, seinen chaotischen Geist zur Ruhe zu bringen, der genau so schnell und fieberhaft arbeitete, wie seine Spieler das Spielfeld auf und ab rannten. Er brauchte eine andere Arbeitshaltung als die, mit der er aufgewachsen war. Hilfe kam schließlich von ungewöhnlicher Seite, von Albert Einstein nämlich.

„Einstein beschrieb die Regeln für seine Arbeitsweise einmal folgendermaßen", erzählt Jackson:

1. Im Durcheinander finde das Einfache.
2. Im Mißklang höre die Harmonie.
3. Inmitten der Schwierigkeiten liegt deine Chance.[18]

Michael Jordan oder ein Krieger auf dem Weg nach Hause

„Dies ist ein Buch über eine Vision und einen Traum", schreibt Jackson in seinem Buch *Sacred Hoops*. „Als man mich 1989 zum

Cheftrainer der Chicago Bulls machte, war es nicht nur mein Traum, die Bulls zur Meisterschaft zu führen, sondern dies in einer Weise zu tun, in der ich meine beiden großen Leidenschaften miteinander verbinden konnte: Basketball und Spiritualität."[19] Jackson pflegte seine Spieler immer daran zu erinnern, daß „zum Leben mehr gehört als nur Basketball und auch zum Basketball mehr gehört als nur Basketball."

Zu den größten Problemen, die es zu lösen galt, gehörte die Frage, wie er mit Superstar Michael Jordan umgehen sollte, den viele für den größten Basketballspieler aller Zeiten halten. Er war tatsächlich so gut, daß seine Mannschaftskameraden dazu neigten, in den Hintergrund zu treten und Michael, den großen Zauberer, seine magischen Kräfte entfalten zu lassen.

Wie die *Associated Press* berichtete, waren laut einer Umfrage unter afroamerikanischen Kindern Jordan und der Liebe Gott die beiden Personen, die sie nach ihren Eltern am meisten bewunderten. Und die Berühmtheit, die er genießt, geht weit über die afroamerikanische Bevölkerungsgruppe hinaus. In vielen meiner Träume spiele ich Mann-gegen-Mann mit Michael Jordan ... und gewinne!! Ich weiß, daß ich nicht der einzige „weiße Junge" bin, der „wie Mike" sein möchte.

Eine Mannschaft so zu trainieren, daß sie zusammenarbeitet wie die fünf Finger einer Hand, erfordert nicht nur neue Methoden, sondern auch eine neue Lebensphilosophie. Der Geist mußte klar und aufnahmefähig sein, mit allem in Verbindung stehen. Die Spieler mußten etwas lernen, was man im Zenbuddhismus „Bewußtheit" nennt. Es ist dies eine der Übungen, die nicht nur gut sind für Profibasketballer, sondern auch für Männer in den Wechseljahren.

Als Jackson den Bulls diese Übung beibrachte, waren sie zunächst skeptisch. Jordan machte immer wieder die Augen auf, um zu sehen, ob die anderen auch wirklich meditierten. Als er sah, daß die meisten es taten, tat er es auch. Er hat seine Lektion gelernt. Bewußtsein ist alles.

Ich sehe Michael Jordan immer noch vor mir, wie er 1991 die langersehnte Meisterschaftstrophäe in den Händen hielt, als sei sie ein Baby, das Liebe und Schutz braucht. Als man sah, wie ihm die Tränen über die Wangen liefen, war klar, daß das ein Mann war, der sich auf einen Weg gemacht hatte, der Körper, Geist und Seele in Einklang brachte. „Ich könnte mir die Bulls in einer Reinkarnation vorstellen", so Jackson, „wie sie sich um Michael Jordan scharen, aber Michael nicht mehr als ungestümer junger Krieger, sondern als reifer ‚elder statesman' in ihrer Mitte."[20]

Vielleicht können uns Männer wie Michael Jordan und Phil Jackson etwas über die potentiellen Fähigkeiten beibringen, die jedem Menschen innewohnen. Sie können uns lehren, was es heißt, Mentoren und „reife ältere" Männer zu sein und ein gutes und erfülltes Leben zu führen.

Vergleicht man das Leben mit einem Basketballspiel, dann ist ein Großteil von uns in der Menschheitsgeschichte schon am Ende der ersten Halbzeit aus dem Spiel „ausgeschieden". Wir wurden geboren und wuchsen heran. Wir suchten uns einen Partner und erzogen die Kinder, bis sie flügge wurden. Und dann starben wir, meist noch bevor wir fünfzig wurden.

Mit dieser historischen Erfahrung braucht es uns nicht zu wundern, wenn die meisten von uns Angst davor haben, alt zu werden. Wie muß das sein zu wissen, daß man als Mensch hundert Jahre alt werden kann, wenn die meisten von uns aber nicht einmal fünfzig werden? Vielleicht ist es so ähnlich, wie wenn man versucht, alle Punkte schon in der ersten Halbzeit zu machen, weil man befürchtet, daß es keine zweite Halbzeit mehr geben wird.

Aber zum ersten Mal in der Geschichte der Menschheit haben wir die Möglichkeit, das Spiel zu Ende zu spielen. Diesmal wissen wir, daß wir Zeit genug haben, uns für die zweite Spielhälfte eine andere Strategie auszudenken als die, nach der wir in der ersten Halbzeit gespielt haben. Vielleicht hilft uns das, vor den Veränderungen, die uns in der Lebensmitte bevorstehen, weniger Angst zu haben.

Der Geist der mittleren Jahre und die Menopause

Aubrey Hill, Autor des Buches *Viropause/Menopause*, der seit mehr als vierzig Jahren auf diesem Gebiet tätig ist, beschreibt fünf bedeutsame Veränderungen des Geistes, die in der Menopause auftreten können:

1. Veränderungen in der Gedächtnisleistung

So wie es ganz natürlich ist, daß die Körperkraft mit zunehmendem Alter abnimmt, so ist es auch ganz natürlich, daß die geistigen Funktionen nachlassen. „Vergeßlichkeit steht an erster Stelle der geistigen Veränderungen späterer Lebensabschnitte", schreibt Hill.[21] Daß die mentalen Prozesse langsamer ablaufen, wird oft schon deutlich, wenn man bemerkt, daß man nun länger braucht, um Entscheidungen zu treffen.

2. Man(n) ist bedrückt und unzufrieden

„Ärzte nennen diese Art von emotionaler Befindlichkeit „Dysphorie", schreibt Hill, „ein Begriff, der vom griechischen *dysphoros* abgeleitet wird, was so viel heißt wie ‚schwer auszuhalten'. Dysphorie kann beschrieben werden als Erregung, übermäßiger psychischer Schmerz oder Qual. Medizinisch gesehen verbirgt sich dahinter eine innere und äußere Unruhe, und das Gefühl von Unbehagen."[22]

Den meisten Männern fällt nicht einmal auf, daß sie bedrückt sind, und sie suchen daher auch gar nicht um Hilfe nach. Warum viele Männer zu sich selbst so wenig Zugang haben und warum es ihnen widerstrebt, sich helfen zu lassen, hängt damit zusammen, daß sie sich ihrer Gefühle nicht bewußt sind. Von Kindheit an werden sie dazu angehalten, logisch zu denken und ihre Gefühle zu unterdrücken. Die meisten Männer haben durchaus starke Gefühle, schämen sich aber des Kontrollverlustes, den diese Gefühle bewirken können. Selbst diejenigen Männer, die ihre Gefühle zulassen, haben oft Schwierigkeiten, sie in Worte zu fassen, sie zucken nur mit den Schultern, statt zu sagen: „Ich fühle etwas, aber ich weiß nicht, was es ist oder wie ich es nennen soll."

Selbst Männer, die ihre Gefühle ausdrücken können und akzeptieren, daß sie sich bedrückt oder niedergeschlagen fühlen, wehren sich gegen Hilfe, weil sie glauben, daß „ein Mann mit seinen Gefühlen selbst fertig werden sollte". Es gilt immer noch als männlicher, still zu leiden, als zuzugeben, daß irgend etwas nicht in Ordnung ist.

3. Angst und Schlaflosigkeit

„Ein Mann in der Menopause hat oft Probleme mit seinem Selbstwertgefühl und Schwierigkeiten, Prioritäten zu setzen. Deshalb bekommt er Angst."[23] Wenn man Angst hat, kann man oft nicht schlafen. Wenn ein Mann um die Vierzig oder Fünfzig sonst eigentlich ganz gesund ist, aber Schwierigkeiten mit dem Einschlafen hat oder nachts aufwacht und nicht wieder einschlafen kann, dann könnte das an den Wechseljahren liegen. Und wenn ein Mann Angstgefühle oder andere mit Angst in Zusammenhang stehende Symptome wie zum Beispiel Kopfschmerzen, Magenschmerzen und Neigung zum Grübeln an sich bemerkt, spielt er sie möglicherweise herunter oder leugnet, daß irgend etwas nicht in Ordnung ist. Oft sind es ihm nahestehende Menschen, die als erste bemerken, daß sich da etwas verändert hat. „Möglicherweise fällt ihnen auf, daß er im Gegensatz zu früher reizbar, griesgrämig und unbeherrscht oder leicht beleidigt ist. Oder sie erleben ihn als ungewöhnlich ruhig und zurückgezogen."[24]

4. Man(n) macht sich Sorgen

Wenn man „in die Jahre" kommt, kann es sein, daß man anfängt, über den Tod nachzudenken. Man macht sich vielleicht Sorgen, daß die Eltern, der Ehepartner, die Kinder oder man selber sterben könnte.

Ich kann mich noch ganz gut an eine Nacht kurz nach meinem fünfzigsten Geburtstag erinnern, als meine Frau Carlin in der Stadt Freunde besuchte. Als sie um die Uhrzeit, zu der ich sie zurückerwartet hatte, immer noch nicht zu Hause war, begann ich mir Sorgen zu machen. Die Sorgen wurden zu Angst, die Angst zu Panik und die Panik zu blankem Horror. Obwohl sie sich immer mal verspätete, was ich als irritierende Tatsache in einer ansonsten wundervollen Ehe zu akzeptieren gelernt hatte, war ich mir sicher, daß etwas Schreckliches geschehen sein mußte.

Ich war völlig verstört, rief bei der Polizei und jedes Krankenhaus in der Stadt an. Ich war mir sicher, daß sie tot war, und überlegte verzweifelt, wie ich das den Kindern beibringen sollte. Ich wußte, daß ich ohne sie nicht leben könnte und erging mich in Phantasien, wie ich meinem Leben ein Ende machen würde.

Als sie nach Hause kam, fröhlich wie immer, schluchzte ich immer noch, als wäre die Welt für mich zusammengebrochen. Ich war überglücklich, daß sie „von den Toten erstanden" war. Und kam mir plötzlich richtig dumm vor. Ich schämte mich dafür, daß ich mich wie ein Baby benommen hatte.

5. Unzulänglichkeitsgefühle

Ganz gleich, wie erfolgreich Männer auch sein mögen, in diesem Lebensabschnitt fühlen sie sich als Versager. Wenn der Job gut läuft, haben sie das Gefühl, schlechte Ehemänner und Väter zu sein. Wenn sie mehr zur Familie tendieren, glauben sie, ihre beruflichen Möglichkeiten nicht voll ausgeschöpft zu haben. Sie fürchten, nicht richtig für die Zukunft ihrer Familie vorgesorgt zu haben. Oft glauben sie, auf der ganzen Linie versagt zu haben. Das Nachlassen ihrer Sexualität und ihrer körperlichen Kräfte trifft sie am Kern ihrer Männlichkeit.

Männer in diesem Alter sind von dem Gedanken besessen, Power und Produktivität, Leidenschaft und Lebenssinn zurückerobern zu wollen, eben all das, was sie glauben, verloren zu haben. Doch oft sucht man die Dinge da, wo sie gar nicht zu finden sind.

Sie meinen vielleicht, sie müßten unbedingt einen schnittigen Sportwagen oder ein Schnellboot besitzen. Diese Harley-Davidson, auf die sie ein Auge geworfen haben, beginnt sich in ihrem Hirn festzusetzen. Sie finden jede Menge Argumente, warum es Sinn machen würde, die Maschine zu kaufen. „Dann braucht man nicht mehr so viel Benzin ... keine Parkplatzprobleme mehr ... geringere Reparaturkosten."

Häufig haben sie den Wunsch, den Job einfach „hinzuschmeißen", oder aber sie wollen „ganz nach oben". Manche würden am liebsten davonlaufen, auf eine Insel der Seligen, wo sie immer jung bleiben und glücklich leben könnten bis in alle Ewigkeit. Wieder andere krempeln die Ärmel hoch und klettern zielstrebig die Erfolgsleiter hinauf.

Innerlich fühlen sie sich als Versager, nach außen machen sie auf erfolgreich. Alkohol, Drogen und andere Fluchtmittel werden dazu benutzt, die angstmachende Wahrheit zu verbergen, die viele Männer in diesem Alter zu leugnen versuchen. „Ich habe das Gefühl, mein ganzes Leben verpfuscht zu haben, und es ist zu spät, um noch einmal von vorne anzufangen und es besser zu machen."

Meiner Erfahrung nach gibt es noch eine sechste psychische Veränderung, die in den Wechseljahren auftritt – sexuelle Phantasien.

Wenn er die körperlichen und sexuellen Veränderungen an sich selbst bemerkt, klammert sich ein Mann in diesem Alter gerne an die Sexualität seiner Jugendzeit. Er erinnert sich an all den Spaß, den er hatte, wenn er die Nächte auf Partys verbrachte und jede Frau haben konnte, die er wollte. Rückblickend hält er sich für sexuell erfolgreicher als er in Wirklichkeit war. Ganz gleich, ob er nun ein Don Juan war oder eher so ein „Ich-krieg'-ja-doch-nie-eine"-Typ, er ergibt sich in Phantasien über sexuelle Eroberungen.

Vielleicht verbringt er nun mehr Zeit damit, Pornohefte zu lesen, sich Bilder anzuschauen, oder in den Sexseiten des Internet zu surfen.

Vielleicht redet er sich ein, die Freundinnen seiner Töchter kämen ja eigentlich seinetwegen. Und wenn er nicht vorsichtig ist, lebt er seine Phantasien auch aus. Plötzlich sieht er sich den Anzeigenteil in der Zeitung durch und denkt sich: „Was wäre, wenn ...".

George, ein zweiundfünfzigjähriger Klient in den Wechseljahren, brachte mir eine Anzeige mit, die seine Aufmerksamkeit erregt hatte. Er meinte, es möge zwar blöd klingen, aber dieses Bild ginge ihm einfach nicht mehr aus dem Kopf. Die Anzeige lautete wie folgt:

> **Häschen für heiße Stunden**
>
> Schlank, hübsch, zierlich, nett, blond, blauäugig mit buschigem Schwänzchen (kein Stallhase), **allzeit bereit** zum Radfahren, Skifahren, Tauchen, Reisen, für Theaterbesuche oder intime Diners zu zweit, in der Stadt oder im Stall, sucht intelligenten, weitgereisten athletischen „Bugsbunny", 40 bis 55, für Spaß zu zweit und Abenteuer ohne Ende ...."[25]

Die Gefühle, die Männer in diesem Alter erleben, sind oft verwirrend. Sie haben es nicht leicht, diese Wünsche und Sehnsüchte zu verstehen. In vielerlei Hinsicht ist es, als erlebten sie eine zweite Jugend. Falls sie schon selbst heranwachsende Söhne und Töchter haben, kann es sein, daß die Veränderungen, die in diesen Männern vor sich gehen, die ganz natürliche Spannung zwischen Eltern und Kindern noch verstärken, besonders wenn diese Männer sie nicht wahrhaben wollen, wie dies häufig der Fall ist.

Wenn sie selbst nicht in der Lage sind, sich mit ihren Midlife-Problemen auseinanderzusetzen, projizieren sie möglicherweise ihre eigenen Gefühle auf ihre Söhne und Töchter. Wenn Eltern in der Lebensmitte sich aufregen über die Kleidung und das Verhalten ihrer Kinder, über deren Mißmut und Traurigkeit, deren Aggressivität und Sexualität, dann kann man sicher sein, daß diese Eltern in ihrer Jugend mit genau den gleichen Problemen zu kämpfen hatten.

Der Umgang mit der aufkeimenden Sexualität ihrer heranwachsenden Töchter ist nicht leicht für Männer. Ihre eigenen verwirrten Gefühle können der Grund dafür sein, daß sie sich mit ihren Töchtern unangemessen intim geben. Häufiger ist es jedoch so, daß ihre Ängste bezüglich der eigenen Sexualität und der Sexualität ihrer Töchter sie dazu veranlassen, sich völlig zurückzuziehen. Die meisten Frauen, die zu mir in die Therapie kommen, erinnern sich mit Trauer und Verwirrung daran, als „mein Vater plötzlich aufhörte, mit mir zu spielen, jeden Kontakt vermied und mich nicht mehr in den Arm nehmen wollte".

Die Lebensmitte: Das Beste kommt noch

Harry Wilmer entspricht mehr als jeder andere Mann, den ich kenne, dem Idealtypus des Renaissance-Menschen. Er ist Doktor der Medizin und der Psychologie und praktizierender Analytiker nach C. G. Jung. Er hat mehr als 170 wissenschaftliche Bücher und Publikationen veröffentlicht und eine Reihe von Theaterstücken, Filmen, aber auch Dokumentationen produziert. Seine Erkenntnisse über die Männer in der Lebensmitte können uns allen ein wenig weiterhelfen.

„Auch wenn sie Depression, Furcht, Angst oder Verzweiflung mit sich bringen mag , so ist die Midlife-Crisis dennoch eine Zeit der großen Herausforderung, aus der Symbole der Wandlung erwachsen, getränkt mit dem süßen Gift der Nostalgie."[26]

Wilmer kennt sehr wohl die Verlockung, den Problemen und Veränderungen in der Lebensmitte aus dem Weg zu gehen, der viele Männer zum Opfer fallen. Er hilft uns zu verstehen, warum das so ist. „Depressionen in der Lebensmitte", so Wilmer, „werden genährt von der wiedererwachten Verzweiflung der Jugendzeit und von unbewältigten sexuellen Problemen." Den Weg durch dieses Labyrinth findet man nur, meint er, wenn man „nicht vor der Realität, mit der man in diesem Lebensabschnitt konfrontiert wird, davonläuft und sich keine „Ablenkungen" sucht, durch:

– das Abtauchen in Drogen und Alkohol
– die Erregung der Promiskuität
– noch grünere Weiden
– Macht, Ruhm und (traurige) Berühmtheit
– neuer Job, neue Frau, neuer Mann, neuer Seitensprung
– Verleugnung des täglichen Einerlei.[27]

Satt dessen empfiehlt Wilmer:

– Besinne dich auf innere Werte
– versuche, all die Neigungen und Talente zu entwickeln, die du bisher vernachlässigt hast
– folge dem Fluß des Lebens, aber laß dich nicht treiben.[28]

Obwohl wir mehr und mehr die Dinge nehmen, wie sie sind, erinnert uns Wilmer daran, daß der Sinn und Zweck des Älterwerdens, das in der Lebensmitte beginnt, besonders auch darin liegt, sich all den Dingen zu stellen, die eine Gefahr für das Leben darstellen. „Die Menschen, die sich in der zweiten Lebenshälfte befinden, haben nunmehr eine größere Verantwortung, etwas gegen das Übel in der Welt zu tun, denn sie haben schon ziemlich lange an dessen Entstehung und Aufrechterhaltung mitgewirkt.“[29]

David Gutmann, der sein berufliches Leben der Aufgabe gewidmet hat, die besondere Bedeutung der zweiten Lebenshälfte zu erforschen, vertritt die Ansicht, daß reife ältere Menschen für das Überleben der Spezies Mensch von enormer Wichtigkeit sind. Nach seiner Meinung ist das Zweite Erwachsenenalter nicht etwa nur eine überflüssige Lebensphase, die dem Lebenszyklus einfach „angehängt“ wurde, sondern ein sehr wichtiger Grundbestandteil unserer evolutionären Entwicklung, der uns erst zu Menschen macht.

Wir haben festgestellt, daß die lange Kindheit beim Menschen eine spezielle Einrichtung ist, die uns befähigt, unsere Jungen so zu erziehen, daß sie ihre Potentiale voll entfalten können. Was wir bisher noch nicht verstanden haben, ist, daß auch die Jahre des „Älterseins“ keineswegs zufällig noch angehängt wurden, sondern ebenfalls einem evolutionären Zweck dienen. „Die älteren Menschen sind nicht etwa nur deshalb da, weil wir über die menschliche Gabe und modernste Technologien verfügen, um die Schwachen am Leben zu erhalten“, meint Gutmann, „sondern im Gegenteil, wir sind nur deshalb Menschen, weil diese Älteren existieren.“[30]

Genau wie die Evolution zwischen Männern und Frauen in jungen Jahren eine sexuelle Anziehungskraft vorsieht, um neues Leben entstehen zu lassen, so hat sie ihnen auch in späteren Jahren eine gemeinsame schöpferische Aufgabe zugewiesen. Dieser gemeinsame schöpferische Prozeß, so Gutmann, befähigt Männer und Frauen dazu, ihrer wichtigsten Aufgabe im Zweiten Erwachsenenalter, eine Art „emeritierte Eltern" zu sein, nachkommen zu können.

Neuere Ergebnisse der Evolutionspsychologie, eine Disziplin, die immer mehr Beachtung findet, haben gezeigt, daß auch die intakteste Kernfamilie ohne das aktive Eingebundensein der Älteren zum Scheitern verurteilt ist. Ohne die Beteiligung von Älteren „scheint die ungeschützte Kernfamilie immer weniger in der Lage zu sein, Kinder aufzuziehen, die ohne Drogen auskommen, keine esoterischen Kulte oder charismatischen Führer brauchen, die so aufwachsen können, daß sie ihrerseits in der Lage sind, ihre Elternrolle zu übernehmen."[31]

Ein Problem bei der Suche nach positiven Vorbildern für das Älterwerden ist nach Gutmann das Körper/Geist-Schisma in der zeitgenössischen Psychologie. „Der Geist wird vom Körper abgespaltet", schreibt er, „und der dynamische, sinnerfüllte Organismus verschwindet von den Radarschirmen unserer Theorien."

„Wenn wir älter werden", äußert sich Mark Gerzon, Autor des Buches *Listening to Midlife*, „hungern wir Menschen nach Ganzheit. Wir sehnen uns danach, daß die Anteile in uns, die bisher im Dunkel lagen, endlich ans Licht kommen dürfen und daß die Anteile, die bisher der gnadenlosen Sonne ausgesetzt waren, endlich Schatten finden. Wir sehnen uns danach, daß die Seiten in uns, die unterentwickelt waren, endlich wachsen und die überbeanspruchten endlich ruhen dürfen. Wir sehnen uns danach, daß das, was bisher geschwiegen hat, endlich zu Wort kommen, und das, was in uns geschrien hat, endlich schweigen darf. Wir sehnen uns danach, daß die Anteile in uns, die bisher einsam waren, nun endlich Gesellschaft finden, und die, die Einsamkeit suchen, sie endlich genießen können."[32]

Gerzon faßt die Sehnsüchte der Männer in der Lebensmitte folgendermaßen zusammen: „Wir hungern danach, die ungelebten Anteile unseres Lebens endlich leben zu können."

In der ersten Lebenshälfte sind die Männer oft darauf fixiert, „alles geregelt zu bekommen". In der zweiten Lebenshälfte können sie sich Zeit nehmen, um in die weniger greifbaren Aspekte des Lebens „hineinzuhorchen" und ein Gefühl für die Verbindung zwischen Körper, Geist und Seele zu entwickeln. Deepak Chopra hat wohl mehr als jeder andere Mann sein erweitertes Verständnis für die Möglichkeiten, die dem Menschen in der zweiten Lebenshälfte offenstehen, anderen Menschen zugänglich gemacht.

Ein Körper, der kein Alter, ein Geist, der keine Zeit kennt ... Die Welt des Deepak Chopra

Ich traf Chopra zum ersten Mal im Speiseraum des Omega-Instituts im Norden des Staates New York, wo wir beide unterrichteten. Er war entspannt und ruhig und strahlte eine jugendliche Vitalität aus. Wir sprachen über unsere Seminare. Obwohl er zu diesem Zeitpunkt bereits ziemlich bekannt war, mußte ich zugeben, daß ich nichts über ihn wußte. Das änderte sich bald, als wir begannen, uns über die ganzheitliche Heilung auszutauschen und darüber, welche Bedeutung dies für meine Arbeit über Männerthemen im allgemeinen und bei der Rehabilitation von Abhängigen im besonderen hatte.

Deepak Chopra ist Arzt, ein Endokrinologe, der 1970 in die USA einwanderte. Außerdem aber praktiziert er die spirituellen Traditionen des alten Indien, wobei er die besten alten und neuen Methoden miteinander kombiniert. Wie bei vielen von uns ist sein beruflicher Werdegang eng mit seinem persönlichen Leben verknüpft. Sein Vater, ein erfolgreicher Herzspezialist, ausgebildet in Großbritannien, hielt sich gerade in England auf, als er erfuhr, daß sein eigener Vater zur Behandlung seiner Herzbeschwerden eine ayurvedische Medizin, das heißt, eine Medizin nach einer traditionellen indischen Naturheilmethode, einnahm. Als Arzt war Chopras Vater natürlich gegen so etwas. Und von London aus verlangte er von seinem Vater: „mach' Schluß mit diesem Unsinn und geh' zu einem Herzspezialisten, der etwas von westlicher Medizin versteht". In seinen 1988 veröffentlichten Memoiren *Return of the Rishi* schrieb Chopra, daß sein Großvater „einen

Herzspezialisten konsultierte und gehorsam die ihm verschriebenen Medikamente schluckte und vierzehn Tage später tot war."[33]

Chopra schien zunächst in seines Vaters Fußstapfen treten zu wollen und erlernte die westliche Medizin. Mit dreiundzwanzig Jahren arbeitete er in einem kleinen Krankenhaus in New Jersey, man hatte ihn eingestellt, weil die Ärzte alle im Vietnamkrieg waren. Mit achtunddreißig war er Personalchef eines großen Krankenhauses in Massachusetts und machte sich bereits Gedanken, wie er die nächste Stufe der Karriereleiter erklimmen konnte. Dann aber gab es Probleme. „Chopra, der heute über sich selbst sagt, er habe eine ‚suchtgefährdete Persönlichkeit', war bestürzt über seinen eigenen Lebensstil, der durch seine anstrengende Arbeit bedingt war: Er kippte literweise Kaffee in sich hinein, rauchte Unmengen von Zigaretten und trank jeden Abend Scotch, um wieder zur Ruhe zu kommen."[34]

„ ‚Alles was ich tat, war, einen Patienten nach dem anderen abzufertigen und Mittel zu verschreiben, wie eine Art legaler Drogendealer.' In *Rishi* schreibt er, daß er kurzfristige Heilungen erzielte, ohne sich um eine längerfristige Wirkung oder gar gesundheitliche Vorsorge zu kümmern, daß der typische Arzt ‚ein krankes System förderte. Aber nicht nur das, er förderte damit auch eine kranke Welt, die sich nur um ihn selbst drehte. Wie eine Spinne im Netz gab er eine klebrige Flüssigkeit ab, an der seine Patienten hängen blieben.'.[35]

Chopra suchte und fand einen alternativen Weg, einen Weg, auf dem er Körper, Geist und Seele in Einklang bringen konnte. Auf der Grundlage seiner klinischen Untersuchungen entwickelte Chopra ein neues medizinisches Paradigma, das er für ganz besonders geeignet hält, wenn es darum geht, sich mit dem Älterwerden zu beschäftigen. In seinem Buch *Ageless Body, Timeless Mind* schreibt er über seine Überzeugungen zur Einheit zwischen Körper, Geist und Seele:

„1. Körper und Geist sind untrennbar eins. Die Einheit, die das ‚ich' ausmacht, besteht aus zwei verschiedenen Erfahrungsströmen. Den subjektiven Erfahrungsstrom erlebt man als Gedanken, Gefühle und Wünsche. Den objektiven Erfahrungsstrom erlebt man als den physikalischen Körper. Auf einer tieferen Ebene aber entspringen beide Ströme einer einzigen schöpferischen Quelle. Es ist dies die Quelle, aus der unser Leben entstanden ist.

2. Die Biochemie des Körpers ist ein Produkt unseres Bewußtseins. Meinungen, Gedanken und Gefühle bewirken chemische Reaktionen, die jede Zelle unseres Körpers am Leben erhalten. Eine alternde Zelle ist das Endprodukt eines Bewußtseins, das vergessen hat, wie man sich regeneriert.

3. Impulse unserer Intelligenz erschaffen in unserem Körper in jeder Sekunde neue Formen. Du bist die Summe all dieser Impulse, und wenn du ihre Struktur änderst, änderst du dich selbst.“[36]

Die aktuelle Forschung zeigt uns, daß die alte Dichotomie zwischen Körper und Geist nicht mehr aufrechtzuerhalten ist. Sie bietet wichtige Erkenntnisse, die uns helfen können, viele der Probleme, denen sich Männer in den Wechseljahren gegenüber sehen, zu behandeln oder abzuwenden.

Die ganzheitliche Medizin: auf dem Weg zur Heilung

Jon Kabat-Zinn, ein Experte für ganzheitliche Medizin, Streßreduktion, Meditation und Yoga, hat einen wesentlichen Beitrag zur Verbesserung der Lebensqualität von Tausenden von Menschen, die an chronischen Krankheiten leiden, geleistet. Seine *Stress Reduction Clinic* am Medical Center der University of Massachusetts genießt nationale Anerkennung; dank ihrer Arbeit ist auch die Schulmedizin mit der ganzheitlichen Heilungsmethode vertrauter geworden.

Was dort gelehrt wird, ist nicht nur für diejenigen von Nutzen, die chronische medizinische Probleme haben, sondern auch für alle, die gesünder und streßfreier leben wollen. Kabat-Zinn wendet, wie Chopra auch, uralte Methoden an, die seit Tausenden von Jahren wirksam sind, und vermittelt sie so, daß jeder sie verstehen kann.

Den Begriff „Bewußtheit“ definiert er als „nicht wertendes Bewußtsein im hier und jetzt“. Es ist dies die Art von Bewußtsein, die für das Heilen am geeignetsten ist. Meditation ist für ihn einfach „gewollte Aufmerksamkeit“.[37]

Kabat-Zinn ist der Ansicht, daß diese Konzepte zwar einfach sind, aber dennoch einige Zeit erfordern, bis man sie beherrscht. „Sie zünden nicht einfach ein Streichholz an, und dann ist die Erleuchtung da. Es ist ein organischer Vorgang, man braucht Jahre, in denen man im Dreck wühlen, pflanzen, kultivieren und Unkraut jäten muß."[38]

Ein Kollege von Kabat-Zinn, Herbert Benson, praktiziert ganzheitliche Heilungsmethoden bereits seit mehr als dreißig Jahren. Im Jahre 1988 gründete er an der Medizinischen Fakultät der Harvard University das *Mind/Body Medical Institute*, an dem auch heute noch innovative und wissenschaftlich fundierte Forschung auf diesem im Aufwind begriffenen Fachgebiet betrieben wird.

Benson forscht nach Methoden, um den gestreßten, in Stücke gerissenen Amerikaner von heute wieder ganz zu machen. „Mein vielleicht wichtigster Beitrag zu diesem Thema", führt Benson aus, „ist die Definition einer körperlichen Ruhe, die jeder von uns erreichen kann und die genau das Gegenteil der uns allen bekannten „Kampf-oder-Flucht"-Haltung ist. Ich nenne diese körperliche Ruhe die „Entspannungshaltung", ein Zustand, in dem der Blutdruck absinkt, Herzfrequenz, Atmung und Stoffwechsel sich verlangsamen."[39] Benson veröffentlichte die Ergebnisse in seinem Buch *The Relaxation Response* aus dem Jahre 1975, das bei der Leserschaft großen Anklang fand. Kernpunkt einer ganzheitlichen Heilkunst ist die Auffassung, daß unser Denken unsere Körperfunktionen beeinflussen kann und daß körperliche Veränderungen sich auf unseren Geist auswirken können. Seit den fünfziger Jahren ist in vielen Studien immer wieder bestätigt worden, wie sehr unser Denken unser Wohlergehen beeinflußt.

Ganzheitliche Körperarbeit und die Wechseljahre des Mannes

Als ich kürzlich mit Herbert Benson sprach, fragte ich ihn, was er vom Konzept einer „Menopause des Mannes" halte und wie seine Arbeit auf die Probleme, die Männer in dieser Lebensphase haben, anzuwenden ist. „Ja, ich bin der Ansicht, daß es eine Menopause des Mannes gibt", antwortete mir Benson, „und die Methoden, die wir entwickelt haben, können auch hier sehr hilfreich sein. Immer wenn mit einem Problem Streß und Angst verbunden sind, können Männer davon profitieren, wenn sie die Entspannungshaltung und die Methode des gedachten Wohlbefindens erlernen. In der Regel kommen Männer in unsere Klinik, die über körperliche Beschwerden klagen. Erst später beginnen sie zu begreifen, welchen Einfluß ihr Denken, ihre Werte und Gefühle auf ihr Wohlbefinden haben können.[40]

Immer mehr wissenschaftliche Studien weisen darauf hin, daß zwischen psychologischen und hormonellen Veränderungen, die den Mann in der Menopause beeinflussen, ein enger Zusammenhang besteht. Es hat sich z.B. gezeigt, daß bei einem depressiven Mann der Testosteronspiegel abfällt und sein Sexualtrieb vermindert ist. Umgekehrt ist es so, daß bei sinkendem Testosteronspiegel, wie dies bei Männern, die älter werden, der Fall ist, ein Mann depressiv werden kann und möglicherweise weniger Interesse am Sex hat.[41]

Es wurde gezeigt, daß Männer mit einem höheren sozialen Status höhere Testosteronspiegel aufweisen und mehr sexuelle Erfahrungen gemacht haben als Männer mit niedrigerem sozialen Status. Untersuchungen haben erbracht, daß bei Football-Spielen die Testosteronspiegel bei den Anhängern der Gewinnermannschaft höher waren als die der Anhänger der Verlierer. Höherer Status und Erfolg scheinen das Testosteron ansteigen zu lassen. Umgekehrt funktioniert es genauso. Wenn der Testosteronspiegel bei Männern künstlich erhöht wird, treten sie bestimmter auf und sind erfolgreicher beim anderen Geschlecht.

Auch in einer neueren Studie über heranwachsende Jugendliche wurde dieser Zusammenhang deutlich. „Je höher der Testosteronspiegel“, erklärt Winnifred B. Cutler, eine bekannte Expertin, die sich mit den hormonellen Einflüssen auf Körper und Geist bestens auskennt, „desto häufiger dachte der Junge an Sex, desto eher wurde er erregt, hielt er Händchen, schmuste er mit Mädchen und hatte er Sex. Außerdem war er in seiner sexuellen Reife dementsprechend weiter fortgeschritten.“[42]

Die Verbindung zwischen Körper und Geist erlebte ich zum ersten Mal, als ich mit Ärzten über mein Prostataproblem sprach. Der erste Arzt, den ich konsultierte, betrachtete das Problem als rein körperlicher Natur. Er verschrieb mir Medikamente, und als das nichts half, empfahl er mir, mich operieren zu lassen. Der zweite Arzt, zu dem ich ging, unterzog mich zwar einer eingehenden körperlichen Untersuchung, unterhielt sich dann aber mit mir über meinen Gefühlszustand und über die Streßfaktoren in der Beziehung zu meiner Frau. Er sprach davon, daß mein Prostataproblem auf Zusammenhängen zwischen der körperlichen, der emotionalen und der zwischenmenschlichen Ebene beruhte.

Seine Unterstützung und sein Verständnis erleichterten es mir und meiner Frau, offener über unsere Hoffnungen und Ängste zu sprechen und darüber, wie sich unsere Bedürfnisse in dieser Lebensphase veränderten. Meine Frau besuchte nun eine Frauengruppe. Ich engagierte mich noch mehr in meiner Männergruppe. Die Probleme, die ich mit dem Urinieren hatte, wurden langsam besser. Meine sexuelle Kraft und die Freude am Sex kehrten ebenfalls langsam zurück. Wir hatten eine wichtige Lektion darüber gelernt, wie Körper und Geist sich gegenseitig beeinflussen.

Viele Menschen haben nicht so viel Glück wie wir. Obwohl sie ganz ähnliche Probleme haben, weigern sich viele Männer, sich auch mit den psychosozialen Aspekten ihres Lebens zu beschäftigen. Sie halten, so wie ich anfangs auch, an dem Glauben fest, es gäbe ganz einfache, auf das rein Körperliche abzielende Tricks, die man nur anwenden müsse, um sich nicht mit seinem Leben beschäftigen und sich seinen Gefühlen nicht stellen zu müssen.

Wenn die körperlichen Probleme sich mehr und mehr festsetzen und chronisch werden, dann zieht man sich von seiner Partnerin zurück. Da Sex ein Problem ist, vermeidet man ihn. In der Hoffnung, daß das gute alte Rohr noch nicht ganz eingerostet ist, sucht man sich eine jüngere, neue Partnerin und hat eine Affäre. Die Partnerinnen, die verwirrt sind und sich im Stich gelassen fühlen, suchen möglicherweise ebenfalls Trost in den Armen anderer Männer. So gehen Ehen kaputt, Kinder wachsen mit Stiefeltern oder Lebensabschnittspartnern auf. Da die Gefühle und die besonderen Umstände der Lebenssituationen, die den Problemen zugrunde liegen, geleugnet werden, fängt alles von vorne an, und manchmal wird es schlimmer als je zuvor.

Manche Menschen, die schon einmal erfahren haben, welch wunderbare Heilkräfte der Geist in Bezug auf unseren Körper haben kann, gehen sogar so weit zu glauben, daß jede Krankheit, die den Körper befällt, durch die Heilkräfte des Geistes „kuriert" werden kann. Wenn das Ganze nicht funktioniert, haben sie Schuldgefühle und schämen sich. „Ich glaube einfach nicht fest genug daran. Vielleicht will ich, ohne daß mir das bewußt ist, diese Krankheit sogar", reden sie sich ein. „Ich muß einfach mehr meditieren, meinen Geist noch stärker konzentrieren, ich muß noch besser werden im Besser-werden .... Der Sieg des Geistes über die Materie, ich weiß, ich kann es schaffen."

Obwohl die Heilkraft des Geistes in der Medizin oft keine Beachtung findet und als wichtiges Werkzeug der Heilkunst erst wiederentdeckt werden muß, dürfen wir das Kind nicht mit dem Bade ausschütten.

„Die Versuchung ... ist groß", meint Benson, „sich das Ganze allzu einfach vorzustellen. Man ist so beeindruckt von den Zusammenhängen zwischen Körper und Geist, daß man als Grund für jedes gesundheitliche Problem eine Schwäche des Geistes annimmt. Medizinische Probleme sind selbstverständlich immer das Resultat von mehreren Faktoren, einschließlich genetischer und familiengeschichtlicher sowie umweltbedingter Einflüsse, der eigenen Biographie, gesunder oder ungesunder Lebensgewohnheiten, aber auch von Zufällen."[43]

Benson rät daher zu einer realistischen Einschätzung der ganzheitlichen Heilkunst. Er nennt die Heilkraft des Geistes „gedachtes Wohlbefinden", aber er kennt auch deren Grenzen. „Sie kann in dem Maße hilfreich sein, wie eine Krankheit oder ein körperlicher Zustand durch Körper-Geist-Interaktionen verursacht oder verschlimmert werden. Wenn die Krankheit voranschreitet, obwohl man alle Anstrengungen unternommen hat, sich selbst zu helfen, dann hat diese Krankheit ein Eigenleben entwikkelt und ist damit außerhalb des Einflusses des gedachten Wohlbefindens. Manchmal können die besten Medikamente, die einfühlsamsten und renommiertesten Spezialisten eine Krankheit nicht heilen, und so ist es auch mit dem gedachten Wohlbefinden."[44]

In den folgenden Kapiteln werden wir nun darauf eingehen, wie eine ganzheitliche Medizin bei den Problemen, die mit der Menopause des Mannes in Zusammenhang stehen, Anwendung finden kann. Aber zunächst müssen wir uns noch ein wenig eingehender mit den Unterschieden zwischen der Menopause des Mannes und der Menopause der Frau beschäftigen.

6. Ihr Wechsel/sein Wechsel: Ähnlichkeiten und Unterschiede zwischen der männlichen und der weiblichen Menopause

Als ich meine Recherchen für dieses Buch begann, dachte ich, es gäbe große Unterschiede zwischen dem, was Männer und Frauen in der Lebensmitte durchmachen. Ich hatte mir eine graphische Darstellung ausgedacht mit der Menopause auf der einen Seite und der Viropause auf der anderen. Schön sauber getrennt, denn ich meinte, Frauen erlebten eben eine Art von „lebensverändernden Umständen", die Männer eine ganz andere. Sicher könnten wir voneinander lernen, aber diese Andersartigkeit schien mir klar und deutlich zu sein.

Je mehr ich mich aber mit den körperlichen, hormonellen, psychischen, sozialen und geistigen Veränderungen beschäftigte, die Männer und Frauen in der Lebensmitte durchmachen, desto ähnlicher schienen sie mir zu sein. Ich kam zu dem Ergebnis, daß es wesentlich mehr Ähnlichkeiten gibt als Unterschiede.

Wie wir in Kapitel 5 gesehen haben, ist der Einfluß unserer Überzeugungen auf die Art, wie wir die Welt sehen, so groß, daß sie uns für die Wahrheit blind machen können. Ursprünglich hatte ich mir Bücher über die Menopause gekauft, um besser verstehen zu können, was meine Frau Carlin, die gerade in die Wechseljahre gekommen war, erlebte. Ich machte sehr viele Unterstreichungen und schrieb an den Rand: „Genau so ist es! Das trifft auch auf Carlin zu! Das ist Carlin! Genau wie bei Carlin!" Zu dieser Zeit kam mir überhaupt noch nicht der Gedanke, daß irgend etwas von dem, was ich da las, auch auf mich zutreffen könnte.

Da ich „wußte", daß die Menopause etwas war, was alle Frauen durchmachten, aber noch kein Mann erlebt hatte, übersah ich, was ganz offensichtlich war. Mir fällt dazu die Geschichte eines Anthropologen ein, der auf Eingeborene traf, die so von der Welt abgeschnitten gelebt hatten, daß sie kaum jemals einem Menschen begegnet waren, der nicht zu ihrem Stamm gehörte. Der Anthropologe wollte wissen, welche Namen die Eingeborenen verschiedenen Gebrauchsgegenständen gegeben hatten. Also legte er einige Dinge, die er in seiner Hosentasche fand, kreisförmig auf den Boden. Da waren eine Kette, ein kleines Messer, eine Zigarette und eine Uhr. Der Eingeborene erkannte alle Gegenstände und nannte eine Bezeichnung dafür, bis schließlich nur noch ein Gegenstand auf der Erde lag, den der Eingeborene nicht benannt hatte. Der Anthropologe hielt ihn dazu an, auch den letzten Gegenstand zu benennen. Aber der Eingeborene bestand darauf, daß er alle Gegenstände benannt habe, daß da nichts mehr wäre, was er noch benennen könnte. Der Anthropologe kam zu dem Schluß, daß der Mann nie zuvor eine Uhr gesehen hatte und dieser Gegenstand in seinem Gehirn einfach nicht registriert war. Für ihn lag da einfach nichts mehr.

Diese Geschichte macht etwas deutlich, was für unser Verständnis von der Menopause des Mannes und der Menopause der Frau sehr wichtig ist. Das, was wir über diese menschlichen Erfahrungen zu wissen glauben, ist von großer Bedeutung dafür, ob wir sie für tatsächlich existent erachten und wie wir damit umgehen. Ein Freund, der Psychologe ist, hat den alten Satz „Ich glaube nur, was ich sehe" umgedeutet und den Spruch geprägt: „Ich sehe nur, woran ich glaube."

Ich hoffe, Sie haben mittlerweile Ihre Überzeugungen dahingehend erweitert und akzeptieren, daß es die Menopause des Mannes wirklich gibt, so wie die Uhr in dem Kreis von Gegenständen existierte. Ich hoffe, Sie sind auch zu dem Ergebnis gekommen, daß es viele Ähnlichkeiten gibt zwischen dem, was Männer und Frauen – in körperlicher wie in emotionaler Hinsicht – in der Menopause durchmachen. Als ich hörte, was die Frauen in Carlins Frauengruppe über die Wechseljahre erzählten und worüber die Männer in meiner Männergruppe sprachen, war ich erstaunt, wie sehr sich die Themen ähnelten. Wenn nun jemand meine Notizen lesen würde, die ich in beiden Gruppen gemacht habe, und nicht wüßte, welche Notizen in welcher Gruppe festgehalten wurden, könnte er nicht eindeutig sagen, welche von der Männer- und welche von der Frauengruppe stammen.

Im Gegensatz zu dem Mythos, daß Männer und Frauen von verschiedenen Planeten stammen, gibt es zwischen uns mehr Ähnlichkeiten als Unterschiede – wobei die Unterschiede in der Zeit unserer Fortpflanzungsfähigkeit am größten sind. Die

Ähnlichkeit der Veränderungen, die Männer und Frauen in der Menopause durchmachen, kann uns wieder näher zueinanderbringen.

„Es gibt vieles, was Männer und Frauen in mittleren Jahren gemeinsam haben", schreibt Rosetta Reitz, „und etwas vom anderen Geschlecht erfahren, heißt, auch über sich selbst besser Bescheid zu wissen. Würden die Männer sich in einfühlsamer Weise mit der Menopause der Frau beschäftigen, würden sie auch einiges über sich selbst erfahren."[1]

Weiter oben habe ich zwischen der „weiblichen Menopause" und der „männlichen Menopause" folgende Unterscheidung getroffen:

Die weibliche Menopause bezeichnet das Ende der Menstruation bei der Frau. Das Ende der Menstruation ist ein unmißverständlicher biologischer Indikator für das Ende der Fortpflanzungsfähigkeit der Frau.

Die männliche Menopause (auch Viropause oder Andropause genannt) beginnt mit hormonellen, physiologischen und chemischen Veränderungen, die bei allen Männern in der Regel zwischen vierzig und fünfundfünfzig, bei manchen Männern aber auch schon mit fünfunddreißig oder erst mit fünfundsechzig auftreten. Diese Veränderungen beeinflussen alle Aspekte im Leben eines Mannes. Die männlichen Wechseljahre sind demnach eine körperliche Veränderung, die aber auch psychische, zwischenmenschliche, soziale und geistige Dimensionen aufweist.

Obwohl es zwischen der männlichen und der weiblichen Menopause viele Ähnlichkeiten gibt, besteht der offensichtlichste Unterschied darin, daß die Fortpflanzungsfähigkeit der Frau mit der Menopause endet, während ein Mann noch bis ins hohe Alter Kinder haben kann. Und dennoch hat der Hauptaspekt der Menopause beim Mann wie auch bei der Frau etwas mit der Fortpflanzungsfähigkeit zu tun. Sie stellt den Übergang von der fruchtbaren Phase in einen neuen Lebensabschnitt dar. Um Ähnlichkeiten und Unterschiede zwischen Mann und Frau in dieser Lebensphase besser verstehen zu können, ist es notwendig, noch einmal an den Anfang zurückzugehen und sich mit den Geschlechtsorganen von Mann und Frau zu beschäftigen.

Die Gene und das Geschlecht: warum Mann und Frau mehr Ähnlichkeiten aufweisen als Unterschiede

Unser „Bauplan" ist in 46 Chromosomen festgelegt, von denen Mutter und Vater je eine Hälfte beisteuern. 44 davon tun sich zusammen und bilden Paare, die unsere Merkmale im wesentlichen bestimmen. Die letzten beiden, entweder XX oder XY genannt, bestimmen, ob wir männlich oder weiblich werden. Heutzutage, wo so viel über die Unterschiede zwischen Mann und Frau gesprochen wird, vergißt man leicht, wie ähnlich wir uns doch eigentlich auch sind.

Zum ersten Mal wurde mir dies klar, als ich 1965 in San Francisco an der University of California Medizin studierte. Wir Studenten sezierten in Vierergruppen Leichen, um zu erfahren, wie der menschliche Körper aufgebaut ist. Ich weiß noch sehr gut, wie wir wochenlang daran arbeiteten, einige Gruppen an männlichen Leichen, andere an weiblichen. Was wir Tag für Tag dabei „entdeckten", war bei beiden Geschlechtern gleich. Das Herz, die Leber, die Nieren, die Lunge, das Gehirn, die Blutgefäße, die Nerven, die Lymphknoten und so weiter und so weiter. All das war bei beiden Geschlechtern genau an derselben Stelle, hatte genau dieselben Funktionen. Es trat ganz klar zutage, wie ähnlich sich beide Geschlechter sind.

Wir verwendeten relativ wenig Zeit auf die Geschlechtsorgane, die bei Männern und Frauen unterschiedlich waren. Auch wenn man sich diese Unterschiede betrachtete und den Beitrag des 45. und des 46. Chromosoms miteinbezog, die Strukturen waren so analog, daß die Ähnlichkeiten offensichtlich waren.

Als wir noch in der Schule waren, hatten wir im Biologieunterricht gelernt, daß die Frauen ein X-Chromosom dem Ei ihrer Mutter und ein X-Chromosom einem Spermium ihres Vaters zu verdanken haben. Diejenigen, die vom Ei ihrer Mutter ein X-Chromosom, vom Spermium ihres Vaters aber ein Y-Chromosom bekamen, waren männlich.

Erst als ich zur Universität ging und Kurse in Embryologie besuchte, wurde mir klar, wie sehr sich doch unsere Grundlagen ähneln, ob wir nun männlich oder weiblich sind.

Bis zur sechsten Schwangerschaftswoche sind Embryonen mit XX- und mit XY-Chromosomen anatomisch völlig identisch, bis hin zu den sich noch entwickelnden Geschlechtsorganen. Anne Fausto-Sterling, Professorin für Biologie und Medizin an der Brown University, beschreibt die embryonale Entwicklung von Männern und Frauen wie folgt:

„In diesem frühen Stadium entwickeln beide Geschlechter eine embryonale Gonade (Keimdrüse), die auch ‚indifferente Keimdrüse' genannt wird, weil sie bei XX- und XY-Embryonen gleich sind. In ähnlicher Weise beginnen sich auch die anderen inneren Organe des männlichen und weiblichen Fortpflanzungssystems zu entwickeln, so daß nach den ersten eineinhalb Monaten bei allen Embryonen, ganz gleich welche Geschlechtschromosome in ihren Zellen vorhanden sind, eine Anzahl weiblicher sogenannter (Müller-)Gänge sowie eine Anzahl männlicher sogenannter (Wolff)-Gänge vorhanden sind. ... In XX-Embryonen entwickeln sich die weiblichen Gänge normalerweise zu Eileiter, Uterus, Zervix und oberer Vagina, während sich bei XY-Embryonen die männlichen Gänge in der Regel zum Ductus deferens, den Nebenhoden und den Samenleitern entwickeln."[2]

Mit anderen Worten: Sechs Wochen nach ihrer Zeugung sind alle Embryonen potentiell zweigeschlechtlich, sie enthalten alles, was man braucht, um männlich oder weiblich zu werden.[3]

Aber bei denjenigen Embryos, die ein Y-Chromosom haben, kommt nun noch etwas hinzu. Die Keimdrüsen entwickeln sich zu Hoden, und der Fötus beginnt männliche Sexualhormone, sogenannte Androgene, zu entwickeln. Eines der wichtigsten männlichen Sexualhormone ist das Testosteron. Die Hormone instruieren den Körper dahingehend, daß er keine weiblichen, sondern männliche Sexualorgane entwickelt. Ist das Baby weiblich, genetisch gesehen also ein XX-Fötus, entwickelt sich das Fortpflanzungssystem nach weiblichen Vorgaben, das heißt, es wird ein Mädchen.

Aber beide Geschlechter behalten ihre Fähigkeit, Androgene, also männliche Sexualhormone, und Östrogene, die weiblichen Sexualhormone, zu produzieren. Es hat sich gezeigt, daß Veränderungen im Hormonspiegel dieser Hormone in den Wechseljahren des Mannes und den Wechseljahren der Frau von großer Bedeutung sind.

Weshalb Männer „weibliche" und Frauen „männliche" Hormone haben

Zu den wichtigsten Dingen, die ich als kleiner Junge über Männer und Frauen lernte, gehörte, daß Frauen einmal im Monat zu gewissen Zeiten himmelhochjauchzend, dann gleich wieder zu Tode betrübt sein können und daß das mit ihren Hormonen zu tun hat. Bei Männern, so schien es, war das nicht so. Ich hatte keine Ahnung, was Hormone eigentlich waren, aber sie schienen jedenfalls etwas typisch Weibliches zu sein.

Im Biologieunterricht war ich dann total erstaunt, als ich erfuhr, daß auch Männer Hormone haben. Ich dachte, daß diese Veränderungen, die ich als Heranwachsender an mir bemerkte, eben einfach zum Erwachsenwerden dazugehörten. Ich hatte keine Ahnung, daß die Hormone bei mir „wüteten" und mich stark beeinflußten. „Wenn ein Junge in die Pubertät kommt, nimmt der Einfluß des Testosterons auf seinen Körper und sein Gehirn um ein Vielfaches zu", schreibt Michael Gurian in *The Wonder of Boys*. „Sein Testosteronspiegel steigt auf das Zehn- bis Zwanzigfache des Testosteronspiegels bei Mädchen an."[4]

Nach der Pubertät bleibt der Testosteronspiegel beim Mann dann relativ stabil, bis er in der Lebensmitte wieder zu sinken beginnt. Männer wie Frauen müssen mit starken hormonellen Veränderungen fertig werden, erst in der Pubertät und dann wieder, wenn sie in die Wechseljahre kommen. „Das physiologische Phänomen, das beide Geschlechter gemeinsam haben, ist die verminderte Produktion von Sexualhormonen", schreibt Rosetta Reitz. „Bei uns Frauen sind die Eierstöcke dafür verantwortlich, bei Männern die Hoden, die in Größe und Form den Eierstöcken ähneln."[5]

Testosteron ist nicht das einzige Hormon, das für den Mann von großer Bedeutung ist. Auch das Östrogen ist wichtig für das Glück und das Wohlergehen des Mannes. „So wie Frauen weniger Testosteron produzieren als Männer", erklärt Theresa Crenshaw, „produzieren Männer bedeutend weniger Östrogen als Frauen. Allerdings kommt es auch bei ihnen in der Pubertät gelegentlich zu einem Östrogenanstieg."[6]

Das Östrogen, das die Männer ebenfalls im Blut haben, mag dafür verantwortlich sein, daß sie sich nicht nur nach Sex sehnen, sondern auch nach Liebe und Intimität. Das Östrogen fördert ihre Sensibilität und emotionale Empfänglichkeit, beides Eigenschaften, die von Männern wie von Frauen geschätzt werden.

Viele Amerikaner erinnern sich vielleicht an die überwältigende Resonanz, als Ann Landers fragte, was Frauen eigentlich wichtiger sei, Schmusen und Kuscheln oder der „Liebesakt" selbst. Mehr als zwanzigtausend Frauen antworteten. Den meisten von ihnen war die liebevolle Berührung wichtiger als der Geschlechtsverkehr.

Es wäre interessant zu erfahren, ob Ann Landers von den Männern auf dieselbe Frage eine ehrliche Antwort erhalten hätte. Im Gegensatz zu dem Mythos, daß alle Männer nur Sex wollen, möchten die meisten Männer, vor allem dann, wenn sie älter werden, berühren und berührt werden. Sie brauchen sinnliche und emotionale Intimität sogar noch mehr als die sexuelle Vereinigung.

Als meine Frau Carlin mitten in den Wechseljahren steckte und ziemlich viel Distanz zwischen uns herrschte, vermißte ich unser Sexualleben sehr. Aber mehr noch als Sex vermißte ich diese liebevollen Berührungen, die immer damit verbunden gewesen waren. Als ich dann dachte, daß die Menopause vielleicht das Ende unseres Sexuallebens bedeutete, wurde mir klar, daß ich ohne Sex würde leben können und daß auch unsere Beziehung das überstehen würde, aber ohne diese liebevollen Berührungen konnte und wollte ich nicht sein. Das Östrogen (und andere Hormone), die im Blut eines Mannes im Umlauf sind, unterstützen die emotionalen und sensitiven Aspekte der männlichen Sexualität.

Genauso wichtig wie das Östrogen für den Mann ist das Testosteron für das sexuelle Wohlbefinden der Frau. „Aus unserer Sicht als Sexualwissenschaftler", erläutern Barbara Bartlik und Helen Singer Kaplan, „ ist es für eine Frau keine leichte Sache, mit einem zu niedrigen Testosteronspiegel zu leben. ... Ganz gleich wie sehr sie sich anstrengt, alles zu bekommen, was man für ein gesundes Sexualleben braucht, die richtige Menge der anderen Hormone, einen liebevollen Partner, die notwendige Stimulation, vielleicht auch schöne sexuelle Phantasien – das alles hilft nichts, wenn sie als Grundvoraussetzung nicht genügend Testosteron hat."[7]

Susan Rako war schon siebenundvierzig und hatte immer noch ihre Periode, wenn auch unregelmäßig, wie sie sagt, als sich ihre Welt plötzlich veränderte. „Ich konnte mir nicht erklären, warum ich viel weniger Lebenskraft in mir spürte als früher, wieso meine Schamhaare dünner wurden und auszufallen begannen und wieso meine sexuelle Energie nachließ. Zu sagen, ich fühlte mich nicht mehr ganz so wohl wie früher, wäre eine Untertreibung."[8] Rako machte eine ungewöhnliche Entdeckung. „Die Ergebnisse waren eindeutig", sagt sie. „Aber es war nicht das Östrogen, das mir fehlte, sondern das Testosteron."

In ihrem Buch *The Hormone of Desire* berichtete sie über die Untersuchung, die sie an sich selbst vornahm, und über deren überraschende Ergebnisse, die für Männer und Frauen in den Wechseljahren gleichermaßen von Interesse sind. Drei interessante Ergebnisse, die ihre Untersuchung erbrachte, sollen an dieser Stelle etwas näher erläutert werden:

1. Zur Physiologie einer Frau gehört es dazu, daß sie eine kleine Menge Testosteron produziert, die wichtig ist für eine normale sexuelle Entwicklung, ein gesundes Körpergewebe, aber auch für ihre Vitalenergie und ihre Libido.
2. Diese Testosteronmenge nimmt nach der Menopause ab und verursacht einen Rückgang der Vitalenergie und der Libido.
3. Eine Substitutionsbehandlung mit Testosteron kann wesentlich dazu beitragen, daß eine Frau ihr Energieniveau, ihre Libido und ihr Wohlbefinden zurückbekommt.[9]

Es macht, wissenschaftlich gesehen, wenig Sinn, Frauen als diejenigen zu betrachten, die Hormonschwankungen haben und für die das Absinken des Östrogenspiegels in der Lebensmitte der entscheidende Faktor überhaupt ist, wohingegen die Männer diejenigen sind, die psychische Veränderungen durchmachen, und bei denen der Rückgang des Testosteronspiegels in der Lebensmitte ausschlaggebend ist. Eigentlich ist es überhaupt nicht sehr sinnvoll, das Testosteron als das „männliche" Hormon zu bezeichnen und das Östrogen als das „weibliche". Männer und Frauen haben und brauchen beides.

Hormonschwankungen und sexuelle Zyklen: Männer haben das auch

Auch wenn die meisten von uns jetzt akzeptieren, daß Frauen und Männer sowohl „männliche" als auch „weibliche" Hormone haben, ist es sicher schwieriger zu akzeptieren, daß Männer auch hormonellen Zyklen unterliegen. Aber genau dies ist nach Ansicht der Endokrinologin Estelle Ramey, Professorin an der Medizinischen Fakultät der Georgetown University, der Fall. „Sie machen sich nicht so deutlich bemerkbar“, meint Ramey, „aber deshalb sind die monatlichen Schwankungen nicht weniger real.“[10] Wenn nun aber Männer diese hormonellen Zyklen auch haben, warum erkennen sie diese nicht, oder warum sprechen sie nicht darüber? Weil Männer, so Ramey, auf diese Zyklen genauso reagieren, wie es in ihr „kulturell erworbenes Selbstbild paßt. Sie verleugnen sie.“[11] In dieser Verleugnung sieht sie die Hauptursache dafür, daß die wissenschaftliche Welt, die ja zum Großteil aus Männern besteht, so lange gebraucht hat, bis sie der Menopause des Mannes ihre Aufmerksamkeit schenkte. Männer, die zu ihrem Körper und dessen Zyklen keinen Zugang haben, die Angst haben, daß „Zyklen“ etwas Weib(l)i(s)ches sind und deshalb um jeden Preis geleugnet werden müssen, hören selbstverständlich das leise Flüstern im Innern ihres Körpers erst dann, wenn es recht laut geworden ist.

Winnifred Cutler, ebenfalls eine moderne Wissenschaftlerin, hat wichtige Zusammenhänge zwischen der männlichen Sexualität und hormonellen Veränderungen entdeckt. Genau wie viele andere Frauen, mit denen ich gesprochen habe, begann sie sich für die hormonellen Muster beim Mann zu interessieren, nachdem sie die Veränderungen im weiblichen Zyklus studiert hatte. Seit über fünfundzwanzig Jahren beschäftigt sie sich in ihren Untersuchungen mit den Fortpflanzungsystemen von Mann und Frau, mit den Auswirkungen männlicher und weiblicher Hormone, insbesondere auf die Sexualität, das Verhalten und die Veränderungen bei Männern und Frauen, wenn sie älter werden.

In den letzten Jahren hat eine Reihe wissenschaftlicher Studien einen wesentlichen Beitrag zum Verständnis der hormonellen Veränderungen im Körper des Mannes geleistet. „Es ist nun bekannt, daß auch der Mann einem hormonellen Rhythmus unterliegt“, erklärt Cutler, „ein hormoneller Rhythmus, den ich als die Symphonie der Männer bezeichnen möchte. Die Hormone eines Mannes stehen in engem Zusammenhang mit seiner Sexualität.“[12]

So wie es die Rotation der Erde und die Gezeiten gibt, so nehmen die Hormone in unserem Körper zyklisch zu und wieder ab.

Ein Zyklus kann Minuten, einen Tag, eine Woche, einen Monat, ein paar Monate, ein Jahr oder ein ganzes Leben dauern. Außerdem gibt es auch Zyklen innerhalb anderer Zyklen.

„Wenn man einem jungen Mann sechsmal am Tag am Arm Blut abnimmt, und zwar alle vier Stunden, vom frühen Morgen an, dann zeigen die Laborergebnisse zu verschiedenen Tageszeiten ein rhythmisches Ansteigen und Absinken des Testosteronspiegels. Nach dem Zubettgehen steigt sein Hormonspiegel stündlich an, bis er, wenn er aufwacht, seinen höchsten Wert erreicht hat. Am frühen und späteren Morgen sind die Werte am höchsten, während sie am Nachmittag gewöhnlich wieder absinken."[13]

Die Hormonproduktion bei Männern unterliegt auch im Jahresverlauf Zyklen. In Studien, die in den USA, in Frankreich und in Australien durchgeführt wurden, fand man heraus, daß Männer im Oktober die meisten, im April die wenigsten Sexualhormone produzieren. Zwischen April und Oktober stieg die Testosteronproduktion um 16 Prozent, während der Testosteronspiegel vom Oktober bis zum April wieder um 22 Prozent zurückging. Das Erstaunliche dabei ist, daß es im Oktober in Australien ja Frühling, in Frankreich und den USA aber Herbst ist, daß aber in allen drei Erdteilen die Gipfel im Oktober und die Täler im April zu finden waren.[14]

Bei Männern gibt es auch monatliche Zyklen, wobei die Zyklen beim Mann und bei der Frau interessante Unterschiede und Ähnlichkeiten aufweisen. Die Monatszyklen bei der Frau sind vorhersehbarer und synchroner als bei Männern. Zum Beispiel kann es sein, daß Frauen, die eng zusammenleben, feststellen, daß ihre Zyklen sich einander angleichen. Die Zyklen beim Mann scheinen weniger vorhersehbar und individueller zu sein.

In einer Studie, an der zwanzig junge Männer teilnahmen, stellte man fest, daß die Mehrheit der Probanden eindeutige Testosteronzyklen mit sich regelmäßig wiederholenden Hochs und Tiefs aufwiesen. Allerdings waren bei allen Probanden, bei denen ein Zyklus feststellbar war, diese Zyklen individuell verschieden.[15]

Die Auswertung der Untersuchung ergab, daß auch Männer Hormonzyklen unterliegen, „aber jeder einzelne von ihnen hat seinen eigenen, individuellen Zyklus. Dieses Muster individueller Zyklen unterscheidet sich stark von dem Muster, das bei Frauen erkennbar ist, bei denen ein 29,5 Tage dauernder Zyklus ein Optimum für die weibliche Fruchtbarkeit darstellt. ... Daher sind Männer in hormoneller Hinsicht individuelle Wesen, während Frauen hormonell miteinander harmonieren."[16]

Was an den männlichen Zyklen am schwersten zu verstehen, aber vielleicht gerade deshalb auch am interessantesten ist, sind die schnellen Hormonschwankungen, die beim Mann etwa drei- bis viermal pro Stunde auftreten. Nicht nur, daß sich der Testosteronspiegel alle fünfzehn bis zwanzig Minuten zyklisch verändert, die Ausprägung dieser Hochs und Tiefs ist auch von einer Reihe von Faktoren abhängig, wie z.B. von der Jahreszeit, den Umweltbedingungen, der Anwesenheit männlicher Konkurrenten oder eines begehrten Sexualpartners.

„Die morgendlichen Hochs, die täglichen Fluktuationen und die mittelfristigen Zyklen wirbeln die Männer ganz schön durcheinander", stellt Crenshaw fest: „Stellen Sie sich vor, welchen Einfluß das Testosteron haben muß, wen es den ganzen Tag wild um sich schießt, und welche Auswirkungen so etwas auf das Temperament eines Mannes haben muß. Männer, die eigentlich sehr kontrolliert sind, haben sich weitaus weniger unter Kontrolle als ihnen bewußt ist. Kein Wunder, daß sie manchmal so, na ja, wie soll man sagen, so gereizt sind."[17]

Kann es sein, daß Männer alle 15 bis 20 Minuten so eine Art Prämenstruelles Syndrom (PMS) durchmachen? Eine Reihe von Wissenschaftlern, einschließlich Crenshaw, bejahen diese Frage: „Die Schnelligkeit oder die Frequenz, mit der sich ihr Hormonspiegel verändert, kann eine genauso große Bedeutung haben wie das Ausmaß der Veränderung oder sogar eine größere. So kann z.B. dieser schnelle viertelstündliche Anstieg des Testosteronspiegels stärkere emotionale und physiologische Auswirkungen haben als die im Ausmaß zwar bedeutenderen, aber dennoch gradueller vor sich gehenden Veränderungen des Hormonspiegels im weiblichen Menstruationszyklus."[18]

Mit den hormonellen Veränderungen, durch die ein PMS hervorgerufen werden kann, und die lange Zeit nur mit dem Zyklus der Frau in Verbindung gebracht wurden, müssen sich möglicherweise auch die Männer herumschlagen. „Eines der größten Mißverständnisse bei all dem öffentlichen Interesse am Prämenstruellen Syndrom", meint die Psychologin Carol Tavris, „ist die

Tatsache, daß man Männer als Vergleichsgruppe ausgeschlossen hat."[19] In einer neueren Studie gab man Männern eine Checkliste mit Symptomen, die für das PMS typisch sind, z.B. verminderte oder gesteigerte Energie, Reizbarkeit und andere negative Stimmungen, Rückenschmerzen, Kopfschmerzen, Verwirrung usw. – nur typisch weibliche Symptome, wie z.B. Empfindlichkeit der Brust, wurden weggelassen –, und die Männer berichteten „über genauso viele ‚prämenstruelle Symptome' wie die Frauen – vorausgesetzt, man nennt es nicht PMS."[20]

Die Psychologin Jessica McFarlane und ihre Mitarbeiter, die eine Studie zum Thema „Das Glücksgefühl am Wochenende" durchführten, kamen zu dem Ergebnis, daß „Frauen nicht launischer sind als Männer. Ihre Stimmungsschwankungen innerhalb eines Tages oder von einem Tag zum anderen sind nicht stärker als bei den Männern. Es ergaben sich Hinweise darauf, daß bei beiden Geschlechtern unter der Woche zyklische Stimmungsschwankungen auftreten. Daher ist es falsch, Stimmungsschwankungen als Krankheitssymptome zu betrachten und anzunehmen, daß sie nur bei Frauen auftreten."[21]

Und schließlich und letztlich gibt es noch einen hormonellen Zyklus, mit dem sich die Männer auseinandersetzen müssen, ein Zyklus, der durch all die anderen Zyklen beeinflußt wird und der mit dem Absinken des Hormonspiegels in der Lebensmitte zusammenhängt. Es ist dies der Zyklus, den wir nun als die „männliche Menopause" bezeichnen. Er beginnt gewöhnlich im Alter von vierzig Jahren und endet mit fünfundfünfzig, kann aber auch schon mit fünfunddreißig beginnen und erst mit sechzig enden.

Die männliche Menopause kann sich langsam und stetig entwickeln, aber auch ganz plötzlich einsetzen. Sie wird ausgelöst durch den Rückgang von Testosteron, DHEA und anderen Hormonen, ebenso wie durch lebensverändernde Ereignisse wie zum Beispiel Arbeitslosigkeit, Tod des Ehepartners, Scheidung, Krankheit, Verletzungen, finanzielle Verluste, die Verminderung des Sexualtriebs oder Impotenz. Da sich Körper und Geist gegenseitig beeinflussen, kann die Verminderung der Hormone lebensverändernde Ereignisse verursachen, und umgekehrt können lebensverändernde Ereignisse zum Absinken des Hormonspiegels führen.

Männer haben fünf Arten von hormonellen Zyklen:

1. Rhythmische Fluktuationen drei- bis viermal pro Stunde
2. Tagesschwankungen, wobei der Hormonspiegel am Morgen höher ist als am Nachmittag
3. Monatliche Fluktuationen, die zwar rhythmisch sind, sich aber von Mann zu Mann individuell unterscheiden
4. Schwankungen im Jahresverlauf mit höheren Hormonspiegeln im Oktober und erniedrigten im April
5. Sinkende Hormonspiegel in den Wechseljahren.

Die Forschung über die hormonellen Zyklen und die männlichen Wechseljahre steckt noch in den Kinderschuhen. Es steht fest, daß es auch beim Mann hormonelle Zyklen gibt, die tiefgreifende Auswirkungen auf dessen Persönlichkeit, Stimmung, sexuelles Interesse und sein subjektives Wohlbefinden haben. Vielleicht würde der sprichwörtliche Kampf der Geschlechter etwas weniger Opfer fordern, wenn Männer und Frauen einzusehen bereit wären, wie ähnlich sie sich im Grunde sind und wie stark ihre Emotionen vom Rhythmus ihrer Hormone abhängig sind.

Am Fuße des Berges: Männer und Frauen und der Blick in die Zukunft

Wie wir nun gesehen haben, verändert sich in den Wechseljahren die Hormonproduktion bei Männern wie bei Frauen. Das Absinken der Hormone geht bei den Frauen meist schneller als bei den Männern. Aber nicht einmal die unterschiedliche Geschwindigkeit, mit der Männer und Frauen diese Veränderung durchmachen, unterscheidet die beiden Geschlechter so deutlich, wie wir immer dachten. „Früher war es in der Regel so, daß bei den meisten Frauen die Menopause zwischen Mitte vierzig und Anfang fünfzig anfing", erklärt John R. Lee, der Autor des Buches *What Your Doctor May Not Tell You about Menopause*. „In der letzten Generation scheint sich jedoch einiges getan zu haben. Heutzutage kann es sein, daß bei Frauen schon ab Anfang dreißig zeitweise keine Eizelle mehr heranreift, daß ihre Menstruation aber erst mit Anfang fünfzig tatsächlich ausbleibt."[22]

Was wir gemeinhin als die Menopause der Frau bezeichnen, ist kein klar abgegrenztes „Ereignis", sondern ein stufenweises Hinübergleiten von einer Lebensphase in die andere. „Die Menopause als solche dauert sehr wahrscheinlich nur ein paar Tage, und man kann sich nie sicher sein, ob sie nun da ist oder nicht. Man registriert die Menopause meistens im nachhinein, wenn seit der letzten Periode ein Jahr vergangen ist."[23]

Genau wie in der Pubertät kommt es auch in den Wechseljahren bei Männern *und* bei Frauen zu hormonellen Veränderungen. Die Ähnlichkeit dieser beiden Lebensphasen wurde jedoch häufig übersehen. „Mir ist schon seit einiger Zeit klar, daß die Zeit kurz vor der Menopause eine Art Spiegelbild der Pubertät darstellt", meint Love. „In der Pubertät wird der Mechanismus in Gang gesetzt. Dann, gegen Ende des Prozesses, wenn die Fahrt gedrosselt wird, passieren genau dieselben Dinge wieder. Was diese beiden Lebensphasen gemeinsam haben, sind tiefgreifende hormonelle Veränderungen."[24]

Zwar bezieht sich Love mit ihren Aussagen auf die Veränderungen, die die Frauen in der Pubertät und dann wieder in den Wechseljahren durchmachen, für mich ist jedoch klar, daß ähnliche hormonelle Veränderungen auch bei den Männern vorkommen.

Die männliche Menopause beginnt im allgemeinen so um die vierzig, und zwar eher stufenweise, wobei sich die Veränderungen über die nächsten fünfzehn Jahre hinziehen. Bei manchen Männern kann es jedoch zu einem sehr schnellen Absinken der Hormone kommen, wodurch die Menopause eher zu einer Sache von Monaten als von Jahren wird. Bei anderen gehen diese hormonellen Veränderungen so schnell vonstatten, daß sie Hitzewallungen erleben, ähnlich wie dies von Frauen berichtet wird.[25]

Wie schnell auch immer Männer oder Frauen unten ankommen, sie alle befinden sich schließlich wieder am Fuße des Berges. Für die meisten von uns ist das alles andere als ein gutes Gefühl.

Wenn man am Fuße des Berges angelangt ist, dann ist das fast schon wie „ein Stockwerk tiefer". Wenn wir diese Lebensphase beendet haben, sehen wir uns alle Gevatter Tod von Angesicht zu Angesicht gegenüber. „Wenn man sich in der Übergangsphase der Lebensmitte befindet, erlebt man die Polarität zwischen „jung" und „alt" besonders deutlich", schreibt Daniel Levinson in *The Seasons of a Man's Life*. „Wenn das frühe Erwachsenenalter zu

Ende ist, wird der Mann von neuen Ängsten vor dem ‚Verlust der Jugend' überflutet. Er glaubt, daß seine jugendlichen Anteile – repräsentiert durch das Kind, den Heranwachsenden oder den jungen Erwachsenen in ihm – zum Tod verurteilt sind. Das Alter und der Tod schweben über ihm wie ein Damoklesschwert."[26]

„Zu keiner anderen Zeit fühlt sich eine Frau mehr mit der eigenen Sterblichkeit konfrontiert als in der Menopause", erklärt Germaine Greer den Vorgang. „Ein Teil von ihr stirbt .... Dieses Gefühl, daß für das eigene Leben nun das Mittagsläuten vorbei ist, daß die Schatten länger werden, daß der Sommer zu Ende geht und die Tage immer kürzer und grauer werden, hat seine Berechtigung und sollte respektiert werden."[27]

Was Männer und Frauen auch gleichermaßen betrifft, ist die Tatsache, daß wir alle in einer Gesellschaft leben, in der das Alter nichts wert ist, und in der wir förmlich bombardiert werden mit Werbung, die uns Horrorgeschichten über das Alter vorgaukelt und uns von der dringenden Notwendigkeit zu überzeugen versucht, dieses oder jenes Produkt zu kaufen, das uns jung, attraktiv und vital erhält. Die Frauen in der Lebensmitte stehen seit langem im Zentrum des medizinischen Interesses. Viele Mediziner sehen die Wechseljahre immer noch als Krankheit, die spezielle Eingriffe und Heilmethoden erforderlich macht.

„Die Frau in der Lebensmitte hat nun ihre eigene ganz spezielle Krankheit – das Östrogen-Mangel-Syndrom –, die speziell auf ihr Geschlecht und ihren Lebensabschnitt zugeschnitten ist", bemerkt Sandra Coney in *The Menopause Industry* dazu: „Die Medizin hat bestimmt, daß der Normalzustand einer Frau in der Lebensmitte eigentlich eine Krankheit ist. Der ganz normale Alterungsprozeß ist zu einem pathologischen Vorgang umdefiniert worden. Die Menopause ist nicht mehr nur das Ende der Menstruation oder eines Lebensabschnittes, sondern sie wurde zur Krankheit erklärt, der letztendlich keine Frau entrinnen kann."[28]

Die Werbung großer Firmen, die große Investitionen tätigen, um neue und verbesserte Produkte zu verkaufen, zielt darauf ab, die Frauen davon zu überzeugen, daß man sich nicht alt fühlen oder alt auszusehen muß, denn es gibt Produkte, die das zu verhindern vermögen.

In dem Maße wie auch die Männer sich ihrer Veränderungen in der Lebensmitte zunehmend bewußt werden, werden auch sie zur

Zielscheibe für die medizinische und pharmazeutische Industrie. John B. McKinley, Epidemiologe an der Boston University, der sich mit dem Alterungsprozeß bei Männern und Frauen beschäftigt, ist der Ansicht, daß auch die Behandlung der männlichen Midlife-Symptome bald im Mittelpunkt der Medizinforschung stehen wird, und zwar ausschließlich aus Gründen des Profits.[29]

In unserer marktwirtschaftlich orientierten Gesellschaft werden sicherlich die Männer der Baby-Boom-Jahrgänge zur wichtigsten Zielgruppe für alle diejenigen werden, die mit den Ängsten der Männer vor dem Älterwerden und vor dem Verlust ihrer sexuellen Leistungsfähigkeit Geschäfte machen wollen. „Achtung! An alle Männer über 50!", warnt das Zentrum für Medizinischen Verbraucherschutz. „Sie laufen Gefahr, für krank erklärt zu werden. Es passiert nicht von heute auf morgen. Aber die pharmazeutische Industrie hat gerade begonnen, ihre Testosteron-Substitutionstherapie zu vermarkten."[30]

Andererseits – nur weil mit Produkten für Männer in der Lebensmitte große Gewinne zu machen sind, heißt das noch lange nicht, daß diese Produkte nicht auch hilfreich sein können. Beide Geschlechter – Frauen wie Männer – sollten sich umfassend informieren, um aus der Flut der angebotenen Mittel das herauszufinden, was für sie wichtig ist.

Ein Leben wie es sein sollte: Der Aufstieg zum Gipfel des Zweiten Erwachsenenalters

Wir Menschen befinden uns heute in einem einzigartigen evolutionären Stadium. In unserer immerhin 3 Millionen Jahre dauernden Menschheitsgeschichte starben wir meistens, sobald wir den Höhepunkt unserer Fruchtbarkeit überschritten hatten. Nach den Statistiken des Amerikanischen *National Center for Health Statistics* betrug noch im Jahre 1910 die durchschnittliche Lebenserwartung fünfzig Jahre, etwas niedriger bei den Männern und etwas höher bei den Frauen.[31]

Nun bietet sich uns zum ersten Mal in der Menschheitsgeschichte die Chance, einen Lebenszyklus in seiner ganzen Bandbreite zu durchlaufen. Viele von uns sind einfach nicht darauf vorbereitet, daß unser Lebens bis zu einhundertundzwanzig Jahre dauern kann. „Fast alle Menschen sind bisher einfach viel zu früh gestorben“, erklärt Walter M. Bortz II von der Medizinischen Fakultät der Stanford University, Autor des Buches *Dare to Be 100*, „genau wie die Tiere in der freien Wildbahn, die nicht sehr alt werden.“[32]

„Wir sind die erste Generation in der Geschichte der Menschheit, die wirklich die Möglichkeit hat zu erfahren, wie ein vollständiges Menschenleben aussehen kann.“[33] Wir verfügen über eine fundierte Basis von Daten und Erfahrungen, die es der Baby-Boom-Generation – und natürlich auch den späteren Generationen – erlaubt, ganz in Ruhe die Fete für ihren 100sten zu planen, Gästelisten zu schreiben und Atemübungen zu machen, damit sie die vielen Kerzen alle auf einmal ausblasen können.“[34]

Und das ist vielleicht nur der Anfang. Neuere Ergebnisse der Altersforschung und der Forschung zur menschlichen Lebenserwartung geben einigen Experten auf diesem Gebiet Grund zu der Annahme, daß wir nun erst einmal ganz langsam anfangen herauszufinden, welche Potentiale hier noch im Verborgenen liegen. Nach Meinung von Michael Jazwinski, eines führenden Wissenschaftlers im Bereich Altersforschung am Medical Center der Louisiana State University, „werden wir vielleicht schon in 30 Jahren die wichtigsten Gene, die für die Lebenserwartung verantwortlich sind, beeinflussen können und in der Lage sein, unsere maximale Lebenszeit von 120 Jahren zu verdoppeln, zu verdreifachen oder gar zu vervierfachen. Es wäre durchaus möglich, daß einige Menschen, die heute schon geboren sind, in 400 Jahren vielleicht immer noch leben.“[35]

Einmal am Fuße des Berges angelangt, so lehrte uns die Vergangenheit, bedeutete, daß das Leben nun bald zu Ende sein würde. Die Zukunft wird uns lehren, daß es da noch einen zweiten Gipfel gibt, den wir erklimmen können, den Berg des Zweiten Erwachsenenalters.

Sinn und Zweck der Wechseljahre ist es für Männer und Frauen, sich für den Aufstieg zum zweiten Gipfel vorzubereiten. Vieles von dem, was von Männern und Frauen als negativ empfunden wird, wie z.B. das Nachlassen der Kräfte und der körperlichen Leistungsfähigkeit, kann eigentlich auch als Hilfe dienen, sich auf die zweite Lebenshälfte vorzubereiten, weil in dieser Lebensphase emotionale und spirituelle Aspekte wichtiger werden.

Im Ersten Erwachsenenalter zielen körperliche Aktivitäten häufig darauf ab, irgend ein Ziel zu erreichen, abzunehmen, einen Wettkampf zu gewinnen, stärker zu werden, der Beste zu sein. Im Zweiten Erwachsenenalter tut man so manches um der Sache selbst willen. Da heute immer mehr Männer und Frauen länger leben, gibt es viel mehr Möglichkeiten, Dinge im Zweiten Erwachsenenalter zu genießen, die man in der ersten Runde verpaßt hat. Und von denen, die den Gipfel des Zweiten Erwachsenenalters erreicht haben, habe ich mir sagen lassen, daß die Aussicht einfach phänomenal ist.

Diese Aussicht winkt aber nicht nur einigen Auserwählten, noch hängt sie von wichtigen wissenschaftlichen Errungenschaften ab. „Ausgehend von den Daten der neueren amerikanischen Bevölkerungsstatistik kamen Paul Siegel und Cynthia Taueber zu dem Schluß: ‚Falls der derzeitige Trend zu einem Rückgang der Sterberaten in den kommenden Jahren weiter anhält, wird die durchschnittliche Lebenserwartung im Jahre 2050 bei einhundert Jahren liegen.‘ Wenn das stimmt, wird es bald 19 Millionen Hundertjährige geben."[36]

„Shirley Potter feierte Ihren einhundertsten Geburtstag mit einem 210 Meter tiefen Sprung beim Bungee-Jumping in Alpine, Kalifornien. Allerdings beklagte er sich, daß der Medienrummel, der dem Ereignis folgte, ihn ‚noch ins Grab‘ bringen werde. ... Claire Will nahm mit einhundert Jahren noch Tanzunterricht. Genevieve McDaniel, einhundertundzwei, gab Aerobic-Stunden. David Elridge aus St. Petersburg war mit Einhundertundfünf immer noch Schiedsrichter. Otto Aster soll mit seinen einhundertunddrei Jahren Amerikas ältester Roller-Skater gewesen sein. Hermann Smith-Johansen fuhr mit einhundert noch Cross-Country-Ski. Harlow Potter, einhundertunddrei, war der älteste von 8000 Teilnehmern am Senior Sports Classic von 1995. Er begann mit fünfundneunzig noch Golf zu spielen und machte kürzlich erst eine 98er-Runde."[37]

Die Erfahrungen derer, die sich im Aufstieg zum Gipfel des Zweiten Erwachsenenalters befinden, gehen über solche Freizeitaktivitäten hinaus. Ihnen werden zudem noch ganz neue Möglichkeiten eröffnet, was Intimität und Sexualität betrifft. Viele Schwierigkeiten mit der Sexualität, die Männer und Frauen zu Beginn der Menopause erleben, bedeuten nicht etwa, daß sie nun den Berg hinab schlittern müßten in ein geschlechtsloses, tristes Alter, wie viele meinen. In Wirklichkeit handelt es sich dabei um Veränderungen, die einen Übergang anzeigen, Veränderungen, die notwendig sind, um diese Menschen auf ein reicheres und intimeres Sexualleben danach vorzubereiten.

Bortz und seine Mitarbeiter an der Stanford University arbeiteten kürzlich mit einer Gruppe, deren Durchschnittsalter bei siebenundsechzig Jahren lag. Sie stellten fest, daß diese Männer ziemlich „sexy" waren, „sexuell aktiver, als wir gedacht hatten", stellte Bortz anerkennend fest. „53 Prozent der Männer unter Siebzig berichteten, daß sie mindestens einmal die Woche Sex hätten, bei den Männern über Siebzig waren es noch 33 Prozent." Bei den Frauen waren die Ergebnisse ähnlich.[38]

Und dennoch wünschten sich die meisten der Männer und Frauen, häufiger Sex zu haben, wenn sie die Gelegenheit dazu hätten. Bortz stellte fest, daß 98 Prozent der Männer und Frauen in seiner Testgruppe gerne einmal die Woche Sex hätten, 66 Prozent hätten Sex gerne zweimal die Woche oder häufiger. Zwei Gründe gab es dafür, daß die Probanden nicht das Sexualleben hatten, das sie sich wünschten. „Bei den Männern ist es die Impotenz", erklärt Bortz, „bei den Frauen der Mangel an Gelegenheit."[39]

Glücklicherweise wissen wir heute weit mehr über sexuelle Funktionsstörungen als früher. Glaubte man bis vor kurzem noch, Impotenz habe vor allem psychische Gründe, so hat sich dies nun grundlegend geändert, „da mittlerweile die ‚Mechanik' der Erektion und die Störungen des Reproduktionssystems zum Inhalt wissenschaftlicher Untersuchungen geworden sind ... Krankheiten, der Einfluß von Medikamenten und das Fehlen eines passenden Partners sind ungünstige Voraussetzungen für einen Mann in fortgeschrittenem Alter. Aber glücklicherweise kann man heutzutage etwas dagegen tun."[40]

Das gilt auch für die Sexualität der Frauen, deren Interesse und die Fähigkeit, ein erfülltes Sexualleben zu haben, „erst in sehr hohem Alter nachläßt, vorausgesetzt, es mangelt ihnen nicht an Gelegenheiten." Fehlt ihnen im fortgeschrittenen Alter ein männlicher Sexualpartner zur Befriedigung ihrer sexuellen Bedürfnisse, wenden sich Frauen häufig auch Frauen zu. Daraus folgert Bortz: „Wir Männer müssen länger leben, damit wir für den Rest unseres gemeinsamen Lebens an den intimen Erlebnissen unserer Partnerinnen teilhaben können."[41]

Die Wechseljahre können Männer wie Frauen auf ein Leben vorbereiten, in dem Liebe und Intimität in einer Weise mit der Sexualität verknüpft sind, wie es in jüngeren Jahren eben nicht möglich gewesen wäre, weil damals die Sexualität weitgehend von dem Wunsch bestimmt war, sich fortzupflanzen und Kinder zu haben.

Um zu verstehen, welche Möglichkeiten wir haben, in einer intimen Partnerschaft mehr Nähe zu erleben, ist es notwendig, einen Einblick zu bekommen, auf welch unterschiedlichen Pfaden Männer und Frauen die Wechseljahre durchschreiten.

Sein Wechsel/ihr Wechsel: Unterschiede zwischen der weiblichen und der männlichen Menopause

Obwohl es mehr Ähnlichkeiten als Unterschiede zwischen den Veränderungen bei *ihm* und *ihr* gibt, ist das, was Männer und Frauen nicht gemeinsam haben, wichtig und grundlegend. In Carlins Frauengruppe, die Sie schon in Kapitel 2 kennengelernt haben, waren einige dieser Unterschiede, wie Frauen sie wahrnehmen, Gegenstand des Gesprächs. Susan hatte sich folgendermaßen geäußert: „Ich denke, daß es da einen Unterschied gibt zwischen einer Menopause des Mannes und einer Midlife-Crisis. Männer mit vierzig, fünfzig oder sechzig werden halt älter. Aber Frauen kommen in die Menopause und Männer nicht. Wenn Frauen die Menopause durchmachen, ist das unglaublich spektakulär. Das heißt nicht, daß Männer so etwas nicht auch erleben, aber bei Männern zieht es sich über viele Jahre hin. Bei Frauen nur über einen kurzen Zeitraum. Bei den Männern nimmt das Testosteron ab, genauso wie bei den Frauen das Östrogen, aber bei den Frauen geht das eben *so*!!" Susan klatscht laut in die Hände.

„Wenn ein Mann die Erfahrungen einer Frau in der Menopause nachempfinden wollte, dann würde er das wohl so erleben, als habe er eben noch ein völlig normales Sexualleben geführt, und plötzlich würde man ihn kastrieren." Die anderen Frauen schauten etwas geschockt drein. „Ich meine, wenn er plötzlich kastriert werden würde, hätte er vielleicht einige der Symptome, die wir Frauen in der Menopause haben."

„Bei den Frauen gibt es einen ganz bestimmten Zeitpunkt, von da ab können sie keine Kinder mehr bekommen", fährt Susan fort. „Bei den Männern ist das nicht der Fall. Die können ewig Kinder haben."

Susan hat zwei grundlegende Unterschiede zwischen der männlichen und der weiblichen Menopause angesprochen. Erstens, auch bei Männern können Hormonveränderungen ganz plötzlich auftreten – und wenn dies der Fall ist, dann kann es zu einer ganz massiven Symptomatik kommen, einschließlich Hitzewallungen. Ansonsten jedoch verläuft die Menopause des Mannes, körperlich gesehen, sanfter und langsamer. Zwar gibt es auch Frauen, die aufgrund der Tatsache, daß ihre Hormone nur langsam zurückgehen, über weniger menopausale Symptome berichten, doch bei den meisten Frauen gehen die Hormonveränderungen schneller vor sich, und die Symptomatik ist massiver.

In dieser Hinsicht unterscheidet sich die männliche Menopause von der Menopause der Frau nicht in der Art, sondern nur in der Ausprägung. Der zweite Unterschied betrifft durchaus auch die Art der Veränderung und macht eine deutliche Trennung zwischen der Menopause des Mannes und der Menopause der Frau notwendig. Dieser zweite Unterschied hat viel damit zu tun, wie Männer und Frauen mit dieser Lebensphase umgehen. Wenn die Frauen die Menopause hinter sich haben, kann keine von ihnen mehr Kinder bekommen. Wenn die Männer sie hinter sich haben, sind die meisten noch in der Lage, sich fortzupflanzen.

Die Reaktionen der Frauen können ganz unterschiedlich sein. „Ich bin so froh, daß ich jetzt keine Kinder mehr bekommen kann", sagt Barbara, zweiundfünfzig, Mutter von drei Kindern. „Jetzt brauche ich dieses Paarungsspielchen nicht mehr zu spielen und kann mich endlich auf mich selbst konzentrieren und mir überlegen, was ich mit dem Rest meines Lebens anfangen möchte. Zum ersten Mal fühle ich mich wieder völlig frei."

Die Gefühle von Joan, achtundvierzig, einer alleinerziehenden Mutter, deren Menstruationsblutungen erst kürzlich ganz aufgehört hatten, waren weit weniger positiv. „Eigentlich ist es schon lange her, daß ich darüber nachgedacht habe, noch mehr Kinder zu haben. Aber daß ich jetzt keine mehr haben *kann*, das macht mich sehr traurig. Ich habe so ein Gefühl, als hätte sich ein wesentlicher Teil meines Frauseins mit den Eierstöcken verabschiedet. Ich muß nachts manchmal weinen, wenn ich daran denke, was ich verloren habe."

Auch die Reaktionen der Männer sind unterschiedlich. „Ich weiß, daß ich keine weiteren Kinder mehr haben möchte", sagt Bill, dreiundfünfzig, Vater von fünf Kindern, „aber es ist ganz gut zu wissen, daß meine Spermien noch lebensfähig und funktionsfähig sind. Mir gefällt der Gedanke, daß ich auch mit neunzig noch in Lage bin, Kinder zu zeugen. Als ich hörte, daß Anthony Quinn mit über achtzig noch Vater wurde, jubelte ich innerlich."

„Ich wünschte, diese ganze Geschichte mit dem Kinderkriegen würde bei den Männern genauso aufhören wie bei den Frauen auch", vertraute mir John, sechsundfünfzig, ein großer, gutaussehender Geschäftsmann, an. „Ich bin dieses Balzgehabe leid. Ich fühle mich fast wie ein Verräter am männlichen Geschlecht, aber ich würde mir wünschen, daß dieses permanente Streben nach Sex und Sicherheit endlich aufhören würde. Ich spiele immer noch diese Flirtspielchen, meistens deshalb, weil ich mein Ego befriedigen muß. Aber ich wollte, die jungen Frauen würden aufhören, mich als potentiellen ‚Daddy' zu betrachten. Wenn ich könnte, würde ich mir ein Schild umhängen: ‚Habe alle Spermien verschossen. Daddy hat sich zur Ruhe gesetzt und geht jetzt fischen'."

Manchmal werden die Wechseljahre der Frau auch für eine Paarbeziehung zum Problem, insbesondere dann, wenn die Frau bereits Kinder hatte, der Mann aber nicht. So war es auch bei zwei Männern, mit denen ich sprach. „Ich liebe Linda", erzählt George, und Traurigkeit schwingt in seiner Stimme mit. „Ich weiß auch, daß ich sie nicht verlassen möchte. Aber ich habe Schwierigkeiten, mich mit der Tatsache abzufinden, daß ich, wenn ich mit ihr zusammen bleibe, niemals eigene Kinder haben werde."

„Ich bin in der gleichen Situation", klagt Joseph. „Ellen hat bereits vier Kinder und kann jetzt keine mehr bekommen. Ich bin mir gar nicht sicher, ob ich welche haben möchte, aber der Gedanke, daß ich welche haben könnte, läßt eine Menge Zweifel in mir hochkommen. Ist sie wirklich die Richtige für mich? Ist es mein Schicksal, Stiefvater zu sein und keine eigenen Kinder zu haben, oder gebe ich einfach zuviel auf, wenn ich mir keine Optionen offenhalte?"

Da immer mehr Menschen geschieden werden und sich wieder verheiraten, finden sich mehr und mehr Paare in einer solchen Situation wieder. Sogar in Beziehungen, in denen der Mann schon ein Kind hatte, kann es zu Spannungen kommen. „Ich weiß, daß ich nicht jünger werde", sagt Julia, eine Frau Anfang fünfzig, „und daß meine fruchtbaren Jahre vorüber sind. Jeff, mein Mann, sagt, daß er glücklich ist, so wie es ist, daß er mich liebt und daß er den Rest seines Lebens mit mir verbringen möchte. Aber jüngere Frauen haben eben immer eine gewisse Anziehungskraft. Er weiß, daß er immer noch Kinder haben kann, und sie weiß, daß er immer noch wilde, aktive Spermien besitzt. Das ergibt eine ziemlich explosive Mischung. Und davor habe ich mehr Angst, als ich zugeben möchte."

Meiner Erfahrung nach ist dies eines der Tabuthemen bei Paaren mittleren Alters. *Er* tut so, als würde er nicht nach jüngeren Frauen schauen, und *sie* kocht innerlich, weil sie weiß, daß es doch so ist. *Sie* tut so, als würde sie nicht bemerken, daß sie mit einem Mann zusammenlebt, der noch Kinder haben kann, während sie keine mehr bekommt. In *ihm* brodelt es, weil er weiß, daß sein Festhalten an ihr das Endes des sexuellen Abenteuers bedeutet und ihm die Möglichkeit nimmt, noch mehr Kinder zu zeugen.

Noch weniger als über diese Dinge spricht man darüber, was es heißt, ein reifer Erwachsener zu werden. Die Fortpflanzungsfreiheit der Männer läßt ihnen die Möglichkeit offen, „ewig jung" zu bleiben und hält viele davon ab, jemals emotional erwachsen zu werden. Dahingegen bringt das Ende der Menstruationszyklen und damit das Ende ihrer Fortpflanzungsfähigkeit die Frauen quasi mit einem Ruck weiter auf dem Weg, eine reife Frau zu werden, ob sie nun mögen oder nicht.

Die Männer mit ihrer langsamer verlaufenden Menopause und ihrer nie enden wollenden Fruchtbarkeit bekommen nicht den Entwicklungsschub, den sie bräuchten, um ihre Position als reife Männer in der Gesellschaft einnehmen zu können. Die Biologie des Mannes drängt ihn zurück in die Vergangenheit, hin zu jungen hübschen Frauen, die noch fruchtbare Eizellen anzubieten haben für seinen immer noch aktiven Samen. Und dennoch hungert seine reifende Spiritualität, die mehr in die Tiefe gehen möchte, danach, daß sein Leben eine andere Richtung nehmen möge.

Er hungert nach einer reifen Männlichkeit, danach, bei einer älteren Partnerin bleiben zu können, den Weg mit ihr zu teilen und sie an seinem Weg teilhaben zu lassen. Seine in die Tiefe strebende spirituelle Sehnsucht verlangt danach, gemeinsam mit einer reifen Partnerin zum Wohle zukünftiger Generationen zu einem „reifen älteren" Menschen werden zu können. Wie ein Mann mit diesem Konflikt umgeht, ist ausschlaggebend dafür, ob die zweite Lebenshälfte sinnerfüllt ist oder oberflächlich und leer bleibt. Um für diesen Abschnitt des Weges klare Hilfen anbieten zu können, müssen wir uns ein wenig darin vertiefen, warum Männer so sind wie sie sind. Und deshalb müssen wir uns mit der Evolution der Sexualität beschäftigen.

7. Die Evolution der Sexualität, Männer und die Menopause

Den klarsten Eindruck von einer Sache erhält, wer die Dinge in ihrem Wachstum und von ihrem Ursprung her betrachtet, ganz gleich, ob es sich nun um einen Staat oder irgend etwas anderes handelt.

Aristoteles

Da die Sexualität ein sehr wichtiger Aspekt unseres Lebens ist und Männer in den Wechseljahren häufig beunruhigt sind über die sexuellen Veränderungen, die sich in dieser Zeit bemerkbar machen, kann es nur nützlich sein, wenn wir einen kurzen Abstecher in eine Wissenschaft unternehmen, die noch relativ neu ist: die Evolutionspsychologie. Diese neue wissenschaftliche Disziplin nimmt Bezug auf verschiedene andere Wissenschaften, wie zum Beispiel die Anthropologie, Psychologie, Biologie, Soziologie, Genetik, Politik, Sexualwissenschaft, Linguistik, Philosophie, Ethnologie und Ökologie, die ihrerseits einem wechselseitigen Einfluß unterliegen. Sie geht von der Grundvoraussetzung aus, daß es eine Art universeller menschlicher Natur gibt, die sich in der Evolution über Millionen von Jahren hinweg entwickelt hat, und daß Männer und Frauen ein unterschiedliches Wesen haben, das von unterschiedlichen evolutionären Herausforderungen geprägt ist, denen sich Männer und Frauen im Laufe der Menschheitsgeschichte gegenüber sahen.

Bevor Männer eine Entscheidung treffen können, was sie – wenn überhaupt – zugunsten einer erfüllten Sexualität und ihrer Gesundheit ändern wollen, ist es wichtig, daß sie sich ein klares Bild vom wahren Wesen der männlichen Sexualität machen können. Der Mensch ist das Säugetier auf unserem Planeten Erde, für das die Sexualität mit die wichtigste Rolle spielt. Wir zelebrieren die Sexualität in Liedern, Gedichten und in der Werbung. Wir machen uns Sorgen ihretwegen, wir arrangieren und planen für sie. Wir wollen, daß es „einfach passiert“, und bereiten uns Tage und Monate darauf vor. Nach jahrelanger sexueller Treue fragen wir uns, ob das „etwa schon alles war", und wenn wir sexuell nur wenig oder schon lange nichts mehr erlebt haben, dann nehmen wir noch alles mit, was wir kriegen können. In der Adoleszenz scheint die Sexualität ständig mit uns durchgehen zu wollen, wenn wir älter werden, kommt und geht sie, letzteres öfter als uns lieb ist.

„Wir sind eine Spezies, die der Sexualität hingebungsvoll ergeben ist", schreibt die Anthropologin Helen Fisher, Autorin von *The Sex Contract* und *The Anatomy of Love*. „Wir reden über Sex, wir machen Witze, wir lesen darüber, ziehen uns extra dafür an und betätigen uns darin mit einer gewissen Regelmäßigkeit. Wir haben Geschichten, die ihn erklären sollen, Strafen, um ihn im Zaum zu halten und Regeln, um eine gewissen Ordnung in die Sache zu bringen."[1]

Im Gegensatz zu dem, was uns viele gerne glauben machen möchten (und was viele Männer befürchten!), ist es das „Weibchen" unserer Spezies, das uns zum sexualitätsorientiertesten Lebewesen macht, das je gelebt hat. Nach Helen Fisher ist es „die Frau, die körperlich dazu in der Lage ist, praktisch jeden Tag ihres Erwachsenenlebens zu kopulieren. Sie kann auch während der Schwangerschaft Sex haben und ihre sexuelle Aktivität schon kurz nach der Geburt eines Kindes wieder aufnehmen. Sie kann Sex haben, wann immer es ihr gefällt." Helen Fisher hält dies für einzigartig. „Kein Weibchen einer anderen Spezies, die sich ebenfalls geschlechtlich fortpflanzt, hat so oft Sex wie die Frau."[2]

Ich lernte Helen Fisher auf einer Tagung der *Human Behavior and Evolution Society* in Santa Barbara kennen, wo sie einen Vortrag über den „Sex der Zukunft" hielt. Wie hätte ich widerstehen können? Ich war beeindruckt über ihr leidenschaftliches Interesse an allen Aspekten der menschlichen Sexualität und von der Vielfalt ihres Wissens. Als wir später miteinander sprachen, lud sie mich ein, mit ihr zusammen ein Seminar zu halten, und zwar zu dem Thema: „Frauen, Männer, Sex und Macht. Das Leben im 21. Jahrhundert", das zu einem späteren Zeitpunkt am Esalen Institute in Big Sur, Kalifornien, stattfinden sollte.

Frau Fisher, die als Wissenschaftlerin am Anthropologischen Institut des *American Museum of Natural History* arbeitet, hat ihr ganzes berufliches Interesse der Frage verschrieben, warum die Menschen sich paaren, heiraten, fremdgehen, sich scheiden lassen und sich wünschen, genau dasselbe immer wieder zu tun. Sie ist außerdem eine der führenden Kapazitäten in dem aufstrebenden Forschungsbereich der Evolutionspsychologie und eine der erfahrensten Wissenschaftler/innen auf diesem Gebiet. Ihr Interesse ist allerdings keineswegs nur beruflicher Natur. Es geht zurück auf ihre Kindheit. „Ich bin ein eineiiger Zwilling", erzählt sie. „Als ich vier oder fünf war, bemerkte ich, daß die Erwachsenen mich und meine Zwillingsschwester anstarrten und uns viele Fragen stellten. Ob ich denn immer wisse, wenn Lorna in Schwierigkeiten ist? Ob wir dieselben Spielsachen mögen? Ob ich manchmal denke, ich sei Lorna?"

Sie erinnert sich auch daran, was sie selbst in ihrer frühen Kindheit dachte. „So begann ich also ganz unbewußt schon als Kind, mir über mein Verhalten Gedanken zu machen. Was davon war Vererbung, was war gelernt?"

Auch während ihrer Collegezeit verfolgte sie ihre Interessen: „Hier lernte ich dann die *„angeboren* versus *gelernt*"-Streitfrage kennen. Insbesondere John Lockes Konzept der *tabula rasa* machte mir zu schaffen. War ein Kind wirklich ein unbeschriebenes Blatt Papier, auf dem die Kultur eine Persönlichkeit prägte? Ich konnte es einfach nicht glauben."

„Dann las ich Jane Goodall's Buch *In The Shadow of Man* über die wilden Schimpansen in Tansania. Diese Lebewesen hatten unterschiedliche Persönlichkeiten, sie schlossen Freundschaften, hielten Händchen, küßten sich, machten einander Geschenke aus Blättern und Zweigen, trauerten, wenn einer ihrer Kameraden starb. Ich war beeindruckt von der emotionalen Kontinuität von Tier und Mensch. Und ich gewann die Überzeugung, daß ein Teil meines Verhaltens einen biologischen Ursprung hatte."[3]

Um verstehen zu können, was Menopause – sei es nun beim Mann oder bei der Frau – eigentlich ist, muß man zunächst etwas mehr über den Lebenszyklus des Menschen und ebenso über den evolutionären Zyklus, in dem der Mensch nur ein Bestandteil unter vielen ist, wissen. Die Evolutionspsychologie stellt den Menschen in den Kontext der Evolutionsgeschichte eines ganzen Universums und zeigt auf, wo wir Menschen als Teil des Lebens unseren Platz auf unserem Heimatplaneten haben.

Der Ursprung der Sexualität und die Sehnsucht nach dem Ursprung

„Vor fünfzehn Billionen Jahren wurde unser Universum mit einem gewaltigen Knall geboren."[4] Die Erde entstand vor viereinhalb Billionen Jahren, und schon eine halbe Billion Jahre später folgte die erste Zelle als Ursprung allen Lebens. Das Leben gedieh über die nächsten drei Billionen Jahre, die Zellen teilten sich und gaben ihre DNS an die nächste Generation weiter. Nur seltene und zufällige Mutationen führten zu Veränderungen. Gleiches paarte sich mit Gleichem, und das Leben in den Urmeeren gedieh.

Vor einer Billion Jahre jedoch entstand eine neue Art von Zelle, die zwei Kerne hatte. Als sich diese Zelle teilte, entstanden zwei unterschiedliche Zellen. Zum ersten Mal in der evolutionären Geschichte entstand ein „signifikantes anderes". Diese Zellen waren zwar in der Lage, sich selbst am Leben zu erhalten, konnten aber nunmehr keine Tochterzellen mehr abspalten. Diese beiden neuen Arten von Zellen waren nur dann in der Lage zu überleben, wenn sie sich „paaren" konnten.

Diese beiden Zellen, Brian Swimme und Thomas Berry, Autoren von *The Universe Story,* nannten sie „Tristan und Isolde", sind sozusagen unsere Vorfahren, das erste weibliche und das erste männliche Wesen. Um zu verstehen, wo im Universum wir unseren Platz haben, warum Männer und Frauen sind, wie sie sind und welche Rolle die Menopause in unser aller Lebensgeschichte spielt, müssen wir auch diese Billionen Jahre alte Geschichte der Sexualität verstehen.

So poetisch beschrieben Swimme und Berry den ersten Akt sexueller Vereinigung:

„Es bestand eine geringe, eine wirklich allzu geringe Chance, daß eine Tristan-Zelle auf eine Isolde-Zelle stoßen würde. Sie würden einander sanft streifen, ein Kontakt wie Trillionen anderer Begegnungen in den Tiefen ihres Ozeans. Aber mit dieser Begegnung würde etwas Neues entstehen. Etwas Unerwartetes und Kraftvolles und Intelligentes. Als ob sie einen Zaubertrank getrunken hätten, würde ein elektrischer Strom die beiden Organismen durchfließen. Plötzlich würde sich die chemische Zusammensetzung ihrer Zellmembranen verändern. Interaktionen, hervorgerufen dadurch, daß Teile ihrer DNS sich anders verhielten als sonst, würden das molekulare Netz von Isoldes Haut verändern, so daß ein Akt geschehen konnte, den sie noch nie zuvor erlebt und mit keinem Gedanken in Erwägung gezogen hatte – Tristan würde ganz in sie eindringen.“[5] Die Schönheit und das Wunder der Sexualität hatten begonnen.

Das Buch von Swimme und Berry erinnert uns daran, daß der Mensch ein integraler Bestandteil der Geschichte des Universums ist. Wir sind nicht etwa eine Plage auf unserem Planeten, wie einige radikale Ökologen uns glauben machen wollen. Genauso wenig sind wir ein Geschenk Gottes, gesandt als Boten, um über Länder und Meere zu regieren, wie einige Fundamentalisten meinen.

Wir sind Teil der Natur, genauso wichtig wie die Beeren, Bären, Büsche oder Butterblumen. Aber wir haben vergessen, wo unser Platz ist. Wir haben uns unserer Heimat entfremdet. Verlassen und allein, wird unsere Angst zu Schmerz und unser Schmerz zu Wut. Wir spüren, wie uns das Leben entgleitet und richten unseren Zorn gegen uns selbst und gegen unsere Umwelt.

Nicht nur, daß wir andere Lebensformen ausrotten. Um den Schmerz über unsere Taten ertragen zu können, werden mehr und mehr von uns zu Abhängigen. Wir benützen jede verfügbare Droge, um unseren Schmerz zu lindern. Wir hängen am Computer, am Fernseher oder spielen Videospiele. Wir sind auf der Flucht, wenn wir spielen, wenn wir unmäßig essen, wenn wir unser Geld zum Fenster hinauswerfen, überhaupt immer dann, wenn wir Maß und Ziel verlieren. Wir „verkonsumieren“ diesen Planeten, der uns für Billionen von Jahren ernährt hat. Wir fressen uns selbst bei lebendigem Leibe auf.

Nach über dreißig Jahren Arbeit mit abhängigen Menschen bin ich zu der Erkenntnis gekommen, daß dies Menschen sind, die zu ihrem Ursprung zurück wollen. Aber wie verwirrte Brieftauben fliegen sie genau in die entgegengesetzte Richtung. Es ist, als sei ihre Steuerung ausgefallen, und wie die Lemminge folgen sie einander, springen gemeinsam über die Klippen und glauben bis zuletzt, auf dem richtigen Weg zu sein.

Ich glaube, unsere Zielsuchvorrichtungen sind gestört, weil wir uns selbst von unserem inneren Radarsystem abgeschnitten haben, vom Kern unserer Lebensweisheit, der die Verbindung zu unseren biologischen Wurzeln darstellt. Es ist immer noch möglich, zu den Wurzeln zurückzukehren und den richtigen Weg zu suchen, aber die Zeit wird langsam knapp. „Unser Wissen hat eben niemals ausgereicht", meint Thomas Berry. „Wir hatten nicht genug Kontakt zu unseren Cousins und Cousinen in dieser Großfamilie auf dem Planeten Erde. Wir haben auch all den verschiedenen Lebewesen auf der Erde, die uns ihre Geschichte erzählen wollten, niemals zugehört. Jetzt aber ist es an der Zeit, entweder wir hören zu, oder wir werden sterben."[6]

Um den Weg zurück zum Ursprung zu finden, müssen wir zurück zu unseren evolutionären Wurzeln. Und deshalb müssen wir auch unsere sexuelle Identität als Männer und Frauen wiederfinden.

Sind die Männer wirklich vom Mars und die Frauen von der Venus?

Wir Menschen leben so abgeschnitten von der Natur, daß wir glauben, das Maß aller Dinge zu sein, Gott sei tot und wir hätten nun die Aufgabe, die Welt zu regieren. Wir sind Individuen mit einem aufgeblasenen Ego und meinen, die Welt drehe sich nur um uns. Es ist ernüchternd und durchaus hilfreich, sich selbst einmal aus der Perspektive der Evolutionsbiologen zu betrachten, uns als Träger von Genen zu sehen, die zu nichts anderem da sind, als dafür zu sorgen, daß diese Gene an die nächste Generation weitergegeben werden. „Ganz gleich, wieviel Wissen und Weisheit Sie in ihrem Leben erwerben", schreibt Richard Dawkin, Autor des Buches *The Selfish Gene*, „nichts davon wird auf genetischem Wege an ihre Kinder weitergegeben. Jede neue Generation fängt wieder von vorne an. Der Körper dient den Genen nur dazu, sich unverändert zu erhalten."[7]

Wenn wir die evolutionäre Logik aus der Sicht eines Gens zu begreifen versuchen, kann uns das helfen, auch Männer und Frauen besser zu verstehen und welchen Stellenwert die Menopause in unserem Leben einnimmt. In Kapitel 4 habe ich zehn Gründe genannt, warum Männer so viel früher sterben als Frauen. Wenn die natürliche Selektion dazu dient, daß der am besten Angepaßte überlebt, warum tun dann so viele Menschen Dinge, die ihre Überlebenschancen mindern?

Man muß wissen, daß es aus der Sicht eines Gens weniger wichtig ist zu überleben und ein reifes Alter zu erreichen, als sich fortzupflanzen. Charles Darwin revolutionierte die Wissenschaft, als er 1859 seine Schrift *On the Origin of the Species By Means of Natural Selection* veröffentlichte. Weniger bekannt als seine Theorien zur Entstehung der Arten durch natürliche Selektion sind seine Ideen von der Fortpflanzung und von dem, was er als „sexuelle Zuchtwahl" bezeichnet.

Der Gedanke, daß die Fortpflanzung der Schlüssel zum Verständnis dafür ist, warum wir tun was wir tun, geriet nach Darwins Tod für viele Jahre in Vergessenheit und erfreut sich erst seit kurzem wieder einer gewissen Beliebtheit. „Die Haupterkenntnis liegt darin", meint Matt in seinem Buch *The Red Queen*, „daß das Ziel eines Tieres nicht allein das Überleben ist, sondern auch die Fortpflanzung. Und da, wo es zu einem Interessenskonflikt zwischen Überleben und Fortpflanzung kommt, hat die Fortpflanzung Vorrang. Weshalb zum Beispiel hungert sich ein Lachs in der Laichzeit zu Tode? Bei den sich geschlechtlich fortpflanzenden Spezies heißt sich fortpflanzen, eine passende Partnerin zu finden und es zu schaffen, daß sie mit einer Ladung von Genen wieder abzieht."[8]

Diese wichtige Erkenntnis bringt uns auf ein heikles Thema: Männer und Frauen. Viele moderne und gebildete Menschen leben in der Vorstellung, daß es keine grundlegenden Unterschiede zwischen Männern und Frauen gibt. Als ich zur Schule ging, war ich stolz darauf, diese sexistische Vergangenheit überwunden zu haben und Menschen einfach als Menschen achten zu können. Ich glaubte, daß Männer und Frauen gleich und Unterschiede nur auf kulturelle und soziale Einflüsse zurückzuführen seien. Und dennoch, wie so viele meiner Zeitgenossen wurde ich das Gefühl nicht los, daß die Biologie vielleicht doch eine größere Rolle spielt, als ich zuzugeben geneigt war.

Als meine Frau und ich versuchten, unsere Kinder möglichst ohne Geschlechtsunterschiede zu erziehen, schien sich unser Sohn wie durch eine Art inneren Zwang zu „Jungensachen" und unsere Tochter zu „Mädchensachen" hingezogen zu fühlen. Und das trotz eifrigster Bemühungen unsererseits, ihn für Puppen und sie für Sport zu begeistern.

Ich wollte nicht, daß die Potentiale meiner Tochter durch irgendwelche Vorstellungen eingeschränkt würden, die sie in eine

Mutterrolle drängten. Genausowenig wollte ich, daß mein Sohn automatisch seine berufliche Karriere über die Familie stellte. Aber ich war mir dessen bewußt, daß wir in einer Dominanzkultur leben, in der Unterschiede dazu mißbraucht werden, eine Gruppe zu unterdrücken. Ich dachte, wenn man auf Unterschiede fixiert ist, dann unterstützt man damit möglicherweise die Vorstellung, daß „Frauenarbeit" weniger wichtig sei als das, was Männer machen, und daß Männer wettbewerbsorientiert und emotionslos sein müßten, um erfolgreich zu sein. Ich war mir eben dessen bewußt, daß wir in einer Dominanzkultur leben, in der Unterschiede dazu mißbraucht werden, eine Gruppe zu unterdrücken.[9]

Aber in einer Kultur, in der Unterschiede schon immer dazu mißbraucht wurden, um bestimmte Gruppen davon abzuhalten, Gleichberechtigung zu erreichen und Macht zu bekommen, ist für diejenigen im System, die weniger Macht haben als andere, ein Weg, um zu Macht zu gewinnen, der, sich selbst zu versichern, daß es keine Unterschiede gibt. „Wenn ‚anders sein' mir nur schadet, dann glaube ich lieber, daß Unterschiede nichts ausmachen und daß ich bin wie jeder andere auch."

Ein anderer, effektiverer Weg, soziale Gerechtigkeit zu erreichen, ist es, Unterschiede zwischen Gruppen zu erkennen und zu akzeptieren und uns der Aufgabe zu widmen, dem Sexismus und Rassismus, die unsere Kultur spalten, ein Ende zu machen. Der Dialog, den wir über die Unterschiede zwischen Männern und Frauen führen, ist bereits ein Anfang.

Die Linguistin Deborah Tannen zum Beispiel behauptet, daß Männer und Frauen unterschiedliche Kommunikationsstile haben. Dies ist auch der Grund, warum es häufig heißt: „Du verstehst mich einfach nicht!" Ihr Buch *You Don't Understand (*dt. Titel: Du kannst mich einfach nicht verstehen: Warum Männer und Frauen aneinander vorbeireden*)* wurde auch in Deutschland ein Bestseller; in ihrem Buch *Brainsex* führen die Genetikerin Anne Moir und der Journalist David Jessel an, daß „die Gleichheit zwischen Männern und Frauen lediglich darin besteht, daß sie derselben Spezies, der menschlichen Rasse nämlich, angehören."[10] Verschiedene Gehirne, verschiedene Menschen. Das ist ihre Sichtweise.

Der Psychologe John Gray geht sogar noch weiter. Er vertritt die Auffassung, daß wir so unterschiedlich sind, daß es besser wäre, endlich zu akzeptieren, daß Männer vom Mars und Frauen von der Venus kommen. Daraus folgert Gray, daß wir unsere Unterschiedlichkeit akzeptieren müssen, wenn wir miteinander auskommen wollen, und gibt auch selbst Unterricht in interplanetarer Kommunikation.

Was also soll man nun glauben? Wäre uns mehr gedient, wenn wir uns auf die wirklichen Unterschiede zwischen Männern und Frauen konzentrieren würden? Oder wäre es besser, wenn wir Unterschiede in den Hintergrund stellten und uns mehr auf das konzentrierten, was Männer und Frauen gemeinsam haben?

Die Wurzeln der Männlichkeit und der Weiblichkeit

Lassen Sie uns damit beginnen, daß wir uns einmal anschauen, welches die biologischen Grundlagen für unser Geschlecht sind. Was heißt das eigentlich, „männlich"? Oder „weiblich"? Gibt es denn Definitionen, die nicht durch unsere Dominanzkultur geprägt sind?

Die Biologen nützen eine sehr einfache und nützliche Definition für männlich und weiblich, ganz gleich, ob es sich nun um Fische, Farne oder Menschen handelt. Ein Individuum kann entweder viele kleine oder wenige große Gameten (Keimzellen) bilden. Die Individuen, die kleinere Gameten bilden, nennt man „männlich" und die Individuen mit den größeren Gameten nennt man „weiblich". Eine einzige weibliche Eizelle zum Beispiel könnte, obwohl sie selbst noch mikroskopisch klein ist, immerhin 250000 Spermien aufnehmen.[11]

Die kleinen Gameten sind dazu bestimmt, mit einer größeren Keimzelle zu verschmelzen, und die großen sind dazu bestimmt, mit einer kleinen zu verschmelzen. Die weibliche Strategie besteht darin, Gameten zu produzieren, die groß, sehr fruchtbar und überlebensfähig sind. Die männliche Strategie sieht vor, so viele Gameten wie möglich zu produzieren, um damit die Wahrscheinlichkeit zu erhöhen, daß eine dieser kleinen Keimzellen auf eine große trifft. Die Wissenschaft hat festgestellt, daß bei einer Frau im Laufe ihres Lebens ungefähr vierhundert Eizellen zur Reife kommen. Ein gesunder Mann produziert ungefähr 185 Millionen Spermien pro Tag.[12]

Ein Individuum muß sich also entscheiden, ob es in wenige große Eizellen oder in Millionen von Spermien investiert. Also gibt es immer sehr viel mehr Spermien als Eizellen. Folglich müssen die Spermien in Konkurrenzkampf um die wenigen verfügbaren Eizellen treten.

In der Regel ist es einfacher, das kleinere Spermium zur größeren Eizelle zu bringen, als umgekehrt. Daher läuft es in der ganzen Tierwelt ähnlich: Das Männchen geht auf die Suche nach einem Weibchen, und das Weibchen wählt unter den Bewerbern aus.

Würde man heutzutage den Durchschnittsmann oder die Durchschnittsfrau nach ihren Lebenszielen befragen, würde „erfolgreiche Fortpflanzung" wohl kaum ganz oben auf der Liste stehen. Seit der Erfindung verläßlicher Methoden zur Geburtenkontrolle sind wir in der Regel eher darum bemüht, die Geburten einzuschränken, als noch mehr Kinder zur Welt zu bringen. So losgelöst von den natürlichen Lebensrhythmen, wie wir heutzutage häufig sind, vergessen wir oft, daß die Fähigkeit, Nachwuchs zu bekommen, eine wichtige Grundlage allen Lebens ist.

Wir merken auch nicht mehr, wie sehr unser Leben im Grunde immer noch durch unser evolutionäres Verlangen nach „Reproduktionserfolg" beeinflußt wird. Da dieser Trieb so enorm wichtig für uns ist, ist dieses Verlangen in unserem Körper und in unserem Geist fest verankert und dringt in der Regel nicht in unser Bewußtsein vor. Wir müssen uns nicht vorsagen: „Ich muß reproduktiv erfolgreich sein, damit meine Gene an die nächste Generation weitergegeben werden." Wir verlieben uns einfach in einen attraktiven Partner oder eine Partnerin, treten mit anderen um die Gunst eines möglichen Geschlechtspartners in Konkurrenz, wir werden eifersüchtig, wenn andere sie oder ihn attraktiv finden, und wir fühlen uns zu attraktiven Menschen hingezogen, selbst wenn wir zu Hause schon einen Partner oder eine Partnerin haben.

Wir Menschen haben vieles von unseren Vorfahren geerbt – die Augenfarbe, die Körpergröße, ob uns die Haare früh ausfallen oder nicht, die Art, wie wir essen, denken, sprechen .... Aber vor allem erben wir das Verlangen, uns fortzupflanzen. „Daher wurde jede Eigenschaft, die die Wahrscheinlichkeit, daß ein Mensch reproduktiv erfolgreich ist, erhöht, im Zweifelsfalle auch zu Ungunsten anderer Eigenschaften weitergegeben. Wir können sicher sein", schreibt Ridley, „daß wir über keine Eigenschaft verfügen, die nicht auf diese Art und Weise sorgfältig ‚ausgewählt' worden wäre, um zu einem optimalen Reproduktionserfolg beizutragen."[13]

Sicher gibt es noch mehr im Leben als die Fortpflanzung. Da sind noch die Mozartsonaten und die Dramen von Shakespeare. Da sind noch die Spaziergänge im Park und die Sonnenuntergänge über dem Meer. Da sind diese faulen Sommertage und die Schneestürme im Winter. Es gibt noch mehr im Leben als Sex, aber ohne Sex gäbe es eben kein Leben.

Die Evolution des Verlangens: Gibt es zwei menschliche Naturen?

Keiner Ihrer direkten Vorfahren starb kinderlos. Denken Sie ein wenig darüber nach, welche Kraft in dieser Aussage liegt. Über einen Zeitraum von drei Millionen Jahren hat keiner Ihrer direkten Vorfahren den Ball abgegeben. Sie sind das Ergebnis ihres Reproduktionserfolges. Und Sie können wetten, daß das, was man braucht, um seine Gene an die nächste Generation weiterzugeben, quasi eingebaut ist in Ihre eigenen Intentionen, Ihr Verhalten, Ihre Gefühle, Ihr Herz, Ihren Geist und in Ihre Seele.

Obwohl der Prozeß nicht immer bewußt abläuft, die Wahl unseres Partners ist niemals zufällig. Wir alle stammen von einer langen und ununterbrochenen Linie von Vorfahren ab, die erfolgreich um potentielle Geschlechtspartner konkurrierten, Geschlechtspartner gewinnen konnten, die reproduktiv wertvoll waren, diese Partner lange genug hielten, um sich fortzupflanzen, und interessierte Rivalen in die Flucht schlugen.

Die Art, wie wir diese lebenswichtigen Funktionen erfüllen, bezeichnen die Evolutionspsychologen als unsere „Reproduktionsstrategie". Es ist dies die charakteristische Art, Dinge zu tun, unsere standardisierte Vorgehensweise sozusagen. Dazu gehört auch all das, was uns zu anderen Menschen hinzieht, diese „innere Stimme", wie sie der Evolutionspsychologe David Barash nennt. Wir folgen der Stimme nicht immer, aber wir müssen ihr zuhören.

Viele Menschen befürchten, wenn wir diese Theorie akzeptieren, die unseren ererbten Trieben solche Macht einräumt, verlieren wir ja unseren freien Willen und machen uns zu Sklaven unserer Triebe und unserer Biologie, die unsere Sexualität bedingt. Ich habe festgestellt, daß genau das Gegenteil der Fall ist. Je mehr ich von den Kräften verstehe, die auf mich wirken, desto freier fühle ich mich, mich „dem Fluß des Lebens“ anzuvertrauen und mein biologisch bedingtes Verlangen zu akzeptieren, wenn es mir angemessen erscheint. Ich erlaube mir aber auch, gegen meine biologischen Triebe anzugehen, wenn es in meinem Interesse ist, ihnen zu widerstehen.

Also lassen Sie uns, in dem Bewußtsein, daß Wissen auch Freiheit bedeutet, einmal näher betrachten, wie sich männliche und weibliche Wesen in der Natur verhalten. Bei den afrikanischen Webervögeln bauen die Männchen Nester und hängen sich von diesen herab, während sie ihr Liebeslied singen. Die Weibchen inspizieren die Nester verschiedener Männchen und bleiben bei dem Männchen, dessen Nest ihnen am interessantesten erscheint. Frauen bevorzugen, genau wie die Weibchen des Webervogels, Männer mit attraktiven Nestern. Auf der ganzen Welt und quer durch alle Kulturen fühlen sich Frauen von Männern angezogen, die über Ressourcen verfügen.[14]

Ich weiß genau, was jetzt einige von Ihnen denken. „Menschen sind keine Vögel, und Frauen wie Männer wollen alle möglichen Dinge. Das kann man nicht verallgemeinern.“ Wir sind keine Vögel, aber wir sind Tiere. Wenn wir diese Tatsache vergessen, schneiden wir uns selbst vom Netz des Lebens ab und sehen nicht mehr, wer wir wirklich sind. Es gibt individuelle Unterschiede, und Verallgemeinerungen können irreführend, aber auch hilfreich sein. Wenige würden mir widersprechen, wenn ich sage, Männer sind größer als Frauen, obwohl mich mit meinen 1,65 m (besonders wenn ich meinen Kopf auch noch ein wenig neige) viele Frauen überragen.

Individuelle Unterschiede anzuerkennen ist wichtig, aber es kann gleichermaßen von Bedeutung sein, sich Unterschiede zwischen Gruppen bewußt zu machen, wenn wir die Natur unserer Sexualität verstehen wollen. „Nicht alles ist verschieden. Das meiste ist in der Tat bei beiden Geschlechtern gleich“, erklärt Matt Ridley. „Viele dieser folkloristischen Vorstellungen über Geschlechtsunterschiede sind einfach sexistisch."[15] Aber auch er bestätigt, daß diejenigen, die sich mit den Unterschieden zwischen Männern und Frauen beschäftigt haben, ja sogar diejenigen unter ihnen, die fest entschlossen waren, keine zu finden, festgestellt haben, daß es signifikante Unterschiede gibt.

Der Anthropologe Melvin Konner faßt seine Erkenntnisse so zusammen: „Männer sind aggressiver als Frauen und Frauen sind fürsorglicher als Männer, zumindest Säuglingen und Kindern gegenüber. Es tut mir leid, wenn das ein Klischee ist, aber das ändert nichts an der Tatsache."[16] Und was sagt nun die Evolutionspsychologie zum Thema Geschlechtsunterschiede?

Der Evolutionspsychologe David Buss und seine Mitarbeiter führten eine Studie durch, an der 511 Collegestudenten und -studentinnen teilnahmen. Er befragte sie, was ihnen mehr Kummer oder Ärger bereiten würde, wenn sie sich vorstellten, ihr Partner oder ihre Partnerin hätten Geschlechtsverkehr mit jemand anderem oder wenn sie sich vorstellten, daß ihr Partner oder ihre Partnerin eine enge emotionale Beziehung mit jemand anderem eingehen würde. Die Studie ergab, daß es Sie, wenn Sie ein Mann sind, wahrscheinlich wesentlich mehr beunruhigt, wenn ihre Partnerin mit jemand anderem Sex hat – bei der Mehrheit der Männer, die Buss in dieser Studie befragte, war das der Fall. Umgekehrt sagten 83 Prozent der Frauen, daß ihnen die Vorstellung, ihr Partner hätte eine innige emotionale Beziehung zu jemand anderem, wesentlich unangenehmer wäre.[17]

Auf der Grundlage seiner Forschungsergebnisse fand Buss noch weitere Unterschiede zwischen Männern und Frauen und schloß daraus, daß es wirklich zweierlei menschliche Naturen gibt, die männliche und die weibliche. Er ist der Ansicht, daß die Ähnlichkeiten wie auch die Unterschiede durch den evolutionären Druck entstanden seien, dem unsere Vorfahren in den letzten drei Millionen Jahren ausgesetzt waren.

So sei zum Beispiel die Tatsache, daß der Mann eifersüchtiger über die sexuelle Treue seiner Partnerin wacht, darauf zurückzuführen, daß sich der Mann bezüglich der Vaterschaft seiner Kinder nicht immer sicher sein kann. Jede Frau, die ein Kind zur Welt bringt, kann sich 100prozentig sicher sein, daß das Kind ihre Gene in sich trägt. Für den Mann bleibt immer noch ein Rest von Zweifel.

Aus der Sicht der Evolution bedeutet die Aufzucht eines Kindes, das nicht die eigenen Gene trägt, sondern das Kind eines anderen Mannes ist, das Ende der Stammeslinie. Der Mann, der eine lockere Haltung zu der Frage einnimmt, ob die Partnerin mit einem anderen Mann intim geworden ist oder nicht, hinterläßt weniger eigene Gene als ein Mann, der in dieser Hinsicht eifersüchtiger über die sexuelle Treue seiner Partnerin wacht.[18]

Was Buss' Ergebnisse so überzeugend macht, ist die transkulturelle Breite seiner Forschungen. „Wenn dieses Paarungsverlangen und andere Aspekte der Humanpsychologie ein Produkt der Evolution sein sollen", meint Buss, „dann müssen sie universell und nicht nur in den USA finden sein." Um seine Theorien zu überprüfen, führte er fünf Jahre lang eine Studie mit verschiedenen Mitarbeitern aus 37 Kulturen, verteilt auf sechs Kontinente und fünf Inseln, durch. Alle größeren Rassen, ethnischen und religiösen Gruppen waren vertreten. Alles in allem untersuchte sein Forschungsteam 10047 Personen auf der ganzen Welt.[19]

Was wollen Frauen wirklich?

Die von Buss weltweit durchgeführte Studie ergab, daß die drei wichtigsten Dinge, nach denen die Frauen bei den Männern Ausschau halten, genau dieselben sind, die auch die Männer bei den Frauen suchen: Intelligenz, Zärtlichkeit und Liebe. Und wieder stellen wir fest, daß Männer und Frauen in ihrem Kern ähnlich sind. Doch gleich danach in der Rangfolge wichen die Wünsche der Frauen von den Wünschen der Männer ab. Wenn die Frauen einmal wissen, daß ein Mann intelligent, zärtlich und liebevoll ist, dann möchten sie, daß er auch in der Lage ist, sie und ihre Kinder zu beschützen und zu ernähren, und außerdem muß er bereit sein, sich auf eine Beziehung einzulassen.

Auf der ganzen Welt wünschen sich die Frauen Männer, die groß und stark sind. Selbst Frauen, die durchaus in der Lage sind, für sich selbst zu sorgen, fühlen sich von großen, starken Männern angezogen. Frauen – als Gruppe betrachtet – finden kleine Männer im allgemeinen weniger begehrenswert als große. In 80 Prozent der amerikanischen Bekanntschaftsanzeigen, in denen die Größe des Wunschpartners erwähnt wird, wünschen sich die Frauen einen Mann, der mindestens 1,80 m groß sein sollte.[20] Glücklicherweise folgen nicht alle Frauen diesem Trend. Gäbe es keine individuellen Unterschiede, wären alle Männer, die nicht größer sind als ich, zu unfreiwilligem Zölibat verurteilt.

Frauen fühlen sich außerdem zu Männern hingezogen, die gut verdienen. Auch dies ist ein Phänomen, das weltweit zu finden ist und das keineswegs davon abhängt, ob die Frauen ebenfalls finanziell gut gestellt sind oder nicht.[21] Zum Beispiel fühlen sich Ärztinnen eher zu noch besser verdienenden Ärzten als zu Krankenpflegern hingezogen.

Auf der ganzen Welt gelten daher Männer, die älter sind als sie selbst als Favoriten bei den Frauen, was durchaus nicht überrascht, da ja in den meisten Kulturen ältere Männer einen höheren Status haben und mehr Geld verdienen als jüngere. In den USA zum Beispiel liegt das Jahresgehalt eines Dreißigjährigen im Durchschnitt 14 000 Dollar über dem eines Zwanzigjährigen, aber 7 000 Dollar unter dem Jahresgehalt eines Vierzigjährigen.[22]

Dieses Muster trifft sogar für Frauen zu, die behaupten, daß Wohlstand, Status, Stärke und Körpergröße für sie nicht von Bedeutung sind. Die „innere Stimme", die im Verlauf der Evolution für den Reproduktionserfolg zuständig war, ist eben oft stärker als unser Verstand.

Schließlich und endlich wollen Frauen Männer, die ihre Ressourcen zum Wohle ihrer Frauen und Kinder einsetzen. Auf der Grundlage seiner Studie kam Buss zu dem Schluß, daß der Grund, warum sich Frauen über die sexuelle Treue ihres Mannes weniger Sorgen machen als um seine emotionale Treue, darin zu suchen sei, daß eine emotionale Bindung an eine andere Frau eher ein Grund sein könnte, sie zu verlassen. Und damit würde sie auch seine Ressourcen verlieren.[23]

Diese Dinge sind oft nicht bewußt. Frauen sagen sich nicht etwa: „Ich mag diesen Typ, weil er bereit ist, seine Ressourcen für mich und meine Kinder einzusetzen, falls ich mich entscheide, welche zu bekommen." Sie sagen einfach: „Ich mag den Typ. Ich kann mich auf ihn verlassen." Sie sagen auch nicht: „Ich möchte einen großen, starken Mann, damit er mich vor den wilden Tieren beschützen kann." Sie sagen einfach: „Der macht mich an. Die Chemie stimmt eben."

Genausowenig halten Männer Ausschau nach einem „unter reproduktiven Gesichtspunkten günstig ausgestatteten weiblichen Wesen, das meine Kinder aufzieht, falls ich mich entscheide, welche zu haben". Ein Mann sieht auf einer Party eine Frau, geht auf sie zu und denkt sich: „Gott, ist die schön!" Er sagt auch nicht: „Ich will eine Frau, die meine genetische Investition sichert." Er sagt einfach: „Ich liebe es, wie du mir deine Liebe zeigst. Dann habe ich das Gefühl, ich sei etwas Besonderes."

So frustrierend dies für Frauen auch sein mag, Männer haben andere Wünsche und Sehnsüchte, nicht etwa, weil sie von einem *anderen* Planeten sind, sondern weil sie sich einem anderen evolutionären Druck ausgesetzt sahen als die Frauen *dieses* Planeten.

Was wollen Männer wirklich?

Wie die Frauen suchen die Männer Liebe, Intelligenz und Zärtlichkeit bei ihrer Partnerin. Aber darüber hinaus fühlt sich der Mann von Jugend und Schönheit angezogen. Dieses Interesse ist nicht etwa nur eine dieser modernen Sehnsüchte, die von der Werbung und dem Wunsch der Männer, die Frauen zu kontrollieren, geweckt werden. Nach Meinung von Buss handelt es sich dabei um ein universelles Bedürfnis, das auf den evolutionären Druck, reproduktiv erfolgreich zu sein, zurückzuführen ist.

Männer, die mit Frauen gelebt hatten, die keine Kinder bekommen konnten, hinterlassen keine Nachfahren. Jeder heute lebende Mann stammt von Männern ab, die diesen Fehler nicht machten. „Unsere Vorfahren", meint Buss, „lösten das Problem, eine für die Fortpflanzung geeignete Frau zu finden, zum Teil damit, daß sie die jungen und gesunden Frauen bevorzugten."[24] Seine Studie ergab, daß sich die Männer in aller Welt zu jüngeren Frauen hingezogen fühlen.

Als der Anthropologe Napoleon Chagnon danach fragte, welche Frauen für die Männer des Yanomamo-Stammes, die am Ufer des Amazonas leben, sexuell am attraktivsten seien, antwortete ihm sein männlicher Gesprächspartner ohne zu zögern: „Frauen, die *moko dude* sind". Bezogen auf die Früchte des Regenwaldes, von denen sich diese Menschen ernähren, bedeutet *moko dude,* so erklärte man Chagnon, daß die Frucht richtig reif sei. Bezogen auf eine Frau heißt das, daß sie die Pubertät hinter sich, aber noch kein Kind geboren hat, also etwa zwischen fünfzehn und achtzehn Jahre alt ist.[25]

Da die Fähigkeit der Frau, Kinder zu empfangen und zu gebären, mit dem Alter abnimmt, ist ihre Jugend ein direkter Indikator für ihre Fortpflanzungsfähigkeit. In den meisten Kulturen auf der ganzen Welt wird die Tatsache, daß die Aufmerksamkeit der Männer sich auf junge Frauen richtet, verstanden und respektiert. In unseren modernen Dominanzgesellschaften werden sie, wenn sie diese natürliche Anziehungskraft verspüren, verdammt und müssen sich schämen.

Buss kam auf der Grundlage seiner Studie zu dem Ergebnis, daß sich die Männer zu schönen Frauen hingezogen fühlen. „Volle Lippen, reine und zarte Haut, klare Augen, üppiges Haar und straffe Muskeln“, meint Buss, „sind überall gefragt.“[26]

Nach Meinung der Psychologin Judith Langlois und ihrer Mitarbeiter ist die Anziehungskraft der Schönheit sozusagen in unseren biologischen Schaltplan eingebaut. In einer Studie beurteilten erwachsene Probanden die Gesichter von weißen und schwarzen Frauen, die ihnen auf Dias gezeigt wurden, nach deren Attraktivität. Dann zeigte man Kindern von zwei oder drei Monaten immer zwei dieser Bilder von Frauen unterschiedlicher Attraktivität. Die Kinder, Jungen und Mädchen, sahen die attraktiveren Gesichter länger an als die weniger attraktiven. „Dies widerspricht der landläufigen Meinung“, erklärt Buss, „daß die Vorstellung von Attraktivität erst durch die ständige Konfrontation mit aktuellen kulturellen Schönheitsstandards erlernt wird.“[27]

Diese Geschlechtsunterschiede beschränken sich keineswegs nur auf die USA oder auf westliche Kulturen. „Unabhängig von Ort, Lebensraum, Ehenormen oder kulturellen Gepflogenheiten“, so Buss, „bewerten in allen 37 Kulturen, die in diese Studie einbezogen wurden, die Männer das körperliche Erscheinungsbild des potentiellen Partners höher als die Frauen.“[28]

Seine Geschichte/ihre Geschichte
Wie bei mir, so bei dir: die Evolution der Familie

Wir Menschen leben schon so lange innerhalb der Grenzen unserer Dominanzkulturen, daß wir ganz vergessen, daß sich Geschlechtsunterschiede in drei Millionen Jahren aus egalitären Gesellschaften heraus entwickelt haben, weil dies wohl die beste Methode war, um Kinder aufzuziehen.

Transkulturelle Studien haben gezeigt, daß Kinder in der Zeit ihrer Entwicklung zwei Dinge unbedingt brauchen: körperliche und emotionale Sicherheit. Obwohl die Rollen durchaus flexibel waren, schien in unserer drei Millionen Jahre dauernden Geschichte alles dann am besten zu funktionieren, wenn die meisten Väter eine andere Rolle übernahmen als die meisten Mütter.

Beim Studium verschiedener Kulturen in der ganzen Welt kam David Gutmann, Professor für Psychiatrie und Pädagogik und Direktor des Older Adult Program an der Northwestern University, zu folgendem Ergebnis: „Die Geschlechter, wie sie heute sind, spiegeln und veranschaulichen den Prozeß der evolutionären Selektion, durch die die verschiedenen Geschlechter mit Fähigkeiten ausgestattet wurden, die notwendig waren, um den Kindern die notwendige körperliche und emotionale Sicherheit zu gewährleisten.[29]

Nach Meinung Gutmanns ist es für Kinder aus evolutionärer Sicht von Vorteil, wenn ihre Väter und Mütter unterschiedliche Rollen übernehmen:

„Lassen Sie uns erst die männliche Verantwortung für die körperliche Sicherheit betrachten. Aus der Sicht der Spezies verhält es sich so, daß es immer ein Überangebot an Männern gibt, wobei ein Mann seine Samen an viele Frauen abgeben kann, aber die Frauen im Durchschnitt nur alle zwei Jahre ein Kind austragen können, und das auch nur in diesem relativ kurzen Zeitraum ihrer Fruchtbarkeit. Die überzähligen Männer, die zur Aufrechterhaltung einer angemessenen Bevölkerungszahl nicht benötigt werden, können (lebens-)gefährliche Aufgaben an den Grenzen zur Außenwelt übernehmen, die für die körperliche Sicherheit und das Überleben der Rasse unerläßlich sind. Den entbehrlicheren unter den Männern, die mit vielen Muskeln und einem größeren intrinsischen Aggressionspotential ausgestattet sind, fällt außerdem die Aufgabe zu, Wild zu jagen, Land, das vom Wohnraum weiter entfernt liegt, urbar zu machen, es zu bestellen und zu verteidigen, die Verteidigung gegen menschliche und tierische Eindringlinge zu übernehmen oder andere Stämme ihres Wohlstandes wegen zu überfallen und zu plündern."

„Aus dem gleichen Grund", fährt Gutmann fort, „ist das Geschlecht, von dem der Fortbestand der Bevölkerung letztendlich abhängt, weniger entbehrlich. Das Geschlecht, das Brüste besitzt, zartere Haut und eine sanftere Art hat, das die Kinder im eigenen Körper austrägt, hält sich gewöhnlich in den abgesicherten Bereichen auf und ist hier für die Vermittlung prägender Erfahrungen zuständig, die für die emotionale Sicherheit der Kinder von Bedeutung sind."[30]

Gutmann fordert nicht, daß alle Frauen daheim bleiben und alle Männer von draußen „den Schinken auf's Brot" herbeischaffen müssen. Was er meint, ist, daß jemand zur Befriedigung der kindlichen Bedürfnisse nach emotionaler und körperlicher Sicherheit verantwortlich sein sollte. Während der gesamten Evolution wurden diese Bedürfnisse am besten dadurch befriedigt, daß Väter und Mütter soweit miteinander kooperierten, daß jeder schwerpunktmäßig die Verantwortung für eine der beiden Aufgaben übernahm.

Arbeitsteilung hat immer auch zwei Seiten. Väter haben ihren Kindern immer schon auch viel emotionale Zuwendung gegeben, und Mütter haben immer schon ihren Kindern auch körperlichen Schutz angedeihen lassen. Aber wenn Schutz nötig war, war es meistens der Mann, der das Zuhause verließ. Und wenn für das emotionale Wohlergehen der Kinder Hilfe benötigt wurde, waren es meistens die Frauen, die diese Aufgabe übernahmen.

Diese evolutionäre Sicht der Geschlechtsunterschiede findet von außergewöhnlicher Seite her Unterstützung, und zwar durch den Philosophen Ken Wilber. Seit er in den 70er Jahren mit dem Schreiben begann, hat er eine erstaunliche Bandbreite von Themen in seine Arbeit integriert. Von vielen geachtet – von westlichen Wissenschaftlern bis hin zu weisen Männern aus dem östlichen Kulturkreis –, vergleicht man ihn mit Männern wie Sigmund Freud, William James und Albert Einstein. Er ist der einzige Mensch, den ich kenne, der ein Buch mit dem Titel „Eine kurze

Geschichte von allem und jedem“ schreiben könnte, das sicher sogar halten würde, was der Titel verspricht.

„Nicht nur biologische, sondern auch wesensmäßige Geschlechtsunterschiede scheint man quer durch alle Kulturen finden zu können“, schreibt Wilber. „Es scheint, als seien die biologischen Unterschiede zwischen Männern und Frauen von solch grundlegender Bedeutung, daß sie in den verschiedensten Kulturen auch in Wesensunterschieden ihren Niederschlag finden. Selbst wenn diese Art von Geschlechtsunterschieden kulturell geprägt und nicht biologisch bedingt sind, so scheinen dennoch gewisse konstante Eigenschaften im Wesen von Männern und Frauen quer durch alle Kulturen wieder aufzutauchen.“[31]

Wilber stellt fest, daß hormonelle Unterschiede zwischen Männern und Frauen mit unserer evolutionären Rolle in Zusammenhang stehen – der Mann als Jäger und Beschützer, die Frau als Sammlerin und Versorgerin. Das Testosteron bewirkt beim Mann das Verlangen, Sex zu haben und wilde Tiere zu töten. Das Oxytozin bei der Frau ist verantwortlich für ihr Bedürfnis, sich befruchten zu lassen, löst aber auch den Wunsch aus, ihre Kinder zu hegen und zu pflegen.

Manche glauben, die Erkenntnisse der Evolutionspsychologie seien regressiv, würfen uns zurück in eine Zeit, in der der weiße Mann versuchte, die Welt allein zu regieren, und in der die Frauen und Männer aus Minderheiten unterdrückt wurden. Ich denke, dazu gibt es eine radikalere aber hoffnungsvollere Alternative.

Die Erkenntnisse der Evolutionspsychologie lassen für mich folgende Schlußfolgerungen zu:

1. Die Menschen haben sich durch ständige Anpassung eine Lebensweise angeeignet, die für den allergrößten Teil der Menschheitsgeschichte funktioniert hat.
2. Wenn Männer und Frauen Kinder zeugen, müssen sie auch bereit und in der Lage sein, sie großzuziehen.
3. Kinder brauchen richtige Männer und Frauen als Väter und Mütter, keine geschlechtslosen Eltern.
4. Unsere Gesellschaft braucht reife ältere Menschen, die Eltern helfen können, die Verantwortung, die mit ihrer Elternrolle verbunden ist, zu übernehmen.
5. Männer und Frauen sollten nicht in einer Welt leben, in der der Kampf der Geschlechter unser Leben bestimmt, sondern sie

sollten in einer Welt leben, in der man Geschlechtsunterschiede achtet und sogar genießt.
6. Der Weg zum Ursprung bedeutet nicht, daß wir entweder Unterschiede leugnen oder uns einreden lassen sollten, Männer und Frauen kämen von verschiedenen Planeten, sondern, eine Welt zu schaffen, in der Unterschiede geachtet werden und Gerechtigkeit zwischen den Geschlechtern zu unserem Leitmotiv wird.

Wenn wir die evolutionäre Rolle von Männern und Frauen verstehen lernen, kann uns das auch erklären, warum die Menopause der Frau das Ende der Fortpflanzungsfähigkeit bedeutet, während die Zeugungsfähigkeit des Mannes bis ins hohe Alter bestehen bleibt.

Warum Frauen mit fünfzig damit aufhören und Männer ewig weiter machen können: eine evolutionäre Sicht der Menopause

Seit Carlin und ich in die Wechseljahre kamen, fühle ich mich ihr näher. Es scheint, als seien wir jetzt synchron, jetzt, da wir uns mit den gleichen Themen auseinandersetzen. Und dennoch, sie kann keine Kinder mehr bekommen, ich schon. Ich frage mich, warum das so ist.

Die meisten wilden Tiere bleiben fruchtbar bis sie sterben. Genau wie die meisten Männer auch. Es gibt eine Reihe gut dokumentierter Fälle von älteren Männern (einer war schon vierundneunzig), die noch Vater wurden. Bei der Frau geht das nicht. Ist die Frau erst einmal vierzig, läßt die Fruchtbarkeit so rapide nach, daß sie mit Anfang/Mitte fünfzig nicht mehr in der Lage ist, Kinder zu bekommen.[32]

Wenn die Evolution diejenigen bevorzugt, die den meisten Nachwuchs hinterlassen, warum hören Frauen so früh auf, welchen zu produzieren? Ist das eine Strafe Gottes, schon wieder so ein patriarchalischer Fluch, oder gibt es dafür auch eine vernünftige Erklärung?

„Neben der Größe des Gehirns und dem aufrechten Gang, alles Kriterien, die in jedem Buch über die evolutionäre Entwicklung des Menschen hervorgehoben werden, gehört für mich auch die

Menopause zu den biologischen Merkmalen, die das speziell Menschliche an uns ausmachen – etwas, was uns qualitativ vom Menschenaffen unterscheidet und uns über ihn stellt", meint der Biologe Jared Diamond.[33]

Um eine evolutionsbedingte Erklärung für die Menopause oder irgend ein anderes Merkmal, das sich in einer Population erhalten hat, anbieten zu können, müssen die Biologen erst zeigen, daß dieses Merkmal für den Träger einen Vorteil in Bezug auf seine Reproduktionsfähigkeit bedeutet. Giraffen haben offensichtlich einen Vorteil davon, daß sie so lange Hälse besitzen. Diejenigen unter ihnen, die höher in die Bäume hinaufkommen, um sich an den Blättern satt fressen zu können, sind besser ernährt und pflanzen sich besser fort als andere mit kürzeren Hälsen.

Männer, die ihr ganzes Leben lang Kinder zeugen können, haben einen deutlichen Vorteil gegenüber denen, die mit fünfzig aufhören, sich fortzupflanzen. Im Verlauf der Evolution haben sich diejenigen, die diese nützlichen Eigenschaften besaßen, besser fortgepflanzt und diese Merkmale an ihren Nachwuchs weitergegeben, der seinerseits die Linie weiterführte.

Also welchen reproduktiven Vorteil kann die Menopause für die Frau haben? Um diese Frage zu beantworten, müssen wir erst einmal zu unserem Ursprung zurück, in eine Zeit, als wir noch als Sammler und Jäger in den Savannen Afrikas lebten. Als wir uns von unseren Vorfahren, den Menschenaffen, wegentwickelten, wurden unsere Gehirne größer und größer und befähigten uns schließlich, vielfältiger und flexibler auf unsere Umwelt zu reagieren. Sie erlaubten uns, Werkzeuge herzustellen, was unseren Überlebenschancen sehr zugute kam.

Aber den Gebrauch von Werkzeugen und andere Fähigkeiten muß man Kindern erst beibringen, und das erfordert Zeit. „Daher", meint Diamond, „erlangen die Kinder des Menschen in den meisten Gesellschaften erst dann ökonomische Unabhängigkeit, wenn sie zwischen zehn und zwanzig Jahre alt sind. Vorher bleiben sie abhängig von ihren Eltern, insbesondere von ihren Müttern, da Mütter in der Regel mehr zur Versorgung der Kinder beitragen als Väter."[34]

Es gibt zwei grundlegende Methoden, wie die Tiere ihren evolutionären Vorteil sichern können. Die erste Methode besteht darin, eine große Anzahl von Nachwuchs zu produzieren – denn durch eine zahlreichere Nachkommenschaft werden mehr elterliche Gene weitergegeben, was einen größeren evolutionären Vorteil bedeutet. Die zweite Methode besteht darin, weniger Nachwuchs zu haben, ihn aber so gut zu hegen und zu pflegen, daß die meisten der Jungen das Stadium der Reife erreichen. Die Menschen, als Spezies betrachtet, haben sich für die zweite Methode entschieden, die Fische, die Millionen Eier auf einmal ablegen, für die erste.

Auch die Frauen haben sich – mehr noch als die Männer – für die zweite Methode entschieden. „Wenn die Frau älter wird", erklärt Diamond, „kann sie mehr für das Wachstum der Menschen, die ihre Gene weitertragen, tun, indem sie sich den schon existierenden Kindern widmet, ihren potentiellen Enkeln und anderen Verwandten, statt ein weiteres eigenes Kind zu produzieren."[35]

Warum sind die Männer nicht denselben evolutionären Weg gegangen? Wäre der evolutionäre Vorteil für die Männer nicht ebenso groß, würden sie mit fünfzig aufhören, Nachwuchs zu zeugen und sich statt dessen der Aufzucht lebenstüchtiger Kinder und Enkel widmen?

Der Unterschied besteht darin, daß Männer die Kinder nicht zur Welt bringen, Frauen aber sehr wohl. Und eine Geburt ist immer eine riskante Sache. „In einer Studie starben von 401 schwangeren Rhesusaffenweibchen nur drei der Mütter bei der Geburt. Bei den Menschen ist das Risiko wesentlich höher und nimmt mit dem Alter zu. Sogar in den westlichen Überflußgesellschaften des 20. Jahrhunderts", erinnert uns Diamond, „ist das Risiko, bei der Geburt zu sterben, für eine Mutter über vierzig siebenmal höher als bei einer Zwanzigjährigen."[36]

Wenn eine Mutter stirbt, besteht für alle Kinder, denen sie das Leben bereits geschenkt hat, ein erhöhtes Risiko, nicht zu überleben. So kommt es, daß die Evolution – paradoxerweise – die Menopause der Frau favorisiert, da sich, wenn sie weniger Kinder bekommt, die Überlebenschance für die bereits geborenen Kinder erhöht.[37]

Wenn eine ältere Frau, die nicht in die Menopause kommt, bei der Geburt eines Kindes oder bei der Versorgung eines Babys stirbt, würde der Rückkoppelungseffekt nicht nur die Investition in die zuvor geborenen Kinder gefährden, sondern auch die potentiellen Enkelkinder. Mütter, deren Kinder wieder Kinder bekommen, werden zu Großmüttern, und Großmütter spielen in den meisten Traditionsgesellschaften eine wichtige Rolle.[38]

Es scheint, als hätte die Evolution Männer und Frauen nicht nur nach ihrer Fähigkeit, Nachwuchs zu produzieren, selektiert, sondern auch danach, ob sie in der Lage sind, ihren Kindern beizubringen, wie man Kinder großzieht. Da ein Kind zu bekommen für eine ältere Frau weitaus gefährlicher ist als für einen älteren Mann, signalisiert die Menopause das Ende der fruchtbaren Phase der Frau, während die Menopause des Mannes ihm weiterhin erlaubt, Vater zu werden.

Der Elternimperativ und die Evolution des Großvaters

Da die Männer im Übergang zum reifen älteren Menschen also keinen biologischen Schub bekommen, wie dies bei der Frau der Fall ist, brauchen Männer eine spezielle Art der Unterweisung im Älterwerden. Ich hörte zum ersten Mal davon, als ich vor einigen Jahren bei einer Tagung zum Thema „Spirituelle Weisheit" Malidoma Somé kennenlernte. Obwohl in unserer konsumorientierten industriellen Gesellschaft viel von dieser Weisheit verloren gegangen ist, können Männer wie Somé uns helfen, wiederzufinden, was wir verloren haben.

Somé ist ein Dagara-Medizinmann und Seher. Er wurde in Westafrika geboren, wo die Bindungen zwischen den Generationen immer noch sehr eng sind. Als ich ihn zum ersten Mal sah, strahlte er eine Weisheit aus, die weit über das hinaus ging, was ich von einem Mann seines Alters, der in unserer westlichen Gesellschaft auftritt, erwartet hätte. Als er von seiner Vergangenheit sprach, begann ich zu erahnen, aus welcher besonderen Quelle er seine Weisheit schöpfte.

„Mein Großvater war, solange ich denken kann, mein engster Vertrauter", erinnert er sich. „Bei uns besteht eine sehr enge Beziehung zwischen Großeltern und Enkelkindern. Die ersten Jahre seines Lebens verbringt ein Junge nicht mit seinem Vater, sondern mit seinem Großvater. Was den Großvater mit dem Enkel verbindet – woran der Vater aber nicht teilhaben kann –, ist die Nähe zum Kosmos."

Ich fühlte die lange Tradition spiritueller Weisheit, die von Generation zu Generation weitergegeben wurde, als Somé fortfuhr, aus seiner Vergangenheit zu erzählen. „Der Großvater wird bald dahin zurückkehren, wo der Enkel hergekommen ist. Und somit hat der Enkel dem Großvater Dinge zu erzählen, die er unbedingt erfahren muß." Ein wundervoller Gedanke, dachte ich, zur Welt zu kommen und das Gefühl zu haben, daß man den Älteren in seiner Familie ein einzigartiges Geschenk machen kann. Sich als Kind wertvoll und nützlich fühlen zu dürfen, ist etwas Wundervolles. Aber auch Großväter brauchen das Gefühl, nützlich zu sein, und in traditionellen Gesellschaften wie der, in der Malidoma Somé aufwuchs, waren Großväter nicht nur nützlich, sondern geradezu unerläßlich. „Auch der Großvater muß dem Enkel sein Wissen vermitteln, und zwar auf eine ‚geheime' Weise, die nur Großvätern und Enkeln vorbehalten ist", erzählt Somé. „Er muß dem neuen Mitglied der Gemeinschaft vermitteln, welche schweren Aufgaben vor ihm liegen auf der steinigen Straße des Lebens."[39]

Anders als Somé, der in einer traditionellen afrikanischen Gesellschaft aufgewachsen ist und seine Ausbildung im Westen erfahren hat, wurde David Gutmann im Westen geboren, fühlte sich aber zur Weisheit der traditionellen Kulturen in der ganzen Welt hingezogen. Wie Malidoma Somé hatte Gutmann schon immer ein starkes Interesse am Lebenszyklus des Menschen und an den speziellen Aufgaben, die den Älteren bei der Initiation und der Unterweisung der Jüngeren zukommt.

Eines der Charakteristika, die uns Menschen von anderen Spezies der Tierwelt unterscheiden, ist die Größe unseres Gehirns, die uns dazu befähigt, uns an sich verändernde Umstände anzupassen. Das Problem, einer Spezies mit einem so großen Gehirn anzugehören, besteht darin – und jede Frau, die schon ein Kind geboren hat, kann das bestätigen –, den relativ großen Kopf durch die verhältnismäßig kleine Öffnung aus dem Becken nach außen zu bekommen. Das ist auch der Grund, warum Menschenbabys im Gegensatz zu den anderen Tierbabys eigentlich noch gar nicht reif sind, wenn sie geboren werden. Würde die Natur abwarten, bis der Fötus völlig ausgereift ist, wäre der Kopf zu groß für den Geburtskanal. Der Anthropologe Ashley Montagu formuliert es folgendermaßen: „Käme es nicht zu dem Zeitpunkt zur Welt, an dem es zur Welt kommt, könnte es überhaupt nicht geboren werden."

Damit Kinder all das lernen können, was sie lernen müssen, ist eine längere Kindheit notwendig. Deshalb gibt es den „Elternimperativ", wie David Gutmann es nennt, eine genetisch programmierte Fürsorge von gesunden Eltern für ihre Kinder.

In dieser Welt, in der der Imperativ regiert „Ich-möchte-alles-und-zwar-jetzt-gleich", die man heutzutage als normal akzeptiert, sind viele junge Eltern nicht bereit, sich zugunsten ihrer Kinder in ihrem eigenen persönlichen Wachstum einzuschränken. In unserem postmodernen Jargon wird die Sorge um andere oft als „Ko-Abhängigkeit" gesehen, eine Erkrankung ähnlich der Abhängigkeit, gegen die man angehen und die man ausmerzen muß. In dem vergeblichen Versuch, alles haben zu wollen, opfern Eltern oft die Bedürfnisse ihrer Kinder auf dem Altar ihres eigenen persönlichen Wachstums und Glücks.

Gutmann kam zu dem Ergebnis, daß unsere evolutionäre Geschichte von den Erwachsenen verlangt, daß sie in der ersten Hälfte ihres Lebens ihre persönlichen Bedürfnisse zurückstellen und sich der Erziehung gesunder Kinder widmen, die wiederum aufwachsen und eigene gesunde Kinder haben können. „Bis die Kinder ihre fehlende Reife kompensiert haben", so Gutmann, „müssen die Eltern für lange Zeit eine Last auf sich nehmen, für die sie kaum eine Entschädigung erhalten. Ein Großteil der Freiheit, die sich unsere Spezies durch die Loslösung von der Bindung an alte überlieferte Strukturen erworben hat, geht zu Lasten der elterlichen Bindung an elterliche Pflichten."[40]

Gutmann vertritt die Auffassung, daß diejenigen, die sich für die Elternschaft entscheiden, sich in der ersten Hälfte ihres Lebens zwar auf ihre Kinder konzentrieren müssen, die zweite Hälfte aber der Selbstverwirklichung und dem persönlichen Wachstum widmen können. Aber in einer Welt, in der man die „jetzt-und-zwar-jetzt-gleich"-Generation verherrlicht und der Zukunft mißtraut, fühlen sich viele Mitglieder unserer Gesellschaft nicht mehr dazu bereit oder in der Lage, den umfassenden Pflichten der Elternschaft nachzukommen.

Der Kern des Problems liegt jedoch nicht darin, daß diese Eltern einfach zu egoistisch sind, um in angemessener Weise für ihre Kinder zu sorgen, wie einige Sozialkritiker behaupten. Es ist nicht notwendig, den Eltern noch mehr Schuldgefühle und schlechtes Gewissen aufzuhalsen, weil sie keine besseren Eltern sind. Die meisten Eltern versuchen sogar verzweifelt, den Bedürfnissen ihrer Kinder gerecht zu werden, und geben ihr Bestes dafür. Wenn wir aber Selbstaufopferung als Krankheit betrachten und den Eltern erzählen, daß sie ihren Kindern schaden, wenn sie als Eltern unglücklich sind, weil sie ihre eigenen Bedürfnisse nicht alle befriedigen können, dann machen wir es ihnen nahezu unmöglich, verantwortungsbewußt zu handeln.

Die Lösung des Problems besteht darin zu erkennen, daß mehr als nur zwei Elternteile notwendig sind, um ein gesundes Kind großzuziehen. Die Auffassung, daß es „ein ganzes Dorf braucht, um ein Kind großzuziehen", ist kein Spruch im New Age-Jargon. Es ist eine traditionelle Weisheit, die von den Stammesgemeinschaften die ganze Menschheitsgeschichte hindurch überliefert wurde.

David Gutmann erklärt uns noch genauer, was unsere Gesellschaft braucht, wenn er auf die evolutionäre Bedeutung von reifen älteren Menschen in der Gesellschaft hinweist. „Reife ältere Menschen", betont er, „sind notwendig für das Wohlergehen aller Altersgruppen, besonders aber für die Jugend. In fast allen menschlichen Gesellschaften haben sie eine einzigartige Rolle inne, die für das Fortbestehen der umfangreichen Familien und größeren Gemeinschaften von grundlegender Bedeutung ist."[41]

Gutmann führt an, daß Eltern ohne die Unterstützung älterer Menschen nicht in der Lage sind, ihre Rolle bei der Erziehung ihrer Kinder erfolgreich auszufüllen. „Um ihr Kind durch die ganze Zeitspanne seiner Hilflosigkeit hindurch zu geleiten, brauchen auch die Eltern jemanden, der sich um sie kümmert. Sie brauchen selbst nun eine besondere Art der Fürsorge und erhalten von den älteren Männern und Frauen ihrer unmittelbaren Umgebung eine Unterstützung von einzigartiger Wichtigkeit, die weit über das Babysitting hinausgeht."[42]

Um den Schritt in die „Emeritus-Elternschaft", wie Gutmann es nennt, machen zu können, müssen Männer und Frauen, wenn sie älter werden, erkennen, wie wichtig sie sind für den evolutionären Erfolg der Spezies Mensch. Besonders die Männer müssen ihre Männlichkeit überdenken und neu definieren, wenn sie in die Wechseljahre kommen, damit sie ein kraftvolles, leidenschaftliches und sinnerfülltes Leben führen können.

Wie wir im nächsten Abschnitt sehen werden, ist es die Hauptaufgabe des Mannes in der zweiten Lebenshälfte, in die Rolle eines Mentors und älteren Ratgebers für jüngere Männer hineinzuwachsen. Um diese Aufgabe erfüllen zu können, müssen wir lernen, auch in der zweiten Lebenshälfte vital und gesund zu bleiben und eine neue Art sexueller Kraft zu entwickeln.

Teil III

Das Zweite Erwachsenenalter oder der Tod: wie man behält, was man schon hat, wiederbekommt, was verloren war, und wie man die Quelle des Lebens findet

8. Gesund und sexuell vital bis ins hohe Alter

Der Tod kommt und bleibt

Carlin war nach Portland gereist, um bei ihrem 40. Klassentreffen zwei sehr gute alte Freundinnen wiederzusehen. Als sie ging, meinte ich scherzhaft, sie solle sich bloß auf keine amourösen Abenteuer mit ihrem ehemaligen Schwarm von der High School einlassen. Ich vertraue ihr völlig. Ich werde mir aber meiner Sache wahrscheinlich niemals so sicher sein, daß ich nicht ein kleines bißchen Unsicherheit spüre, wenn meine Frau sich mit Freunden amüsiert und ich bin nicht dabei.

Da es sich um einen Kurzurlaub handelte – Hinflug, Klassentreffen, Rückflug –, hatte ich gar nicht erwartet, daß sie sich meldete. Als ich dann aber ihre Stimme am Telefon hörte, wußte ich, daß etwas nicht stimmte. Sie hatte angekündigt, daß sie einen Abstecher machen würde, um ihre Mutter zu besuchen, die sich gerade von einer Lebensmittelvergiftung erholte, und der Gedanke schoß mir durch den Kopf, daß es ihrer Mutter vielleicht schlechter ginge. Auf das, was sie mir erzählte, war ich allerdings nicht vorbereitet.

„Mutter hat Krebs", sagte Carlin. Ihre Stimme klang traurig, verriet aber auch Stärke. „Wir werden morgen noch ein paar Tests machen lassen, aber es sieht so aus, als sei er schon sehr weit fortgeschritten. Die Ärzte meinen, es ist nichts mehr zu machen."

Ich war bestürzt und hatte Angst vor dem, was als nächstes kommen würde.

„Ich möchte, daß sie mitkommt und bei uns bleibt." Ich schluckte. „Was meinst du dazu?"

Ich hatte keine Zeit, um nachzudenken. Alles was ich wußte, war, daß dies ein Notfall war und daß meine Frau mich nun brauchte. Irgendwo ganz tief innen fühlte ich, daß auch ihre Mutter mich brauchte.

„Ja, natürlich", sagte ich. „Kommt her, sobald ihr fertig seid. Ich fange inzwischen an, das Haus in Ordnung zu bringen." „Ich liebe dich", sagte sie. „Ich dich auch. Sag' Bess, daß ich an sie denke."

Als ich noch jünger war, machte mir der Gedanke, mich um einen älteren Menschen kümmern zu müssen, angst. Ich war froh darüber, daß meine Mutter sagte, sie wolle niemandem zur Last fallen, und als ihre Zeit gekommen war, starb sie sehr schnell.

Als sich die erste Bestürzung legte, dachte ich an Carlins Worte: „Was meinst du dazu?" Mir wurde klar, daß ich eine ganze Menge meinte. Was, wenn ihre Mutter Schmerzen haben würde? Wie würde ich damit fertig werden? Was, wenn sie bettlägerig werden würde? Wenn ich sie füttern und baden, ja vielleicht sogar zur Toilette bringen müßte? Was, wenn das ewig so weiterginge, wenn sie mit jedem Tag mehr von ihrer menschlichen Würde einbüßen mußte, während ihr Körper immer noch am Leben gehalten wurde? Ich habe den Tod schon erlebt. Wie aber würde es sein, wenn ich in meinem eigenen Leben mit einer längeren Krankheit konfrontiert werden würde? Ich war mir nicht sicher, ob ich dazu bereit war. Ich merkte, daß ich mich in eine ziemliche Aufregung hineinsteigerte. Ein kluger Freund gab mir einen guten Rat. „Mach dir keine Sorgen um die Zukunft. Warte, bis sie hier ist, und geh so wie du bist an jede neue Situation heran. Du hast Bess eine Menge zu geben und sie dir auch." Ich wurde sofort ruhiger. Mir wurde klar, daß man in den Wechseljahren im Übergang zum Zweiten Erwachsenenalter mit dem Tod konfrontiert wurde, was aber noch wichtiger ist, daß man auch die Courage haben mußte, das Leben in all seinen Ausprägungen kennenzulernen.

Die letzte Ruhe: die Angst unserer Zeit vor Alter und Tod

Vor einigen Jahren veröffentlichte die bekannte französische Schriftstellerin Simone de Beauvoir eine beeindruckende und gut dokumentierte Studie zum Thema „Alter". Nach einer langen und detaillierten Analyse biologischer, ethnologischer, historischer und phänomenologischer Aspekte des Alterns kam sie zu folgendem Ergebnis: „Die meisten Menschen blicken dem Alter mit Sorge und Rebellion entgegen. Das Alter löst mehr Aversionen bei ihnen aus als der Tod selbst."[1]

Diese Sichtweise ist eingebettet in unsere sozialen und religiösen Traditionen. Der 31. Psalm beschreibt die Klage eines Mannes, der für viele Menschen unserer heutigen Zeit sprechen dürfte:

> Herr, sei mir gnädig,
> denn mir ist angst!
> Mein Auge ist trübe geworden vor Gram,
> matt meine Seele und mein Leib.
> Denn mein Leben ist hingeschwunden in Kummer
> und meine Jahre in Seufzen.
> Meine Kraft ist verfallen durch meine Missetat,
> und meine Gebeine sind verschmachtet.
> Vor all meinen Bedrängern bin ich ein Spott geworden,
> eine Last meinen Nachbarn und
> ein Schrecken meinen Bekannten.
> Die mich sehen auf der Gasse,
> fliehen vor mir.
> Ich bin vergessen in ihrem Herzen wie ein Toter;
> ich bin geworden wie ein zerbrochenes Gefäß.[2]

In einer Gesellschaft wie der unseren, in der die Menschen, vor allem aber die Männer, mehr danach beurteilt werden, was sie tun, als nach dem, wer sie sind, werden diejenigen, die nicht mehr länger am Produktionsprozeß unserer Marktwirtschaft teilnehmen können, als nutzlos erachtet. „Ich habe erfahren“, schreibt Sharon Curtin, Autorin des Buches *Nobody Ever Died of Old Age*, „daß eine Kultur, die materiellen Besitz gleichsetzt mit Erfolg und die den gehetzten und zwanghaften Konsumenten als den perfekten Bürger betrachtet, es sich nicht leisten kann, dem alten Menschen viel Raum zu geben. Sie können nicht mehr konkurrieren, sie sind aus dem Rennen. Wir leben in einer Kultur, die billigt, was man als ‚Obsoleszenz‘, die Veralterung des Menschen, bezeichnen könnte. Nach der Adoleszenz die Obsoleszenz. Weg mit dem alten Plunder, ab ins Pflegeheim, in die Seniorenwohnung, zur ‚letzten Ruhe‘.“[3]

Kein Wunder, daß die meisten von uns Angst haben, Angst weniger vor dem Tod als vielmehr vor dem Alter. Wir klammern uns an die Jugend wie ein erschrockenes Kind an die Schürze seiner Mutter. Wenn es nur die zwei Lebensphasen gibt, die da heißen Adoleszenz und Obsoleszenz, dann verliert die Jugend von heute die Lust, erwachsen zu werden, und die Erwachsenen werden zu alternden Kindern.

Die Quelle der Jugend oder die Freuden des Alters: Wonach sollen wir suchen?

Mehr als alles andere wünschte sich Robert diesen roten Sportwagen, den er schon seit mehr als einem Jahr im Auge hatte. „Ich hab' ihn mir verdient", erzählte er mir in einer unserer letzten Therapiestunden. „Ich habe in meinem Job hart gearbeitet. Wir haben gerade das größte Geschäft meiner ganzen beruflichen Karriere gemacht, und ich möchte eine Belohnung dafür haben."

Robert besitzt das jugendliche Aussehen der immerwährenden Jugend, obwohl er schon vierzig ist. Robert und seine Freundin Judith sind schon seit zwei Jahren zusammen, aber Robert kann sich immer noch nicht endgültig für sie entscheiden. „Frauen sind so unberechenbar", erzählte er mir, „und ich bin mir nicht sicher, daß sie die Richtige ist. Sobald ich das Gefühl habe, jetzt wäre es an der Zeit, sich niederzulassen und zu heiraten, rückt sie mir auf die Pelle, und ich fange an, mich eingeengt zu fühlen."

Robert hatte sich Sorgen gemacht, weil er graue Haare bekam, weil er sein Gewicht nicht mehr halten konnte und überhaupt so ein allgemeines Gefühl von Lethargie verspürte. Er hatte da von einer Kurklinik in Palm Springs, Kalifornien, gehört und Informationsmaterial darüber mit in die Stunde gebracht, bevor er sich entscheiden wollte, dahin zu gehen.

Das erste Blatt aus dem Stapel war eine Kopie der Zeitschrift *Hippokrates* mit einem Artikel über das „neue Medikament gegen das Altern". Das Umschlagbild zeigte den sechsundsechzig Jahre alten Bob Jones in Shorts und Laufschuhen, zuversichtlich und kraftvoll blickte er von einem Gipfel in den Rocky Mountains. Die Überschrift über dem Artikel sagte einiges aus über das, was man älteren Männern gerne verkaufen möchte:

„Das neueste Anti-Aging-Mittel ist billig und bequem einzunehmen. Und manche Leute sagen, sie fühlen sich wieder wie die Kinder!"[4]

In dem Artikel wurden durchaus die Pros und Kontras der modernen Anti-Aging-Mittel diskutiert. Es gab jedoch keinerlei Diskussion bezüglich der Frage, ob es tatsächlich ein Segen ist, daß man den Alterungsprozeß aufhalten kann, und ob es wirklich ein lohnenswertes Ziel ist, sich für die letzten Jahre seines Lebens wieder wie ein Kind zu fühlen. Sicher, für den Direktor dieser Klinik in Palm Springs, Edmund Chein, scheint es diesbezüglich keinen Zweifel zu geben. In dem Zeitschriftenartikel wird er beschrieben als ein „gutmütiger, fast vergnügt wirkender Verfechter der künstlichen Jugend, sei es durch Pille, Injektion oder Pastille – jedes verfügbare Mittel wird angewendet.“[5]

Schon das Foto von Chein sagt mehr über den eigentlichen Behandlungsschwerpunkt seiner Klinik aus als tausend Worte: „Der Doktor selbst ist schon sehenswert: ein L.A.-Typ von seiner goldumränderten Brille bis hinunter zu seinen Cowboystiefeln. Chein hat die Pfirsichhaut und das Aussehen eines großen Kindes, selbst noch mit fünfundvierzig! Geben Sie ihm einen Rucksack und ziehen Sie ihm ein Lollapalooza T-Shirt an, er würde ohne weiteres als Medizinstudent durchgehen.“[6]

Es gibt vieles, was man tun kann, wenn man die zweite Lebenshälfte glücklich und produktiv gestalten will. Sich seine Jugend zurückzuholen gehört meiner Ansicht nach jedoch nicht dazu. Eigentlich ist es sogar so, daß wir, solange wir die Jugend als das Ziel des Zweiten Erwachsenenalters betrachten, die Freuden einer echten Männlichkeit dafür opfern. Vor uns liegt etwas viel Subtileres als die ewige Jugend. Was die Welt sicher nicht braucht, ist ein paar nette Jungs mehr.

Wir verfügen mittlerweile über das notwendige Wissen, um hundert zu werden oder sogar noch älter. Aber warum sollten wir so lange leben wollen? Geht es nur darum, daß wir das Spielzeug unserer Jugend noch nicht aus der Hand geben wollen – oder gibt es da noch mehr? Um noch einmal Bortz zu zitieren: Es braucht „Geschick“ und „Mumm“, um ein langes und gesundes Leben führen zu können. „Mumm haben heißt, sich mit Mut und Entschlossenheit dem ‚Warum‘ [des Lebens] zu stellen. Die Fähigkeit, beständig nach dem Sinn des Lebens zu suchen, zeugt von höchstem Adel“, schreibt Bortz. „Das ‚Warum‘ bedeutet, einen Sinn zu finden, in allem, was dieser Lebensabschnitt mit sich bringt, aber auch die Energie und das Engagement aufzubringen, es wahr werden zu lassen.“[7] Es ist daher „von essentieller Bedeutung, immer am Ball zu bleiben und aktiv am Geschehen teilzunehmen, wenn die Flamme des Lebens an jedem deiner Tage hell brennen soll. Wenn Apathie, Unzufriedenheit und Langeweile sich ausbreiten können, ist die Chance, hundert Jahre alt zu werden, so gut wie null."

Diejenigen, deren ganzes Streben darauf ausgerichtet ist, jung zu bleiben, geraten nur allzu leicht in Abhängigkeit von all den Produkten, die zumindest den Anschein von Jugend versprechen. Einer meiner über fünfzigjährigen Klienten war ständig auf der Jagd nach dem Nervenkitzel, den er sich mit schnellen Autos, schnellen Frauen und schnellem Geld verschaffte. Schließlich kam er zu der folgenden Erkenntnis: „Die Droge meiner Wahl ist das ‚mehr und immer mehr'". Ganz gleich, was er erreicht hatte, er war niemals zufrieden. Seine Wünsche schienen endlos zu sein. Und wenn sie sich erfüllten, schien ihn das niemals zufrieden und glücklich zu machen. Auch wenn uns der Gedanke nicht gefällt, aber unser Leben braucht in der zweiten Lebenshälfte eine andere Art von Nahrung als in der ersten.

Das ist auch der Grund, warum diejenigen, die sich auch in der zweiten Lebenshälfte an ihre Jugend klammern, im Netz des Strebens nach ewiger Jugend gefangen bleiben. Statt etwas zu finden, was sie wirklich befriedigt, versuchen viele vergebens, die Löcher mit noch mehr vom Gleichen zu stopfen. Für diese Männer ist auch zuviel niemals genug.

Wenn man sieht, wie Männer in der zweiten Lebenshälfte verzweifelt versuchen, sich an den Ruhmestaten ihrer Jugend festzuhalten, fühlt man sich wie bei den Tieren im Zoo. Da ist so eine zwanghafte Ruhelosigkeit in ihrem Verhalten. Sie gehen vor und zurück, von einer Seite des Käfigs zur anderen, unruhig und gelangweilt zugleich.

Im Talmud gibt es eine Parabel, in der ein Reisender einen alten Mann trifft, der einen Karob-Baum pflanzt. „Wann wird der Baum Früchte tragen?" fragte der Reisende. „Oh, vielleicht in siebzig Jahren", antwortete der alte Mann. „Glaubst du, du wirst dann noch leben, um die Früchte des Baumes genießen zu können?" „Nein", antwortete der alte Mann. „Aber ich fand die Welt, als ich sie betrat, nicht leer vor. Und wie mein Vater für mich pflanzte, bevor ich geboren wurde, so pflanze ich für die, die nach mir kommen."

Viele von uns haben das Gefühl, sie hätten nichts zu geben, keine Nahrung, die irgend jemand brauchen würde. Wenn Sie das auch glauben, dann machen Sie einen Fehler. Ich sage Ihnen ganz ehrlich, Sie werden gebraucht. Es gibt niemanden auf dieser Erde, der das geben kann, was Sie zu geben haben.

Wir sind alle auf diesen Planeten geboren worden, um die uns gegebenen Talente auch einzusetzen, und was wir anzubieten haben, ist einzigartig und wertvoll. „Was wir tun ist nicht mehr als ein Tropfen im Ozean", sagte einmal Mutter Theresa. „Aber täten wir es nicht, wäre im Ozean ein ganzer Tropfen weniger."[8]

Von Albert Schweitzer, der fünfzig Jahre seines Lebens im Dienst am Nächsten in der drückenden Hitze des afrikanischen Dschungels verbrachte, und der die Menschen medizinisch versorgte, die der Hilfe am meisten bedurften, stammen die folgenden Worte, die uns allen, die wir uns in diesem Lebensabschnitt befinden, als Leitgedanke dienen können:

Ich weiß nicht, was dein Schicksal für dich vorgesehen hat, aber eines weiß ich, die einzigen unter euch, die wirklich glücklich sein werden, sind diejenigen, die zu dienen gelernt haben.

Ein anderer Albert, Albert Einstein nämlich, schrieb einmal: „Nur ein Leben für andere ist lebenswert."[9] Und am treffendsten äußerte sich Martin Luther King Jr.: „Jeder Mann muß sich entscheiden, ob er seinen Weg im Lichte eines schöpferischen Altruismus oder in der Düsternis eines destruktiven Egoismus gehen will. Danach werdet ihr beurteilt werden. Die eindringlichste Frage, die das Leben an uns richtet, lautet, was tut ihr für andere?"[10]

Viele von uns halten sich zurück, weil sie glauben, sie seien der Aufgabe nicht gewachsen. Wir vergleichen uns mit anderen und denken, wir könnten ihnen nicht das Wasser reichen. „Wenn ich das Mitgefühl eines Albert Schweitzer hätte, hätte ich etwas zu geben", sagen wir zu uns selbst. „Wenn ich den Mut eines Martin Luther King besäße, hätte ich anderen Menschen etwas zu bieten."

Die Wahrheit ist, daß wir die einzige Gabe, die wir brauchen, schon haben, wir haben uns selbst. Alle Helden haben Fehler. So wie wir. Aber wir haben etwas weiterzugeben, und zwar an diejenigen, die genau das brauchen, was nur wir zu bieten haben. Kurz vor seinem Tod sah sich Rabbi Susya, ein großer hasidischer Lehrer, vor der Frage, die wir uns alle einmal stellen lassen müssen: „In der Welt, die da kommt, wird man mich nicht fragen: ‚Warum warst du nicht Moses?' Man wird mich fragen: ‚Warum bist du, Susya, nicht das, was du hättest sein können?'"[11]

Männer, Eure Familien brauchen euch, Eure Freunde und die Gemeinschaften, in denen Ihr lebt, brauchen Euch, der Planet Erde braucht Euch. Wenn Ihr gewillt seid, Ihr selbst zu sein und zu geben, was nur Ihr geben könnt, hat die moderne Welt einige aufregende Dinge zu bieten, die Euch helfen können, Euch Eure Gesundheit und Vitalität bis an's Ende Eurer Tage zu erhalten.

Die Rückkehr der Erektion: Eine sexuelle Revolution ist im Gange

„Es ist früher Mittwoch morgen in der urologischen Klinik von Irwin Goldstein. Die Patienten stehen vor der Eingangstüre Schlange. Bis 9 Uhr sind die beiden Wartezimmer am Medical Center der Boston University brechend voll mit Männern, die sich gegenseitig die Sitzplätze wegnehmen. Sie scharen sich an der Anmeldung, blättern die Sportseiten und die Outdoor-Magazine durch, während sie sich überlegen, wo sie ihre Jacken hinhängen sollen. Und trotz der vielen Männer und der Bewegung, die in diesem Raum herrscht, liegt eine seltsame Stille in der Luft. Außer dem Knistern der Zeitungen und der Zeitschriften geben die Männer keinen Laut von sich."[12]

So beschreibt der Autor Donovan Webster, der sich vorwiegend mit Gesundheitsthemen beschäftigt, in seinem Artikel *Erections ‚R' Us* seinen ersten Besuch in einer der vielen neuen Kliniken, die in den USA eröffnet wurden und auf die Behandlung von sexuellen Funktionsstörungen spezialisiert sind. Impotenz – rein technisch betrachtet, bezeichnet man so die anhaltende Unfähigkeit eine Erektion zu bekommen oder aufrechtzuerhalten – ist eines der häufigsten Probleme bei Männern. Laut Schätzungen haben derzeit 18 Millionen Männer, die meisten von ihnen sind über vierzig, Probleme mit Impotenz. Schätzungsweise 12 Millionen sind gelegentlich davon betroffen.[13]

Auch Wilhelm Stekel, Autor von *Impotence in the Male*, ist der Überzeugung, daß „sexuelle Funktionsstörungen bei Männern neuerdings alarmierende Ausmaße annehmen. Impotenz ist mittlerweile eine Zivilisationskrankheit. Jeder impotente Mann steht im Mittelpunkt einer Liebestragödie. Denn Impotenz wird für eine Ehe zum Verhängnis, oder sie macht sie zumindest unglücklich. Sie wirkt sich auch auf die Gesundheit der Frau negativ aus und hat schädliche Auswirkungen auf das Gefühlsleben des Mannes wie auch der Frau.«[14]

Diese Sätze könnten in einem Buch stehen, das heute auf der Bestsellerliste der *New York Times* erscheinen würde, aber sie stammen aus dem Jahre 1927, dem Jahr, als das Buch veröffentlicht wurde. Das Problem also ist nicht neu, aber die Behandlungsmethoden sind neu.

Stekel, einer der herausragenden Psychiater seiner Zeit, führte fast alle Fälle von Impotenz auf psychische Hemmungen zurück und glaubte, das einzig geeignete Mittel sei die Psychotherapie. Die Meinung hielt sich bis vor kurzem. Erst jüngere medizinische Untersuchungen ergaben, daß in den meisten Fällen von Impotenz die Ursache im Körper und nicht im Geist zu suchen ist. Demnach beruhen 80 bis 90 Prozent aller chronischen Potenzprobleme auf einem körperlichen Ungleichgewicht, das durch eine Vielzahl von Stressoren bedingt ist. Medizinische Probleme wie zum Beispiel Diabetes, Herzerkrankungen und Bluthochdruck spielen eine Rolle, aber auch viele Medikamente, die zur Behandlung von eben diesen Erkrankungen verschrieben werden. Die Auswirkungen des Rauchens sind ebenso von Bedeutung wie exzessiver Alkoholkonsum.[15]

Verletzungen können bei jüngeren wic auch bei älteren Männern zu Impotenz führen, insbesondere Sport- und Arbeitsverletzungen am Penis und am Damm (der Damm ist der Bereich zwischen Genitalien und After, wo wichtige Blutgefäße ungeschützt zum Penis verlaufen).[16]

Zwar wissen wir nun, daß viele Erektionsstörungen eine körperliche Grundlage haben, aber auch psychische Faktoren spielen eine wichtige Rolle. Männer, die ihren Ärger häufig zurückhalten, aber auch Männer, die sich sehr oft über andere ärgern, haben häufiger Schwierigkeiten, eine Erektion aufrechtzuerhalten. Bei depressiven Männern, aber auch bei Männern, die das Gefühl haben, ihr Leben nicht unter Kontrolle zu haben, ist das Risiko ebenfalls erhöht.[17]

Was auch immer der Ursprung einer sexuellen Funktionsstörung sein mag, sobald sie einmal begonnen hat, wirken psychische, physische und zwischenmenschliche Faktoren zusammen und machen es schwierig, die volle sexuelle Funktionsfähigkeit wiederherzustellen. Ein Mann, der zum Beispiel aufgrund einer Medikation keine Erektion mehr bekommt, wird sich wahrscheinlich Sorgen machen, ob sein Penis ihm auch beim nächsten Mal, wenn er mit seiner Partnerin schlafen will, den Dienst versagen wird. Je mehr Sorgen und Streß er sich deshalb macht, desto weniger wird sein Körper dazu in der Lage sein, auf sexuelle Stimuli zu reagieren. Seine Partnerin denkt vielleicht, daß mit ihr etwas nicht in Ordnung ist, daß sie für ihn nicht mehr attraktiv genug ist. Sie zieht sich vielleicht zurück, was wiederum zur Verminderung seines Selbstwertgefühls beiträgt. Dieser Teufelskreis kann endlos weitergehen, und beide Partner werden immer frustrierter, Angst und Scham nehmen mehr und mehr zu.

Ein Weg, der aus diesem Dilemma herausführt, ist das Gespräch. Sexuelle Schwierigkeiten sind kein Grund für Schuldzuweisungen. Wird das Schweigen gebrochen, bedeutet dies den ersten Schritt weg von der Scham, die viele Männer, die Schwierigkeiten beim Sex haben, empfinden.

Oft ist es notwendig, bei Spezialisten Rat und Hilfe zu suchen. Es gibt eine Reihe neuer Behandlungsmöglichkeiten, u.a. das Verabreichen zweier Substanzen durch die Harnröhre, die den Ausfall beeinträchtigter Nerven ausgleichen. Diese Substanzen, Alprostadil und Prazosin, bewirken eine Entspannung der Muskeln sowie eine Weitung der Blutgefäße, damit der Penis sich mit Blut füllen kann. Innerhalb von zehn Minuten nach Einführung eines kleinen Kolbens kommt es zu einer Erektion, die bis zu einer Stunde anhält.[18]

Eine andere Methode, die sich zunehmender Beliebtheit erfreut, ist die Vakuumtherapie. Kurz vor dem Verkehr wird ein Zylinder über den Penis gestülpt und eine Handpumpe betätigt, die einen Unterdruck im Zylinder hervorruft, der bewirkt, daß das Blut in die Schwellkörper des Penis fließt. Danach wird ein weicher Gummiring über den Penisansatz gezogen, der bewirkt, daß die Erektion ungefähr eine halbe Stunde anhält.[19]

Eine dritte Methode, die aber noch getestet wird, ist die Einnahme einer Pille etwa eine Stunde vor dem Verkehr. Das Medikament, Sildenafil, wird seit einiger Zeit in Großbritannien getestet. Die Substanz, die unter dem Handelsnamen *Viagra* auf den Markt kommen soll, erhöht die Blutzufuhr zum Penis und steigert damit die normale Reaktion des Mannes auf sexuelle Stimulation. Das Ergebnis ist eine erhöhte Blutzufuhr, welche die normale Reaktionsfähigkeit des Mannes verbessert (s. ausführliches Schlußkapitel über das Potenzmittel *Viagra*).[20]

Alan P. Brauer, Direktor des *Total Care Medical Center*, einer Klinik, die auf eine umfassende Behandlung ausgerichtet ist, verwendet diese und viele andere Methoden, um den Männern ihre volle sexuelle Funktionsfähigkeit zurückzugeben. Zu einer umfassenden Behandlung bei Erektionsstörungen „gehören Injektionen in den Penis, mit und ohne Nadel, Vakuumtherapie, rezeptpflichtige Medikamente, eine Reihe von naturheilkundlichen Behandlungsmethoden und eine Behandlung auf Heilkräuterbasis."[21]

Brauers Ansatz beschränkt sich jedoch nicht nur auf körperliche Interventionen: „Zu unseren Methoden gehören Biofeedback, Hypnose, Einzel- und Paarberatung, traditionelle Untersuchungs- und Behandlungsmethoden ebenso wie alternative, ergänzende und integrative Therapiemethoden. Wir tun, was wir können, um einem Mann seine volle Leistungsfähigkeit und sein körperliches Wohlbefinden zurückzugeben."[22]

Männer gehen in der Regel nur äußerst ungern zum Arzt, und noch weniger gern sprechen sie über ihren Körper. Wenn es darum geht, über ihre Geschlechtsteile oder sexuelle Funktionsstörungen zu sprechen, geraten sie in Panik. Die Angst vor der Peinlichkeit hält Millionen Männer davon ab, sich Hilfe zu holen. Es gehört eine Menge Mut dazu, „seine Eier zur Schau zu stellen". Aber immer mehr Männer wagen den Schritt. Sie sind nicht bereit, ihr Sexualleben auf dem Altar der Ängste zu opfern.

Die Forschung auf dem Gebiet der männlichen Sexualität macht mehr Fortschritte als je zuvor. Es werden immer wieder neue Methoden entwickelt, und grundsätzlich gilt heute:

1. Kein Mann braucht mit einer sexuellen Funktionsstörung zu leben.
2. Es gibt kein sexuelles Problem, das nicht zu behandeln wäre.
3. Es gibt immer wieder neue Behandlungsansätze.
4. Es gibt auch eine Methode, die für Sie geeignet ist.
5. Versuchen Sie nicht, Ihr Problem zu verbergen. Reden Sie mit jemandem. Holen Sie sich Hilfe.
6. Lassen Sie sich nicht aus Angst gleich zu drastischeren Maßnahmen, wie z. B. zu einem operativen Eingriff hinreißen, bevor Sie nicht alle Alternativen geprüft haben.

7. Wie Franklin Delano Roosevelt schon sagte: „Das einzige, wovor man Angst haben muß, ist die Angst selbst."

Aber Erektionsstörungen sind nicht der einzige Aspekt männlicher Sexualität, der sich durch die moderne Medizin beeinflussen läßt. Neuere Forschungsergebnisse haben gezeigt, daß auch eine Hormonsubstitutionstherapie für manche Männer von Nutzen sein kann.

Hormone für Männer: zurückbekommen, was man verloren hat

Einige Wissenschaftler untersuchen derzeit die Wirkmechanismen verschiedener Hormone, von denen man weiß, daß sie mit dem Alter stark zurückgehen. Es gibt drei Forschungsbereiche zum Thema Hormone, die bisher häufig unabhängig voneinander gearbeitet haben. Eine Arbeitsgruppe beschäftigt sich mit der Verbesserung der sexuellen Leistungsfähigkeit, eine andere mit allem, was unsere Lebenserwartung erhöhen kann, und eine dritte sucht nach Methoden, unsere Lebensqualität zu verbessern, ganz gleich wie lange wir leben.

Obwohl diese Forschungsbereiche noch relativ neu sind und noch viele Erkenntnisse gewonnen werden müssen, gibt es bereits Hinweise darauf, daß dieselben Hormone, die die Sexualität beeinflussen, uns auch helfen können, länger gesünder zu leben.

Theresa Crenshaw, die wir ja schon kennengelernt haben, ist im klinischen Bereich wie auch in der Forschung auf dem Gebiet der Aktivierung sexueller Funktionen tätig. Auf der Suche nach Substanzen, die das Sexualleben verbessern können, machte sie einige interessante Entdeckungen. „Mir fiel immer wieder auf, daß es Zusammenhänge gibt zwischen den Substanzen, die für mich von Interesse sind, und solchen, mit denen die Arbeitsgruppe zur Verlängerung der Lebenserwartung arbeitet."[23]

„Es ist tatsächlich so", erklärt Crenshaw, „daß ein hoher Prozentsatz dieser Substanzen:

- den Sexualtrieb verstärken,
- einen antidepressiven Effekt haben,
- die Gewichtsabnahme erleichtern und
- auch bei den Forschungen zur Verlängerung der Lebensdauer im Untersuchungsprogramm eingesetzt werden."[24]

Nun mal ehrlich. Wer von ihnen würde nicht gerne seinen Sexualtrieb verbessern, wäre nicht gerne weniger depressiv und lebenslustiger, würde nicht gerne abnehmen und sein Gewicht auch halten, länger leben und dabei gesund bleiben? Immer unter der Vorgabe, daß die Forschung zur Hormonsubstitutionstherapie bei Männern noch in den Kinderschuhen steckt, wollen wir uns einmal einige dieser Substanzen, die auch für unsere Zwecke hilfreich sein könnten, anschauen.

Dopamin

Bei Dopamin handelt es sich um einen Neurotransmitter, der von speziellen Nervenzellen im Nucleus arcuatus des Gehirns gebildet wird. „Dopamin ist eine sehr wichtige Substanz für unser Wohlergehen, für die Fähigkeit, sich an etwas zu erfreuen. ... Deprenyl ist ein rezeptpflichtiges Medikament, das die Dopaminproduktion anregt", erläutert Crenshaw. „Wie letztens in den *Medical World News* zu lesen war, hat ein Wissenschaftler, Jozsef Knoll, behauptet, Deprenyl könne ‚die Lebenserwartung eines Menschen von einhundertundfünfzehn Jahren auf einhundertundfünfundvierzig Jahre erhöhen'."

In einer Reihe von Untersuchungen [an Ratten] zeigte sich, daß alte, mit Deprenyl behandelte Ratten ihre volle sexuelle Aktivität wieder erlangten und diese über eine Lebensdauer, die länger als gewöhnlich war, beibehielten. Ratten, die man mit einem Placebo behandelt hatte, zeigten entweder weiterhin ein eher lasches Sexualverhalten oder aber sie wurden sexuell komplett inaktiv. ... Es wird Sie sicher nicht überraschen, daß die mit Deprenyl behandelten Ratten auch schlanker waren!"[25]

„Ganz spannende Sache, denke ich", so lautete der Kommentar von Crenshaw, nachdem sie sich diese Forschungsergebnisse angeschaut hatte. „Zu diesen Medikamenten gehören auch L-dopa und Wellbutrin", fährt sie fort. „Für sie gilt genau das Gleiche: Sie haben antidepressive Eigenschaften, helfen ein wenig bei der Gewichtsabnahme und sind auch für die Forschung zur Verlängerung der Lebenserwartung von Interesse."[26]

Oxytozin

Oxytozin ist ein Peptid, das im Hypophysenhinterlappen gebildet wird. Bei Männern wie bei Frauen gelangt es zu den Rezeptoren in verschiedenen Bereichen des Gehirns und zu den Geschlechtsorganen. Bei Frauen, die soeben ein Kind geboren haben, ist es für die Mutter-Kind-Bindung von Bedeutung. Laut Joan Brysenko, Autorin des Buches *Woman's Book of Life,* bewirkt das Oxytozin bei der Frau, daß sie „in ihr Baby völlig vernarrt ist und jede Bewegung und jeden Blick mit abgöttischer Liebe registriert."[27] Trägt es auch zur Bindung zwischen Vater und Kind bei? Dieses Thema ist bisher noch nicht erforscht worden, aber ich denke, es ist so.

Wir wissen, daß das Oxytozin daran beteiligt ist, wenn ein Mann und eine Frau sich verlieben. „Es ist ganz gleich, ob sie das Oxytozin durch eine Berührung, ... einen Orgasmus, Geschlechtsverkehr oder aber eine Injektion ein paar Mal die Woche anstiegen lassen ... Es tut ihnen so gut, daß sie vielleicht sogar deshalb länger leben." Und weiter heißt es bei Crenshaw: „Das Oxytozin bewirkt außerdem eine Anhebung der Stimmung, weil es zum Beispiel eine gewisse Euphorie hervorruft, wenn man jemanden umarmt, den man liebt. Ob es einen dünner macht? Ich bin mir nicht sicher, aber ich glaube schon. Wäre es nicht bemerkenswert, wenn der ständige Körperkontakt mit jemandem, den man liebt, besser wirken würde als Schlankheitspillen?"[28]

Vasopressin

Vasopressin ist ein Peptid ähnlich dem Oxytozin und einer seiner nächsten Nachbarn. Es wird im selben Bereich gebildet wie das Oxytozin. Zwar ähnelt es dem Oxytozin von seiner Struktur her, hat aber eine ganz andere metabole Wirkung. Ich zitiere wiederum Theresa Crenshaw: „Eine der erstaunlichsten Eigenschaften des Vasopressin ist sein Einfluß auf unser Denken. Es konzentriert die Aufmerksamkeit eines Menschen auf die pragmatischen Erfordernisse des ‚hier und jetzt'. Es hilft uns, sexuelle Reize zu erfassen und uns auf das zu konzentrieren, was wir gerade tun."

Aus demselben Grund glaubt Crenshaw auch, daß sich diese Substanz besonders gut als antidepressives und angstlösendes Medikament eignen würde, und, weil es auch als körpereigener Stoff vorkommt, sich positiv auf die Sexualität, auf das Wohlergehen und die Lebenserwartung auswirkt. „Wenn das Wirkmuster das gleiche ist, dann kann es sogar schlank machen."[29]

Wachstumshormon (GH)
Die Untersuchungen zu diesem Thema sind zwar noch ziemlich neu, doch es scheint so, als sei die Gabe von Wachstumshormon bei älteren Menschen von großem wissenschaftlichem Interesse. „In eine kleinen Studie wurden zwölf ältere Männer mit Wachstumshormon behandelt. Nach sechsmonatiger Einnahme fand man eine durchschnittliche Reduzierung des Körperfettes um 14 Prozent, während die Muskelmasse um 9 Prozent zunahm. Auch die Dicke der Haut nahm um 7,1 Prozent zu."[30]

Ronald Klatz, Vorsitzender der *American Academy of Anti Aging Medicine* und Autor des Buches *Grow Young with HGH*, meint dazu: „Es gibt keinen Grund, warum Sie warten sollten, bis Sie zu den Senioren zählen, bevor Sie von den Vorteilen einer GH-Substitutionsbehandlung profitieren können. Es gibt in der Tat sogar Grund zur Annahme, daß mit der Behandlung schon zu einem früheren Zeitpunkt begonnen werden sollte, dann nämlich, wenn Ihre eigene Hormonproduktion abzunehmen beginnt."[31]

„Eine Behandlung mit Wachstumshormon könnte dazu beitragen, sich einen jugendlichen und kraftvolleren Körper zu erhalten, auch wenn Sie älter werden", erklärt auch Richard Cutler, Gerontologe am amerikanischen *National Institute of Aging*. „Wenn sich nun herausstellen sollte, daß es auch die Lebenserwartung erhöht, dann wäre das das Tüpfelchen auf dem i."[32]

Andere Wissenschaftler sind in ihrem Urteil zurückhaltender. „Meiner Ansicht nach sind diejenigen, die vom Wachstumshormon am meisten profitieren, auch die kränksten", äußert sich William Regelson.[33] Für die meisten Menschen seien andere Hormone geeigneter. „Ich glaube, daß man viele der positiven Effekte von Wachstumshormon auch mit anderen Super-Hormonen erzielen kann, und zwar insbesondere mit DHEA, Melatonin, Östrogen und Testosteron, alles Hormone, die billig und leicht verfügbar sind und keine ungünstigen Nebenwirkungen aufweisen."[34]

Regelsons Referenzen sind wirklich beeindruckend. Er ist Professor für Medizin am Medical College von Virginia, an der Virginia Commonwealth University. Er hat sich auf die Onkologie spezialisiert, unterrichtet aber auch in den Bereichen Mikrobiologie und Biomedizinische Verfahrenstechnik. Seit mehr als zwanzig Jahren ist er einer der führenden Wissenschaftler auf dem

Gebiet der Altersforschung. In seinem kürzlich erschienenen Buch *The Super-Hormone Promise* befaßt er sich mit den neuesten Untersuchungsergebnissen über die positiven Effekte einer Hormonsubstitution.

Zwar ist auch Crenshaw durchaus optimistisch, was die Möglichkeiten einer Behandlung mit Wachstumshormon betrifft, aber auch sie rät eher zur Vorsicht. „Das Wachstumshormon ist keine unschuldige Substanz", erklärt sie uns. „Man sollte immer im Hinterkopf behalten, daß dieses Hormon das Wachstum anregt. Das trifft z.B. auch auf Tumore zu. Außerdem kann eine Überdosierung von Wachstumshormon tödlich wirken. Es kann zu einer Vergrößerung des Herzens und zu Herzversagen aufgrund eines Blutstaus kommen."[35]

Deshalb ist es sehr wichtig, sich genauestens und umfassend zu informieren, bevor man sich entschließt, eines dieser „Wundermittel", von denen man immer hört, einzunehmen. Es ist vor allem auch wichtig, daß man sich diese Informationen dort holt, wo kein persönliches Interesse daran besteht, solche Substanzen zu verkaufen. Wie mein Vater immer sagte: „In dieser Welt des Kommerz werden die Vorzüge immer mit Fanfaren und Trompeten verkündet, die Risiken, wenn überhaupt, nur flüsternd preisgegeben."

Melatonin

Beim Melatonin handelt es sich um eines dieser „Wundermittel", von dem die meisten von Ihnen schon gehört haben, weil es eine ganze Menge Presserummel verursacht hat. Fundierte Forschungsergebnisse dringen aber nur zögernd an die Öffentlichkeit.

Melatonin wird in der Epiphyse oder Zirbeldrüse produziert, einem kleinen Organ mitten im Zentrum des Gehirns. Es ist die erste Drüse, die im menschlichen Körper gebildet wird, man kann sie drei Wochen nach der Zeugung bereits sehen. Aber welche Geheimnisse dieses Organ umgibt, wurde erst kürzlich bekannt. Vor dreißig Jahren, als ich mit meinem Medizinstudium anfing, lehrte man mich, daß man nicht weiß, welche Funktion diese Drüse beim Menschen hat, daß sie sehr wahrscheinlich ein Relikt aus unserer evolutionären Vergangenheit sei.

Heute heißt es, daß die Epiphyse und das Hormon, das sie produziert, für das Wohlbefinden des Menschen von enormer Wichtigkeit sei. „Das Melatonin ist eine der vielseitigsten und wirkungsvollsten Substanzen des menschlichen Körpers, einer der Hauptakteure bei der Erhaltung von Gesundheit und Wohlbefinden, und zwar in allen Lebensphasen", berichtet Russel Reiter. „Nicht nur, daß dieses erstaunliche Hormon an der Streßabwehr sowie am Kampf gegen Viren und Bakterien beteiligt ist, die Schlafqualität verbessert, die Symptome des Jet-lag minimiert, das Risiko für eine Herzerkrankung vermindert und unsere biologischen Rhythmen reguliert, es könnte sogar in der Lage sein, uns vor Krebs zu schützen und einen Einfluß auf die Lebensdauer haben."[36]

Ich bin schon daran gewöhnt, Behauptungen wie diese in Zeitschriften zu lesen, die man in Gesundheitsläden und Reformhäusern bekommt, wo die neuesten Mittelchen aus dem Jungbrunnen verkauft werden. Aber ich war erstaunt, diese Worte von einem der renommiertesten Wissenschaftler auf der ganzen Welt zu hören.

Seit mehr als dreißig Jahren ist Russel Reiter einer der führenden Experten auf dem Gebiet der Epiphysen- bzw. Melatoninforschung. Er wird von vielen als der „Guru der Melatoninforschung" betrachtet und genießt die Achtung von internationalen Wissenschaftlern. Sein kürzlich erschienenes Buch *Melatonin Revolution* wurde mir von einem meiner eigenen Mentoren, Andrew Weil, empfohlen. Er nannte es *das* Buch zu diesem Thema, geschrieben von einem der führenden Melatoninforscher auf der ganzen Welt.

Dieses Buch birgt auch einige Erkenntnisse, die für die Wechseljahre des Mannes von Bedeutung sind. Zu den bereits erwähnten positiven Effekten kommt nach Meinung von Reiter auch eine wichtige Rolle des Melatonins bei der Verbesserung des sexuellen Wohlbefindens beim Mann hinzu. Es gibt erste Hinweise darauf, daß die Gabe von Melatonin bei Männern die Testosteronproduktion erhöht. „Es ist möglich, daß das Melatonin die männliche Sexualität auch dadurch positiv beeinflußt, daß es die Festigkeit des männlichen Gliedes und die Häufigkeit der Erektionen erhöht. ... Möglicherweise schützt es die Arterien, die zum Penis führen, durch seine antioxidativen und cholesterinsenkenden Eigenschaften."[37]

„Antioxidans" ist ein Wort, das man in Zukunft häufiger hören wird. Es könnte zum Schlüsselbegriff für dauerhafte Gesundheit und Wohlergehen werden. Antioxidantien tragen dazu bei, uns vor Erkrankungen zu schützen, indem sie bestimmte Arten von

Molekülen in unserem Körper, die man freie Radikale nennt und die, wenn sie in zu großen Mengen vorkommen, großen Schaden anrichten können, hemmen.

„Man nimmt an, daß mehr als sechzig Erkrankungen, von der rheumatischen Arthritis bis hin zur Gürtelrose, durch diese freien Radikale verursacht oder verstärkt werden", meint Reiter. „Antioxidantien stoppen diese freien Radikale, tragen also dazu bei, daß die Körperzellen intakt bleiben und schützen so unser allgemeines gesundheitliches Wohlbefinden."[38]

1993 kamen Reiter und seine Kollege am Health Science Center an der University of Texas in San Antonio zu dem Ergebnis, daß das Melatonin zu den potentesten und vielseitigsten aller bekannten Antioxidantien gehört. „Diese Erkenntnis ist von großer Bedeutung für die Gesundheit und die Lebenserwartung des Menschen", folgert Reiter.[39]

Auch ein anderer bekannter Wissenschaftler, William Regelson, preist das Melatonin als ein wichtiges Medikament für unsere Gesundheit, und er weist darauf hin, daß „Untersuchungen mit Melatonin gezeigt haben, daß es nicht nur möglich ist, diese Spirale abwärts, die allzu viele von uns als normalen Bestandteil des Älterwerdens akzeptiert haben, zu stoppen, sondern auch, die Lebenserwartung zu verlängern und dabei gleichzeitig die Lebensqualität zu verbessern."[40]

DHEA (Dehydroepiandrosteron)

DHEA ist *das* Hormon, das im Körper des Menschen in den größten Mengen vorkommt und das bei Männern wie bei Frauen in fast jedes andere Hormon transformiert werden kann. Es handelt sich bei diesem Hormon um ein Steroid, das vor allem in den Nebennieren, aber auch in den Eierstöcken, den Hoden und im Gehirn gebildet wird. Es ist das einzige Hormon, das seinen „Höchststand" im Alter von fünfundzwanzig Jahren erreicht, danach sinkt es langsam ab. Nach Crenshaw spielt dieses Hormon eine Schlüsselrolle bei der Entstehung der Symptomatik in der männlichen Menopause. „Es fällt sehr schnell ab (etwa 3 Prozent pro Jahr), und im Alter von achtzig Jahren ist es kaum noch nachweisbar."[41] Ihre Auswertung neuerer Untersuchungsergebnisse über Impotenz bei älteren Männern erbrachte folgende Ergebnisse: „Viele der sexuellen Funktionsstörungen korrelierten mit irgendwelchen Erkrankungen. Es fand sich aber auch eine inverse Korrelation zwischen Impotenz und dem DHEA-Spiegel, das heißt, je niedriger der DHEA-Spiegel, desto wahrscheinlicher ist es, daß man impotent wird."[42]

In seinem Buch *The Super-Hormone Promise* schreibt Regelson: „In den letzten zehn Jahren hat eine Reihe von Wissenschaftlern, darunter auch ich, im Zusammenhang mit diesem Super-Hormon einige aufregende Dinge entdeckt, die nicht nur bewirken, daß man sich selbst großartig fühlt, sondern die auch an praktisch jedem wichtigen Körpersystem Großartiges bewirken."[43] Regelson ist überzeugt: *„DHEA stärkt das Immunsystem, verbessert die Gehirnfunktion und wirkt streßmindernd. Unter Umständen könnte das DHEA sogar das wirksamste Mittel aller Zeiten zur Bekämpfung von Krebs sein."*

Auch Crenshaws Ergebnisse weisen darauf hin, wie wichtig das DHEA für den Mann sein kann. „Die Bedeutung von DHEA für den Mann liegt nicht nur in der unmittelbaren Wirkung auf die Sexualität begründet, sondern auch in seinen indirekten Auswirkungen auf andere gesundheitliche Aspekte, die letztendlich wiederum das Sexualleben beeinflussen, wie zum Beispiel Streß, Herzerkrankungen, die Veränderungen in der Lebensmitte, seine sexuelle Anziehungskraft und Lebensqualität."[44]

Pregnenolon

Pregnenolon ist ein umbaufähiges Hormon, das der Körper normalerweise auf der Grundlage von Cholesterin herstellt. Es kann in andere Steroide umgewandelt werden, die der Körper dann verwerten kann. Ähnlich wie beim DHEA sinkt auch der Pregnenolon-Spiegel im Alter ab.

Im Jahre 1995 fanden Wissenschaftler in einer Studie über die Effekte verschiedener Steroide heraus, daß das Pregnenolon bei Ratten, die sich ihren Weg durch ein Labyrinth suchen mußten, die Merkfähigkeit verbesserte. Die Untersuchung ergab, daß viele Steroide die Merkfähigkeit verbessern, bei Pregnenolon jedoch war die effektive Dosis hundertmal niedriger als bei anderen Substanzen.[45]

Bei der Auswertung neuerer Untersuchungen kam Will Block, Herausgeber der Zeitschrift *Life Enhancement*, zu dem Schluß: „In niedrigen Dosen (ca. 10–30 mg/die) hat sich Pregnenolon als wirksames Mittel zur Stärkung der Merkfähigkeit erwiesen. Andererseits hat man bei einer hohen Dosierung (400–500 mg/die) festgestellt, daß Pregnenolon entzündungshemmend wirkt, was zum Beispiel bei arthritischen Erkrankungen hilfreich sein kann. Es wirkt mit bei der Verbesserung des Energieniveaus und stabilisiert den Hormonhaushalt. Außerdem dürfte es an der Erneuerung der Myelinschicht, die die Neuronen im zentralen Nervensystem umgibt, beteiligt sein."[46]

„Einige Wissenschaftler halten es für das wirksamste Mittel aller Zeiten zur Verbesserung der Merkfähigkeit", fügt Regelson hinzu. „Wohl noch erstaunlicher sind die Untersuchungen, die gezeigt haben, daß das Pregnenolon unsere Leistungsfähigkeit bei der Arbeit steigert und dabei gleichzeitig das subjektive Wohlbefinden erhöht."[47]

Testosteron

„Ich verwende eine einprozentige Creme aus natürlich gewonnenem Testosteron", schreibt eine Frau im Internet. „Mein Mann verwendet das Gel, fünfprozentig, zweimal am Tag. Er wollte kein Pflaster haben, weil das zu Hautreizungen führen kann. Wir sind beide außerordentlich zufrieden mit dem Ergebnis. Es wirkt sehr antidepressiv, gibt Energie und ist natürlich auch gut fürs Sexualleben. Phantastische Orgasmen."

Genau wie die Frauen die Östrogen-Substitutionstherapie für sich entdeckt haben, so entdecken nun Männer und Frauen gleichermaßen die Vorzüge einer Testosteron-Substitution. Viele warten gar nicht erst ab, bis endgültige Forschungsergebnisse vorliegen, bevor sie mit der Behandlung beginnen.

Die Johns Hopkins University zum Beispiel gehört ebenfalls zu den Forschungseinrichtungen, in denen seit einiger Zeit Forschungen zur Hormon-Substitution betrieben werden. Bisher sind die Ergebnisse recht vielversprechend. „Die Testosteron-Substitution dürfte eines Tages für den normalen gesunden älteren Mann das sein, was heute die Östrogen-Therapie für die Frau ist", erklärt Adrian Dobs, außerordentlicher Professor für Medizin und Leiter der klinischen Arbeitsgruppe für Endokrinologie und Metabolismus-Forschung an der Johns Hopkins University.[48]

Dieser Aussage stimmt auch Regelson zu. „Ich glaube, heute schon sagen zu können, daß die Testosterongabe bei Männern in der Lebensmitte einmal genauso gängig sein wird wie die Östrogenbehandlung bei Frauen. Bei ungefähr einem Drittel aller Männer kommt es in der Lebensmitte zu einem beträchtlichen Absinken des Testosteronspiegels, das sich negativ auf ihr körperliches und seelisches Wohlbefinden auswirken kann."[49]

Im September 1996 war im Nachrichtenmagazin *Newsweek* auf der Titelseite die Überschrift „Testosteron" zu lesen. Die Frage, die im dazugehörigen Leitartikel gestellt wurde, lautete: „Die Super-Hormon-Therapie: Hält sie die Männer jung?" In diesem Artikel wurde Regelson wie folgt zitiert: „Durch die Substitution von Hormonen", die er „Super-Hormone" , „die ab vierzig langsam knapp werden, ist es möglich, den Alterungsprozeß zu bremsen, wenn nicht gar umzukehren."[50]

Obwohl sich die Testosteronforschung noch in der Experimentierphase befindet, hier einige vorläufige Ergebnisse:

- *Es trägt zum Muskelaufbau bei.* In einer Reihe von kleineren Studien fand man heraus, daß die Testosterongabe bei älteren Männern die Muskelmasse erhöht. „Die Möglichkeiten, den Körperaufbau zu verändern, was für Männer in Bezug auf ihre Körperfunktionen wirklich hilfreich sein kann, sind wirklich sensationell", so Dobs.[51]
- *Es läßt Ihren Spitzbauch schrumpfen.* „In einer schwedischen Studie, an der dreiundzwanzig Männer teilnahmen, stellten die Probanden, die Testosteron einnahmen, fest, daß ihr Spitzbauch kleiner geworden war, obwohl sich ihr Körperfett nicht verminderte."[52]
- *Es schützt vor Herzerkrankungen.* Neuere Untersuchungen haben ergeben, daß bei Männern, die unter Herzanfällen leiden, der Testosteronspiegel tendenziell erniedrigt ist. Gerald B. Phillips, der die Testosteronspiegel bei einer Reihe von Männern untersuchte, deren Blutgefäße geröntgt wurden, fand heraus, daß erniedrigte Hormonspiegel mit einer höheren Herzerkrankungsrate in Zusammenhang zu bringen sind. „Es könnte sein, daß das Hormon dadurch zur Vorbeugung von Herzerkrankungen beiträgt, daß es den HDL-Cholesterin-Spiegel erhöht", äußert sich Phillips. HDL ist das „gute" Cholesterin.[53]
- *Es kräftigt die Knochen.* „Ab fünfzig, wenn der Hormonspiegel langsam niedriger wird, verdoppelt sich das Risiko eines Knochenbruches alle fünf Jahre. Bei Männern [mit erniedrigtem

Testosteronspiegel] liegt das Risiko eines Knochenbruchs höher als bei Männern mit normalem Testosteronspiegel. In einer Studie fand man bei 59 Prozent der Männer mit einer Hüftfraktur sehr niedrige Testosteronspiegel."[54]

Die Revolution der Super-Hormone: vorsichtiger Optimismus

In seinem Buch *The Super-Hormone Promise* liefert uns Regelson eine optimistische Darstellung von dem, was man(n) ab der Lebensmitte zu erwarten hat. „Es ist eine Revolution, die ins Rollen kam, als den Leuten klar wurde, daß sie die konventionelle Sichtweise, die besagt, daß es ab der Lebensmitte mit ihrer Gesundheit, ihrem Verstand und ihrem Aussehen langsam bergab gehe, nun nicht mehr so einfach hinnehmen müssen."[55]

Wie viele andere Mediziner ist auch Regelson der Ansicht, daß der traditionelle Ansatz, die individuellen Symptome des Alterungsprozesses dann zu behandeln, wenn sie auftreten, nicht mehr ausreicht. „Diese Mediziner haben erkannt, daß die Wissenschaft nun zum ersten Mal das Handwerkszeug besitzt, das Leben zu verlängern und dabei gleichzeitig die Lebensqualität zu verbessern, indem sie den zerstörerischen Alterungsprozeß verhindert oder sogar umkehrt. Für diese Mediziner steht fest, daß es absolut keinen Grund gibt, warum wir nicht neunzig, hundert, hundertzehn werden können, bei starken, gesunden Körpern kann die höchstmögliche Lebensdauer sogar bei einhundertzwanzig Jahren liegen."[56]

Bevor Sie jetzt aber losrennen und sich mit den neuesten Gesundheitshormonen eindecken, empfehle ich Ihnen, sich erst über Vorzüge und Risiken zu informieren. Alle Substanzen haben positive und negative Effekte, und wenn man sich zu sehr auf die positiven Effekte stürzt, ohne auch die negativen in Betracht zu ziehen, kann man in Schwierigkeiten kommen.

Ein Nachteil bei der Einnahme von Testosteron zum Beispiel ist, daß es zu einer Vergrößerung der Prostata kommen kann, was für uns Männer ein Problem ist, das gerade in den Wechseljahren an Bedeutung zunimmt.

In der Ausgabe des *Harvard Men's Health Watch* vom Juli 1997 gaben die Herausgeber einen Überblick über die Forschungsergebnisse zu vier Hormonen, die bei Männern mit dem Alter abnehmen – Wachstumshormon, DHEA, Testosteron und Melatonin – und stellten die Frage: „Kann eine Substitutionsbehandlung mit einem dieser Hormone den Alterungsprozeß verlangsamen oder die Gesundheit verbessern?" Sie kamen zu dem Ergebnis, daß erst noch weitere Untersuchungen notwendig seien, bevor sie die regelmäßige Einnahme dieser Hormone empfehlen könnten.[57]

Wenn Sie der Meinung sind, daß eine Hormonsubstitutionsbehandlung für Sie in Frage käme, empfehle ich Ihnen, sich an einen guten Arzt zu wenden, der einerseits keine Angst hat vor neuen Behandlungsmethoden, aber andererseits ohne eingehende Abwägung von Risiken und Nebenwirkungen keine so hochwirksamen Substanzen wie diese Hormone verschreibt.

Zum Schutz Ihrer Prostata

Viele Männer sind sich erst bewußt, daß sie eine Prostata besitzen, wenn sie ihnen Schwierigkeiten macht. „Diese Drüse, deren Sekrete die Wände der Harnröhre befeuchten und ein Fortbewegungsmedium für die Spermien bilden, umgibt die Harnröhre am Blasengrund, einem strategisch wichtigen Punkt", erklärt Andrew Weil. „Schon jüngere Männer leiden oft an Entzündungen und Infektionen dieser Drüse. Männer mittleren Alters bekommen Probleme beim Urinieren, was auf eine vergrößerte Prostata zurückzuführen ist, und ältere Männer haben ein erhöhtes Risiko, an Prostatakrebs zu erkranken."[58]

Die gute Nachricht ist nach Patrick C. Walsh, leitender Urologe am Johns Hopkins Medical Center, die, daß man den meisten Prostataproblemen vorbeugen kann, und daß alle Erkrankungen, auch Krebs, heilbar sind, vorausgesetzt, das Problem wird früh genug erkannt.

Es ist wichtig, daß die Erkrankung früh genug diagnostiziert und sofort behandelt wird. Wenn es Ihnen geht wie mir, dann schieben Sie Ihre jährliche Vorsorgeuntersuchung so lange wie möglich auf, auch wenn Sie wissen, wie wichtig diese Untersuchungen eigentlich sind. Nach einer Statistik der *American Cancer Society* wurde im Jahr 1997 bei 300000 männlichen Amerikanern die Diagnose Prostatakrebs gestellt werden, 1996 starben in den Vereinigten Staaten mehr als 41 000 Männer an dieser Erkrankung.[59]

Und dabei können zwei ganz einfache Tests Ihr Leben retten. „Ab Fünfzig sollte man sich als Mann einmal im Jahr die Prostata kontrollieren lassen", fordern Patrick Walsh und Janet Farrar Worthington, die Autoren des Buches *The Prostate*. „Dazu gehört auch eine rektale Untersuchung. Nachdem der Arzt sich einen Gummihandschuh übergezogen hat, führt er einen Finger durch den After ein, um zu prüfen, ob sich ein Knoten oder eine Geschwulst gebildet hat, ob eine Schwellung vorliegt oder sonst irgend etwas ungewöhnlich erscheint. Und dann gibt es da noch den PSA-Test, ein hochempfindlicher Bluttest, mit dem sich schon geringste Mengen eines Proteins, das als Prostataspezifisches Antigen bezeichnet wird, nachgewiesen werden können."[60]

Mit einem neuen Bluttest könnte eine mögliche Prostatakrebserkrankung schon bis zu zehn Jahre bevor diese Krankheit klinisch diagnostiziert werden kann, vorhergesehen werden. Nach Meinung der Wissenschaftler an der Medizinischen Fakultät der Johns Hopkins University ist das ein Vorsprung von sechs Jahren vor den zur Zeit gängigen Methoden zur Diagnostizierung dieser Erkrankung.

Mit diesem Test wird das PSA-Enzym im Blut anders als sonst kontrolliert. „Derzeit mißt der Arzt meist nur die Gesamtmenge an PSA. Wenn diese Untersuchung über einen gewissen Zeitraum regelmäßig wiederholt wird, kann Prostatakrebs bis zu vier Jahre vor der klinischen Diagnose erkannt werden", erklärt James Fozard vom National Institute of Aging. „Diese Studie hat jedoch gezeigt, daß durch eine regelmäßige Bestimmung des Verhältnisses von freien PS-Antigenen zur Gesamtmenge der PS-Antigene über einen langen Zeitraum hinweg die Vorhersage von Prostatakrebs schon bis zu zehn Jahre vor der klinischen Diagnose möglich machen könnte."[61]

Weitere bahnbrechende Entdeckungen kommen von den Wissenschaftlern des National Center for Human Genome Research, von der Johns Hopkins University und der Universität von Umea in Schweden. Sie haben vor kurzem ein Gen lokalisiert, das wesentlich zur Prädisposition für Prostatakrebs beiträgt. Man stellte fest, daß die Zahl der Prostatakrebserkrankungen bei verschiedenen ethnischen Gruppen stark variiert, wobei das Erkrankungsrisiko bei schwarzen Amerikanern im internationalen Vergleich am höchsten ist.[62]

Wenn in Ihrer Familie diese Erkrankung schon einmal aufgetreten ist, dann liegt das Risiko, daß sie ebenfalls daran erkranken, über dem Durchschnitt, und sie sollten sich unbedingt regelmäßig untersuchen lassen.

Ab fünfzig beginnt die Prostata sich bei den meisten Männern zu vergrößern, was auch als gutartige Prostatahypertrophie bezeichnet wird. Wenn sich die Drüse vergrößert, dann drückt sie auf die Harnröhre, was bewirkt, daß die Blase öfter entleert werden muß, und daß der Urinstrahl schwächer wird und nur schwer in Gang kommt. Das derzeit in den USA am häufigsten angewandte Mittel Finasterid (Proscar) hat auch große Nachteile. Nach Angaben von Andrew Weil ist es „teuer, verursacht manchmal Impotenz, und braucht manchmal bis zu einem Jahr, bis es eine Wirkung zeigt. Nur 30 Prozent der Patienten sprechen überhaupt darauf an."

Glücklicherweise gibt es noch eine bessere Alternative. Dazu meint Weil: „Untersuchungen in Europa haben gezeigt, daß ein Extrakt von Serenoa repens, der aus den Beeren dieser Pflanze gewonnen wird, die im Südosten Amerikas zu Hause ist, die Größe der Prostata in nur vier bis sechs Wochen reduziert. Und er wirkt in 90 Prozent der Fälle!"[63] Ich habe Weils Rat befolgt und muß nun nachts wesentlich seltener zur Toilette.

Auch Michael B. Schachter, Autor des Buches *The Natural Way to a Healthy Prostate* ist der Ansicht, daß Serenoa repens sehr nützlich sein kann. Er empfiehlt noch weitere natürliche Mittel, die helfen können, Prostataerkrankungen vorzubeugen oder zu heilen.[64] Als weiteres wichtiges Spurenelement zur Gesunderhaltung der Prostata empfiehlt er Zink, denn: „Die gesunde Prostata enthält zehnmal mehr Zink als jedes andere Körperorgan. Zinkmangel, der bei den Amerikanern häufig vorkommt, könnte eine wesentliche Ursache für eine Prostatavergrößerung sein."[65]

Andrew Weil nennt eine Reihe ganz simpler Maßnahmen, mit denen Sie Prostataproblemen vorbeugen können:

- Trinken sie viel Wasser (Ihr Urin sollte hell sein).
- Ihr Sexualleben sollte aktiv, aber maßvoll sein (Welche Ejakulationsfrequenz gut für Sie ist, sollten Sie selbst entscheiden).

- Essen Sie Sojaprodukte. Die Phytoöstrogene in Sojaprodukten wirken möglicherweise den negativen Effekten, die das Testosteron auf die Prostata hat, entgegen.
- Nehmen Sie weniger gesättigte Fettsäuren zu sich. Nach einer Studie der Stanford University verdoppelt sich das Risiko, an Prostatakrebs zu erkranken, bei Männern, die täglich 30 Gramm Fett mit vorwiegend gesättigten Fettsäuren zu sich nehmen (meist Fleisch und Milchprodukte) gegenüber Männern, die täglich nur 11 Gramm zu sich nehmen.
- Essen Sie große Mengen an Tomaten. Eine Studie, die kürzlich an der Harvard School of Public Health durchgeführt wurde, ergab, daß sich das Prostatakrebs-Risiko bei Männern, die vier Mal die Woche Tomaten oder Tomatensauce essen, um 20 Prozent verringert. Werden Tomaten bei zehn Mahlzeiten pro Woche verspeist, kann das Risiko sogar um 50 Prozent vermindert werden.[66]

Unser Körper – unser Selbst: die Geburt eines Gesundheitszentrums für Männer

„Wenn Männer so viel über ihren Körper wüßten wie über ihre Autos, dann ginge es ihnen wesentlich besser. Wir müssen den Männern klarmachen, daß sie sterben werden, wenn sie an ihrer Lebensweise nichts ändern."[67] Diese Erkenntnis von Kenneth A. Goldberg war die Grundlage für die Entstehung eines Zentrums, das sich mit den spezifischen Belangen der Männer beschäftigen sollte.

1989 eröffnete Goldberg das *Male Health Center* in Dallas, Texas, das erste Gesundheitszentrum für Männer, das auf die gesundheitlichen Belange des Mannes spezialisiert ist. Sinn und Zweck des Zentrums ist es, Männer darin zu unterstützen, zu einer gesunden und aktiven Lebensführung zu finden. Die Strategie des Zentrums zur Verbesserung der männlichen Gesundheit umfaßt die frühzeitige Diagnose und Behandlung von Erkrankungen, Maßnahmen der Nachsorge sowie Seminare und Informationsveranstaltungen, in denen die Männer etwas über ihren Körper erfahren können, um zukünftigen gesundheitlichen Problemen vorzubeugen.

Goldberg war einer der ersten Mediziner des Landes, der sich mit der Menopause des Mannes beschäftigte und der erkannte, daß viele Männer zwischen fünfunddreißig und fünfundsechzig an sexuellen Funktionsstörungen litten, die, wenn sie unbehandelt blieben, zu großen Problemen für den Mann selbst und seine Familie führten.

„Wenn ich so zurückblicke, dann bin ich wohl selbst das perfekte Beispiel dafür, wie man am besten impotent wird", sagte der fünfundsechzigjährige Cliff Davison zu Goldberg. „Ich ernährte mich schlecht, und in der Arbeit war ich zu beschäftigt, um noch Zeit für irgendeine sportliche Betätigung zu finden. Nun, das habe ich dann mächtig zu spüren gekriegt. Als ich so um die sechzig war, schien ich mich förmlich in meine Einzelteile aufzulösen. Zuerst bekam ich Probleme mit der Prostata und mußte operiert werden. Neun Monate später hatte ich einen Herzanfall. Zur selben Zeit – oder sogar schon vorher – hatte ich Schwierigkeiten im Bett. Ich hatte Lust auf Sex und bekam auch eine Erektion. Aber die hielt nie lange genug, an, damit auch meine Frau einen Orgasmus haben konnte. Nach einigen diesbezüglichen Fehlschlägen begann ich, Sex zu vermeiden. Ich ging besonders früh oder besonders spät zu Bett und versuchte, sie nicht zu berühren. Wir sprachen auch nicht darüber. Es war, als hätten wir einen Teil unseres Lebens einfach ausgeblendet."[68]

Cliff Davison steht für Tausende von Männern, die in Goldbergs Zentrum wegen Impotenz oder anderer sexueller Schwierigkeiten behandelt wurden. „Am Gesundheitszentrum für Männer treffe ich Menschen, die wegen ihrer Impotenz so am Boden zerstört sind, daß sie mir nicht einmal mehr in die Augen sehen können. Dann aber, wenn sie sich auf dem Wege der Besserung befinden, machen sie eine wundersame Verwandlung durch. Sie reden anders, sie gehen sogar anders. Einer meiner Patienten hat mir kürzlich erklärt, daß diese Schwierigkeiten im Bett sich auf dein ganzes Leben auswirken können."[69]

„Ungefähr 80 Prozent der Männer mit Potenzproblemen sprechen auf eine Injektion mit Prostaglandin E I oder mit einer Kombination von Prostaglandin E I, Papaverin und Phentolamin an, alles Substanzen, welche die glatte Muskulatur im Penis entspannen", erklärt Goldberg. „Die Injektionsnadel ist winzig klein und wird an einer Stelle eingeführt, an der nur sehr wenige Nervenenden liegen. Zwar sind alle empfindlichen Männer vor der ersten Injektion zunächst etwas ängstlich, doch die meisten empfinden den Eingriff durchaus nicht als unangenehm."[70]

„Ein Patient, der mit dieser Injektionstherapie sehr zufrieden war, kam ursprünglich zu mir, weil die Nerven, die für eine Erektion verantwortlich sind, bei einer Notoperation im Unterbauch stark in Mitleidenschaft gezogen worden waren", erinnert sich Goldberg. „Er hatte seit sieben Jahren keine Erektion mehr gehabt, Sex hatte er abgeschrieben. Seine Ehe war dabei auch auf der Strecke geblieben. In meiner Praxis sprach er dann sofort auf Prostaglandin E I an, und seine erste Frage an die Schwester lautete: ‚Wie oft kann man dieses Zeug denn spritzen?' (Die Antwort lautet, ungefähr dreimal die Woche.) Er hatte eine Erektion, die er mit einer ‚zwölf auf einer Zehnerskala' bewertete, und dementsprechend war seine zweite Frage: ‚Wo gibt's hier ein Telefon? Ich muß sofort meine Freundin anrufen!'"[71]

Goldberg vermittelt den Männern und ihren Familien, daß jeder Fall individuell verschieden ist. Es gibt nicht *die* Methode, auf die alle Männer gleich gut ansprechen. Aber für jedes sexuelle Problem gibt es Behandlungsmöglichkeiten. Er wählt aus einer ganzen Reihe modernster Methoden die passenden aus, beginnend mit einer eingehenden körperlichen Untersuchung und einem psychologischen Beratungsgespräch. Dazu gehören auch eine Versuchsdosis Yohimbin, Vakuumtherapie, Penisinjektionen, operative Revaskularisation, Penisimplantate und Hormonbehandlungen.[72]

„Allzu häufig geht man fälschlicherweise davon aus, daß Impotenz von zu niedrigen Hormonspiegeln verursacht wird", erläutert Goldberg. „Tatsache ist jedoch, daß zu niedriges Testosteron nur selten als Ursache in Frage kommt. Es kann mit dazu beitragen, insbesondere bei älteren Männern, aber meistens gibt es eine andere psychophysiologische Grundlage für das Unvermögen, eine Erektion zu bekommen oder aufrechtzuerhalten."[73]

Goldberg hat gezeigt, daß ein flexibler Ansatz bei der Behandlung von Problemen in der männlichen Menopause am günstigsten ist. Er weiß genau, will man einem Mann helfen, sein volles sexuelles Potential wiederzuerlangen, muß man ihm auch helfen, eine gesunde Lebensweise in allen Bereichen seines Lebens zu verwirklichen.

Zu den wesentlichen Unterschieden zwischen Goldbergs Gesundheitszentrum und den unzähligen Kliniken, die auf sexuelle Funktionsstörungen bei Männern spezialisiert sind und die neuerdings wie Pilze aus dem Boden schießen, gehört die Tatsache, daß man hier mehr will als nur eine Erektionsstörung beheben. Goldberg ist der Auffassung, daß Gesundheitsprogramme, wenn sie etwas bewirken sollen, den ganzen Menschen betreffen müssen, nicht nur einzelne Teile seines Körpers. „Sechzig bis achtzig Männer kommen täglich in unsere Klinik", erzählte mir Goldberg erst kürzlich. „Jeder Mann ist anders, und kein Problem darf isoliert betrachtet werden. Heute zum Beispiel treffe ich einen Endokrinologen, um die Frage zu erörtern, inwieweit Osteoporose und andere Veränderungen, die in der männlichen Menopause auftreten, miteinander in Zusammenhang stehen."[74]

Obwohl die Wunder der modernen Medizin einem Mann in den Wechseljahren eine große Hilfe sein können, gibt es weit mehr, was ein Mann tun kann, wenn er auch Heilmethoden in Betracht zieht, die auf die Erfahrung von Tausenden von Jahren zurückgehen. Diese Heilmethoden finden auch in der wissenschaftlichen Welt mehr und mehr Anerkennung. „Schon in den alten Kulturen Ägyptens und Griechenlands, in Indien und China wußten die Ärzte, daß auch die Emotionen des Patienten eine Rolle spielen", heißt es in einem Bericht des *Wellness Letter* der University of California, „und daß es wichtig ist, die Lebensgeister eines Patienten wiederzuerwecken, wenn man Schmerzen lindern und eine Krankheit heilen will. Gesang, Tanz und Rituale gehörten deshalb zum Handwerkszeug eines jeden Arztes."[75] Im nächsten Kapitel werden wir uns etwas näher mit diesen antikmodernen Heilmethoden auseinandersetzen.

9. Sex und die Liebe auf dem zweiten Gipfel: die Freuden der Intimität in der Zweiten Lebenshälfte

Gerade als ich mich damit vertraut gemacht hatte, was es heißt, ein Mann zu sein und was eine Frau wirklich will, begann der Boden unter meinen Füßen zu erzittern und brachte mich aus dem Gleichgewicht. Carlin und ich waren zehn Jahre verheiratet und hatten uns eine nette Routine geschaffen. Ich hatte die Rolle des Hauptverdieners und einen Job, in dem ich oft unterwegs war.

Carlins Beruf brachte uns weniger Geld ein und erlaubte ihr, viel Zeit mit den Kindern daheim zu verbringen. Obwohl unsere Ehe weit weniger traditionell war als die unserer Eltern, war sie stabil und befriedigend. Und wir machten beide unseren Weg durch die Wechseljahre.

Nachdem ich mich von einer Operation, bei der ein Tumor an der Nebenniere entfernt worden war, erholt hatte, beschloß ich, mehr zu entspannen und weniger zu arbeiten. Wir zogen aufs Land, und zu meiner Überraschung gefiel es mir, eine ruhigere Kugel zu schieben. Ich brachte Stunden damit zu, Holz zu hacken, und war stolz darauf, jeden Tag wertvolle Zeit in der Hängematte zu verbringen. Während ich in der Vergangenheit gerne gereist war, hatte ich nun kein Interesse mehr an irgendwelchen exotischen Reisezielen. Ich wollte einfach nur zu Hause bleiben.

Carlin dagegen begann, ihre Arbeitszeit auszudehnen. Sie stellte fest, daß sie als Beraterin und Mentorin mehr und mehr Zuspruch fand. Sie begann zu reisen und intensivierte ihre Arbeit mit Frauen. Sogar zu Hause wurde sie immer anspruchsvoller. Sie legte einen großen Garten an und wurde zur Farmerin, hatte täglich irgendwelche Aufgaben zu versehen und das zu jeder Jahreszeit. Sie wässerte, düngte, jätete Unkraut, pflanzte und erntete. Am Hang legte sie Terrassen an und hämmerte irgendwelche Eisenstangen in die Erde, um ihre Obstbäume vor dem Abrutschen zu sichern. Sie installierte eine Berieselungsanlage, die ständig überwacht und gereinigt werden mußte.

Sie war so beschäftigt, daß ich sie daran erinnern mußte, daß wir etwas Zeit für uns brauchten. Das war eigentlich sonst immer ihr Part gewesen. Jetzt war ich es, der vorschlug, wir könnten doch mal einen Tag ganz alleine verbringen. Und ich war auch derjenige, der irgendwelche Artikel zu Beziehungsthemen und Bücher las, um zu erfahren, wie man seine Ehe lebendig und gesund erhält. Es schien als hätten wir die Rollen getauscht.

Männer und Frauen: die Wechseljahre und die zweite Lebenshälfte

Die Menopause bedeutet für Männer wie für Frauen den Abstieg vom Berg des Ersten Erwachsenenalters und die Wanderung durch das erreichte Tal. Sinn und Zweck der Menopause ist es, uns vorzubereiten für den Aufstieg zum zweiten Gipfel, damit wir uns in den späteren Jahren des Lebens, die der Schweizer Psychologe Carl Jung als „Nachmittag des Lebens“[1] bezeichnete, voll engagieren können.

Das Unbehagen, das mit dieser Lebensphase oft verbunden ist, steht häufig in Zusammenhang mit dem zunehmenden Schmerz, den wir erdulden müssen. Das Ausmaß des Schmerzes verhält sich proportional dazu, wie stark wir uns an die Vergangenheit klammern und uns weigern, die Zukunft in Angriff zu nehmen. Einer der überraschendsten Aspekte und für viele vielleicht auch der schwierigste Aspekt dieser Lebensphase überhaupt hängt mit der Verschiebung der Polarität zwischen Mann und Frau zusammen.

In der Zeit zwischen Geburt und Adoleszenz sind sich Männer und Frauen sehr ähnlich. Die hormonellen Veränderungen mit Beginn der Pubertät bewirken, daß sich hier ihre Wege trennen. Die Evolutionspsychologen glauben, daß die größten Unterschiede zwischen Männern und Frauen während ihrer fruchtbaren Jahre bestehen.[2]

Professor David Gutmann, Autor des Buches *Reclaimed Powers* ist der Ansicht, daß diese Unterschiede notwendig sind, damit die Kinder genau die Art von elterlicher Fürsorge erhalten, die sie brauchen, um zu lebenstüchtigen Erwachsenen heranwachsen zu können. Er glaubt, daß Kinder körperliche wie auch emotionale Sicherheit brauchen und daß diese Bedürfnisse am besten dann erfüllt werden, wenn jeweils ein Elternteil für eine dieser enorm wichtigen Funktionen zuständig ist.[3]

Ob wir in dieser Zeit nun Kinder haben oder nicht, unser evolutionäres Erbe bewirkt, daß Männer und Frauen entsprechend den Anforderungen, die an ihr Geschlecht gestellt werden, unterschiedliche Rollen einnehmen. In den Jahren nach unserer fruchtbaren Zeit jedoch können wir die Anteile in uns selbst wieder neu entdecken, die wir im Dienste des biologisch gesteuerten Verlangens, uns um die nächste Generation zu kümmern, geopfert haben.

„Als Folge davon“, erklärt Gutmann, „können Männer und Frauen, die die Elternphase hinter sich gebracht haben, sich auf ihre geschlechtliche Bimodalität besinnen, die sie bisher unterdrückt und deren Aspekte sie klar zwischen Mann und Frau aufgeteilt hatten. Da die Wiederaufnahme ihrer geschlechtlichen Bimodalität sie nun nicht mehr daran hindert, ihre Elternrolle konsequent zu übernehmen, können ältere Männer und Frauen nun auch den Aspekten ihres Selbst Raum geben, die innerlich geleugnet, äußerlich aber stellvertretend durch den Partner gelebt wurden.“[4] In diesem Prozeß werden wir daher unserem Partner ähnlicher.

In der Lebensmitte scheint es den Mann in sein Zuhause zu ziehen, zurück ins Zentrum. Er wird angezogen von dem, was der Anthropologe Angeles Arrien als „magnetische“ Dimension des Lebens bezeichnet. Er spürt seine Wurzeln, ist weniger interessiert, nach außen zu gehen, gibt sich mit den Dingen zufrieden, wie sie sind. Die Frau wird genau vom Gegenteil, von der „dynamischen“ Dimension getrieben. In ihr meldet sich die Sehnsucht nach dem Abenteuer, und sie möchte mehr nach außen gehen, in die Peripherie.

Bei dem Versuch, aus den traditionellen Geschlechterrollen auszubrechen, tauschten auch Männer und Frauen mit zwanzig oder dreißig schon ihre Rollen. Die Frau geht nach außen und verleiht damit dem „dynamischen“ Aspekt ihres Wesens Ausdruck, während der Mann zum „Hausmann“ wird und die „magnetischen“ Aspekte übernimmt. In diesem Falle bringt der Richtungswechsel in der Menopause die Frau in ihr Zuhause zurück, während der Mann nach außen geht. Was auch immer der Modus im Ersten Erwachsenenalter war, der gegenteilige Aspekt beginnt sich im Zweiten Erwachsenenalter durchzusetzen.

Allerdings leben wir in einer Gesellschaft, in der die Werte der dynamischen Dimension weit mehr geschätzt werden als die Werte der magnetischen. Frauen, die die dynamischen Aspekte ihres Wesens ausleben, auch wenn es vielleicht für die Menschen, die ihnen nahestehen, unangenehm sein mag, werden allgemein respektiert. Andererseits werden Männer, die sich für die magnetischen Aspekte des Lebens entscheiden, oft belächelt. Dies trägt häufig noch zusätzlich zu dem Gefühl, sich schämen zu müssen, bei, das Männer schon von Jugend an mit sich herumtragen.

Während ihrer reproduktiven Jahre macht man den Männern oft zum Vorwurf, daß sie nie zu Hause sind, immer arbeiten, emotional für Frau und Kinder nie erreichbar sind. Jetzt, in der zweiten Lebenshälfte, macht man ihnen zum Vorwurf, daß sie nicht mehr abenteuerlustig genug sind und emotional zu abhängig von ihren Familien.

Dieses beschämende Gefühl wird zu einer Krankheit, die das Selbstwertgefühl eines Mannes zerstören kann, ebenso wie es Liebe, Vertrauen und Respekt zerstört, alles Dinge, die notwendig sind, wenn Männer und Frauen die Wechseljahre mit Erfolg hinter sich bringen wollen.

Die Erfahrung, nach Hause zurückzukehren, muß für Männer nicht unbedingt mit diesem beschämenden Gefühl verbunden sein, auch wenn es eine schwierige Erfahrung sein mag. Für ein Paar, das sich an Veränderungen anpassen und über alles reden kann, mag diese Erfahrung zu der einschneidendsten Veränderung ihres Lebens werden. Für Ruth und Jeremy begann alles mit einer schweren Lebenskrise.

„Es war ein größerer Einschnitt in unser Leben als die Geburt unseres ersten Kindes“, erzählt Ruth und meint damit die Zeit, als ihr Mann Jeremy in Rente ging. „Er hatte von frühester Jugend an gearbeitet, und ganz plötzlich hatte er keine Aufgabe mehr, keinen Titel und keine berufliche Identifikationsmöglichkeit. Er wurde ziemlich abhängig von mir, fast wie ein Kind“, fuhr Ruth fort und dachte dabei an die ersten zwölf Monate nach seiner Pensionierung. „Er konnte nicht mehr klar denken. Er verlor jeglichen Antrieb, und ich mußte ihm zeigen, wie im Haus alles funktionierte. Er war einfach nicht mehr er selbst.“

„Obwohl wir während unserer Ehe fast immer beide gearbeitet hatten, war der Haushalt doch immer mein Zuständigkeitsbereich gewesen", gab Ruth zu. „Als er dann zu Hause war, versuchte er, auch das zu übernehmen. Ich kann es ja verstehen, wirklich. Er war es gewöhnt, der zuständige Mann zu sein, besonders natürlich, wenn er mit Frauen zusammen war."

„Vierzig Jahre war er ständig von Sekretärinnen, Forschungsassistentinnen und Kellnerinnen umgeben gewesen, und alle waren darauf bedacht, seinen Wünschen nach Möglichkeit nachzukommen.

Erst war ich drei Monate lang krank, und dann ging ich auf Reisen, um Freundinnen zu besuchen. Eine von ihnen riet mir sogar, ich solle Jeremy verlassen. Aber das wollte ich nicht. Ich wußte, er mußte sich erst neue Strukturen schaffen, was ihm schließlich auch gelang.

Er schloß sich einer Männergruppe an und hörte vom Schmerz anderer Männer. Eines Tages kam er heim und weinte. Ich hatte ihn vorher niemals weinen sehen. Ich fragte, was denn los sei, und seine Antwort berührte mich sehr. Er erzählte mir, daß es die Erinnerung sei an die Zeit, als er neun Jahre alt war. Ich wußte, er meinte den Schmerz über all das, was er von seinem Vater nicht bekommen hatte."

„Zum ersten Mal in meinem Leben hatte ich das Gefühl, daß ich jüngeren Männern etwas geben konnte", erzählt Jeremy. „Ich konnte ihnen zuhören, ohne gleich ein Urteil zu fällen. Ich empfand echte Wärme, wenn ich sie umarmte. Jüngere Männer riefen mich an, und wir telefonierten stundenlang. Meistens sprachen wir einfach nur über unsere Gefühle."

„Oft trafen wir uns zum Frühstück im Café um die Ecke. Ich glaube, ich habe meine Berufung gefunden. Ich bin Mentor geworden. Ich liebe Ruth, weil sie mich unterstützt und mich nicht noch mehr niedermachte, wenn ich mich quälte. Anderen Männern Stütze sein zu können und selbst gestützt zu werden, ist ein großes Geschenk."

Der Magnetismus des Mannes und die umfassende Reintegration unserer Sexualität

In einer Gesellschaft, in der die nach außen strebende dynamische Dimension überbewertet und die magnetische Dimension, die nach innen geht, häufig verunglimpft wird, kränkt man den, der diese Dimension nach innen lebt. Während der reproduktiven Jahre wurde die typische „Frauenarbeit", die meistens mit Heim und Familie verknüpft ist, häufig abgewertet. Der Arbeit des Mannes außerhalb des Hauses wurde oft ein höherer Wert beigemessen, als sie es in Wirklichkeit verdiente, weil er ja „arbeitete", er kontrollierte das Geld, hielt sich für den Herrn aller Dinge und erwartete dementsprechenden Respekt. Da sie nicht „arbeitete", wurde sie auch nicht bezahlt und betrachtete sich selbst oft als „weniger wert" als der Mann.

Aber auch das Mutter-Sein hat seinen eigenen Wert. Auch wenn die Arbeit außerhalb manchmal als wertvoller erachtet wird als das „Zu-Hause-Bleiben", so sind mit diesem „Zu-Hause-Bleiben" ganz klar Verdienste um Familie und Gesellschaft verknüpft. Was aber ist die Rolle der älteren Männer, die nun zu Hause bleiben? Welchen Wert haben sie, wenn sie nicht mehr außerhalb arbeiten und keine Kinder mehr zu erziehen haben? Sind sie einfach nur alte Penner, die herumsitzen und sich gegenseitig Geschichten aus besseren Tagen erzählen? Oder gibt es für ältere Männer auch noch wichtigere Aufgaben?

Wir können eine Menge lernen, wenn wir uns die Erfahrungen von Männern aus den Eingeborenenkulturen auf der ganzen Welt anschauen. Anders als in unserer industrialisierten Gesellschaft blicken Kulturen auf eine lange Geschichte zurück, in der ältere Männer und deren Rolle zur Unterstützung der Gemeinschaft durchaus respektiert wurden.

In den traditionellen Gesellschaften Afrikas zum Beispiel, gehört die Rolle des „Friedensstifters" zu den wichtigsten Aufgaben älterer Männer. Der Anthropologe Paul Spencer fand heraus, daß es diese Funktion beim Stamm der Samburu in Ostafrika (ein Ableger der kriegerischen Massai) gibt sowie bei den Zulus, den Nyakyusa und den Lele in Zentralafrika. Diese Stämme glauben, daß die jungen Männer ihrer Aggression Ausdruck verleihen müssen, daß den älteren Männern aber die Aufgabe zukommt, diese Aggression zu kontrollieren und in die richtigen Bahnen zu lenken.

Gutmann, der schon viele Arbeiten über diese Gesellschaften veröffentlicht hat, meint dazu: „Die alten Männer dieser Stämme haben erkannt, daß die ungezügelten jungen Männer sich ausgezeichnet dazu eigenen, die kollektiven Aggressionen der ganzen Gruppe stellvertretend auszuleben, daß der körperliche Ausdruck dieser Aggressionen aber von dem sehr verletzlichen unmittelbaren Umfeld der Gemeinschaft ferngehalten werden muß."[5]

Betrachtet man andere Eingeborenenkulturen, findet man noch zwei weitere wichtige Funktionen für ältere Männer. Neben ihrer Aufgabe, die Ordnung in der Gemeinschaft aufrechtzuerhalten, sind sie zuständig für die spirituellen Bedürfnisse des Stammes und fungieren als Mentoren für die jungen Männer.

Der Anthropologe Austin Shelton beschreibt die Rolle der Männer vom Nsukka Ibo-Stamm in Nigeria wie folgt: „Der ältere Mann erreicht schließlich ein Stadium, in dem er die Feld- und andere körperliche Arbeit den jungen überläßt, und zwar mit der Begründung, daß er seine Energien nun auf wichtigere Aufgaben verwenden müsse: Er muß nun für Recht und Ordnung im Stamm sorgen, den Schutz Gottes und der Vorfahren für seine Leute sicherstellen und den Jungen die rechte Art und Weise des Zusammenlebens beibringen.[6]

Alle drei Rollen, die des Friedensstifters, des spirituellen Führers und des Mentors, erfordern die Rückkehr des Mannes in die magnetische Dimension des Lebens. Er kehrt zurück von seiner Arbeit an der Peripherie und übernimmt eine neue Aufgabe im Zentrum. Frauen dagegen haben nun die Möglichkeit, die dynamische Dimension auszuleben und stärker nach außen zu gehen. Die beeinflußt häufig das emotionale Gleichgewicht in einer Beziehung, in der beide nach und nach Eigenschaften übernehmen, die bisher dem anderen vorbehalten waren.

Bei der Auswertung transkultureller Forschungsergebnisse aus der ganzen Welt kam Gutmann zu dem Ergebnis, daß es zu einem wesentlichen Tausch der Geschlechterrollen kommt, wenn der Mann Eigenschaften wie zum Beispiel „*Sinnlichkeit, Verbundenheitsgefühl und mütterliche Neigungen*, die ‚*Weiblichkeit*' also, integriert, die bisher im Dienste der Reproduktionsaufgabe unterdrückt und mehr von der Frau ausgelebt wurden."

„Aber quer durch alle Gesellschaften wird der umgekehrte Effekt auch bei den Frauen deutlich“, berichtet Gutmann weiter. „Sie werden in der Regel *dominanter, unabhängiger, weniger sentimental und ich-bezogener.*“[7]

Für diesen Rollentausch in der Lebensmitte gibt es auch eine hormonelle Grundlage. Wenn das Östrogen bei den Frauen abnimmt, nimmt das Testosteron/Östrogen-Verhältnis zu. Wenn umgekehrt beim Mann das Testosteron zurückgeht, nimmt das Östrogen/Testosteron-Verhältnis zu. So kommt es, daß der Mann sanfter und introvertierter wird, während die Frauen gereizter werden und mehr nach außen gehen.

Theresa L. Crenshaw beschreibt die Frauen während ihrer reproduktiven Phase folgendermaßen: „Normale Östrogenwerte bewirken im allgemeinen ein Gefühl von Wohlbehagen, das Bedürfnis nach Vertrautheit und den Wunsch nach Zärtlichkeit.“[8] Nach Meinung von William Regelson „belaufen sich bei der Frau vor der Menopause die Blutwerte an Estradiol (das stärkste natürliche Östrogen, das in den Eierstöcken gebildet wird) auf durchschnittlich 200 pg/ml (Pikogramm pro Milliliter). Nach der Menopause sinkt der Wert auf 30 pg/ml, und die Ovarien machen dicht.“[9]

„Komischerweise produzieren ältere Männer mehr Östrogen und weisen eine größere Menge an Östrogen im Gehirn auf als Frauen nach der Menopause“, erklärt Regelson weiter.[10] Dieser Anstieg des Östrogenspiegels, der bei den Männern in den Wechseljahren zu verzeichnen ist, könnte ein Grund dafür sein, warum Männer nun ein größeres Bedürfnis nach Zärtlichkeit haben, in der Sexualität nicht mehr gleich zur Sache kommen wollen und mehr Intimität suchen.

Nun da Carlin und ich auch in den Wechseljahren sind, haben wir genau diese Veränderungen an uns selbst und am anderen festgestellt. Es ist dies für uns eine Quelle größter Freude, aber auch unser stärkster Konfliktpunkt.

Wenn ich etwas getan habe, was ausgesprochen romantisch und liebevoll gemeint war, Carlin es aber nicht zu bemerken scheint, dann fühle ich mich sehr leicht verletzt. Wenn es zwischen uns zu Konflikten kommt, habe ich häufig das Gefühl, es sei deshalb, weil Carlin zu „dominant, unabhängig, unsentimental und ichbezogen“ ist.

War ich im Ersten Erwachsenenalter wirklich genauso? Wenn ich darüber nachdenke, muß ich zugeben, daß es so war. Das Problem ist meiner Ansicht nach, daß Männer wie Frauen Schwierigkeiten haben, diese Veränderungen zu erkennen und zu akzeptieren. Wir scheinen für spätere Lebensphasen nur zwei Beziehungsmodelle zu kennen. Das eine Modell ist, an unseren alten Rollen festzuhalten. Wenn wir uns nach dem zweiten Modell verhalten, legen wir unsere alte Rolle komplett ab und nehmen eine Art „unisex"-Rolle an, in der beide Partner versuchen, alles zu tun und alles zu sein.

Das Ergebnis ist entweder eine Beziehung, die zerbricht, weil die rigiden Geschlechterrollen einfach nicht mehr den Bedürfnissen der beiden Partner entsprechen, oder aber, wenn die alten Geschlechterrollen komplett abgelegt werden, wird man zu einer Art „älterem Zwillingspaar".

Wenn Paare sich darüber beklagen, daß es in ihrer Beziehung keine Sexualität mehr gibt, dann liegt es oft daran, daß sie sich nicht mehr „männlich" und „weiblich" fühlen. Sie entwickeln eine asexuelle Beziehung, in der Männlichkeit und Weiblichkeit als Relikte einer sexistischen Gesellschaft gesehen werden, die man am besten ablegt. Oft hilft so etwas, die unausweichlichen Spannungen einer auf Dauer angelegten Beziehung etwas abzumildern, doch diese üppige Sinnlichkeit, die aus den Geschlechtsunterschieden resultiert, bleibt dabei auf der Strecke.

So wie viele ältere Frauen die dynamische Dimension ausleben, so muß ein Mann die magnetische Dimension leben. Es ist notwendig zu erkennen, daß diese magnetische Dimension, die so wichtig wird, wenn man in die Wechseljahre kommt, nicht etwa Oberflächlichkeit oder Schwäche zum Ausdruck bringt. Die Aufgaben des Friedensstifters, des Spirituellen Führers und des Mentors, die alle auf dieser magnetischen Dimension beruhen, sind wichtige und einflußreiche Aufgaben für den Mann in der zweiten Lebenshälfte.

Ich glaube, daß Männer im Zweiten Erwachsenenalter keine Erfüllung finden werden, wenn sie ausschließlich an ihrer dynamischen Rolle, die ihnen in der ersten Lebenshälfte gute Dienste geleistet hat, festhalten. Sie werden ebensowenig Erfüllung finden, wenn sie ihre männliche Seite verleugnen, ihrem Partner ähnlich werden und versuchen „nette Jungs" zu sein. Und alleine schafft man es auch nicht. Männer brauchen andere Männer, wenn sie in der zweiten Lebenshälfte erfolgreich sein wollen.

Die Wahrheit ist, daß der neue „magnetische" Mann von der neuen „dynamischen" Frau bei lebendigem Leib aufgefressen wird, wenn er sich nicht in einer Gemeinschaft von Männern Unterstützung holen kann.

Ich habe festgestellt, daß die Frauen heutzutage keine Sympathie haben für säuselnde Männer, die ihre männliche Identität nicht finden können und hoffen, daß die Frauen schon für sie sorgen werden. Die Mutterinstinkte einer älteren Frau können durchaus noch wachgerufen werden, wenn ihre erwachsenen Kinder (oder Enkelkinder) in Gefahr sind, wenn Freunde Hilfe benötigen oder in der Gemeinschaft eine starke Beschützerin gebraucht wird. Ihren Ehemännern und Partnern gegenüber neigen sie jedoch eher dazu, ihre Dynamik herauszukehren. Sie können die Zähne zeigen und durchaus auch härtere Saiten aufziehen. Sie haben nicht sehr viel Geduld mit Männern, die sich ihrer Männlichkeit nicht sicher sind und sich verhalten wie große Jungs oder verschreckte Kinder.

Das ist auch der Grund, weshalb ich seit acht Jahren in eine Männergruppe gehe, wo ich für den Rest meines Lebens zu bleiben gedenke. Es ist dies die einzige Möglichkeit für mich, mit der Energie einer älteren Frau in meinem Leben Schritt zu halten. Wenn wir uns eine Beziehung erhalten wollen, in der Liebe und Respekt den Ton angeben, dann, das ist mir klar geworden, brauche ich die ständige Zufuhr männlicher Energie, die ich nur bekommen kann, wenn ich mit anderen Männern zusammen bin.

Aber es gibt auch noch tiefere Gründe, warum Männer in der Lebensmitte mit anderen Männern zusammensein wollen, als nur das Bedürfnis nach männlicher Unterstützung, um starken Frauen standhalten zu können. Sie brauchen den Zusammenhalt unter Männern, die Erinnerung an eine wundervolle Zeit, die schon lange zurückliegt, als sie sich in ihren Körpern und Seelen noch mehr zuhause fühlten. Ich erinnere mich noch an die Zeit, als ich so zehn oder elf Jahre alt war, bevor die Hormone meine Welt veränderten und die Mädchen ins Zentrum meiner Hoffnungen und Träume rückten. Ich erinnere mich an die Zeit, als Jack, Lester, David und ich den Kern einer Gruppe von Jungs bildeten. Wir hingen ständig zusammen und liebten uns innig und selbstlos.

In gewisser Weise war das unsere Glanzzeit. Wir waren stark und draufgängerisch, wir hatten keine Angst davor, unsere Kumpel zu lieben und ihnen ständig Loblieder zu singen. Es gab kein besseres Gefühl als zu wissen, daß man in der Gruppe seinen Platz hatte, wo man hinpaßte und hingehörte. Die Tatsache, daß wir häufig nach Frauen hungern und gleichzeitig wütend auf sie sind, kommt, glaube ich, daher, daß wir lebenslang keine engen persönlichen Beziehungen zu anderen Männern haben.

Während unserer reproduktiven Jahre mit ihren aufregenden Siegen und schmerzlichen Niederlagen müssen wir uns dieses Gefühl, ein Mann unter Männern zu sein, stets neu ins Bewußtsein rufen. Das beste, was uns mit fünfzig passieren kann, ist, so zu sein wie damals – rauh, hart und spielerisch, romantisch und mit großen Augen, ein Herz und eine Seele mit den anderen Jungs in der Gruppe, idealistisch und furchtlos – so, wie wir als zehnjährige Burschen waren.

Germaine Greer stellt in ihrem Buch über die Menopause mit dem Titel *The Change* eine Verbindung zu diesen Lebensphasen her und fordert auch die Frauen in den Wechseljahren dazu auf, sich an das Mädchen zu erinnern, das sie früher einmal waren. „Dieses begeisterungsfähige, idealistische, energische junge Individuum, das Sie waren, bevor die Menstruation über sie hereinbrach", schreibt sie. Sie bietet eine Perspektive an, die für Männer wie für Frauen gleichermaßen wertvoll ist. „Wir würden vielleicht bessere Strategien entwickeln, um diesen schwierigen Übergang zu bewältigen, wenn wir das, was wir tun, nicht als Verleugnung oder als Aufschub dieser Veränderung betrachten, sondern als Beschleunigung einer Veränderung, die uns wieder zu dem macht, was wir einmal waren, bevor wir ein Werkzeug unserer sexuellen und reproduktiven Bestimmung wurden. Damals waren Sie stark, zufrieden und glücklich, bis die Adoleszenz Sie in etwas verwandelte, mit dem Sie Probleme hatten. Und Sie sollen auch nun wieder zufrieden, stark und glücklich sein."[11]

Statt zu versuchen, immer die Nase vorn zu haben wie in den Jahren ständigen Konkurrenzkampfes in Ihrer Sturm-und-Drang-Zeit, sollten Sie sich heute lieber daran erinnern, welch ein gutes Gefühl es damals, in den „goldenen Jahren", war, als man dazugehörte, als ein „Mitglied unserer Bande" zu sein das Höchste war, was man sich als Junge erträumen konnte.

In den Kulturen, die diesen Lebensabschnitt als wichtig erachten und respektieren, trifft man daher ältere Männer, die, wenn sie mit ihren Altersgenossen zusammen sind, sich Witze erzählen, Spaß haben, gemeinsam essen und trinken, singen und tanzen und sich Geschichten erzählen. Diese Kulturen haben erkannt, wie wichtig es ist, besonders auch im Zweiten Erwachsenenalter, daß die beiden Geschlechter Zeit und auch Raum bekommen, unter sich zu sein, damit Männer sich gegenseitig unterstützen und sich so verhalten können, als wären sie wieder zehn Jahre alt. In diesen Kulturen weiß man, daß sich zwischen Männern und Frauen unausweichlich eine Spannung aufbaut, die nur dadurch abgebaut werden kann, daß Männer mit Männern und Frauen mit Frauen kommunizieren. Die Männer und Frauen von heute können viel lernen von diesen traditionellen Kulturen mit ihren uralten Bräuchen, die sich in Tausenden von Jahren so entwickelt haben.

Zurück in die Zukunft: Ernährung, Sex, Gott und die Heilkunst

In Kapitel 8 haben wir aus einem der bekanntesten amerikanischen Gesundheitsjournale zitiert, das Gesang, Tanz und bestimmte Rituale als feste Bestandteile der Heilkunst darstellt. Haben diese alten Traditionen auch heute noch irgendeine Bedeutung für uns, auch wenn sie – oberflächlich betrachtet – doch so gar nichts mit der modernen wissenschaftlichen Betrachtungsweise von Sex und Liebe im Zweiten Erwachsenenalter zu tun haben?

Angeles Arrien ist eine heilkundige Frau, die davon überzeugt ist, daß diese alten Bräuche für unsere moderne Zeit nicht nur relevant sind, daß sie vielmehr heute sogar wichtiger sind als je zuvor. Arrien ist Anthropologin, die sich mit transkulturellen Studien beschäftigt, sie publiziert Bücher, unterrichtet und ist zudem als Unternehmensberaterin tätig. Ich schätze sie als eine der einfühlsamsten und dynamischsten Persönlichkeiten, die ich je erlebt habe.

„Heilkundige auf der ganzen Welt sind davon überzeugt, daß es wichtig ist, die vier universellen Heilmittel, die wie Balsam auf die Seele wirken, zu erhalten oder wieder zu entdecken: das Geschichtenerzählen, Singen, Tanzen und die Stille“[12], weil unsere Seelen an Substanz verlieren, wenn wir aufhören zu singen und zu tanzen, wenn wir uns nicht länger von Geschichten verzaubern lassen und Stille uns unangenehm wird, und das kann zu Unwohlsein und Krankheit führen. „Der begnadete Heiler", erklärt uns Arrien, „heilt die Seele durch diese vier heilkräftigen Lebenselemente."[13]

Auch Margaret Mead hat erkannt, wie wichtig dieser Balsam für unseren Planeten ist, der sich selbst zerstört, weil wir Menschen konsumsüchtig geworden sind. „Das Gebet verbraucht keine künstliche Energie", schreibt Mead, „es verbrennt keine fossilen Rohstoffe und verschmutzt nicht die Umwelt. Genauso ist es mit dem Gesang, mit der Liebe und mit dem Tanz."[14] Die Eingeborenen pflichten Margaret Meads Worten bei, wenn sie sagen: „Der große Geist muß Geschichten lieben, sonst hätte er nicht so viele Menschen erschaffen."

Ein universeller Aspekt des Geschichtenerzählens ist der Zusammenhang mit den sinnlichen Freuden von Essen und Trinken, was zunehmend wichtiger wird, wenn wir in die Wechseljahre kommen. David Gutmann erklärt diese Bedürfnisse so: „In den späteren Lebensphasen bekommt das Essen eine sexuelle Nuance, es wird zum erotischen Grundton für das reifere Lebensalter."[15] Als Beispiel wählt er die Szene in einem Seniorenheim, in dem die Bewohner per demokratischer Abstimmung über den Speiseplan bestimmen, und wo die politischen Debatten recht lebhaft geführt werden: „Senatoren werden alle sechs Jahre gewählt, der Präsident der Vereinigten Staaten alle vier Jahre, aber die Gerichte werden im Hebrew Home in der Bronx alle zwei Jahre auf den Speiseplan gewählt oder aber wieder abgesetzt. Den Wahlen zum Senat oder den Präsidentschaftswahlen wird relativ geringe Bedeutung beigemessen, verglichen mit der Wichtigkeit dessen, was die Bewohner des Seniorenheims auf den Teller bekommen. ‚Mit einer Niete als Senator können wir leben, mit Ratatouille nicht', meinte einer der neunzehn Wahlberechtigten, der bei der Versammlung, in der probiert, debattiert und abgestimmt wurde, eine Rede hielt. ‚Nichts ist hier so wichtig wie das Essen', betont Marcus Solot, Mitglied im Speiseausschuß, ‚hier redet jeder ständig darüber.'"[16]

Man könnte denken, diese Fixierung auf das Essen kommt einfach daher, daß diese alten Menschen ihre Rolle im Leben verloren haben und daß es sonst wenige Dinge gibt, womit zu beschäftigen es sich lohnte. Das ist jedoch nicht der Fall. Wie Gutmann herausgefunden hat, herrscht dieses Bedürfnis in fast allen Kulturen auf der ganzen Welt vor. „Obwohl es in den verschiedenen Kulturen unterschiedliche Regelungen gibt, welchen Stellenwert das Essen hat und wie die Nahrungsverteilung in späten Lebensphasen aussieht, scheint die mit dem Alter zunehmende Relevanz oraler Wünsche eine transkulturelle Konstante zu sein, ein universelles Phänomen."[17] Insbesondere scheinen die oralen Bedürfnisse bei älteren Männern an Bedeutung zu gewinnen. „Die Zeit nimmt den älteren Männern etwas von ihrer früheren Schärfe, ihrem genitalen und phallischen Appetit auf Dominanz, Sieg und Erfolg, aber sie gibt ihnen auch etwas zurück, eine Vielzahl von Freuden, die ihnen bislang verschlossen geblieben waren, nämlich die Freuden des Tafelns und das Gemeinschaftserleben mit Freunden, die – im wahrsten Sinne des Wortes – das Brot miteinander brechen."[18]

Gemeinsam zu essen und sich dabei gegenseitig die Lebensgeschichte zu erzählen, dürfte zu den wichtigsten Dingen gehören, die ein Mann braucht, um sich seine sexuelle Energie auch im Alter zu erhalten. Es ist das, was uns mit uns selbst verbindet, mit unseren Freunden, unserer Gemeinschaft und mit unserem Gott. Wenn Gott gute Geschichten liebt, dann muß er ganz besondere Freude daran haben, wenn wir gute Geschichten bei gutem Essen und in Gesellschaft guter Freunde erzählen.

Arrien ist der Ansicht, daß in einer Gemeinschaft diejenigen die größten Heilkräfte besitzen, die ihr Talent zum Geschichtenerzählen am besten zu nutzen wissen. „Viele Schamanen und Medizinmänner und -frauen sind begnadete Geschichtenerzähler", schreibt Arrien. „Man nennt solche Leute ‚Gestaltwandler', weil sie in der Lage sind, die Gestalt einer Lebensgeschichte zu verwandeln oder sogar die eigene körperliche Erscheinungsform. Ein Schamane, der diese Fähigkeit besitzt, gilt als Katalysator für den Heilungsprozeß und alle Arten von Veränderungen. Heute sind diese Gestaltwandler unter den medizinischen Fachleuten, den Therapeuten, Seelsorgern und Beratern zu finden, aber auch unter denen, die anderen in den Veränderungen des Lebens zur Seite stehen."[19]

Wenn wir in die Wechseljahre kommen und in das Zweite Erwachsenenalter eintreten, ist es besonders wichtig für unsere Gesundheit und unser Wohlergehen, daß wir uns an unsere Geschichte, besonders an die Geschichte unserer Liebe erinnern. „Die Fähigkeit, uns unsere Lebensgeschichte bewußt zu machen, hilft uns, unser Herz wieder zu öffnen und uns auch den anderen Arten des heilsamen Balsams wieder zuzuwenden. Das wiederum bewirkt, daß wir die Kraft der Liebe, die allen Menschen zugänglich ist, erfahren, diese mächtigste heilende Kraft auf unserer Mutter Erde."[20] Aber viele von uns haben sich abgewendet. Sex und Liebe scheinen gar nicht oder aber nur getrennt voneinander zu existieren.

Sex: We „Can't Get No Satisfaction"?

Sie galt als die wichtigste und umfassendste Umfrage zum Thema Sexualität seit mehr als vierzig Jahren, eine Umfrage, die „alle früheren Umfragen zum Thema Sexualität übertrifft – einschließlich Kinsey, Masters, Johnson, und den Hite Report." Durchgeführt wurde sie von Wissenschaftlern im Auftrag der University of Chicago. Die Ergebnisse wurden 1994 einmal für die breite Öffentlichkeit publiziert, die zweite Ausgabe wendete sich an Sozialwissenschaftler, Berater und Fachleute im Gesundheitswesen (*The Social Organization of Sexuality*). Die Überschriften der einzelnen Artikel der „öffentlichen" Ausgabe geben bereits einen Anhaltspunkt, worum es geht: Sex in Amerika, Umfrage zum Thema Sex, Wer sind unsere Sexualpartner, Wie findet man einen Partner, Wie viele Sexualpartner haben wir, Sexuelle Praktiken und Vorlieben, Masturbation und Erotika, Homosexuelle Partner, Geschlechtskrankheiten, AIDS, Sexuelle Nötigung und Sex und die Gesellschaft. In dem ganzen Report war nichts über Liebe und Intimität zu lesen, lediglich im Stichwortverzeichnis fand ich einige Querverweise auf „Liebe", aber keine auf „Intimität". Mehr Raum gab man den Themen „Sexuelle Nötigung" und „Vergewaltigung". Der Mangel an Informationen über Liebe und Intimität in dieser „ultimativen" Studie über die Sexualität in Amerika verwunderte mich. Es sieht so aus, als sei Sex in Amerika so etwas wie weißer Zucker: extrem raffiniert , sehr intensiv, man kann ihn überall bekommen, jeder braucht ihn unbedingt, aber letztendlich beinhaltet er keinerlei Nährstoffe. Nach Meinung von George Leonard, der schon viel zu diesem Thema geschrieben hat, ist Sex „eine Aktivität" geworden, „ein Feld für wissenschaftliche Untersuchungen, ein Bereich, der fast völlig losgelöst vom Rest des Lebens existiert."[21]

So wie uns das Thema Sex heute alle beschäftigt, ist den meisten Menschen nicht bewußt, daß es das Konzept des „menschlichen Sexualverhaltens" erst seit kurzem gibt. Nirgends in der Natur existiert Sex als isolierte Aktivität. „Der Gedanke, daß etwas, das man als ‚Sexualität' bezeichnet, wie etwas vom übrigen Leben Losgelöstes wahrgenommen, erfahren und untersucht wird, wäre für die Menschen in früheren Jahrhunderten undenkbar gewesen."[22]

Könnte es sein, daß diese Fixierung auf die Sexualität unter Ausschluß von Liebe, Bindung und emotionaler Entwicklung mit ein Grund ist für manche der Schwierigkeiten, mit denen wir in den Wechseljahren konfrontiert werden?

Nachdem sich George Leonard nun seit mehr als fünfundzwanzig Jahren mit der menschlichen Sexualität beschäftigt hat, gibt er uns folgende Empfehlungen: „Ich denke, wir sollten das ganze Konzept, das heutzutage hinter dem Begriff Sex steht, vergessen, ebenso wie die gefährliche Trivialisierung, Fragmentation und Depersonalisation des Lebens, die dadurch gefördert wird. Wir müssen das Schlafzimmer wieder ins Leben integrieren, mit der Gesellschaft und der Natur in Verbindung bringen und vielleicht auch mit den Sternen."[23]

Losgelöst von Liebe, Vertrautheit, Kameradschaft, kreativem Spiel und seiner heilenden Kraft, verliert Sex seinen Sinn. Bei Paaren, die sich darüber beschweren, daß ihr Sexualleben langweilig, fade, vorhersehbar und sporadisch geworden ist, mangelt es häufig an sexuellem Reichtum. Sex, der keine Verbindung mehr zum übrigen Leben hat, ist wie ein Symphonieorchester, das nur eine Note spielen kann.

Liebe, Sex und Intimität: Nutzen Sie die Kraft der Beziehung, um Körper und Seele zu heilen

Obwohl man uns glauben ließ, daß „Sex" so alt ist wie die Schöpfung selbst, haben wir nun also festgestellt, daß es ihn eigentlich doch noch nicht so lange gibt. Liebe, so haben wir gelernt, ist eine moderne Erfindung, die auf die Troubadoure und die höfische Minne vor ein paar Jahrhunderten zurückgeht. Und dennoch sind einige Anthropologen, die sich mit verschiedenen menschlichen Kulturen beschäftigt haben, zu einem anderen Ergebnis gekommen.

„Im Gegensatz zur landläufigen Meinung ist die Liebe keine neue Erfindung der westlichen Wohlstandsgesellschaften", stellt der Psychologe David Buss fest, der die wohl umfassendste Studie zum Paarungsverhalten des Menschen durchführte. Mehr als 10000 Personen aus siebenunddreißig Kulturkreisen weltweit wurden in die Studie einbezogen. „Die Menschen in all diesen Kulturen erleben Liebe und haben spezielle Begriffe dafür geprägt", heißt es bei Buss. „Die Tatsache, daß es sie überall zu geben scheint, brachte uns zu der Überzeugung, daß die Liebe mit ihren Hauptaspekten – Bindung, Zärtlichkeit und Leidenschaft – ein fester Bestandteil des menschlichen Erfahrungsbereiches ist, für jedermann zugänglich."[24]

Wie kommt es, daß so viele Männer und Frauen, jetzt, da wir uns dem Ende dieses Jahrhunderts nähern, nicht mehr wissen, wie sie Liebe und Sex in ihrem Leben einordnen sollen? Der Psychologe Paul Pearsall glaubt, es liege daran, daß so viele den falschen Ratschlägen des „Sex-Syndikats", wie er es nennt, folgen. Er ist der Ansicht, daß die beliebtesten Ansätze für eine Sexualtherapie zu einseitig sind, Techniken über die Bindung stellen und individuelles Glück über eine intakte Beziehung. „Das Sex-Establishment bestimmt, wie guter Sex zu sein hat, und das Ergebnis ist, daß wir durch unser eigenes Vergnügen geknebelt werden", erläutert Pearsall. „Es gibt kaum Diskussionen darüber, was Sex oder die heilende Wirkung einer dauerhaften Beziehung wirklich bedeuten. ... ‚Gleich zur Sache kommen' statt ‚langsam kommen lassen' scheint die Botschaft des Sex-Establishments zu sein."[25]

Wie so viele andere heilkundige Menschen, die großen Respekt genießen, scheut sich Pearsall nicht, die Schlüsselerfahrung, die zu seiner eigenen sexuellen Gesundung geführt hat, mit anderen zu teilen. „Nie zuvor hatte ich so eine Hilflosigkeit und Angst erlebt", erinnert sich Pearsall. „Ich war blind und unfähig, mich zu bewegen. Selbst meine Augenlider wollten mir nicht mehr gehorchen, als ich versuchte, die schwache Verbindung zur Außenwelt aufrechtzuerhalten. Ich war gerade operiert worden, der Krebs hatte sich in meinem ganzen Körper und auch in meinen Knochen ausgebreitet, und nun lag ich auf der Intensivstation. Ich kämpfte um jeden Atemzug und darum, irgend einen Teil meines Körpers bewegen zu können. Ich fühlte mich völlig allein und von der Außenwelt abgeschnitten. Ich hörte die Stimme eines Arztes: ‚Ich denke, wir haben ihn verloren.' In diesem schrecklichen Moment fühlte ich die wundervolle Wirkung sexueller Heilkraft ... ." – „Es war meine Frau Celest, die mich, als ich mich völlig hilflos und isoliert fühlte, aus den Klauen des Todes befreite und mich wieder ins Leben zurückführte. Ich fühlte die Wärme ihres Atems an meiner Wange, wie ihre Tränen sanft auf meine Augenlider fielen, den sanften und doch bestärkenden Trost ihrer Finger, wie sie mir über meine Arme, meine Brust und die Narben strich, die meinen Bauch bedeckten. ‚Ich liebe dich. Ich bin hier. Du wirst es schon schaffen, Liebling. Wir werden es gemeinsam schaffen, so wie immer', weinte sie sanft an meinem Ohr."

Die Liebe seiner Frau gab ihm etwas, was die moderne Medizin mit all ihren technischen Zauberkünsten ihm nicht geben konnte. Sie gab ihm einen Grund, um weiterzuleben. „Wie die Elektroden, die beim Elektroschock dem Herzen seinen normalen Rhythmus wieder zurückgeben und den Patienten wieder ins Leben zurückholen, so schienen die Worte meiner Frau eine Flut von Erinnerungen heraufzubeschwören an Dinge, die wir gemeinsam erlebt hatten", erzählt Pearsall. „Als ich dem Tode nahe war, war es nicht mein eigenes Leben, das an meinen Augen vorüberzog – es war unser Leben."[26]

Aus seiner persönlichen und aus seiner professionellen Erfahrung heraus begründete Pearsall ein neues Forschungsgebiet, das er Psychoneurosexualität (PNS) nennt und als „Erforschung der Zusammenhänge zwischen dem Gehirn in unserem Schädel, dem Geist wie er in unserem ganzen Körper existiert, dem Immunsystem, das mit diesen Systemen kommuniziert, und der Sexualität, die diese gesamte Struktur als Spiegel unseres Wohlergehens einer anderen Person gegenüber zum Ausdruck bringt", definiert.[27]

„Eine Grundannahme der PNS ist, daß die sexuelle Heilkraft auf fünf Verbindungsebenen beruht – das heißt, daß fünf zusammenhängende Faktoren daran beteiligt sind", und zwar:
– *Selbstachtung* – eine Verbindung zu sich selbst,

- *Intimität* – eine Verbindung zu jemandem, der in deinem Leben eine wichtige Rolle spielt,
- *Kohärenz* – eine Verbindung zu jemandem, der den Glauben an einen höheren Sinn und Zweck mit dir teilt,
- *Bewußtheit* – eine Verbindung mit dem Augenblick
- *Sinnlichkeit* – eine sinnliche Verbindung zum eigenen Körper und zu jemanden, den du liebst, als intensiver körperlicher Ausdruck und Manifestation aller fünf Verbindungsebenen.[28]

In seinem Buch „*Sexual Healing*" beschreibt Pearsall ein besonderes Instrumentarium zur Heilung unseres sexuellen Selbst, das für alle Menschen von Bedeutung ist, insbesondere aber für Männer und Frauen im Zweiten Erwachsenenalter. In dieser Lebensphase müssen wir über die fortpflanzungsorientierte Bestimmung unserer jungen Jahre hinwegkommen und die kreativen Aspekte der späteren Jahre leben, die die Geschlechter miteinander verbinden.

Lassen Sie uns nun näher betrachten, in welcher Form die sexuelle Heilkraft in den fünf Faktoren, die den Kern von Pearsalls Ansatz bilden, ihren Ausdruck findet:

1. Selbstachtung

Wir treten in Verbindung mit uns selbst, wenn unsere Sexualität Ausdruck dessen ist, wer wir wirklich sind, statt Ausdruck dessen zu sein, wie wir denken, daß wir sein sollten. Wir können uns erlauben „nein" zu sagen zu einer Sexualität, die beschränkend oder mißbräuchlich ist. Wir können „ja" sagen zu einer Sexualität, die zu unserem eigenen Wohlergehen beiträgt, aber auch zum Wohlergehen unseres Partners und der Gesellschaft.

2. Intimität

Durch die Sexualität erhalten wir eine heilende Verbindung zu einem anderen Menschen nur dann, wenn wir ehrlich zu uns selbst sind, aufrichtig und respektvoll unserem Partner gegenüber. Die sexuelle Annäherung ist Ausdruck unserer Liebe, nicht ein Versuch, unsere Spannung abzubauen, oder unsere Partner dazu zu bewegen, uns zu lieben.

Ich bin zu dem Ergebnis gekommen, daß Sex ohne intime Vertrautheit für alle Beteiligten mißbräuchlich ist. Wir hungern danach, daß sich unsere Seelen berühren, geben uns aber oft mit weniger zufrieden. Sexuelle Intimität muß in erster Linie auf Vertrautheit aufbauen.

3. Kohärenz

Heilung durch Sexualität geschieht dann, wenn wir Sex haben mit einem Menschen, mit dem wir unsere Werte und unsere Lebensphilosophie teilen. Die körperliche Liebe ist Ausdruck unseres Glaubens an den Sinn des Lebens. In seiner Autobiographie *Erinnerungen, Träume und Gedanken* schrieb der Psychologe Carl Jung: „Sinnlosigkeit ist gleichbedeutend mit Krankheit.“[29] Sex ohne Sinnhaftigkeit trägt zu unserer Einsamkeit bei.

4. Bewußtheit

Dieser Begriff bedeutet, sich des Augenblicks bewußt zu sein. Er beinhaltet, daß unsere sexuellen Gefühle sich in ihrem eigenen Rhythmus auf und ab bewegen dürfen. Er bedeutet, innerlich bei unserem Partner zu sein und sich nicht vorzustellen, irgendwo anders zu sein oder irgend etwas anderes zu tun, denn „die Sexualität, die man für eine sexuelle Heilung braucht, ist eine langsame, innige und friedvolle Sexualität, in der – zumindest einen Augenblick lang – die Ewigkeit, die durch das Zusammenfließen von Vergangenheit und Zukunft im Hier und Jetzt ihren Ausdruck findet, mit einem Menschen, den wir lieben, gefeiert wird.“[30]

5. Sinnlichkeit

Unsere Haut ist unser größtes Sinnesorgan, und Berührung ist Heilung. Wir müssen erst wieder lernen, die Menschen, die wir lieben, richtig zu berühren. Dafür müssen wir auch erst wieder lernen, uns selbst zu berühren. Die meisten von uns berühren sich nur, wenn sie masturbieren, oder wenn wir uns unsere neuesten körperlichen Defekte dokumentieren.

„Mein Bauch ist zu dick, meine Arme sind zu kurz, meine Haut wird schlaff“, denken wir uns, wenn wir an unserem Körper herumzupfen und -zerren. Selbst wenn wir uns sexuell berühren, ist dies selten ein Ausdruck von Eigenliebe und Genuß. Meistens ist es nicht mehr als der Abbau unserer sexuellen Spannung oder der Ausdruck unserer Enttäuschung, daß wir nicht mit einem liebenden Partner zusammensein können.

Pearsalls Schlußfolgerung lautet: „Die sexuelle Heilkraft stellt eine sinnliche Verbindung auf molekularer Ebene dar, bei der sich jeder Sinn und jede Zelle in einen melodischen Tanz von Molekülen ergibt, der noch heilsamer wirkt durch die Vertrautheit mit dem geliebten Menschen."[31]

Werden Sie ein Schamane der Sexualität

Als ich den Begriff „shaman"(dt.: Schamane) in meinem *Funk and Wagnalls*-Wörterbuch nachschaute, fand ich diese Definition: „Medizinmann der Nordamerikanischen Indianer". Ursprünglich leitet sich dieser Begriff von der Religion der Eingeborenen im Norden Asiens ab. Doch die Idee einer spirituellen Tradition, die den Menschen mit der Natur verbindet, ist schon so alt wie die Menschheit selbst.

Obwohl es in der populären Psychologie heute viele Strömungen gibt, die für unsere modernen Probleme schnelle Lösungen anbieten, und Stammestraditionen häufig entweder glorifizieren oder trivialisieren, gibt es mehr und mehr wissenschaftliche Anhaltspunkte dafür, daß viele dieser uralten Bräuche auch für unsere moderne Zeit ihren Sinn haben könnten. Zwar baut man mit den Methoden der Schamanen sicher keine Brücken, Busse oder Bomben, aber sie könnten uns helfen, unser sexuelles Selbst zu heilen.

„So lange der Mensch existiert, gab es überall auf der Welt auch Schamanen", erklärt uns Pearsall. „Um ein Schamane der Sexualität oder ein Heilkundiger zu werden, muß man zwei besondere Fähigkeiten erlernen, die alle Schamanen beherrschen: spielerische Freude am Zusammenleben mit anderen Menschen und sinnliche Aktivität und Bewegung in allen Phasen des Lebens."[32]

Nach zweiunddreißig Jahren aktiver Betätigung in der Kunst des Heilens habe ich die folgenden sieben Schritte als hilfreich erkannt, wenn Sie zu einem Schamanen der Sexualität werden wollen.

1. Richtige Ernährung als Lebensgrundlage

Bei allen Tierarten ist zu beobachten, daß sich eine biologische Fehlanpassung und daraus resultierende Krankheiten unausweichlich dann einstellen, wenn ihre aktuellen Lebensbedingungen stark von dem abweichen, woran sie genetisch angepaßt sind. Da macht auch die menschliche Rasse keine Ausnahme. Die Diskrepanz zwischen unserem modernen Lebensstil und der Lebensweise, die uns über die letzten drei Millionen Jahre hinweg begleitet hat, hat dazu geführt, daß immer mehr chronische und tödliche „Zivilisationskrankheiten“ auftreten. Typische Beispiele dafür sind Herzerkrankungen, Schlaganfälle, Krebs, Diabetes, Emphyseme, Bluthochdruck, Lebererkrankungen und vieles mehr. Alles Krankheiten, die in den USA immerhin 75 Prozent der Todesursachen ausmachen. Die Diskrepanz zwischen unserem modernen Lebensstil und der Lebensweise während unserer evolutionären Entwicklung wird besonders deutlich, wenn man sich anschaut, wie wir uns heutzutage ernähren.[33]

Auch wenn wir das nicht so gerne wahrhaben wollen, aber in dem alten Spruch „man ist, was man ißt“ steckt sehr viel Wahrheit. Doch bei den unzähligen Lobpreisungen über diese Ernährungsweise oder jene Diät weiß man nun wirklich nicht mehr so recht, wie man sich eigentlich ernähren soll. Es könnte einen Sinn machen, erst einmal danach zu fragen, für welche Art von Nahrung der menschliche Körper eigentlich „konstruiert“ ist. Da sich an den grundlegenden Elementen der körperlichen Beschaffenheit beim Menschen in den drei Millionen Jahren, in denen unsere Vorfahren den Planeten Erde bewohnt haben, nichts geändert hat, schauen wir uns doch am besten erst einmal an, was die Menschen so aßen, bevor die moderne amerikanische Ernährung eingeführt wurde.

Drei moderne Wissenschaftler haben sich in jüngster Zeit mit dieser Frage beschäftigt. S. Boyd Eaton, ein Radiologe, Marjorie Shostak, Anthropologin und Autorin des Klassikers: *Nisa: The Life and Words of Kung Woman* und Melvin Konner, einer der führenden Experten auf dem Gebiet der Evolutionspsychologie und Autor des Buches *The Tangled Wing: Biological Constraints on the Human Spirit.* Zusammen haben sie das Buch *The Paleolithic Prescription* geschrieben, ein Buch, in dem man nachlesen kann, für welchen Treibstoff der Mensch eigentlich „gebaut“ wurde.

Im Vergleich zu unserer heutigen Ernährung, enthielt die Nahrung unserer Vorfahren aus der Urzeit weniger gesättigte Fettsäuren und weniger Salz. Wasser war das Haupt-, meistens sogar das einzige Getränk. Bestimmte Arten von Zucker, wie er zum Beispiel im Honig vorkommt, gab es überhaupt nur zu bestimmten Jahreszeiten. Man konsumierte große Mengen Ballaststoffe, die von wilden Pflanzen stammten und die einen Großteil der Nahrung ausmachten.[34]

Zwar aß man gerne auch Fleisch, falls welches verfügbar war, doch machte dieses Nahrungsmittel nur einen geringen Prozentsatz in der Ernährung aus. Und das Fleisch selbst enthielt früher wesentlich weniger Fett als heute und natürlich auch keine Zusatzstoffe.[35]

„Das ganze menschliche Jagdverhalten ist als eine symbolische, kulturelle und soziale Handlungsweise zu betrachten", meint dazu der Sozialwissenschaftler Paul Shepard, Autor des Buches *The Tender Carnivore and the Sacred Game.* „Obwohl der Mensch mit viel Geschick große und gefährliche Säugetiere jagen kann, muß er selbst nicht unbedingt Fleisch auf seinem Speiseplan haben. Er ist ein guter Läufer, ein geschickter Jäger, für den eine Fleischmahlzeit eine geheiligte Handlung ist."[36]

Auch andere Wissenschaftler bestätigen die Vorzüge dieser urzeitlichen Ernährungsweise: überwiegend vegetarisch, hin und wieder etwas Fleisch. Die traditionelle asiatische Küche kommt diesem Ideal ziemlich nahe. Sie basiert auf der Grundlage von Reis oder anderen Getreidearten mit viel Gemüse, Obst und Hülsenfrüchten, nur wenig Fleisch und andere tierische Produkte und so gut wie keine Milchprodukte. Die asiatische Ernährungsweise ist daher weitaus gesünder als unsere, wie wissenschaftliche Untersuchungen belegen. Ein Beweis, bitte? In Asien treten zum Beispiel Herzerkrankungen und Erkrankungen wie Krebs und Diabetes seltener auf als bei uns, und die Menschen in Japan haben die höchste Lebenserwartung weltweit.[37]

Um ein Schamane der Sexualität zu werden, essen Sie wie Ihre Vorfahren. Pflanzen Sie Ihr Essen selbst. Wenn Sie Fleisch mögen, essen Sie Wild, das Sie selbst gejagt haben, oder Fleisch von natürlich gezogenen Tieren, nicht dieses hormonbehandelte Fleisch, das man im Supermarkt kaufen kann.

2. Nehmen Sie Vitamine zu sich, damit Sie nicht krank werden.

Finden Sie das mit den Vitaminen genauso schwierig wie ich? Da wir uns so schlecht ernähren, macht es ja durchaus Sinn, etwas für die Gesundheit zu tun. Aber was? Andrew Weil, einer der geachtetsten Mediziner des Landes, hat einen Ansatz entwickelt, der Sinn macht.

„Ich nehme jeden Tag eine ganz einfache Mischung von Antioxidantien zu mir: 10000 internationale Einheiten (IE) gemischte Karotinoide (einschließlich Lycopen), Vitamin E (800 IE), Selen (200µg) und Vitamin C (2000 mg zwei- bis dreimal am Tag). Ich tue das, weil es jede Menge Hinweise dafür gibt, daß die regelmäßige Einnahme dieser Antioxidantien das Risiko von Krebs und Herzerkrankungen vermindert, den Alterungsprozeß verlangsamt und uns gegen Vergiftungen schützt."

Da es schwierig ist, uns mit unserer modernen Nahrung all das zuzuführen, was wir brauchen, selbst wenn wir uns gesund ernähren, gibt Weil noch die folgende Empfehlung: „Zur Nahrungsergänzung nehme ich außerdem noch ein wenig Zink (30 mg pro Tag), da ich mich weitgehend vegetarisch ernähre und damit wenig Mineralstoffe zu mir nehme. Außerdem nehme ich noch 80 mg Coenzym Q zu mir, eine Nahrungsergänzung, die die körperliche Leistungsfähigkeit erhöht und den Herzmuskel stärkt."[38]

Diese Zusammenstellung dürfte für die meisten Menschen sinnvoll sein, natürlich können je nach individuellem Bedarf auch noch andere Vitaminpräparate eingenommen werden. Es gibt immer wieder neue Informationen zu diesem Thema. Informieren Sie sich bei einer der Adressen im Anhang dieses Buches darüber, welche Vitamine als Nahrungsergänzung für Sie sinnvoll sind und welche nicht.

Wenn Sie ein Schamane der Sexualität werden wollen, verlassen Sie sich nicht auf Ihre Nahrung alleine, sondern ergänzen Sie Ihre Nahrung durch Vitamine, deren Zuführung sich als sinnvoll erwiesen hat.

3. Regelmäßige körperliche Aktivitäten für Ihre Gesundheit

Körperliche Aktivität gehörte schon von Anfang an zum menschlichen Leben dazu. „Unsere genetisch bedingte Konstitution hat sich durch Selektion auf kraftvolle, tägliche und lebenslange körperliche Betätigung hin ausgerichtet", meinen Eaton, Shostak und Konner. „Der Fitness-Boom ist mehr als ein modischer Trend. Er bedeutet die Rückkehr zur ‚natürlichen' körperlichen Aktivität – die Art von Betätigung, für die unserer Körper angelegt ist und die er braucht, damit unsere Physiologie und Biochemie richtig funktionieren können."[39]

Körperliche Fitness basiert auf drei wesentlichen Komponenten: auf einem Ausdauertraining für Herz, Kreislauf und Atmung, auf der Stärkung der Muskelkraft und der Erhaltung der Beweglichkeit. „Ausdauertraining in bezug auf Herz, Kreislauf und Atmung bedeutet, daß körperliche Aktivitäten, die sehr viel Ausdauer erfordern (wie zum Beispiel Fußball, Schwimmen, Laufen und Basketball) über einen relativ langen Zeitraum durchgehalten werden können und damit zur Verbesserung der körperlichen Fitness entscheidend beitragen. Sportliche Aktivitäten reduzieren Körperfett, senken Blutdruck und Puls und den Anteil an ‚schlechtem' Cholesterin, sie erhöhen damit den Anteil an ‚gutem' Cholesterin, vermindern Blutzucker- und Insulinspiegel und die Serum-Triglyceride."[40]

Die Muskelkraft erreicht ihren Höhepunkt meist im Alter zwischen zwanzig und dreißig und nimmt danach in der Regel stetig ab. Regelmäßige Bewegung vermag diesen Prozeß aufzuhalten. Überdies schützen kräftige Muskeln vor Verletzungen, und sportliche Betätigung macht unsere Knochen stark und bewahrt uns vor Osteoporose.

Wichtigster Aspekt unseres Trainingsprogramms ist jedoch die Beweglichkeit. Bewegliche Körper sind gelenkiger, geschmeidiger und wirken anmutiger. Und – nicht zu vergessen – sie wirken sexy, und zwar in jedem Alter. Die meisten Männer bekommen, wenn sie älter werden, Probleme mit dem Rücken, und jeder, der schon einmal einen Hexenschuß hatte – und das ist bei den meisten von uns über Fünfzigjährigen der Fall –, weiß, wie schwierig es ist, sich sexy zu fühlen, wenn jede Bewegung weh tut.

„Es besteht eindeutig ein enger Zusammenhang zwischen einem beweglichen Rücken und gutem Sex", betont James White, emeritierter Professor an der University of California in San Diego. „Ein Liebhaber mit einem steifen Rücken, das geht nicht zusammen."[41] Die gute Nachricht: Schon ein paar Dehnungsübungen täglich können helfen.

„Wenn wir älter werden, ist der Geschlechtsverkehr weniger kraftvoll. Wenn Sie Ihren Rücken beweglich und Ihre Bauchmuskeln straff halten, kann das die Sache wieder lebendiger machen, einfach, weil es dem Mann das Eindringen und bestimmte Positionen erleichtert", meint White.[42]

Ich fand unsere (Carlins und meine) täglichen Yogaübungen ganz nützlich. „Es ist wichtig, daß sie ein leichtes Krafttraining zur Ergänzung Ihrer Beweglichkeitsübungen mit einbauen", erklärt uns der Sportphysiologe Daniel Kosich. „Auch wenn es für manche Männer nicht unbedingt ‚männlich' klingen mag, Yoga bietet eine ausgezeichnete Kombination zwischen Kraft- und Beweglichkeitstraining – und man kann ebenso hart trainieren wie in irgendeiner anderen Sportart auch."[43]

An anderer Stelle haben wir bereits festgestellt, daß Männer mit zunehmendem Alter Probleme mit der Potenz haben können. Auf Männer, die körperlich fit sind, scheint das weit weniger zuzutreffen. Vor einigen Jahren führte Walter Bortz unter den Männern der *Fifty-Plus Fitness Association* eine Umfrage über die sexuellen Gewohnheiten von Männern über siebzig durch. „Von 88 Mitgliedern mit einem Durchschnittsalter von fünfundsiebzig Jahren bezeichneten immerhin noch 58 Prozent ihr Sexualleben als gut bis sehr gut, 23 Prozent als mittelmäßig und nur 19 Prozent fanden ihr Sexualleben mangelhaft."[44]

Untersuchungen in der Gesamtbevölkerung bei Männern über vierzig ergaben, daß mehr als die Hälfte Probleme mit Impotenz hatte. Sich körperlich fit zu halten, ist eine der besten Methoden, wenn man(n) sich ein gesundes und aktives Sexualleben erhalten möchte.

Wenn Sie ein Schamane der Sexualität werden wollen und Sex, Liebe und Intimität auch noch mit siebzig oder länger genießen möchten, dann heißt es: Bewegung, Bewegung und nochmals Bewegung!

4. Holen Sie sich die traditionellen Heilkräuter für erstklassigen Sex!

Zum erstenmal traf ich James Green vor sechs Jahren bei einem Kongreß in San Francisco, bei dem wir beide Vorträge hielten.

Schon das Thema seines Vortrages: „Warum kann ich nicht zum ‚Männerarzt' gehen?" klang sehr vielversprechend. Gleich zu Anfang ging er auf etwas ein, was alle sehr interessant fanden – den Penis. Bereits nach wenigen Worten wußte ich, daß ich es mit einem klugen Mann zu tun hatte, der sich selbst nicht allzu ernst nahm. „Dieses notorische Organ, dem keiner über den Weg traut", ertönte seine wohlklingende Stimme durch den Saal, „der am häufigsten zensierte Körperteil, der am seltensten fotografierte Filmstar Hollywoods; des Chirurgen liebster Körperteil am Manne; das verletzlichste aller Besitztümer des Mannes; der Phallus officinalis (in einigen Kreisen auch Phallus vulgaris genannt), oft gerührt und viel geschüttelt, beliebte Ursache für Geflüster, Bewunderung und Längenschätzungen."[45]

Green erzählte, von Beruf sei er ein ganzheitlich orientierter Kräuterkundler. Als ich ihn dann aber besser kennenlernte, fand ich bald heraus, daß er weit mehr war als das. Er verstand sehr viel von Männern und wie wir zu den Wurzeln unserer Gesundheit zurückfinden können. „Die Kräuterheilkunde ist eine ‚Volksheilkunde'„, erläuterte Green. „Sie gehört zu den ältesten medizinischen Fachrichtungen überhaupt, und wird instinktiv von allen Arten von Tieren aufgenommen."[46]

Meine Frau Carlin ist ebenfalls eine ‚Kräuterkundlerin'. Wie viele ihrer Freundinnen auch, kennt sie sich seit langem schon mit den Eigenschaften von Heilkräutern aus. Aber Männer scheinen die Heilkräfte von Kräutern eher skeptisch zu betrachten. „Warum stehen Männer der Wirkung von Heilkräutern so ablehnend gegenüber?" fragte Green in seinem Vortrag. „Wahrscheinlich braucht und bevorzugt der Mann im allgemeinen eine Medizin, die besser in seine etwas verwegene Lebensanschauung hineinpaßt. Er sucht nach einer Medizin, die etwas Heldenhaftes an sich und nichts mit Ernährung zu tun hat. Er braucht eine Medizin, die in akuten Krisen effizient wirken soll, von Präventivmedizin hält er nicht viel."[47]

Auch wenn dieser dynamische Ansatz in der ersten Lebenshälfte ganz angebracht sein mag, so ist der eher „magnetische" Ansatz, der in der Kräuterheilkunde zum Ausdruck kommt, für den Mann, der sich auf die Wechseljahre zubewegt, geeigneter. „Diese Veränderung im Leben eines Mannes bedeutet nicht etwa den Verlust seines Sex-Appeals oder seiner Männlichkeit", führt Green aus: „Durch diesen ganz normalen Übergang wird die Lebenskraft des Mannes im allgemeinen unterstützt. Obwohl sich die Wechseljahre nicht so stark auf den männlichen Hormonhaushalt auswirken wie auf den weiblichen, können doch ähnliche Heilkräuter auch auf den Mann stabilisierend wirken. Eine Heilkräutermischung, die für den Mann in der Menopause geeignet ist, sollte die folgenden Kräuter beinhalten:

- Wilde Yamswurzel zur Unterstützung der Hormonproduktion,
- Cimicifuga racemosa (Juli-Silberkerze) zur Entspannung und Beruhigung,
- Serenoa repens zur Stärkung des Reproduktionssystems,
- Turnera diffusa als Prostatatonikum, Antidepressivum und zur Stärkung der Sexualorgane,
- Hypericum perforatum (Johanniskraut) als Nerventonikum und zur Unterstützung bei Depressionen und Streßerscheinungen, die auf die Wechseljahre zurückzuführen sind."[48]

Wenn Sie ein Schamane der Sexualität werden und erstklassigen Sex genießen wollen, finden Sie die Heilkräuter, die Ihnen als Mann guttun.

5. *Entdecken Sie die Liebe zu sich selbst und die Freuden der Enthaltsamkeit*

Für die meisten Männer ist Enthaltsamkeit etwas ähnlich Schreckliches wie der Tod selbst oder die Entmannung. Ich aber habe entdeckt, daß sie ein sehr wertvoller Bestandteil meines Lebens sein kann, nicht etwa als lebenslange Praxis, sondern eine Enthaltsamkeit, die dann und wann, zu besonderen Zeiten nämlich, zu praktizieren ist.

Wir können eine Menge von den Menschen lernen, die sich für die lebenslange Praxis der Enthaltsamkeit entschieden haben, von den Mönchen und Nonnen, die sich ihrer selbst als sexuelle Wesen völlig bewußt sind, ihrer Sexualität aber auf zölibatäre Weise Ausdruck verleihen. Sie schaffen es, ihre sexuellen Energien in eine andere Richtung zu sublimieren, statt sie im Geschlechtsverkehr und in der Fortpflanzung auszuleben. Die meisten Menschen, die sich dem Zölibat verschrieben haben, leben ein moralisch einwandfreies Leben, voller Liebe und Freude.

Ich entdeckte den Wert der Enthaltsamkeit, als wir aufgrund

der Tatsache, daß Carlin in den Wechseljahren war, immer wieder über längere Zeiträume hinweg keinen Verkehr miteinander hatten. Ich stellte fest, daß ich entweder dagegen ankämpfen konnte, indem ich mich in Phantasien über andere Frauen ergab, ständig masturbierte oder von Carlin Sex verlangte, wenn sie gar nicht bereit dazu war, oder aber ich konnte lernen, die Zeiten, in denen ich meine sexuelle Energie in meine Arbeit und mein künstlerisches Schaffen investieren konnte, ganz einfach zu genießen. Ich muß gestehen, daß es mir oft nicht leicht fiel, die Zeiten ohne Geschlechtsverkehr zu akzeptieren. Aber wenn ich in der Lage war, mich ganz entspannt in diesen Zustand zu fügen, dann hatte ich eine solch tiefe Empfindung von Kraft und Sinnhaftigkeit, daß ich mir wünschte, mich noch tiefer darauf einzulassen.

„In jeder Ehe gibt es Zeiten der Trennung und der Krankheit oder einfach Krisen, in denen Geschlechtsverkehr unangebracht wäre", meint dazu die Dichterin und Schriftstellerin Kathleen Norris. „Und gerade die Aktivitäten, die typisch sind für platonische Freundschaften, wie z.B. die Intensivierung der Vertrautheit durch das Schreiben von Briefen, Gespräche, die gemeinsame Durchführung ganz banaler Tätigkeiten (die dadurch mehr Freude machen), die gesegnete Einfachheit eines gemeinsamen Mahles zu genießen oder in der Dämmerung gemeinsam spazierenzugehen, können einer Ehe über rauhe Zeiten hinweg helfen. Wenn man seiner Liebe nicht auf körperliche Art Ausdruck verleihen kann, dann muß man andere Möglichkeiten finden, wie man sie ausdrücken kann."[49]

Wichtig ist, daß Sie nicht Ihren Wunsch nach Geschlechtsverkehr die Beziehung definieren lassen, sondern, daß Sie der Liebe zu sich selbst und zu ihrem Partner erlauben, Ihr Leben zu bestimmen.

Wenn Sie ein Schamane der Sexualität werden wollen, akzeptieren Sie, daß es Zeiten gibt, in denen körperliche Liebe nicht das Richtige ist. Finden Sie andere Ausdrucksmöglichkeiten für Intimität und Liebe.

6. Lernen Sie, den Menschen zu lieben, mit dem Sie zusammen sind.

Unser evolutionäres Verlangen, uns fortzupflanzen und unser genetisches Erbe an unsere Nachkommen weiterzugeben, veranlaßt uns, ständig nach dem perfekten Partner zu suchen. Wenn wir allein sind, sehnen wir uns nach einem Partner. Wenn wir einen Partner haben, sehnen wir uns nach jemand anderem. In der ersten Lebenshälfte ist der Wunsch, Kinder zu zeugen, oft das Band, das uns zusammenhält.

Im Zweiten Erwachsenenalter reicht die Körperchemie nicht mehr aus, um eine Ehe aufrechtzuerhalten. Wir müssen eine bewußte Entscheidung treffen, den Menschen, mit dem wir zusammen sind, zu lieben, wenn wir die emotionalen Freuden einer Beziehung, die bis in alle Ewigkeit dauern soll, genießen wollen.[50]

Ich kann Ihnen gar nicht sagen, wieviel Zeit ich damit verschwendet habe, mir immer wieder die gleichen Fragen zu stellen. „Ist sie die Richtige? Bekomme ich genug Liebe? Wird die Liebe, die ich zu geben habe, auch angenommen? Sollen wir zusammenbleiben?“ Schließlich dämmerte mir, um es einmal mit den Worten von Mignon McLaughlin auszudrücken, daß „niemals jemand jemanden so geliebt hat, wie jeder gerne geliebt werden möchte.“[51]

Diese Worte haben mir geholfen, eine bewußte Entscheidung zu treffen, mit dem Menschen, mit dem ich zusammen bin, auch wirklich zusammenzusein und die Majestät der Liebe kennenzulernen. Das ist nicht leicht. Aber es ist das Beste, was man tun kann. „Wir müssen uns immer daran erinnern, daß wir Engel sind, die nur einen Flügel haben“, meint dazu der Schriftsteller Luciano de Crescenzo. „Wir können nur fliegen, wenn wir einander umarmen.“[52]

Wenn Sie ein Schamane der Sexualität werden wollen, suchen Sie sich einen Partner und lernen sie den Menschen, mit dem Sie zusammen sind, zu lieben. Es ist die schwierigste, aber auch lohnendste Aufgabe auf dieser unserer Mutter Erde.

7. Erkennen Sie, daß sie rund um die Uhr Zugang zu den besten Heilern auf der ganzen Welt haben.

Jeder Autor möchte gerne heilen. Irgendwie hoffen wir, daß unsere Worte auch in Ihrem Leben etwas bewirken und daß das, was uns selbst geholfen hat, auch Ihnen nützen möge. Da ich nun schon seit zweiunddreißig Jahren als Berater tätig bin, denke ich, daß mein Wissen und Können vielen Menschen helfen kann. Ich lese Bücher und lasse mich auch selbst beraten. All das kann durchaus hilfreich sein.

Aber da gibt es etwas, was noch besser ist. Da gibt es Heiler, die für Sie da sind, wann immer Sie sie brauchen, die Ihnen alle Fragen beantworten können und die Ihnen helfen zu entscheiden, was gut ist für Sie, für Ihre Familie und Freunde, für die Gemeinschaft, in der Sie leben, und für die ganze Erde.

Wollen Sie diese Heiler kennenlernen? Lassen Sie mich von meiner ersten Begegnung mit ihnen erzählen. Es war 1973. Ich stand kurz vor meinem dreißigsten Geburtstag, und in meinem Körper schien plötzlich alles drunter und drüber zu gehen. Mein Arzt gab mir irgendwelche Pillen, aber ich hatte das Gefühl, daß ich mehr bräuchte. Ich fand, was ich brauchte in einem Buch von Mike Samuels und Hal Bennett mit dem Titel: *The Well Body Book*. „Ihr Körper ist ein drei Millionen Jahre alter Heiler", heißt es da. „In mehr als drei Millionen Jahren evolutionärer Entwicklung auf diesem Planeten hat er viele Methoden entwickelt, um sich selbst zu schützen und zu heilen. ... Sie alle verfügen selbst über das Wissen, das Handwerkszeug und die Energie, die Sie brauchen, um gesund zu bleiben."[53]

Ich erinnere mich noch sehr gut an diesen Morgen vor fast fünfundzwanzig Jahren, als ich zu meinen Heilern zum erstenmal Kontakt aufnahm. Ich meditierte und sah vor meinem geistigen Auge eine männliche und eine weibliche Gestalt, die die männliche und die weibliche Linie meiner Herkunft versinnbildlichten. Ich bat sie um Hilfe.

Diese inneren Heiler sind seitdem Tag für Tag meine wichtigste Kraftquelle. Auch Sie haben diese Heiler in sich. Sie besitzen das evolutionäre Wissen und die Erfahrung, die Ihren Vorfahren geholfen haben, am Leben zu bleiben.

Denken Sie daran, keiner Ihrer direkten Vorfahren ist kinderlos gestorben. Ihre Vorfahren wußten – selbst wenn sie drei Millionen Jahre in der Evolutionsgeschichte zurückgehen – mit jeder Zelle ihres Körpers, was sie zu tun hatten, um zu überleben. Auch Sie tragen dieses Wissen in sich. Vielleicht haben Sie im Moment keinen Zugang dazu, aber es wartet auf Sie, um Ihnen Hilfestellung zu geben. Fragen Sie die Heiler in Ihrem Innern nach den Antworten auf Ihre Fragen und lassen Sie sich leiten von Ihrer Intuition, durch die sie Ihnen Antworten geben werden.

Wenn Sie ein Schamane der Sexualität werden wollen, fragen Sie die drei Millionen Jahre alten Heiler in ihrem Innern und hören Sie gut zu, was sie Ihnen zu sagen haben.

Es sind die Menschen, die es geschafft haben, zu Schamanen der Sexualität zu werden, die wir als Leitfiguren brauchen, um nicht nur unser eigenes Überleben zu sichern, sondern auch das Überleben unserer Kinder, unserer Lebensgemeinschaften und das Überleben dieses zerbrechlichen Planeten, auf dem wir alle leben.

10. Das Ende der Geschwistergesellschaft und die Rückkehr des „verlorenen“ Vaters

Schäme dich zu sterben, bevor du einen Sieg
für die Menschheit errungen hast!
Horace Mann

Peter Pan und die verlorenen Väter

Ich war müde, weil ich den ganzen Tag über geschrieben hatte, aber ich erklärte mich dennoch einverstanden, meine Frau zu einer Laienaufführung von „Peter Pan“ zu begleiten. In einer kleinen Stadt wie der unseren ist bei so einer Theateraufführung der ganze Ort auf den Beinen. Und was auf der Bühne gespielt wird, spiegelt häufig genau die Probleme wider, mit denen eine Gemeinschaft zu kämpfen hat.

Wir alle wissen, worum es in diesem Stück geht. Da sind drei Kinder mit etwas spießigen englischen Eltern. Sie begegnen Peter Pan, dem Kind, das nicht erwachsen werden will. Mit ein klein wenig Hilfe von Glöckchens Zauberstaub schaffen es die Kinder, mit Peter ins Nimmerland zu fliegen. Dort erleben sie viele Abenteuer mit den Verlorenen Kindern und kämpfen gegen den verräterischen Kapitän Hook. Am Ende vermissen sie dann doch ihre Eltern und ihr Zuhause. Wendy und die Jungs kehren schließlich zurück ... und wenn sie nicht gestorben sind, dann leben sie noch heute.

Wenn man das Stück, das J. M. Barrie 1902 geschrieben hat, im Original liest, dann wird deutlich, daß es eigentlich gar nicht um Kinder geht, sondern um einen Jungen, der nicht erwachsen werden möchte, über die verlorenen Jungs in unserer Gesellschaft und über den Verlust der Vaterrolle, die eigentlich ein solch wichtiger Bestandteil unseres modernen urbanen Lebens ist.

Zu Beginn des Stücks spielen die Kinder Wendy, John und Michael „Familie“. Sie spielen Eltern, die mit ihren Kindern reden. Das Bild, das sie von ihrem Vater zeichnen, ist nicht gerade schmeichelhaft. Sie reden von ihm, als wäre er ein entfernter Verwandter.

So wie Barrie den Familienvater John Darling kurz vor seinem Erscheinen auf der Bühne beschreibt, verstehen wir, warum die Kinder soviel Distanz zu ihm haben. „Er ist wirklich ein guter Mensch, wenn es darum geht, die Familie zu ernähren." Aber wie die Väter heutzutage auch, muß er eben jeden Tag seine Familie verlassen, um einer etwas geistlosen Arbeit nachzugehen.

Barries Beschreibung von John Darling trifft auf Millionen berufstätiger Männer in unserer heutigen Gesellschaft zu, auf Männer, die einer entmenschlichenden Arbeit nachgehen und zu Hause herablassend behandelt werden. „In der Stadt, wenn er auf seinem Stuhl sitzt wie eine aufgeklebte Briefmarke, ist er genau wie alle anderen, die auf ihrem Stuhl sitzen, so daß man ihn nicht etwa an seinem Gesicht erkennt, sondern an seinem Stuhl. Aber zu Hause, wenn man ihm da eine Freude machen will, dann sagt man ihm, er habe eine individuelle Persönlichkeit."[1]

Denken Sie einmal darüber nach, wie wertlos sich ein Mann fühlen muß, der an seinem Arbeitsplatz unsichtbar bleibt und zu Hause nur lächerlich gemacht wird. Im Fernsehen erleben wir ihn seit Jahren in den Slapstick-Komödien und den Comedy-Serien, zum Beispiel als inkompetenten verrückten Macho-Vater.

In der Geschichte von Peter Pan ärgert sich der Vater über Nanna, den Hund, der besser auf die Kinder aufpaßt als jedes Kindermädchen, und setzt ihn, kurz bevor sie abends ausgehen wollen, vor die Tür. Als sie dann von ihrem Geschäftsessen zurückkommen, sind die Kinder weg. Und wer ist schuld? Vater.

Als die Kinder ins Nimmerland flüchten, muß ich an all die vaterlosen Kinder denken, die ich kenne. Ich denke an die alleinerziehenden Mütter, die sich abrackern, um mit dem bißchen Geld, das ihnen zur Verfügung steht, auszukommen, die sich selbst kaputt machen bei dem erfolglosen Versuch, ihren Kindern Vater und Mutter zugleich zu sein. Ich denke an all die Männer, die sich nach ihren Kindern sehen, aber nicht in der Lage zu sein scheinen, die Kluft, die zwischen ihnen und den Kindern nach der Scheidung entstanden ist, zu überbrücken. Und ich denke an die Kinder, die sich so stark an ihre Mütter klammern, daß für einen Vater gar kein Platz mehr ist.

Ich denke an meine eigene Familie und an den Vater, der ging, als ich fünf war. Ich fühlte mich im Stich gelassen, wie meine Mutter. Meine Mutter und ich hatten eine sehr enge Bindung, schon bevor mein Vater uns verließ Danach wurde die Bindung sogar noch enger. Ich erinnere mich, wie ich mitsummte, wenn sie mir dieses Liedchen vorsang, in dem es hieß, daß sie vorher ohne ihn ausgekommen sei und auch jetzt ohne ihn auskommen würde.

Ich frage mich, ob Mütter und Kinder sich vielleicht deshalb schon enger aneinander klammern, weil sie glauben, der Vater könnte sie verlassen, und sich so unbewußt schon auf den erwarteten Verlust vorbereiten. Oder ob die Väter sich schon unbewußt zurückziehen, weil sie das Gefühl haben, nicht gebraucht zu werden, nicht erwünscht zu sein, weil sie schon darauf warten, daß die Mütter und Kinder sie schließlich aus ihrer Gemeinschaft ausstoßen werden? Diesen Teufelskreis des Rückzugs erlebe ich in vielen Ehen. Beide Partner ziehen sich zurück, weil sie befürchten, der andere würde sich zurückziehen, und zum Schluß haben sie dann genau das erreicht, was sie am meisten gefürchtet haben. David Blankenhorn beschreibt in seinem Buch *Fatherless America* seine Sichtweise von der Zersetzung der amerikanischen Familie so:

Männer, insbesondere aber Väter, werden mehr und mehr als für das Familienleben überflüssig betrachtet: Entweder man kann auf sie verzichten oder sie sind sogar ein Teil des Problems.

Obwohl die Jungs im Nimmerland viele tolle Abenteuer erleben, vermissen sie ihre Mutter. Alle verlorenen Jungs reden über ihre Mütter, über Dinge, an die sie sich erinnern. Wie sie aussah, wie sie roch und wie sehr sie sie liebte. Keiner der verlorenen Jungs erwähnt seinen Vater. Wo sind die Väter, frage ich mich. Aber klar, wenn alle Kinder ihre Väter als unbeholfen, inkompetent, gefühllos und dumm wahrnehmen wie Wendy, John und Michael, dann kann ich verstehen, warum keiner der verlorenen Jungs sich seines Vaters mit Respekt und Zuneigung erinnert.

Daheim im leeren Haus trauern Vater und Mutter Darling um ihre verlorenen Kinder. Die Eltern warten auf ihre Kinder und machen sich währenddessen so ihre Gedanken. Die Mutter ist zuversichtlich. Sie ist überzeugt, daß die Kinder zurückkommen, wenn sie nur fest genug daran glaubt (und das Fenster offen läßt). Der Vater ist im wahrsten Sinne des Wortes „vor die Hunde gegangen“. Er macht sich Vorwürfe, weil er in der Nacht, als die

Kinder verschwanden, sich so verständnislos dem Hund Nanna gegenüber verhalten hat. Er ist völlig außer sich, fühlt sich beschämt und macht sich Vorwürfe. Er kauert in der Hundehütte, sein Kopf schaut aus der kleinen Tür heraus und man sieht, daß er, seit die Kinder weg sind, hier ißt (wahrscheinlich Hundefutter) und schläft (an einen Knochen gekuschelt).

Ich habe viele Männer wie ihn erlebt. Sie arbeiten hart und sind liebevolle Familienväter. Sie wuchsen in einer Zeit auf, als alles noch einfacher war. Sie wußten, wenn sie einen guten Job bekämen, fänden sie auch eine gute Frau. Wenn sie eine gute Frau fänden, hätten sie regelmäßig Sex, und die lieben Kindlein würden wahrscheinlich nicht lange auf sich warten lassen. Und wenn sie gut für die Familie sorgten und sich als guter Ehemann erwiesen, dann würde es Sex auch nach der Geburt des letzten Kindes noch geben.

Sie würden sich dann freinehmen, um sich an den Familienunternehmungen zu beteiligen, und in ihrer Gemeinde hätten sie wichtige Positionen inne. Wenn die Kinder dann erwachsen sein würden, könnten Mom und Dad wieder ihre Identität als Erwachsene annehmen, wieder mehr Zeit für sich selbst haben und an interessante und aufregende Orte reisen.

Aber die Realität, in der sie leben, hat nichts gemein mit dem Traum, mit dem sie aufgewachsen sind. Sie arbeiten tatsächlich hart und sind liebevolle Familienväter. Aber sie haben sich verirrt in einer Welt, in der die alten Regeln nicht mehr gelten. Loyalität am Arbeitsplatz ist keine Garantie mehr dafür, daß man seinen Job behält, und nun haben sie Angst, ihre Lebensgrundlage zu verlieren. Ohne eine solide Basis, sprich einen sicheren Arbeitsplatz, fühlen sie sich eher wie „fliegende Jungs", wie der Therapeut und Autor John Lee es nennt, denn als richtige Männer.

Weil sie sich in der Welt der Arbeit so wenig wert fühlen, wird ihre Haltung Frauen gegenüber zögerlich oder grob. Auch wenn sie eine „gute Frau" gefunden haben, haben sie Angst, sie könnten sie jederzeit wieder verlieren. Die Frauen scheinen jetzt viel höhere Ansprüche zu haben und sie dabei aber immer weniger zu brauchen. Diese Männer leben immer in der Angst, einen schrecklichen Fehler zu begehen. Deshalb gehen sie gesenkten Hauptes durchs Leben und hoffen vergeblich, die Minenfelder ohne Schaden durchqueren zu können.

Warum verhalten sich Männer wie „fliegende Jungs"? Vielleicht weil sie Angst haben, daß sie, wenn sie auf den Boden zurückkehren, in den Minenfeldern des Lebens umkommen. Wenn sie weiter fliegen, dann bleiben sie auf ewig Jungs, zerstreut und wenig zugänglich, aber lebendig. Die meisten wählen das Leben, aber wie der Vater in *Peter Pan* zahlen sie einen hohen Preis dafür, daß sie mit ihren Köpfen über den Wolken bleiben können. Nichts scheinen sie richtig zu machen. Man sieht ihnen an, daß sie sich schämen, und diese Scham strahlt von ihnen ab wie die Hitze vom Wüstensand.

In *Peter Pan* trauern Vater und Mutter um ihre Kinder und wünschen sich, daß sie doch zurückkommen mögen. Geistesabwesend bittet der Vater die Mutter, das Fenster zu schließen. Sie aber erinnert ihn mit einem strafenden Blick daran, daß das Fenster immer offen bleiben müsse, damit die Kinder jederzeit zurückkehren könnten. „Oh, natürlich, ich vergaß", meint er und läßt den Kopf hängen.

Ich höre ein Murren unter den Zuschauern. Ich weiß, was die meisten Frauen jetzt denken. „Typisch Mann! Tut so, als sorge er sich um seine Kinder, aber in Wirklichkeit ist er nur ein egoistischer Versager, der sich eigentlich nur um die eigene Bequemlichkeit kümmert." Und ich weiß auch, was viele der anwesenden Männer denken. „Ich liebe unsere Kinder genau wie sie auch. Aber wenn ich mir nur einen kleinen Schnitzer erlaube, eine winzige Kleinigkeit, dann sind alle meine guten Taten wieder vergessen."

Als Wendy und die Jungs zurückkehren, suchen sie als erstes ihre Mutter. Mutter und Kinder umarmen und küssen sich. Niemandem scheint aufzufallen, daß der Vater nicht da ist. Als Wendy schließlich beinahe über den in der Hundehütte Schlafenden stolpert, erkennt sie ihn kaum wieder. Die Begrüßung seiner Kinder wirkt steif. Die Liebe und Sehnsucht, die er empfindet, scheinen in seiner Angst und in seinen Schuldgefühlen völlig unterzugehen. Keine Umarmung und keine Küsse. Wendy erinnert sich an die verlorenen Kinder, die sie mitgebracht haben, und bittet ihren Vater, sich um sie zu kümmern.

Keine außergewöhnliche Szene in unserer modernen Gesellschaft. Vater und Kinder hatten vermutlich eine Zeitlang keinen Kontakt. Vielleicht sind die Eltern geschieden, und die Kinder kommen nur zu Besuch. Vielleicht arbeitet der Vater in zwei

Schichten, um die Rechnungen bezahlen zu können, und zu Hause tritt er auf wie ein Schlafwandler. Wenn Vater und Kinder sich begegnen, dann hat die Situation etwas Gezwungenes und Peinliches. Beide wünschen sich mehr Nähe, haben aber Angst, zurückgewiesen zu werden. Zu viele Verletzungen. Zu viel Zorn. Zu viele Schuldgefühle. Zu viele Ängste. David Blankenhorn bringt das in seinem Buch *Fatherless America* auf den Punkt:

Wenn ein Mann nicht mit seinen Kindern zusammenlebt und mit der Mutter seiner Kinder nicht zurechtkommt, dann bekommt seine Vaterrolle etwas Un-halt-bares, ganz gleich wie er sich fühlt und wie sehr er sich auch bemüht, auch wenn er eigentlich ein guter Kerl ist. Er wird sozusagen ent-väterlicht.

Was Kinder brauchen, sind Väter, die wissen, wie man seine Kinder liebt und sie unterstützt. Was Väter brauchen, sind reife ältere Männer, die ihnen sagen können, was es heißt, Vater zu sein, wie man liebt und wie man mit der Mutter seiner Kinder leben kann, aber auch, wie man sich in dieser sich schnell verändernden Welt seine Würde erhalten kann.

Die Pseudo-Älteren und die Tragik der vaterlosen Väter

In dem Film *Falling Down*, den ich in Kapitel 3 bereits erwähnt habe, fühlt man sich ganz erleichtert, wenn der „Held" auftritt, Sergeant Prendergast, der von Robert Duvall perfekt verkörpert wird. Wir kichern mit ihm, wenn er die Graffiti-verzierte Reklametafel an der Seite des Freeways mustert, von der eine dürftig gekleidete Schönheit herabblickt. Er ist ein Mann, der Sex zu schätzen weiß, aber kein Sexist. Beim Anblick der müden und frustrierten Autofahrer legt er eine stoische Ruhe an den Tag. Er ist cool, klar und scharfsinnig. Er beweist, daß er zupacken kann, als er dem Polizisten hilft, den Wagen des ausgerasteten Menopausen-Mannes (gespielt von Michael Douglas) vom Freeway zu schieben, um nicht auf den Abschleppwagen warten zu müssen, der sicher Stunden brauchen würde, bis er dort ankäme.

Zurück auf der Polizeistation begegnet er einigen rüden Polizeibeamten mit ein paar flotten Sprüchen, er steht seinem Chef gegenüber fest zu der Entscheidung, in Ruhestand zu gehen, und benimmt sich fürsorglich und respektvoll den Polizeibeamtinnen gegenüber. Ein richtiger reifer älterer Mann also. Unser Herz ist voller Hoffnung, daß er nicht nur den Menopausen-Mann finden wird, der irgendwo in der Stadt herumwütet, sondern daß er dem Menopausen-Mann auch seine großväterliche Unterstützung und Hilfe geben wird, die er braucht, um für seine Familie das Richtige zu tun.

Aber wie viele Männer, denen wir in unserer Gesellschaft begegnen, ist Prendergast kein wirklicher reifer älterer Mann. Er ist ein erwachsenes Kind, das sich als älterer Mann verkleidet hat. Nach außen wirkt er zwar stark, aber in Wirklichkeit ist er ein Kind im Körper eines Erwachsenen.

Seine wahre Natur zeigt er zum erstenmal, als seine Frau anruft, und zwar zum dritten Mal, besorgt um die Sicherheit ihres Mannes. Auf ihre immer wieder gestellte Frage, ob es ihm gutgehe, antwortet er herablassend. „Ja, mein Liebes", sagt er zu ihr. „Du hast recht, mein Liebes. Natürlich, Liebling. Ich werde mich um alles kümmern, Schatz." Er scheint sie zu lieben wie ein Kind, zu dem sie seiner Ansicht nach geworden ist. Und wie das bei vielen Eltern heutzutage der Fall ist, machen ihre Ansprüche ihm angst.

Das Bild auf der Reklamewand, das wir gesehen haben, als Prendergast auftauchte, macht jetzt mehr Sinn, denn wir erinnern uns, daß es einen kleinen Mann darstellt, der zwischen den Brüsten einer mehr als sechs Meter großen Frau eingeklemmt ist. Die Sprechblase vor seinem Mund lautet: „Hilfe!"

Wie viele Pseudo-Ältere in unserer Gesellschaft ist dieser Prendergast ein besonders netter, aber auch ein besonders gefährlicher. Er strahlt Sicherheit, Mitgefühl und Fürsorge aus. Er glaubt an die Gleichberechtigung und die Rechte der Frau und an soziale Gerechtigkeit. Seine jungen feministischen Kolleginnen lieben und respektieren ihn. Aber der Schein trügt. Er geht wie ein Mann, redet wie ein Mann, benimmt sich wie ein Mann, ist geradezu ein Vorbild an Männlichkeit. Aber er ist kein Mann. Er ist ein kaputtes Kind, das auf Mann getrimmt wurde. Und wie viele Männer in unserer Gesellschaft bringt er dich mit seiner Liebenswürdigkeit beinahe um, und du wirst nie herausfinden, was dich jetzt eigentlich getroffen hat. Er geht vor Wut in die Luft und löst sich dann in Rauch auf. Er ist eine Zeitbombe, und zwar eine tödliche.

Die Pseudo-Älteren sind nur schwer auszumachen, bis sie explodiert sind, und wir haben fast vergessen, was einen wirklich reifen älteren Mann eigentlich ausmacht. Wenn es keinen solchen Mann gibt, dann begnügen wir uns eben mit dem, der da ist. Also klatschen wir in die Hände, wenn Prendergast schließlich allen Versuchen seiner Frau, seine Aufmerksamkeit zu erwecken, widersteht, ihre Forderungen abblockt und ihr klarmacht: „Ich komme heim, wenn ich fertig bin, und ich möchte, daß dann das Essen auf dem Tisch steht!" Und wir merken nicht einmal, daß er nun aggressiv reagiert. Er hat immer noch keine Ahnung, was seine Frau und der Menopausen-Mann wirklich brauchen.

Was der Menopausen-Mann wirklich braucht, ist ein richtiger reifer älterer Mann, eine Vaterfigur, die sich seinen Schmerz anhört und ihn in den Arm nimmt, die ihm hilft, den Verlust seiner Arbeit, seiner Frau und seines Zuhause zu betrauern, und die ihn lehrt, wie er zu dem Mann werden kann, der er so gerne sein möchte.

Aber wie viele andere Männer taucht auch der Vater des Menopausen-Mannes nirgends auf. Wie soll der Menopausen-Mann wissen, wie man mit einer erwachsenen Frau zusammenlebt, wenn er kein männliches Vorbild hat? Wie soll er lernen, seiner Tochter ein guter Vater zu sein, wenn sein eigener Vater nie gelernt hat, ein guter Vater für seinen Sohn zu sein? Was kann man von vaterlosen Vätern denn erwarten?

Das Traurige daran ist, daß die meisten Leute im Kino sich über den Ausgang des Films freuten. Sie meinen, der Held Prendergast habe triumphiert, und der Böse, der Menopausen-Mann, ist tot; wieder einmal hat eine Geschichte wie aus dem wirklichen (amerikanischen) Leben ein glückliches Ende gefunden. Sie bemerken nicht, daß wieder eine Mutter ihr Kind wird alleine aufziehen müssen, daß wieder ein Vater, der gebraucht wird, für immer die Erde verlassen hat, daß wieder einmal einer älteren Frau befohlen wird, sie solle ihre Ängste vergessen, und sich darum kümmern, das Essen für ihren hungrigen Mann auf den Tisch zu bringen und daß wieder ein pseudo-ältererer Mann denken kann, er hätte seine verloren geglaubte Männlichkeit wiedergefunden, weil er endlich seine Frau zum Schweigen gebracht und sich mit einem jungen Mann einen Kampf auf Leben und Tod geliefert hat.

Die Weisheit meines Vaters: Wenn das Leben wie ein Baseballspiel ist, dann sind die Männer im „Aus"

Es heißt, was uns nicht umbringt, macht uns stark. Das traf sicherlich auf meinen Vater zu. Ich glaube, seine Liebe zum Baseball war da ganz hilfreich. Wann immer ich ihn in seinem kleinen Apartment in San Francisco besuchte, erzählte er mir als erstes, wie die Giants gespielt hatten. Er freute sich, wenn die Giants gewannen, schien aber nie traurig zu sein, wenn sie verloren. Er liebte das Baseballspiel und er liebte das Spiel des Lebens.

Obwohl mein Vater uns verließ, als ich fünf Jahre alt war, überstand er seinen Zusammenbruch in der Midlife-Crisis, schloß Frieden mit seiner Familie und wurde später sogar mein Vorbild, das leuchtende Beispiel eines wirklich reifen älteren Menschen. Nachdem er sich aus der Schauspielerei und dem Schreiben zurückgezogen hatte, wurde er Puppenspieler und spielte auf der Straße. Den Rest seines Lebens widmete er der Aufgabe, seine Lebensweisheit all denen zu vermitteln, die lange genug stehenblieben, um seinem Puppenspiel zuzusehen.

Er wurde in den Straßen von San Francisco so etwas wie eine Legende. Nie konnte er zum Mittag- oder Abendessen ausgehen, ohne daß ihn irgend jemand anhielt. Meistens waren es gutaussehende junge Frauen von zwanzig oder dreißig, die ein kleines Kind mit sich herumschleppten und ihn baten: „Oh, Tommy, meine Mutter nahm mich immer mit, als ich klein war, um deine Puppen spielen zu sehen. Würdest du auch für meine Tochter eine kleine Vorstellung geben?" Er hatte seine Puppen immer bei sich. In zwei große Plastiktüten verpackt, schleppte er sie immer mit sich herum, und nie weigerte er sich, eine Vorstellung zu geben.

Ich traf ihn ein letztes Mal ein paar Tage vor seinem Tod (er war 89 Jahre), um ihn zur Eröffnung der neuen Stadtbibliothek von San Francisco zu begleiten. Er war ein passionierter Leser. Bücher waren Nahrung für seinen Geist und Büchereien Stätten der Andacht. Aber Baseball hatte noch immer Vorrang vor dem Lesen. Und da im Radio gerade ein Spiel der Giants übertragen wurde (er sah niemals fern, weil er glaubte, das trübe die Sinne und zerstöre die Phantasie), machten wir uns erst nach Ende des Spiels auf den Weg in die Bücherei. Auf dem Wochenmarkt machte er

Halt und kaufte einen Strauß Blumen, die er an alle diejenigen als ein „Dankeschön“ verschenken wollte, die zur Entstehung dieser Bibliothek beigetragen hatten.

Die einzige Veränderung, die an ihm jetzt, wo er auf die 90 zuging, auffiel, war, daß er langsamer ging als früher. Sein Griff, mit dem er mich am Arm festhielt, war so fest wie immer. Wir brauchten fast zwei Stunden, um die gut zwei Kilometer zur Bibliothek zurückzulegen, aber sein Schritt stockte niemals. Nachdem er die Blumen an der Eingangstreppe niedergelegt hatte, setzten wir uns nieder, um uns ein wenig auszuruhen, bevor wir den Rückweg antraten. Als wir so über den Platz blickten, schien mein Dad ganz in Gedanken versunken. „Woran denkst Du?“ fragte ich vorsichtig und gab ihm einen kleinen Klaps auf sein Knie. Er war klapperdürr, nur noch Haut und Knochen. „Baseball!“ antwortete er mir. Wir lächelten beide und waren eine ganze Zeitlang still. Dann fuhr er fort. „Um das Spiel zu gewinnen“, sagte er mit fester Stimme, die gar nicht zu seinem geschwächten Körper zu passen schien, „muß man alle drei Laufmale und das Schlagmal berühren und dann geht's heimwärts, auf zur *home plate*.“ Ich wartete, um noch mehr von seiner Weisheit zu erfahren. „Ich bin jetzt bereit, heimzugehen.“ Er erhob sich bereits von der Bank und versuchte, wieder auf die Füße zu kommen.

Auf dem Weg zu seiner Wohnung und auch noch in der Woche danach dachte ich oft über seine Worte nach. Ihr tieferer Sinn offenbarte sich mir, als er am darauffolgenden Mittwoch ins Krankenhaus eingeliefert wurde. Er hatte Schwierigkeiten mit dem Atmen, aber die Ärzte und Schwestern meinten, das würde schon wieder.

Zwei Tage nach seiner Einlieferung ins Krankenhaus sagte er zu der Schwester: „Jetzt ist es Zeit!“ Als sie ihn fragte: „Zeit wofür?“, wiederholte er nur noch einmal seine Worte und bat sie, ihn für zehn Minuten allein zu lassen. Sie zuckte mit den Schultern und ging. Als sie nach zehn Minuten zurückkam, wie er es gewünscht hatte, hatte er aufgehört zu atmen. Wenn man jemals von einem Menschen sagen konnte, „he did it his way“, dann war es mein Dad. Der *San Francisco Cronicle* brachte einen netten Artikel: „Requiem für einen Puppenspieler“. Wir versammelten uns in seiner Wohnung – die Familie, Freunde und Bekannte. Wir vergossen unsere Tränen, erwiesen ihm die letzte Ehre und erzählten uns gegenseitig Geschichten aus seinem Leben.

Nachdem er gestorben war, dachte ich viel über seine letzten Worte und über diese Baseball-Metapher nach. Was habe ich daraus gelernt? Um das Spiel zu gewinnen, muß man aufs Spielfeld – keiner gewinnt, wenn er auf der Bank sitzen bleibt. Man muß nicht perfekt sein. Tatsächlich, wenn man bei drei von zehn Schlägen erfolgreich ist, dann macht das einen Durchschnitt von einem Drittel, und das ist gar nicht so schlecht.

Ich dachte über die Männer in unserer Gesellschaft nach. Mir schien, daß viel zu viele von ihnen einen schlechten Trainer hatten oder vielleicht sogar gar keinen. Niemand sagte ihnen, daß sie nicht perfekt sein müssen. Niemand zeigte ihnen, wie sie das Schlagholz richtig halten sollten, und so schlugen sie immer und immer wieder ins „Aus". Selbst diejenigen, die gelegentlich trafen, wußten nicht, wohin sie rennen sollten, um schließlich bei der *home plate* anzukommen.

Vergleichen wir die Lebensmitte mit dem Zweiten Schlagmal, dann scheint es so, daß viele Männer an drei wichtigen Punkten aus dem Spiel aussteigen. Zum einen schaffen es viele junge Männer nicht einmal bis zu diesem Zweiten Mal, denn immer mehr von ihnen sterben durch Drogen, Waffengewalt oder Bandenterror. Zum anderen haben viele erwachsene Männer solche Angst vor dem Älterwerden, daß sie den Prozeß des Alterns verleugnen, am Zweiten Mal die Kurve nicht kriegen und dann auf der linken Seite des Spielfeldes hängenbleiben. Und schließlich sehen viele Männer in der Lebensmitte keinen Sinn darin, reif und älter zu werden. Sie bauen körperlich, geistig und seelisch ab. Sie haben kein richtiges Ziel für die Jahre danach. Oft geben sie auf, leben ein Leben in stiller Verzweiflung und sterben vor ihrer Zeit. Sie kommen nicht viel weiter als bis zum Dritten Schlagmal.

Wenn wir uns zur Zeit so sehr auf die Probleme der Jugend konzentrieren – Drogen, Gewalt, Geschlechtskrankheiten, allzu frühe Schwangerschaften –, dann spannen wir den Karren vor das Pferd. Wir behandeln die Symptome unserer gesellschaftlichen Krise und ignorieren die Ursachen, die dem zugrunde liegen. Wir müssen an der *Third Base*, dem Dritten Schlagmal, anfangen und den älteren Männern helfen, die Wechseljahre erfolgreich hinter sich zu bringen. Sie brauchen Hilfe, um ihre Scham abzulegen, wieder begeisterungsfähig zu werden und ein sinnerfülltes Leben führen zu können.

Wenn die Väter sich mehr und mehr aus dem Leben ihrer Kinder zurückziehen, dann mag es sehr wohl daran liegen, daß es im Leben dieser Väter keine vierzig- bis fünfundsechzigjährigen reifen älteren Männer mehr gibt. Neuere Forschungen auf dem Gebiet der Evolutionspsychologie haben darauf hingewiesen, daß ohne die aktive Beteiligung dieser „emeritierten Eltern" auch die gesündesten Kernfamilien zum Scheitern verurteilt sind.

David Gutmann wird nicht müde zu betonen, daß ohne die Mithilfe von älteren Menschen „die ungeschützte Kernfamilie immer weniger in der Lage sein wird, Kinder großzuziehen, die nicht süchtig werden, nicht irgendwelchen Kulten oder charismatischen Führern anhängen, die so aufwachsen können, daß sie einmal selbst eine verantwortungsvolle Elternschaft zu übernehmen bereit sind."[2]

Mit anderen Worten, wir sind nicht mehr in der Lage, unsere Kinder so zu erziehen, daß sie lebenstüchtig genug sind, um ihrerseits wieder lebenstüchtige Kinder zu erziehen, und das ist die beste Methode, um eine Spezies auszurotten, auch wenn viele das nicht glauben wollen. Dieser Prozeß vollzieht sich natürlich nicht von heute auf morgen. Es kann Generationen dauern. Aber nicht nur das Überleben der amerikanischen Familie ist in Gefahr, sondern die gesamte Gattung Mensch.

Kurzum: Wenn es den Männern nicht gelingt, die Wechseljahre erfolgreich hinter sich zu bringen und Vorbilder für die jüngere Generation zu werden, dann finden die jetzt jungen Väter auch nicht die Unterstützung, die sie brauchen, um ihrerseits verantwortungsvolle Elternschaft zu übernehmen. Ohne die aktive Beteiligung von Vätern in unserer Gesellschaft werden sich die Kinder weiterhin verloren fühlen und sich immer mehr schämen, der menschlichen Rasse anzugehören. Immer mehr Kinder werden dann andere oder sich selbst töten.

Viel zuviele Männer wählen den Tod, weil sie das Leben aufgegeben haben, weil sie davon überzeugt sind, daß ihre männliche Leidenschaft, Potenz und Kraft in unserer heutigen Welt nicht nur überflüssig, sondern geradezu schädlich sind. Viele haben sich abgemeldet, weil sie – bewußt oder unbewußt – zu dem Schluß gekommen sind, die Welt wäre ohne sie besser dran.

Viele Männer, die am Fuße des ersten Berges angelangt sind, haben sich die Ansicht der Gesellschaft, sie seien nun nutzlos, zu eigen gemacht und reagieren dementsprechend: Entweder sie entschließen sich dann, langsam ganz nach unten zu schlittern, dem Alter und dem Tod entgegen, oder sie klammern sich verzweifelt an ihre verlorene Jugend. Wie all die wütenden jungen Menschen auf der ganzen Welt sagen sie „fuck you" zum Rest der Gesellschaft und ziehen sich zurück in den Alkohol, ihre Arbeit und ihre sexuellen Phantasien.

Sie lassen es zu, daß sie bei lebendigem Leibe verschlungen werden von Frauen, die über ihre Passivität in Wut geraten, von Frauen, die voller Verzweiflung Worte wie tödliche Pfeile auf ihre Herzen schleudern, weil sie gegen jede Hoffnung hoffen, daß diese Männer doch endlich das Rückgrat aufbringen mögen, ihnen Widerstand zu leisten. Aber meistens blicken diese Männer nur wie verletzte Schafe zu Boden und sehen zu, wie ihnen das Lebensblut langsam aus den Adern fließt. Sie jammern, weil ihre Frauen sie so abscheulich behandeln und wünschen sich sehnlichst ihre mystischen Mütter zurück, damit sie sie vor den bösartigen Hexen dieser Welt beschützen mögen.

Aber schon findet ein Wandel statt. Die Männer fangen an, sich zu finden. Zum erstenmal treten sie für sich selber, für andere Männer, für ihre Familien und Gemeinschaften ein. In dem Wissen, daß sie es alleine nicht schaffen, suchen sie sich neue Verbündete, gründen Männerclubs, in denen sie mit anderen Männern über ihre Probleme diskutieren, sich Rat und Hilfe holen.

Die Männer haben erkannt, daß das Älterwerden ein Mannschaftssport ist und keine Solovorstellung. Für diejenigen, die bereit sind, sich auf den Weg zu machen, sind die Wechseljahre das beste Trainingsprogramm, um Mitglied des Teams zu werden. Das Training ist härter als bei den Elitetruppen des Militärs. Aber alles, was nötig ist, sind ein paar gute Männer, die bereit sind, die Herausforderung anzunehmen, und ein paar gute Frauen, die es mit diesen neuen Älteren aufnehmen wollen.

„Wenn wir unseren Stammbaum weit genug zurückverfolgen, dann stellen wir fest, daß unsere Wurzeln bei den Stammes- oder Eingeborenenverbänden zu finden sind", erklärt uns Malidoma Patrice Somé, ein moderner Stammesältester, dessen Wurzeln bis zum Stamm der Dagara in Westafrika zurückreichen,[3] und er fährt fort: „Jeder von uns trägt tief in seinen Gebeinen die Erinnerung an diese Wurzeln und ein tiefes inneres Verständnis für die rituellen Bedürfnisse einer blühenden Gemeinschaft."[4]

Ich traf Somé, dessen Name, wie er mir erzählte, „sei freundlich zu den Fremden" bedeutet, in einer kleinen Stadt in Kalifornien, nahe bei der Kirche, wo wir nach dem Tod meiner Mutter einen Gedenkgottesdienst abhielten. Ich hörte den Ruf meiner Vorfahren, als ich bei ihm und seiner Frau Sobonfu an einem Wochenendseminar über rituelle Gemeinschaft teilnahm. Während der Zeit, die ich mit ihnen verbrachte, lernte ich, wie wichtig es ist, die erste und die zweite Lebenshälfte miteinander in Verbindung zu bringen, so wie wir die Weisheit der Eingeborenen und die der modernen Welt miteinander in Verbindung bringen.

Somé, ein Mann in mittleren Jahren, ist in diesen beiden Welten zu Hause. Aufgewachsen in der Obhut seines Großvaters, eines mächtigen Stammesältesten, sollte sich sein Leben schon in jungen Jahren sehr schnell ändern. „Ich war vier Jahre alt", erinnert er sich, „als ich meiner Kindheit und meinen Eltern förmlich entrissen wurde; ein französischer Jesuit, der mit meinem Vater bekannt war, holte mich damals von zu Hause weg. Die nächsten fünfzehn Jahre lebte ich in einem Internat, weit entfernt von meiner Familie, wo man mir die Realität des weißen Mannes beibrachte."[5] Mit zwanzig Jahren riß Somé aus und kehrte nach einer gefährlichen Reise durch den Dschungel wieder in sein Dorf zurück. Nach sechzehn Jahren erinnerte sich keiner mehr an ihn, nur seine Mutter. „Ich paßte nicht mehr in die Stammesgemeinschaft", erinnert sich Somé. „Ich riskierte mein Leben, als ich mich dem Initiationsritus der Dagara unterwarf, um so wieder zu meinem Volk zurückzukehren." Seine Initiation verhalf ihm jedoch nicht dazu, für immer zu seinem Stamm zurückzukehren.

Vielmehr kehrte er in den Westen zurück, um seine Ausbildung zu beenden: Er erhielt die Doktorwürde in Politikwissenschaft an der Sorbonne in Paris und in Literatur an der Brandeis University in Boston. „Und so bin ich eben ein Mann zwischen zwei Welten", schließt Somé seinen Bericht. „Ich versuche in beiden Welten zu Hause zu sein – ein schwieriges Unterfangen."[6]

Somés Weg ist ein Weg, den alle Männer in dieser Lebensphase gehen müßten, jeder auf seine Weise. Wir alle müssen versuchen, diese beiden Lebenshälften miteinander in Einklang zu bringen, ebenso wie die alte und die neue Welt, deren Teil wir sind. Somé bietet uns wertvolle Unterstützung an für diese Phase des Übergangs: „Zuerst muß man beide Kulturen betrachten, als seien sie die zwei Seiten derselben Medaille", erklärt Somé. „Jede Seite braucht die andere, um existieren zu können. Die moderne Welt wird überschwemmt vom Materialismus, während Afrika stark unter dem kolonialen Imperialismus gelitten hat. Zu den größten Herausforderungen dieses Landes gehört der Kampf ums tägliche Überleben, der durch Hunger und ein ökologisches Ungleichgewicht verursacht wird. In meinem Dorf hörte ich von einem Mann, der Hunger litt, die folgenden Worte: ‚Wenn ich hungere, gibt es irgendwo einen anderen Menschen, der sich überfressen hat.' "[7]

Für diejenigen unter uns, die sich gerade in den Wechseljahren befinden, heißt es nun, dem geistigen Hunger des Zweiten Erwachsenenalters Beachtung zu schenken, weil uns sonst der materielle Hunger des Ersten Erwachsenenalters aufzufressen droht. Diesen Übergang vom Materiellen zur Spiritualität scheinen die Menschen seit Urzeiten gebraucht zu haben. Doch jeder lebt sein Leben in einem besonderen historischen Kontext. Die gesellschaftliche Realität, mit denen sich unsere Eltern und Großeltern auseinandersetzen mußten, war eine grundlegend andere, als die, der wir uns heutzutage gegenüber sehen.

Zwei große Herausforderungen erwartet diejenigen unter uns, die ihre Wechseljahre heute, am Ende des 20. Jahrhunderts, erleben. Erstens müssen wir erkennen, daß wir den Kontakt zur Erde, zueinander und zu uns selbst verloren haben und daß dies zu einer Krise geführt hat, die das Überleben der gesamten menschlichen Rasse gefährdet. Ob die Menschheit wächst und gedeiht oder aber untergeht, wird davon abhängen, was wir in den nächsten fünfzig Jahren unternehmen werden.

Zweitens wissen wir nun, daß wir die zweite Lebenshälfte genauso gesund und vital erleben können wie die erste. Diejenigen von uns, die jetzt zwischen fünfundvierzig und sechzig Jahre alt sind, haben die Möglichkeit, ein produktives Leben im Dienste der Menschheit zu führen bis zu einem Alter von neunzig oder hundertzwanzig Jahren. Denken Sie daran, was wir mit diesen Jahren anfangen könnten, wenn wir nicht nur älter werden, sondern den Übergang in ein Zweites Lebensalter so bewältigen, daß er uns die Weisheit unserer Vorfahren eröffnet.

„Der Initiationsprozeß gibt deinem Leben eine klare Richtung, indem er dir den Sinn und Zweck deines Lebens verdeutlicht, den du dir gewählt hast, bevor du geboren wurdest", so die Worte Malidoma Somés. „Der Initiationsprozeß macht deiner Psyche klar, daß dein Leben es wert ist, für dieses Ideal gelebt zu werden. Ich brauche wohl nicht extra zu betonen, daß, wenn du es bis dahin nicht erfaßt hast, irgend etwas in dir in Aufruhr geraten wird. Und es macht dich zu einer instabilen Persönlichkeit, von einem extremen Temperament, das sich bis zum Exzeß steigern kann."[8]

Eines der anschaulichsten Beispiele dafür, was passiert, wenn der moderne Mann sich keinem Initiationsprozeß unterwirft, gibt der Dramatiker Eugene O'Neill. In seinem autobiographischen Werk *Eines langen Tages Reise in die Nacht* kämpft er mit seinem Hang zur Sucht und dem Verlust seiner Männlichkeit – genau wie so viele Männer heutzutage auch.

„Es war ein großer Fehler, als Mann geboren zu werden. Als Möwe oder als Fisch wäre ich weitaus erfolgreicher gewesen. Wie dem auch sei, ich werde jedenfalls immer ein Fremder sein, der sich nie zu Hause fühlt, der nichts wirklich will und von niemandem wirklich gewollt wird, der niemals irgendwo dazugehören kann und der immer ein wenig verliebt ist in den Tod."[9] Das ist auch eine Sichtweise, wie man das Zweite Erwachsenenalter sehen kann. Es ist eine Sichtweise, die eine Monsterjungen-Männlichkeit zum Vorbild für unser Mannsein nimmt und Peter Pan zur Leitfigur für das Alter wählt. Aber uns steht auch noch eine andere Möglichkeit offen. Die Wechseljahre geben uns die Möglichkeit, den Übergang zu wagen in eine andere Art von Männlichkeit, die sich den Mann zum Vorbild nimmt, den deine Vorfahren immer aus dir machen wollten.

Ein Mann, der diesen Übergang geschafft hat, würde – mit ähnlichen Worten, doch ganz anders als Eugene O'Neill – vor der Welt erklären:

„Es war ein großes Geschenk, als Mann geboren zu werden. Ich bin ein sehr erfolgreicher Bruder der Möwe und des Fisches. Wie dem auch sei, ich werde immer ein Partner sein, der mit seinem Ursprung verbunden bleibt, der ehrlichen Herzens dienen möchte und dessen Dienste gerne angenommen werden, der für immer dazugehören wird und der immer ein wenig verliebt ist in das Leben."

Teil IV

Viagra – Pro und contra

11. Die Viagra Story – Chemie für besseren Sex

Als ich vor fünf Jahren dieses Buch über die Wechseljahre des Mannes zu schreiben begann, war, wie ich dargelegt habe, nur wenig darüber bekannt, daß auch Männer ab der Lebensmitte, zwischen vierzig und fünfundvierzig Jahren, körperliche Veränderungen durchmachen, die sich auf alle Lebensbereiche auswirken. Ich wollte zeigen, daß diese multidimensionale Übergangsphase nur dann auch zu behandeln ist, wenn man alle Veränderungen, seien sie nun körperlicher, hormoneller, psychischer, sozialer, spiritueller oder sexueller Natur, berücksichtigt.

Als mein Buch 1997 erschien, gehörte es zu den ersten Publikationen, die der Öffentlichkeit ein neues Medikament vorstellten, *Sildenafil,* eine Substanz, die in Europa und in den USA gerade klinischen Tests unterzogen worden war. Man erhoffte sich von dem Medikament, daß es Millionen Männern auf der ganzen Welt, die unter Erektionsstörungen litten, würde helfen können. Damals erwähnte ich auch, daß die Firma Pfizer ein Medikament entwickelte, das äußerst zufriedenstellende Forschungsergebnisse erbracht hatte und nur geringe Nebenwirkungen verursachte; es sollte unter dem Namen *Viagra* auf den Markt kommen. Damit ist der Forschung der vielleicht wichtigste medizinische Durchbruch dieses Jahrhunderts auf dem Gebiet der Sexualforschung gelungen. In diesem Kapitel will ich Ihnen nun darlegen, was Sie über die „Wunderpille“ wissen sollten, deren Erscheinen auf dem Markt enthusiastisch begrüßt worden ist. So stand beispielsweise in einem Leitartikel für das *Time-Magazine* unter der Überschrift „Das Viagra-Fieber“ folgendes: „Was soll man dazu sagen? Billiges Benzin, starke Wirtschaft und die Potenzpille: Was für ein Land, in dem wir leben! Wow! ... und was für eine Zeit!“[1]

Wann begann die Welt, der Erektionsstörung des Mannes endlich Beachtung zu schenken?

Im Jahre 1983 wurde in der Geschichte der Behandlung von Erektionsstörungen ein neues Kapitel aufgeschlagen: Giles Brindley, ein siebenundfünfzigjähriger britischer Arzt, der auf einem medizinischen Symposium in Las Vegas über seine Untersuchungen zur medikamentösen Behandlung von Erektionsstörungen berichten wollte, trat während seines Vortrags vor sein Rednerpult, ließ die Hosen runter und zeigte den anwesenden Kollegen sein steifes Glied. Die Erektion hatte er durch eine Injektion ausgelöst. Brindley wußte, daß er in die Annalen der Medizingeschichte eingehen würde. Was er aber nicht wissen konnte, war, daß er mit diesem aufsehenerregenden Auftritt einen wahren Ansturm nach Medikamenten auslöste, die dem Mann ein aktives Sexualleben bis ins hohe Alter zu erhalten versprachen. Mit der „Potenzpille" *Viagra* ist die Erfüllung des Wunsches nähergerückt.

Was ist Viagra?

Viagra ist eine kleine blaue Pille zur Behandlung von Erektionsstörungen bei Männern. Sie wird oral verabreicht, und zwar in Dosen von 25, 50 oder 100 mg.

Für wen ist die „Potenzpille" geeignet?

Viagra hilft bei Erektionsstörungen, die auf organische Ursachen, wie zum Beispiel Diabetes oder Prostatakrebs, auf psychische Ursachen oder aber auf eine Mischung beider Komponenten zurückzuführen sind.

Was bewirkt sie?

Die klinischen Erprobungen haben ergeben, daß die *Viagra*-Pille das Sexualleben des Mannes zu verbessern hilft, insbesondere verhilft sie dazu, eine Erektion zu *bekommen* und auch *aufrechtzuerhalten*, die ausreicht, um einen befriedigenden Geschlechtsakt durchzuführen. Außerdem verbessert sie den Orgasmus und die Qualität des Geschlechtsaktes insgesamt.[2]

Wie natürlich ist die körperliche Erregung?

Während bei der Injektionstherapie das Glied erigiert, ob der Mann nun sexuell erregt ist oder nicht, wirkt *Viagra* nur dann, wenn der Mann sexuell stimuliert ist, d.h. er bekommt eine richtig schöne altmodische Erektion, die sich ganz natürlich anfühlt. Steven Lamm bezeichnet das Medikament auch als die „Romantik-Pille", ergänzt aber, daß es kein Aphrodisiakum sei. „Dieses erstaunliche Medikament setzt einfach eine ganz natürliche Abfolge von Ereignissen in Gang, wie sie bei jedem Paar individuell verschieden ist. Ich kenne nichts", so Lamm, „was näher an den natürlichen Ablauf des Liebesaktes herankäme als eine Erektion, die durch dieses Medikament ausgelöst wird."[3]

Kann Viagra auch mehrere Erektionen nacheinander bewirken?

Stephen M. Auerbach, der ebenfalls klinische Tests mit der Potenzpille durchgeführt hat, betont, daß die Patienten „nicht nur in der Lage sind, eine Erektion zu bekommen, aufrechtzuerhalten und einen erfolgreichen Geschlechtsakt durchzuführen, sondern daß viele von ihnen sogar in den Genuß von multiplen Erektionen und Orgasmen kamen".[4] Ein neunundvierzigjähriger Patient von ihm, der wegen Diabetes unter Potenzstörungen litt, berichtete: „Meine Frau und ich können nun wieder länger und intensiver Sex miteinander haben, sogar intensiver als vor meiner Krankheit. Ich kann eine Pause einlegen, die Erektion halten oder sogar eine neue bekommen. Dieses Mittel hat uns etwas sehr Wertvolles zurückgegeben."[5]

Wie effektiv ist Viagra?

Die klinischen Tests haben ergeben, daß bei Einnahme einer Dosis von 25 mg 63 Prozent der Versuchspersonen eine Verbesserung ihrer Erektionsfähigkeit bemerkten. Bei 50 mg verbesserte sich die Erektionsfähigkeit von 74 Prozent und bei einer Dosis von 100 mg von 82 Prozent der Probanden. „Die Ergebnisse, die für die Wirksamkeit von *Viagra* sprechen, sind überwältigend," erklärte Raymond C. Rosen, Professor für Psychiatrie und Medizin und stellvertretender Direktor des Center of Sexual and Marital

Health an der Robert Wood Johnson Medical School dazu. „Millionen von Männern kann nun geholfen werden."[6]

Wie gut ist die klinische Erprobung dieses Medikaments?

In einer Doppelblindstudie an einundzwanzig nach dem Zufallsprinzip ausgewählten Probanden und einer plazebobehandelten Kontrollgruppe, die über einen Zeitraum von sechs Monaten getestet wurden, konnte die Wirksamkeit von *Viagra* eindeutig bewiesen werden. In Großbritannien, Frankreich, Schweden und in den Vereinigten Staaten wurde es mehr als 3000 Patienten im Alter zwischen neunzehn und siebenundachtzig Jahren verabreicht – ebenfalls mit positiven Ergebnissen[7], und auch die in den USA durchgeführten Untersuchungen waren überaus befriedigend, wie Tom Luc erklärte: „Sildenafil [die klinische Bezeichnung für Viagra] ist ein wirksames, gut verträgliches Medikament zur oralen Einnahme bei Patienten mit Erektionsstörungen, die auf ein breites Spektrum von Ursachen zurückzuführen sind."[8]

Wie wird dieses Mittel eingenommen?

Den meisten Patienten wird eine Dosis von 50 mg empfohlen, die in der Regel ca. eine Stunde vor der sexuellen Aktivität eingenommen werden sollte. Jedoch kann die Pille auch eine halbe oder schon vier Stunden vor der sexuellen Aktivität verabreicht werden. Je nach Bedarf und Verträglichkeit kann die Dosis auf maximal 100 mg erhöht oder auf 25 mg gesenkt werden. *Viagra* sollte höchstens einmal am Tag angewendet werden.[9]

Wie wirkt dieses Präparat?

Sildenafil verstärkt die Wirkung von cGMP, indem es ein Enzym blockiert, das diesen Stoff abbaut. Dadurch wird die Gefäßmuskulatur im Penis entspannt, das Blut kann hineinfließen und eine Erektion hervorrufen.[10]

Wie lange hält die Wirkung an?

In der klinischen Erprobung dauerte die Wirkung zwar bis zu vier Stunden an, doch sind die individuellen Unterschiede groß.[11] Einige Klienten aus unserer Klinik berichteten, daß sie innerhalb einer Stunde nach dem Samenerguß ohne Schwierigkeiten eine neue Erektion bekommen konnten, andere spürten die Wirkung noch am nächsten Morgen und konnten auch „am Morgen danach" noch eine Erektion bekommen und aufrechterhalten, ohne eine neue Dosis einzunehmen.

Mit welchen Nebenwirkungen ist zu rechnen?

Bei den Versuchspersonen traten folgende Nebenwirkungen auf:

Kopfschmerzen (16%)
Gesichtsröte (10%)
Verdauungsprobleme (7%)
Verstopfte Nase (4%)
Infektion des Harntrakts (3%)
Sehstörungen (3%)
Verstopfung (3%)
Schwindelgefühle (2%)
Hautausschlag (2%)

Achtung: *Viagra* sollte nicht von Personen eingenommen werden, die zusätzlich noch Medikamente auf Nitratbasis, wie zum Beispiel Nitroglyzerin, einnehmen müssen. Grundsätzlich sollte diese Pille nur unter der Aufsicht eines erfahrenen Arztes angewendet werden.[12]

Wieviele Männer nehmen Viagra?

Genaue Angaben darüber, wieviele Männer *Viagra* einnehmen, können nicht gemacht werden, aber daß das Interesse an diesem Medikament groß ist, ist offensichtlich. In den USA stand die Pille, nachdem sie drei Wochen auf dem Markt war, ganz oben auf der Liste der meist gekauften Medikamente. Wie die *New York Times* in der Ausgabe vom 3. Mai 1998 berichtete, soll sie täglich 20000mal verschrieben worden sein.

Sollte man Viagra zur Verbesserung der Erektionsfähigkeit auch dann einnehmen, wenn man nicht an einer Erektionsstörung leidet?

Die Wissenschaftler warnen davor, auch dann nach *Viagra* zu greifen, wenn keine Erektionsstörung vorliegt, da die gesundheitlichen Schäden noch nicht ausreichend getestet worden sind. Sie betonen ausdrücklich, daß *Viagra* nicht als eine Art „Freizeitpille" zu betrachten sei, um dem sexuellen Vergnügen mehr Pep zu geben. Auch die Auswirkungen des Medikaments auf eine Beziehung sind noch nicht bekannt, und noch weiß man nichts darüber, ob man ohne das Medikament schließlich gar keinen Sex mehr haben kann, ob es zur Gewöhnung führt. Solche Fragen werden Wissenschaftler und Ärzte zukünftig noch intensiv beschäftigen.

Wie wurde das Mittel entdeckt?

Im Jahre 1991 wurden in den USA und in Großbritannien zwei völlig voneinander unabhängige Studien durchgeführt. Als die beiden Arbeitsgruppen entdeckten, daß sich ihre Ergebnisse wunderbar ergänzten, begannen sie ihre Zusammenarbeit.

In den USA war es Solornon Snyder, ein Neurobiologe an der Medizinischen Fakultät der Johns Hopkins University, der die Wirkung von Stickoxid bei Ratten untersuchte. Seine Arbeitsgruppe entdeckte, daß dieses Gas als Botenstoff Signale zwischen den Nervenzellen übermittelte, sich aber so schnell wieder auflöste, daß man nicht feststellen konnte, um welche Nervenzellen es sich handelte. „Wir suchten im ganzen Körper nach diesen Nervenzellen", berichtete Snyder und stellte schließlich fest, daß das Gas nicht nur in den Nervenzellen des Gehirns, sondern auch im Penis nachweisbar ist. 1992 veröffentlichte die Arbeitsgruppe um Snyder schließlich die Ergebnisse ihrer Studie in dem Wissenschaftsjournal *Science.*[13]

Gleichzeitig entwickelte in Großbritannien Ian Osterloh für den Pharmariesen Pfizer ein neues Herzmedikament mit dem Namen *Viagra*. Ursprünglich sollte *Viagra* als Herzmittel bei Herzerkrankungen in Zusammenhang mit Brustschmerzen angewendet werden. Aber es zeigte sich, daß es für diesen Zweck überhaupt nicht taugte. Kurioserweise berichteten die Probanden in Osterlohs Studie über Erektionen als Nebenwirkung des Medikaments, und Pfizer, der seine Chance witterte, ließ weitere Testversuche mit *Viagra* machen.

Glücksgöttin Fortuna wollte es, daß Osterloh den Artikel in *Science* las und sofort begriff, welcher Zusammenhang zwischen dem Medikament und den unbeabsichtigt hervorgerufenen Erektionen bestand. Denn mit Stickoxid als Botenstoff blockierte *Viagra* ein Enzym, das verhinderte, daß das Glied richtig steif wurde.

Von da an dauerte es nur sechs Monate, bis die amerikanische Lebens- und Arzneimittelbehörde FDA dem neuen Mittel die Zulassung erteilte. Die Medizinforschung und das Leben von Millionen von Männern, die an Erektionsstörungen litten, würden nun nie wieder sein wie vorher!

Wie paßt Viagra in Ihr Gesundheitsprogramm?

Unsere Zeit ist äußerst schnellebig. Wir alle hätten gerne die Superpille, die alle unsere Probleme im Handumdrehen löst. *Viagra* scheint den Wunsch derjenigen zu erfüllen, die glauben möchten, unser Sexualleben könne nun schnell und unproblematisch den richtigen Kick erhalten. Solange ich nun schon als Therapeut arbeite, sind von den Medien immer wieder luststeigernde Zaubermittel hochgejubelt worden, ebenso viele Wunderdiäten, die das Fett angeblich einfach wegschmelzen, ohne daß man auf irgend etwas verzichten müßte. Ich habe jedoch die Erfahrung gemacht, daß es kein Mittagessen ohne Kalorien gibt, daß man nicht einfach von heute auf morgen all die Pfunde wegschmelzen kann, die sich durch schlechte Eßgewohnheiten und mangelnde Bewegung über die Jahre hinweg angesammelt haben, und daß sich ebensowenig über Nacht ein gesundes Sexualleben herbeizaubern läßt.

Weder *Viagra* noch all die anderen Mittel, die als „Potenzpillen" angepriesen werden, haben irgend etwas Magisches an sich. Zwar gilt *Viagra* bisher als sicher und zuverlässig, aber es gibt noch keine langfristigen Testergebnisse. Man denke nur an andere Medikamente, die zunächst als sicher galten, und von denen sich später herausstellte, daß sie schwere Geburtsschäden hervorrufen (in Dt. z.B. Contergan, Anm. d. Übers.). Oder solche, die als magische Appetitzügler gehandelt und später aus dem Verkehr gezogen wurden, weil sie Herzprobleme verursachten. Ich kann daher nur warnen:

Auch wenn Sie sich von neuen Technologien leicht begeistern lassen, sollten Sie eine gewisse Vorsicht walten lassen – sei es nun in bezug auf Viagra oder andere technologische Errungenschaften!!

Viagra kann sicher keine Beziehung reparieren, die an Scham, Angst, Wut oder Zweifeln zugrundegegangen ist. Es erfordert Zeit und nicht selten auch eine fachmännische Paarberatung, um eine angekratzte Beziehung zu kitten. Aber diese Pille kann für viele Männer und Frauen einen Neuanfang ihres Sexuallebens bedeuten. Daneben aber gibt es eine Fülle anderer Möglichkeiten, Erektionsstörungen zu beheben.

In unserer Klinik beispielsweise, dem Third Age Wellness Center, bieten wir ein ganzheitliches Gesundheitsprogramm an. Es umfaßt neue Medikationen gegen Erektionsstörungen, Hormonsubstitutionstherapien, Ernährungs- und Bewegungsprogramme, Naturheilmethoden, Akupunktur, Massage, Streßreduktionsprogramme, Beratung, Hilfe in beruflichen Angelegenheiten und Mentoring. Neue Medikamente können nicht alle Probleme lösen, die ein Mann so haben kann. Sie können aber ihm und seiner Partnerin oder seinem Partner neue Hoffnung geben. Sie sind nicht das ultimative Heilmittel, sondern ein erster Schritt in Richtung sexuelle Gesundheit und Intimität.

Arginin und Gingko biloba: natürliche Alternativen zu *Viagra*

Auch in der Naturheilkunde ist die Wirkung von Stickoxid (NO) zur Verbesserung des sexuellen Wohlbefindens nichts Neues. „Neuere Studien haben bestätigt, daß NO den Blutdruck senkt, das Immunsystem aktiviert sowie Krebszellen und Mikroorganismen zerstört. Es verbessert die Muskelaktivität, das Gleichgewicht und die Koordination", berichten John Morgenthaler und Dan Joy, die Autoren von *Better Sex Through Chemistry: A Guide to the New Prosexual Drugs and Nutrient*. „Wissenschaftler haben festgestellt, daß NO ein *wichtiger Botenstoff für die Erektion ist.*"[15]

Was also hat nun NO mit Arginin und mit Sex tun? „Ganz einfach, das in der Nahrung enthaltene Arginin ist Hauptlieferant für Stickstoffmoleküle zur Bildung von NO", erklären Morgenthaler und Joy. „Ohne Arginin in der Nahrung gibt es kein Stickoxid und ohne Stickoxid keine Erektion."[16] Damit Sie diesen Nährstoff, der für Ihr sexuelles Wohlbefinden so eminent wichtig ist, immer in ausreichender Menge zur Verfügung haben, müssen Sie entweder Nahrungsmittel zu sich nehmen, die diesen Stoff enthalten, wie z.B. Milchprodukte, Nüsse, Huhn, Truthahn und anderes Geflügel, oder aber ein Arginin-Präparat einnehmen.[17]

Auch die Heilkräfte des seit alters her bekannten Gingko-Baumes sind für ganzheitliche Heilpraktiker, wie auch Andrew Weil einer ist, nichts Neues. Gingko biloba (aus der Rinde des Gingko-Baumes) ist nicht nur ein Antioxidans, das uns dadurch gesund erhält, daß es die freien Radikale in unserem Körper blockiert, das sind reaktionsfreudige Moleküle, die für viele Krankheiten mitverantwortlich zu sein scheinen, es fördert auch die Durchblutung des Gehirns und des männlichen Gliedes.[18] Die Witze, die man gerne über das Blut im Hirn und im Penis eines Mannes macht, sind offensichtlich gar nicht so weit hergeholt.

„Aufgrund ihrer durchblutungsfördernden Wirkung im Penis sind Yohimbe und Gingko biloba zwei pflanzliche Wirkstoffe, die häufig zur Behandlung von Impotenz verwendet werden", erklärt die Ernährungswissenschaftlerin Ann Louise Gittleman. „Wir verabreichten einer Gruppe von Männern, die auf andere medikamentöse Therapien nicht ansprachen, einen Gingko biloba-Extrakt", berichtet Gittleman. „Nach einem Zeitraum von sechs Monaten hatte die Hälfte der Versuchspersonen ihre Potenz wieder. Eine Kapsel von 40 mg täglich kann schon in zwei Monaten eine Wirkung hervorrufen. Es kann jedoch bis zu sechs Monate dauern, bis die Potenz vollständig wiederhergestellt ist."[19]

John Morgenthaler ist der Ansicht, daß Arginin ebenso wie Gingko biloba bei der Behandlung von Millionen von Männern, die unter Erektionsstörungen leiden, sehr hilfreich sein können. Außerdem können diese Substanzen nach Meinung von Morgenthaler sogar für die Steigerung der sexuellen Genußfähigkeit der Frau von Nutzen sein.[20] Zwar wird für solche pflanzlichen Substanzen nicht so lautstark geworben wird wie für die neuesten „Wunderpillen", doch diese Wirkstoffe gibt es schon sehr viel länger, und sie haben sich ebenfalls als wirksam und sicher erwiesen. Männer und Frauen, die ihr Sexualleben verbessern wollen, sollten sich ernsthaft überlegen, ob diese Mittel für sie nicht eine Alternative zu den vielgerühmten Wunderpillen sein könnten.

Neue Ergebnisse in der Sexualmedizin: Was kommt als nächstes?

An erster Stelle unter den neu entwickelten Medikamenten steht *Vasomax* (Phentolamin), das ebenfalls zur Behandlung von Erektionsstörungen angewendet wird. Die klinische Erprobung (in den USA, Anm. d. Übers.) dieses Mittels ist mittlerweile abgeschlossen, und die Zulassung bei der amerikanischen Lebens- und Arzneimittelbehörde wurde beantragt. Ursprünglich wurde dieses Medikament als Injektionstherapie gegen Impotenz angewendet. Nun hat man eine Darreichungsform für die orale Gabe entwikkelt. Wie bei *Viagra* wird die Penismuskulatur entspannt und damit eine Erektion hervorgerufen. Wie *Viagra* wird es vor der sexuellen Aktivität eingenommen. *Vasomax* dürfte wohl bis spätestens Ende 1998 seine Zulassung für die USA erhalten.

Nach Meinung von Raymond Rosen, der die vorläufigen Daten der neuesten klinischen Tests ausgewertet hat, ist *Vasomax* „der nahezu perfekte Wirkstoff, wenn man eine kurzfristig anwendbare Methode zur Herbeiführung einer Erektion sucht. Das Mittel ist gut verträglich, und es kommt zu keinen nennenswerten Nebenwirkungen – abgesehen von einer verstopften Nase.“[21]

Einer von Dr. Lamm's Patienten faßte seine Erfahrungen mit *Vasomax* wie folgt zusammen: „Als ich *Vasomax* zum ersten Mal eingenommen hatte, verließ ich Ihre Praxis und ging mit Amy essen. Ich fühlte ich mich irgendwie ganz anders. Mir wurde plötzlich bewußt, wie hübsch sie eigentlich aussah – und plötzlich empfand ich neben der emotionalen Zuneigung zu ihr ein ebenso starkes körperliches Begehren. Ich war überwältigt vor körperlicher Lust. Wir ließen das Dessert im Restaurant aus und nahmen den Nachtisch zu Hause ein – falls Sie wissen, was ich meine.“[22]

Dr. Lamm verabreicht beide Präparate – *Vasomax* und *Viagra*. *Vasomax* in der Regel für Männer mit eindeutig psychisch bedingten und eher leichten Erektionsstörungen, *Viagra* dagegen, „ein starkes und wirksames Mittel“, für Männer mit mittelschweren bis schweren Erektionsstörungen.[23]

Neben *Vasomax* befinden sich derzeit noch andere Medikamente gegen Erektionsstörungen in der klinischen Erprobung.

Im Rahmen eines Joint Venture zwischen den pharmazeutischen Konzernen Abbott Laboratories und der japanischen Firma Takeda Chemical Industries wird derzeit ein Präparat namens *Spontane* (Wirkstoff Apomorphin) entwickelt. Apomorphin wirkt über das Zentrale Nervensystem (ZNS) und scheint besonders gute Erfolge bei psychogenen Erektionsstörungen zu erzielen. Die klinische Erprobung ist mittlerweile fast abgeschlossen.

Prostaglandine sind hormonähnliche Substanzen, die die Gefäßmuskulatur entspannen und außerdem eine cholesterin- und blutdrucksenkende Wirkung haben. Derzeit werden Cremes entwickelt, die solche Prostaglandine enthalten und die äußerlich an den Genitalien aufgetragen werden, um die Blutzufuhr im Penis zu erhöhen. Die klinische Erprobung läuft bereits.

Und auch Pfizer hat für die Viagrastory noch eine Fortsetzung parat. Für all diejenigen, die keine Stunde warten wollen, bis die Potenzpille wirkt, entwickelt Pfizer nun unter Verwendung eines neuen Botenstoffes die „Turbo-Pille“, die nur Minuten brauchen soll, um ihre Wirkung zu entfalten.[24]

Nach Meinung von Stephen Auerbach ist in der Sexualmedizin derzeit eine Revolution im Gange. Er ist überzeugt, daß es bald neue und bessere Präparate, ähnlich *Viagra*, sowie Kombinationspräparate geben wird, die bei vielen typisch männlichen sexuellen Problemen Abhilfe schaffen werden, vielleicht sogar demnächst einen speziell zusammengestellten „Liebescocktail“ zur Förderung des sexuellen Wohlbefindens.[25]

Die Neue Welt der Sexualität im dritten Lebensabschnitt: die Wunderpille auch für Frauen?

In unserem *Third Age Wellness Center* bezeichnen wir die Zeit von der Geburt bis zum einundzwanzigsten Lebensjahr als den ersten, die Jahre zwischen einundzwanzig und vierzig als den zweiten und den Zeitraum zwischen vierzig und einhundert oder sogar darüber hinaus als den dritten Lebensabschnitt. Für die Männer und Frauen im zweiten Lebensabschnitt war die Einführung der Antibabypille eine Revolution. Und ebenso werden die neuen Potenzpräparate die Sexualität von Männern und Frauen im dritten Lebensabschnitt um eine völlig neue Erfahrung bereichern. *Viagra* kann für eine sonst intakte Ehe ein hoffnungsvoller Anfang sein.

Viele Ärzte glauben sogar, daß die kleine blaue Potenzpille auch für Frauen große Möglichkeiten in sich birgt. Murdoch, ein Urologe aus Maryland, ist der Ansicht, daß Medikamente zur Behandlung von Funktionsstörungen bei Männern auch die Durchblutung der Vagina und der Klitoris fördern und zum Beispiel bei Frauen, deren Vagina nicht feucht genug wird, durchaus hilfreich sein können.[26]

Stephen Auerbach hingegen äußert sich skeptisch: „Zwar gibt es zwischen der männlichen und der weiblichen Sexualität durchaus gewisse Ähnlichkeiten, aber eben auch bedeutsame Unterschiede. Man kann also nicht davon ausgehen, daß das, was bei den Männern funktioniert, auch bei den Frauen wirkt."[27]

Laurie Kline, eine einundvierzigjährige Frau aus Baltimore hingegen glaubt fest daran, daß die neuen Potenzpräparate auch Frauen helfen können. Sie ist sich sicher, daß ihr durch *Viagra* ihre Orgasmen wieder geschenkt wurden, auf die sie seit einer Unterleibsoperation im Alter von 35 Jahren verzichten mußte. „Es ist eine Wunderpille", so ihr Kommentar. „Ich kann es selbst kaum glauben. Für so lange Zeit hatte ich da unten keinerlei Empfindung mehr und jetzt ist es, als sei dieser Teil von mir zu neuem Leben erwacht."[28]

Laurie Kline nahm an einer US-Studie teil, in der die Wirkung von *Viagra* bei Frauen untersucht wurde. Jennifer Berman von der University of Maryland, die die Studie leitete, ist der Ansicht, daß nun der Zeitpunkt gekommen sei, sich verstärkt der Erforschung weiblicher Sexualstörungen zu widmen, nachdem viele Jahre die männliche Sexualität den Vorrang hatte.[29]

Aber viele Frauen warteten die Ergebnisse dieser Studien gar nicht erst ab, sondern probierten *Viagra* schon vorher aus. Bereits im Mai 1998, kurz nachdem das *Viagra*-Fieber ausgebrochen war, brachte die *New York Times* einen Artikel über eine Gruppe von Frauen, die diese Pille außerhalb von klinischen Tests und ohne ärztliche Aufsicht eingenommen hatten. Ihre Berichte geben Aufschluß über die Anwendungsmöglichkeiten von *Viagra* bei der Frau wie auch über mögliche Nebenwirkungen.

Die Frauen, die man für diesen Artikel interviewt hatte, nahmen die Potenzpille aus verschiedenen Gründen, z. B. wegen nachlassender Libido aufgrund von Medikamenteneinnahme, wegen Lubrikationsschwierigkeiten oder weil sie keinen Orgasmus bekommen konnten. Die Erfahrungen, die sie machten, wurden als weitgehend positiv geschildert. Eine der Frauen bezeichnete ihre Erfahrungen mit der Pille als geradezu „animalisches" Erlebnis. Die Nebenwirkungen waren ähnlich wie beim Mann: Gesichtsrötungen, das Sehen der Umwelt im „Blaustich" und das Auftreten von Kopfschmerzen. Diese Nebenwirkungen sind vergleichsweise harmlos. Solange keine eindeutigen Untersuchungsergebnisse vorliegen, warnen die Ärzte jedoch Frauen im gebärfähigen Alter vor dem Gebrauch dieser Pille, zumal man noch nichts über Langzeitwirkungen weiß. Ebensowenig ist abzuschätzen, welche psychischen Probleme auftreten können, wenn die Pille ohne ärztliche Kontrolle eingenommen wird.

Dennoch ist auch Theresa Crenshaw der Ansicht, daß wir am Anfang einer völlig neuen Ära der Sexualpharmakologie stehen, und daß es in Bälde eine Reihe Medikamente geben wird, die nicht nur unser Sexualleben verbessern, sondern uns auch helfen können, länger gesünder und glücklicher zu leben. Crenshaw hat zum Beispiel herausgefunden, daß das Präparat Welbutrin (Bupropion), ein relativ neues Antidepressivum, nicht nur zu einer Gewichtsreduktion führt, sondern neben der Lust am Sex auch die Orgasmusfähigkeit fördern kann.[30]

Wir stehen am Anfang einer Ära in der Medizin, die Körper und Geist miteinander verbindet. Neue biologische Hilfsmittel werden unsere Art zu denken, zu fühlen und sexuell miteinander zu verkehren verändern. Die Tatsache, daß wir über Sex jetzt anders denken als früher, kann auch die chemischen Reaktionen, die in unserem Gehirn ablaufen, verändern. Alles in allem ist das für uns Männer und Frauen schon eine aufregende Zeit, in der wir leben!

12. Die Hormonsubstitution für Sie und Ihn: die Therapie der Zukunft?

Während meiner Recherchen für dieses Buch war mir der Gedanke an eine Hormonsubstitution beim Mann genauso fremd wie die Vorstellung, Männer kämen in die Wechseljahre, obwohl sich die Forschung in Europa seit Jahren damit beschäftigt.

Nach den Ergebnissen einer erst kürzlich in den USA durchgeführten Umfrage[1] wissen die wenigsten Männer darüber Bescheid, welch wichtige Rolle das Hormon Testosteron für ihre Gesundheit spielt, und was es bedeutet, wenn der Testosteronspiegel absinkt.

Von den eintausend befragten Männern konnten 68 Prozent nicht ein einziges Symptom nennen, das auf einen niedrigen Testosteronspiegel zurückzuführen ist. 15 Prozent nannten als Symptom vermindertes sexuelles Interesse, sechs Prozent Müdigkeit und nur drei Prozent die Verringerung der Muskelmasse. Weniger als ein Prozent der Befragten brachte zu niedrige Testosteronwerte mit einer Verminderung der Knochendichte in Zusammenhang.[2]

Den meisten war auch nicht bekannt, daß es so etwas wie eine Hormonbehandlung gibt, mehr als die Hälfte der Befragten hatte noch nie etwas davon gehört. Interessanterweise wußte aber ein Viertel der Befragten, daß es eine Hormonsubstitutionstherapie für Frauen gibt, nur sieben Prozent dagegen, daß eine solche Therapie auch bei Männern angewendet werden kann.[3]

„Dabei kann für Männer mit niedrigen Testosteronwerten eine Hormonsubstitution von entscheidender Bedeutung sein. Sie hilft bei Symptomen wie Erschöpfung, depressiver Verstimmung und vermindertem sexuellem Interesse. Daher findet die Rolle, die Testosteron für das allgemeine gesundheitliche Wohlbefinden des Mannes spielt, in der medizinischen Fachwelt mehr und mehr Beachtung.“[4]

Malcom Carruthers, britischer Experte für die Menopause des Mannes, arbeitet bereits seit zwanzig Jahren an der Erforschung der Frage, inwieweit das Hormon Testosteron daran beteiligt ist, daß ein Mann gesund, glücklich und sexuell aktiv bleibt. Im Februar 1998 stellte er die Ergebnisse einer Studie, an der eintausend Männer in den Wechseljahren beteiligt waren – die wohl weltweit umfangreichste Studie dieser Art überhaupt – auf dem *First World Congress on the Aging Male* in Genf vor. Die wichtigsten Untersuchungsergebnisse stelle ich Ihnen auf den folgenden Seiten vor.

Der „Wechsel"

Jede erwachsene Frau in Nordamerika und in anderen Industrienationen weiß, was dieses Wort bedeutet: der „Wechsel", der nicht nur den Hormonhaushalt, sondern das ganze Leben verändert. Die Hormonsubstitution bei der Frau ist stark umstritten. Ist sie nun hilfreich und nützlich bei der Behandlung von Symptomen der Menopause und bei der Vorbeugung von Erkrankungen oder wird damit eine an sich ganz normale Veränderung im Leben einer Frau als „Krankheit" verkannt? Auch ist man sich keineswegs darüber einig, welche Hormone man geben sollte, wenn denn eine Hormonsubstitution tatsächlich angezeigt ist.

Bis jetzt durften die Männer bei diesem Thema nicht mitreden. Da man bisher angenommen hatte, daß die Menopause des Mannes eher psychischer denn physischer Natur sei, kam man auch nicht auf die Idee, Testosteron, das Hormon, das bei den Männern mit zunehmendem Alter abnimmt, zu substituieren. Heute wissen wir, daß auch Männer einen „Wechsel" durchmachen, der so real und hormonell bedingt ist wie die Menopause bei der Frau.

Ähnlichkeiten und Unterschiede zwischen männlichen und weiblichen Wechseljahren

Die Menopause der Frau beschränkt sich gewöhnlich auf einen begrenzten Zeitraum, meist zwischen fünfundvierzig und fünfundfünfzig Jahren. Bei den Männern setzt die Menopause häufig ganz unbemerkt ein, manchmal schon ab dreißig, wie uns Malcolm Carruthers erklärt.[5] Einer der Gründe, warum die Menopause beim Mann häufig völlig unbemerkt bleibt, ist die Tatsache, daß sie langsam und graduell fortschreitet. Aber langfristig gesehen kann die Menopause des Mannes unter Umständen noch schwerwiegendere Folgen haben als die Menopause der Frau. Die

Menopause beim Mann stellt nicht nur eine Virilitäts-, sondern auch eine Vitalitätskrise dar, auch wenn die offensichtlichsten Anzeichen vermindertes sexuelles Interesse und Verlust der erektilen Leistungsfähigkeit sind.

Die häufigsten Symptome, die während der männlichen Wechseljahre bei den von Carruthers untersuchten Männern auftraten

1. Das Gefühl der *Erschöpfung*, von dem mehr als 80 Prozent der Probanden sich betroffen fühlten.

2. *Depressionen* bei ca. 70 Prozent, von den Männern selbst auch als „negative" oder „niedergedrückte" Stimmung beschrieben. Obwohl es sich nach einer der bekannten psychiatrischen Beurteilungsskalen nur um leichte bis mittelschwere Depressionen handelte, war dieses Symptom nach Angaben von Carruthers von den Probanden und ihren Familien mit am schlechtesten zu verkraften. Wie ich später noch erläutern werde, bin ich der Ansicht, daß sich eine Depression bei Männern und bei Frauen unterschiedlich äußert und daß Depressionen bei Männern eigentlich zu selten als solche erkannt werden.

3. *Reizbarkeit* und *Wut* gehören zu den unangenehmsten Symptomen, insbesondere für die Familien der Betroffenen. Diese Symptome traten bei 60 Prozent der Probanden auf. „Die Männer regen sich über völlig belanglose Dinge genauso auf wie über wichtige", erklärt Carruthers.[6]

Wenn man erlebt, wie viele Männer in dieser Lebensphase ständig in Wut geraten, dann paßt das so gar nicht zu der Vorstellung, daß das Testosteron, das dann angeblich abnimmt, ja eigentlich das Hormon sein soll, das für die männliche Aggression verantwortlich ist. „Was oft als ‚ohnmächtige' Wut beschrieben wird", so Carruthers, „ist in der Tat auf einen erniedrigten Testosteronspiegel zurückzuführen. Wenn dieser durch eine Behandlung auf ein normales Niveau zurückgeführt wird, bekommt der Mann mehr Selbstvertrauen und Sicherheit, überschießende Aggressionen fallen weg."[7]

4. *Verminderte Libido* trat in 80 Prozent der Fälle auf. Das Wort „Libido" steht für „sexuelles Verlangen" oder einfach „Lust auf Sex". Die Libido läßt in der Regel über einen Zeitraum von Monaten oder Jahren hinweg langsam nach, im gleichen Maße wie

der Testosteronspiegel zurückgeht. Der Libidoverlust beeinflußt alle Aspekte des männlichen Sexuallebens, weniger sexuelle Gedanken, Phantasien, ja sogar sexuelle Träume. Man(n) kommt seltener in Stimmung!

5. *Potenzschwierigkeiten* im Sinne der verminderten Fähigkeit, eine Erektion zu bekommen oder aufrechtzuerhalten, gehören zu den für den Mann schockierendsten Symptomen der Menopause und traten in ca. 80 Prozent der Fälle auf. Versagensängste verschlimmern die Situation noch und können zu einem vorzeitigen Samenerguß führen, was bei 25 Prozent der Studienteilnehmer der Fall war. Im Gegensatz dazu kann es aufgrund der durch den niedrigen Testosteronspiegel verursachten verminderten Stimulierbarkeit des Penis auch zu einem verzögerten Samenerguß kommen, was bei weiteren 25 Prozent der Probanden der Fall war.

6. Auch *vorzeitiges Altern* ist häufig ein Symptom der Wechseljahre. Laut Carruthers erhöht der altersbedingte Testosteronrückgang das Risiko für Herzbeschwerden. In mehreren Studien, die in Großbritannien und in den USA durchgeführt wurden, fand man bei Personen, die später Probleme mit dem Herzen hatten, vergleichsweise niedrigere Testosteron- und höhere Östrogenwerte als bei gesunden Kontrollpersonen gleichen Alters.

Erniedrigte Testosteronspeigel beeinträchtigen die Durchblutung, führen bei manchen Männern zu kalten Händen und Füßen, bei anderen dagegen zu Hitzewallungen. Carruthers stellte fest, daß zwar nur 25 Prozent der Probanden über ausgesprochene Hitzewallungen berichteten, daß aber mehr als die Hälfte angab, stärker zu schwitzen, vor allem nachts.

Mit dem vorzeitigen Altern stellt sich das Gefühl ein, daß die körperlichen Kräfte nachlassen. Carruthers ist der Ansicht, daß der Grund dafür ebenfalls bei der verminderten Testosteronaktivität zu suchen ist. Außerdem stellte er fest, daß die Männer über diffuse Schmerzen und Steifheit klagten. Er kam zu dem Ergebnis, daß die Muskelmasse und -kraft im wesentlichen vom Testosteronspiegel und von der körperlichen Betätigung abhängen.

Eine interessante Feststellung war auch die Tatsache, daß ein Viertel der eintausend Probanden, die sich alle wegen ihrer durch die Menopause bedingten Symptomatik behandeln ließen, sich einer Sterilisation unterzogen hatte. Carruthers zitiert Studien aus aller Welt, die besagen, daß es einen Zusammenhang gibt zwischen einer Sterilisation und einigen der Symptome, die auf die Menopause zurückgeführt werden. Da diese Symptome oft erst Jahre nach dem Eingriff auftreten, wird dieser Zusammenhang meist übersehen. „Eine Sterilisation ist in jedem Fall ein schwerer chirurgischer Eingriff in ein sehr sensibles und hochempfindliches menschliches Organ", erklärt Carruthers dazu.[8]

Die Testosteronsubstitution: vielversprechende Ergebnisse

Einige Befürworter der Testosteronsubstitutionstherapie (TST) glauben, sie sei *die* Antwort auf alle Fragen, die die Menopause des Mannes aufwirft. Wie ich ist auch Carruthers der Ansicht, daß die TST ein nützlicher Bestandteil eines ganzheitlichen Programms zur Wiederherstellung des hormonellen, physischen, geistigen, zwischenmenschlichen und spirituellen Wohlbefindens sein kann. „Die TST ist eine von vielen Methoden, die zur Vorbeugung und Behandlung von Symptomen der Menopause in Frage kommen", erläutert Carruthers. „Oft ist sie der Schlüssel für die Tür, durch die ein Mann gehen muß, damit er sich wieder so gut fühlt, daß er auch die anderen für seine Gesundung notwendigen Veränderungen angehen kann, wie zum Beispiel Streßmanagement, Änderung des Trinkverhaltens, Gewichtsreduktion und körperliche Betätigung.[9]

Die Patienten, die von Carruthers mit einer TST behandelt wurden, waren im Durchschnitt vierundfünfzig Jahre alt, der jüngste einunddreißig, der älteste achtzig Jahre. Testosteron kann als Injektion, Pille, Kügelchen, Creme oder in Form eines Pflasters angewendet werden.

Carruthers berichtet über folgende Ergebnisse:

- Allgemeines Gefühl von erhöhter Vitalität und Verbesserung des persönlichen Wohlbefindens.
- Bei Patienten wie auch deren Partnern war ein verbesserter Antrieb und ein sichereres Auftreten zu beobachten, jedoch kein „Überschießen" in die Aggression.
- Die Patienten waren glücklicher und weniger reizbar, es ließ sich „leichter mit ihnen leben", sie kamen in der Arbeit und mit ihren Familien besser zurecht.

- Der Haarwuchs verbesserte sich.
- Kein Haarausfall mehr! Einige Probanden berichteten, daß sie nun ihre ursprüngliche Haarfarbe wieder hätten.
- Einige Patienten waren stolz, daß ihr Penis größer geworden war und daß sich ihre genitale Sensibilität verbessert hatte.
- Alle zuvor berichteten Symptome konnten gemildert und die sexuelle Gesamtaktivität, einschließlich Geschlechtsverkehr und Masturbation, konnte erhöht werden.

Die Testosteronsubstitutionstherapie (TST): Wie sicher ist sie?

Unangenehme Nebenwirkungen traten kaum auf, sie beschränkten sich im wesentlichen auf eine leichte Magenreizung. Bedenken bezüglich der Verträglichkeit dieser Behandlung betreffen vor allem Prostata, Leber und Herz, wohingegen der Blutdruck unverändert blieb oder sogar niedriger wurde. Auch gab es keine negativen Auswirkungen auf Blutfett- und Blutzuckerwerte, die Leberfunktionstests waren normal, ebenso das Blutbild.[10]

Auch das Risiko einer Prostatakrebserkrankung scheint gebannt zu sein. Carruthers jedenfalls fand keinen Hinweis dafür, daß TST eine Prostata-Vergrößerung hervorruft, weder in klinischen Tests noch im Ultraschall.[11] Er ist im Gegenteil der Ansicht, daß die Sicherheit und Wirksamkeit dieser Behandlung durch die jahrelangen Erfahrungen untermauert wird. „Seit fünfzig Jahren werden Patienten mit Hypogonadismus (mit einer unvollständigen oder fehlenden Ausbildung der Geschlechtsmerkmale, Anm. d. Übers.) mit Testosteronimplantaten und seit dreißig Jahren mit Testosteronenanthat-Injektionen behandelt, und es haben sich keine Hinweise auf ein erhöhtes Prostatakrebsrisiko oder eine gutartige Prostatavergrößerung ergeben."[12]

Ein kürzlich erschienener Übersichtsartikel über Androgene und die Entstehung von Prostatakarzinomen faßt den derzeitigen Informationsstand wie folgt zusammen: „Es ist extrem unwahrscheinlich, daß die Androgene bei der Entstehung von Prostatakrebs eine Rolle spielen."[13]

Eine Hormonsubstitution für Männer scheint dennoch ebenso sicher, wenn nicht sogar sicherer als die Hormonsubstitution für die Frau. Da die Prostata Daumengröße hat, kann im Ultraschall Krebs sehr leicht festgestellt werden, wohingegen die weibliche

Brust sehr viel schwieriger zu untersuchen ist und ein Tumor nur durch Röntgenstrahlen, die an sich schon schädlich sind, festgestellt werden kann. Zudem gibt es keine zuverlässigen Bluttests, wie den PSA-Test, die man anwenden könnte, um Brustkrebs auszuschließen.

Welcher Personenkreis kommt für eine TST in Frage?

Die Antwort scheint recht simpel zu sein: alle die, die entsprechenden Symptome aufweisen und deren Testosteronspiegel erniedrigt ist. Das Problem dabei ist, daß wir noch nicht so genau wissen, wie die Normalwerte bei einem älteren Mann denn eigentliche aussehen sollten. Der allgemein anerkannte Normbereich für das Gesamttestosteron im Blut liegt bei 250 bis 1200 ng/dl.[14] Doch Professor Alex Vermeulen von der Universität Gent, einer der weltweit führenden Experten auf diesem Gebiet, hat erst kürzlich festgestellt, daß es eigentlich keine hundertprozentige Übereinkunft darüber gibt, wo denn nun genau dieser Normbereich für das Gesamttestosteron anzusiedeln sei, und zwar insbesondere bei Männern über vierzig.[15]

Die Forschungen von Malcolm Carruthers haben etwas Licht ins Dunkel gebracht, indem er nämlich deutlich machte, wie wichtig es ist, beim Testosteron nicht nur die Gesamtmenge zu messen, sondern auch das sogenannte freie Testosteron.

Das freie Testosteron: Der Schlüssel zum Verständnis des Testosteronmangelsyndroms

Viele Menschen mit Testosteronmangelsymptomen kamen in unsere Klinik, nachdem sie bereits eine Reihe anderer Ärzte konsultiert hatten. Diese Ärzte hatten das Testosteron gemessen und es als im Normbereich befunden. Also teilten sie den Patienten mit, daß das Problem nicht auf einem Testosteronmangel beruhe und somit rein psychischer Natur sei. Viele sogenannte Experten sind der Ansicht, daß die Menopause des Mannes keine hormonelle Grundlage habe, da der Testosteronspiegel bis zum Alter von siebzig Jahren nur sehr geringfügig abfalle. Sie führen häufig die Menopause der Frau als Beispiel an, da es hier zu einem deutlich meßbaren starken Absinken der Östrogenwerte kommt.

Um zu verstehen, wie es bei Männern zu Symptomen kommen kann, obwohl die Testosteronwerte im Normbereich liegen, müssen wir uns erst einmal anschauen, was mit dem Testosteron im Körper des Mannes passiert. Diese kleinen, aber lebenswichtigen Mengen Testosteron, die in den Hoden gebildet werden, gelangen unverzüglich in den Blutkreislauf und werden zum Großteil durch ein Transportprotein gebunden, das als Sexualhormon bindendes Globulin (SHBG) bezeichnet wird. Je mehr von diesem SHBG zur Verfügung steht, desto weniger freies, aktives, biologisch verwertbares Testosteron gelangt in die Zellen, um seine Funktion zu erfüllen.

Die Menge an verfügbarem Testosteron kann durch die Berechnung eines „Freien Androgen-Index“ (FAI) bestimmt werden, der sich aus dem Gesamttestosteronspiegel geteilt durch den SHBG-Spiegel multipliziert mit einhundert ergibt. Der Wert liegt gewöhnlich zwischen siebzig und einhundert Prozent. Nach den Ergebnissen von Dr. Carruthers kommt es dann zu einer Symptomatik, wenn der FAI weniger als 50 Prozent beträgt.

Wie wichtig es ist, das freie Testosteron zu messen, ein Test, den viele Ärzte noch nicht vornehmen, hat sich in Carruthers' Studien gezeigt. „Nur dreizehn Prozent der untersuchten Personen zeigten auffällige Werte im Gesamttestosteron, während fünfundsiebzig Prozent einen niedrigen FAI aufwiesen. Bei etwa siebzig Prozent lag außerdem eine Erhöhung der Hypophysenhormone vor, die die Hoden, LH und FSH stimulieren, was bestätigt, daß die Testosteronaktivität für die Erfordernisse des Körpers offensichtlich nicht ausreicht.“[16]

Testosteron plus *Viagra*: ein Riesenfortschritt für die Menschheit

Carruthers hat herausgefunden, daß die Anwendung von Testosteron in Kombination mit *Viagra* für Männer in den Wechseljahren sehr hilfreich sein kann. „*Viagra*“, so Carruthers, „hilft nur bei Erektionsstörungen. Alle anderen Symptome – mangelndes sexuelles Interesse, körperliche und geistige Energielosigkeit, Reizbarkeit und das nächtliche Schwitzen – bleiben aber unbehandelt. Diese Symptome könnten durch eine zusätzliche Testosterontherapie gemildert werden."[17]

Jeder Mann, der eine Hormonsubstitutionstherapie oder die Einnahme von *Viagra* in Betracht zieht, sollte einen Arzt konsultieren, der mit der Behandlung von Wechseljahrs-Problemen Erfahrung hat. Zunächst sollte durch umfassende körperliche und psychologische Untersuchungen sichergestellt werden, daß die Probleme nicht auf anderen Ursachen beruhen. Erst dann sollte man sich mit dem Für und Wider einer Hormonbehandlung vertraut machen.

Nun ist zwar bekannt, daß der Testosteronspiegel, insbesondere das freie Testosteron, mit zunehmendem Alter abnimmt, doch da lauert eine noch ernstere Bedrohung für die Virilität und Vitalität des Mannes – die Zunahme der Östrogen-Aktivität beim Mann.

Die Verweiblichung des Mannes: Ertrinken in einem Meer von Östrogenen

Es gibt Männer, die glauben, daß an den Problemen, mit denen man als Mann heutzutage konfrontiert wird, nur der Feminismus und die Frauenbewegung schuld sind. Wenn man so denkt, dann ist auch die Forderung der Frauen nach Gleichberechtigung dafür verantwortlich, daß die Männer ihr Machtbewußtsein verloren haben und mit ihm auch das Gefühl, ein rechter Mann zu sein. Ich persönlich denke anders darüber. Ich meine, daß sich die Frauenbewegung gleichermaßen für Frauen wie auch für Männer befreiend auswirken kann.

Ein wirklich realer Verlust an Männlichkeit wird durch die biochemischen Angriffe auf die Testosteronproduktion des Mannes verursacht. Carruthers beschreibt das Problem wie folgt: „Genau wie die Verminderung der Menge und der Verfügbarkeit von Testosteron stellt auch der zunehmende Einfluß von Xeno-Östrogenen, das sind Chemikalien, die in der Umwelt vorkommen und eine ähnliche Wirkung haben wie das weibliche Sexualhormon Östrogen, eine Bedrohung für die Fruchtbarkeit und Virilität des Mannes dar."[18]

So wie Frauen auch Testosteron brauchen, brauchen Männer Östrogen, allerdings in sehr kleinen Mengen. Zuviel davon kann verheerende Folgen haben. „Östrogene sind zwar unabdingbar für die Ausbildung weiblicher Merkmale, scheinen beim Mann jedoch die Wirkung des Testosterons zu blockieren. Wir kommen über alle möglichen Materialien mit ihnen in Berührung, vom Plastik bis zu den Pestiziden. Man nimmt an, daß sie auch eine schädliche Wirkung auf die Fruchtbarkeit und die sexuelle Entwicklung unserer Söhne haben und vielleicht sogar zu einem vermehrten Auftreten von Hoden- und Prostatakrebs beitragen", folgert Carruthers. Aber eine noch größere Gefahr droht durch die Feminisierung des Mannes aufgrund einer ungesunden Lebensweise. „Bei den meisten Männern mittleren Alters ist das Testosteron-Östrogen-Verhältnis signifikant erniedrigt", erklärt Eugene Shippen, ein Experte auf dem Gebiet der Hormonsubstitutionstherapie. „Wenn bei einem jungen Mann dieses Verhältnis eigentlich 50 zu 1 sein sollte, dann ist es nun manchmal nur noch 20 zu 1 oder sogar 7 oder 8 zu 1. Teilweise ist diese Veränderung mit einem altersbedingten Testosteronrückgang zu erklären, doch häufig ist der Östrogenanstieg der entscheidende Faktor."[19]

Nach Meinung von Shippen tragen bei älteren Männern auch Alkoholkonsum und Übergewicht wesentlich zur Entstehung eines solchen hormonellen Ungleichgewichtes bei. Übermäßiger Alkoholgenuß bewirkt bei Männern wie bei Frauen einen signifikanten Anstieg der Östrogenwerte. Nach Angaben von Shippen kann sich der Östrogenspiegel einer Frau nach nur einem Drink verdreifachen. „Der Anstieg bei Männern ist weniger dramatisch, aber immerhin noch beträchtlich."

Je mehr ein Mann außerdem an Gewicht zulegt, desto mehr Testosteron wird in Östrogen umgewandelt. „Ganz gleich, ob Sie nun ein Mann oder eine Frau sind", erklärt Shippen, „Übergewicht läßt Ihre Östrogenwerte ansteigen."[20]

Androstendion: die Alternative zur TST

Für alle, die auch im Alter stark und „sexy" bleiben wollen, gibt es nun etwas Neues, den DHEA-Metaboliten Androstendion (DHEA ist ein im menschlichen Körper in großen Mengen vorkommendes Steroid), eine natürlich vorkommende Vorstufe zum Testosteron.[21]

1935 wurde es erstmals synthetisch hergestellt, doch erst vor kurzem entdeckte man, welch wertvollen Beitrag es für die Vitalität und die Sexualität in der Lebensmitte leisten kann.

Ward Dean arbeitet seit über zehn Jahren auf dem Gebiet der Altersforschung und hat bereits mehr als fünfzig Publikationen in medizinischen Fachzeitschriften veröffentlicht. Dean ist Experte für die klinische Anwendung von Androstendion. Laut einer deutschen Studie kann bereits eine orale Gabe von 50 mg Androstendion den Plasmatestosteronspiegel beim Mann von 140 auf 183 des Normalwertes erhöhen.[22] Daraus folgert Dean, „daß wir so einen physiologischen, also natürlichen Weg gefunden haben, um bei älteren Männern den absinkenden Testosteronspiegel wieder auf das Niveau eines jungen, gesunden Mannes zu bringen."[23]

Zu den Bedenken, die viele Ärzte gegen eine Testosteronsubstitution ins Feld führen, gehört die Befürchtung, daß der durch die Hormontherapie künstlich hervorgerufene Anstieg des Testosteronspiegels im Körper eines Mannes die eigene natürliche Testosteronproduktion ungünstig beeinflussen könnte. Dies ist nach den Ergebnissen von Ward Dean bei der Androstendiongabe jedenfalls nicht der Fall.

„Für all diejenigen, bei denen der Testosteronspiegel einen Kick braucht, genügt schon eine Gabe von 25 bis 50 mg Androstendion vor dem Schlafengehen und dann vielleicht noch einmal die gleiche Dosis am Morgen. Damit wird der körpereigene Tagesrhythmus nachgeahmt. Das Serumtestosteron steigt schon ca. fünfzehn Minuten nach der Einnahme an und bleibt für ungefähr drei Stunden erhöht. Der Testosteronblutspiegel erreicht seine Spitze normalerweise ungefähr eine bis anderthalb Stunden nach der Einnahme. Da der erhöhte Testosteronspiegel langsam zu den Normalwerten zurückkehrt, besteht kaum die Gefahr, daß es zu negativen Rückkoppelungseffekten auf den Hypothalamus, die Hypophyse oder die Testikel kommt."[24]

Wie ich im folgenden noch näher erläutern werde, braucht auch die Frau für ihr allgemeines und sexuelles Wohlbefinden einen gesunden Testosteronspiegel, der natürlich weit unter den Normalwerten des Mannes liegt. Nach Meinung von Ward Dean wäre auch bei Frauen in der Menopause die Einnahme von Androstendion ganz hilfreich. „Frauen würden ebenfalls von einer gelegentlichen niedrigdosierten Androstendiongabe profitieren, da sich die Einnahme positiv auf die Knochendichte auswirken und sogar der Osteoporose entgegenwirken kann. Außerdem wird berichtet, daß Androstendion auch die Libido verbessert.“[25]

13. Depression: der Tod kommt auf leisen Sohlen

Die Depression ist eines der Hauptsymptome, die mit den Wechseljahren einhergehen, und sie steht in einem engen Zusammenhang mit dem Nachlassen des sexuellen Interesses und den sexuellen Funktionsstörungen, beides charakteristische Phänomene in den Wechseljahren. Wenn im Sexualleben eines Mannes Eiszeit herrscht, dann ist es nicht verwunderlich, wenn er depressiv wird, und umgekehrt hat ein Mann, der depressiv ist, sicherlich auch ernste Probleme mit seinem Sexualleben. Doch die meisten Männer, die an einer Depression leiden, sind sich dessen nicht bewußt und bringen die klassischen Symptome einer „Major Depression" nicht mit sich selbst in Zusammenhang: anhaltende Traurigkeit, wiederkehrende Gedanken an den Tod, Konzentrationsschwierigkeiten, das Gefühl der Wertlosigkeit, vermehrtes Schlafbedürfnis, Energieverlust, verminderte Freude an allen oder fast allen Aktivitäten, Gewichtsverlust oder -zunahme. Eine große Zahl von Männern leidet an nicht erkannten Depressionen und stirbt daran.

Die folgenden Fakten sprechen für sich:

- 80 Prozent der Suizide in den USA werden von Männern begangen.[1]
- Die Suizidrate bei Männern im Alter zwischen fünfundvierzig und vierundsechzig ist *dreimal* so hoch wie die Suizidrate bei Frauen gleichen Alters. Bei Männern über fünfundsechzig liegt die Rate sogar nahezu *siebenmal* höher![2]
- Eine umfangreiche schwedische Studie hat ergeben, daß bei Depressionen in der Vorgeschichte die Selbstmordwahrscheinlichkeit achtundsiebzig mal höher ist als bei Personen, die nicht an Depressionen leiden.[3]
- Für Demetri und Janice Papolos sind die affektiven Störungen die „Volkskrankheiten" unter den somatischen Erkrankungen. Mehr als zwanzig Millionen Amerikaner werden zu irgendeinem Zeitpunkt ihres Lebens an irgendeiner Form von Depression erkranken.[4]

- Seit Beginn des 20. Jahrhunderts verdoppelt sich die Wahrscheinlichkeit, an einer Depression zu erkranken von Generation zu Generation.[5]
- In einer Zufallsauswahl von 39000 Probanden aus verschiedenen Ländern ermittelten Forscher mehr Personen – und jüngere –, die an Depressionen litten, als je zuvor.[6]
- 60 bis 80 Prozent der von Depressionen Betroffenen erhalten zu keinem Zeitpunkt irgendeine Art von professioneller Behandlung.[7]
- Es kann bis zu zehn Jahre dauern und drei Ärzte brauchen, bis eine Depression als solche erkannt wird.[8]
- Bei 80 bis 90 Prozent der Betroffenen, die sich behandeln lassen, kann eine Besserung der depressiven Symptomatik erzielt werden.[9]
- Männer halten die Depression für eine „Frauenkrankheit" und scheuen sich, sich behandeln zu lassen, obwohl sie wissen, daß sie depressiv sind.
- Den meisten Männern ist nicht bewußt, daß sie depressiv sind, und deshalb haben sie auch nicht die Möglichkeit, sich behandeln zu lassen.

Was ist das – Depression?

Die *American Medical Association Encyclopedia of Medicine* definiert die Depression als: „Gefühl von Traurigkeit, Hoffnungslosigkeit und Pessimismus, allgemeiner Verlust von Interesse an den Aktivitäten des Lebens in Verbindung mit einem verminderten emotionalen Wohlbefinden."[10]

„Laß' den Kopf nicht hängen!" Diesen guten Rat hat sich so mancher depressive Mensch schon anhören müssen. Wir wissen aber mittlerweile, daß das so einfach gar nicht ist, denn eine Depression hat immer auch etwas mit einem chemischen Ungleichgewicht im Gehirn zu tun. Nur wenn das chemische Gleichgewicht wiederhergestellt wird, besteht eine reale Aussicht auf Heilung. Wir wissen ebenfalls, daß die Depression auch eine erbliche Komponente hat und daß es familiäre Neigungen gibt, an einer Depression zu erkranken.

In all den Jahren, in denen ich als Psychotherapeut tätig war, habe ich festgestellt, daß Männer und Frauen eine Depression in unterschiedlicher Weise erleben. Bei den Frauen ist das vorherrschende Gefühl oft *Traurigkeit*, bei den Männern ist es oft *Wut*. „Männer erkennen oft gar nicht, daß sie depressiv sind", erklärt uns Theresa Crenshaw. „Häufig ist die Depression ‚maskiert' durch permanente Wut, Reizbarkeit und feindseliges Verhalten."[11]

Zwei Arten von Depression

So wie es in unserer natürlichen Umwelt zwei Arten von Lebenskräften gibt, die nach außen gerichtete „dynamische" Lebenskraft und die nach innen gerichtete „magnetische", so gibt es auch „dynamische" Depressionen, die durch das Ausleben des inneren Aufruhrs gekennzeichnet sind, und die „magnetischen" Depressionen, bei denen man den Schmerz in sich hineinfrißt. Männer bekommen eher eine dynamische Depression, Frauen eher eine magnetische. Bei Frauen kommt die Depression häufig darin zum Ausdruck, daß sie Schuldgefühle entwickeln. Männer dagegen geben anderen oft die Schuld, ihren Frauen, ihren Chefs, der Wirtschaft, der Regierung, – allen anderen eben, nur nicht sich selbst. Das war auch bei mir so. Erst als ich erkannte, daß meine Reizbarkeit, meine Wut und meine permanenten Schuldzuweisungen Ausdruck meiner Depression waren, konnte ich mir helfen lassen und mich einer Behandlung unterziehen.

„Mädchen, und diese später dann als Frauen, neigen dazu, ihren Schmerz zu internalisieren", erklärt der Psychotherapeut Terrence Real. „Sie geben sich selbst die Schuld an allem und fressen ihren Kummer in sich hinein. Jungs, und diese dann später auch als Männer, neigen dazu, ihren Schmerz nach außen zu kehren. Sie fühlen sich gerne als Opfer und machen ihrer Verzweiflung gerne dadurch Luft, daß sie sie ausleben."[12]

Die Symptome der „magnetischen" und der „dynamischen" Depression

Charakteristisch für die Magnetische Depression sind:
1) sich selbst an allem die Schuld zuschreiben
2) Traurigkeit, Apathie und Insuffizienzgefühle
3) Furcht und Angst
4) Konfliktvermeidung um jeden Preis

5) das Gefühl, zu allen Leuten nett sein zu müssen
6) die Neigung, sich zurückzuziehen, wenn man sich verletzt fühlt
7) mangelnde Selbstachtung.
8) das Gefühl, der geborene Verlierer zu sein
9) motorische Verlangsamung und Nervosität
10) ständiges Zögern und Zaudern
11) vermehrtes Schlafbedürfnis
12) Schwierigkeiten, Grenzen zu setzen
13) Schwierigkeiten, Lob entgegenzunehmen
14) mit Leichtigkeit über die eigenen Schwächen und Zweifel zu reden
15) Angst vor dem Erfolg
16) das Bedürfnis, im Hintergrund zu bleiben
17) „Selbstmedikation“ durch Essen, Freunde, „Liebe“
18) der Glaube, daß Probleme zu lösen wären, wenn man nur besser wäre, z.B. als Ehemann/-frau, Mitarbeiter(in), Freund(in), als Vater oder Mutter
19) die permanent gestellte Frage: „Bin ich liebenswert genug?“

Charakteristisch für die Dynamische Depression sind:
1) Schuldzuweisungen an andere
2) Wut, Reizbarkeit und Selbstüberschätzung
3) ständiges Mißtrauen und Auf-der-Hut-Sein
4) die Suche nach Konflikten
5) verdeckte und offene Feindseligkeit
6) in die Offensive gehen, wenn man sich verletzt fühlt
7) das Verlangen nach Respektbezeugungen
8) das Gefühl, die Welt habe sich gegen einen verschworen
9) motorische Unruhe und Ruhelosigkeit
10) zwanghafte Pünktlichkeit
11) verminderter Schlaf
12) ein starkes Bedürfnis, alles unter Kontrolle zu haben
13) sich schämen für das, was man ist
14) Frust, wenn man nicht genug gelobt wird
15) Angst, über die eigenen Schwächen und Zweifel zu sprechen
16) starke Versagensängste
17) das Bedürfnis, im Mittelpunkt zu stehen
18) „Selbstmedikation“ durch Alkohol, Fernsehen, Sport und Sex

19) der Glaube daran, alle Probleme wären gelöst, wenn einen die anderen – z.B. der Ehemann, die Ehefrau, die Mitarbeiter, Freunde und die Familie – besser behandelten
20) die permanent gestellte Frage: „Werde ich genug geliebt?"

Viele von uns finden sich in beiden Kategorien wieder. Die meisten von Ihnen werden feststellen, daß sie in die eine oder andere Richtung tendieren. Die Männer werden feststellen, daß sie eher zur dynamischen Depression neigen. Da wir der magnetischen oder „traurigen" häufig mehr Beachtung schenken, bleibt die dynamische oder „wütende" Depression oft unbehandelt.

Aber die Depression ist behandelbar. In unserer Klinik bieten wir ein kombiniertes Behandlungsprogramm an. Neben Medikationen kommen bei uns kognitive Verhaltenstherapien, Meditationen, sportliche Aktivitäten und spezielle Ernährungsprogramme zur Anwendung und, – was vielleicht am wichtigsten ist – wir zeigen den Männern, wie sie sich ein soziales Netzwerk aufbauen können, das viele von uns verloren oder aber nie besessen haben. Die beste Behandlung bei einer Depression besteht darin, zu erkennen, daß wir einzigartig und wichtig sind und von anderen gebraucht werden.

Es werden immer wieder neue Entdeckungen gemacht. Wir wissen, daß sich mit den neuen Antidepressvia, welche die Wiederaufnahme des Neurotransmitters Serotonin hemmen, wie zum Beispiel die Präparate Prozac und Zoloft, die Behandlungsmöglichkeiten bei einer Depression entschieden verbessert haben. Wir haben aber auch die Erfahrung gemacht, daß es außer den Medikamenten noch viele andere Möglichkeiten gibt, die chemischen Vorgänge im Gehirn zu beeinflussen. Joel Robertson, Autor des Buches *Natural Prozac: Learning to Release Your Body's Own Anti-Depressants*, macht uns darauf aufmerksam, daß „die chemischen Vorgänge im Gehirn auch durch unsere Ernährung, körperliche Betätigung, aber auch durch unsere Gedanken, Gefühle und Handlungen beeinflußt werden können".[13]

Eine neue Substanz, von der Sie sicher noch hören werden, ist 5-Hydroxytryptophan (5-HTP), eine natürlich vorkommende Aminosäure. Sie hilft nicht nur bei Depressionen, sondern auch bei Angststörungen, Schlaflosigkeit, Gewichtsproblemen, Zwangsstörungen, beim Prämenstruellen Syndrom (PMS) und sogar bei

Migräne. Das Problem, das all diesen scheinbar voneinander unabhängigen Erkrankungen zugrunde liegt, ist ein Serotoninmangel, dem man mit 5-HTP offensichtlich entgegenwirken kann.[14]

„Der Effekt, den 5-HTP und Prozac-ähnliche Medikamente gemeinsam haben", erklären uns John Morgenthaler und Lane Lenard, die Autoren des Buches *5-HTP: The Natural Alternative to Prozac*, beruht darauf, daß die Verfügbarkeit von Serotonin an bestimmten Stellen des Gehirns, den sogenannten Serotonin-Rezeptoren, erhöht wird."[15]

Obwohl 5-HTP wie auch die besagten Antidepressiva die Verfügbarkeit von Serotonin an den dafür vorgesehenen Rezeptoren erhöhen, beruht die Wirkung von beiden Substanzen auf unterschiedlichen Mechanismen. „Die Medikamente wirken, indem sie einen natürlichen Vorgang blockieren, die Wiederaufnahme oder die Wiederverwertung von freigesetzten Serotoninmolekülen."[16]

„5-HTP dagegen erhöht den Serotoninspiegel, indem es einen natürlichen Vorgang verstärkt – die Synthese neuer Serotoninmoleküle. Diese unterschiedlichen Wirkmechanismen sind wohl auch der Grund dafür, weshalb 5-HTP, in vernünftigen Dosen verabreicht, wesentlich weniger Nebenwirkungen, wie zum Beispiel auch Libidoverlust, verursacht", folgern Morgenthaler und Lenard.[17]

Also, was ist nun besser? Medikamente wie Prozac oder die natürliche Alternative? Ich denke, daß jeder Mensch anders ist. Bei all diesen neuen Substanzen muß man sich gut überlegen, wofür man sich entscheidet. Leider kann man sich bei so viel Auswahl leicht auch überfordert fühlen. Die gute Nachricht: Bei so viel Auswahl braucht man die Hoffnung nie aufzugeben, einmal ein Leben ohne Angst, Sorgen und Depressionen führen zu können.

14. Sex und das Leben auf dem Gipfel des Zweiten Erwachsenenalters: Wer würde nicht gerne ewig so weitermachen?

Wenn ältere Männer über ihr Liebesleben sprechen, dann beklagen sie sich oft, daß sie einfach keine Lust mehr oder Erektionsschwierigkeiten haben. Wenn Frauen sich über ihr Sexualleben beklagen, dann nicht selten über den Mangel an Gelegenheit.

Maggie Kuhn, die Gründerin der Grauen Panther, erregte Aufsehen, als sie bei einer Frauenkonferenz in Washington laut darüber nachdachte, mit wem Frauen im Alter von achtzig oder neunzig Jahren wohl noch Sex haben sollten, wenn die meisten Männer in diesem Alter schon tot seien: zehn Witwen auf einen Witwer. Heute wissen wir, daß Männer und Frauen durchaus auch länger ein vitales Leben führen können. Und wenn man dann eine Art von Sexualität lebt, die ich als „Sex auf dem Gipfel des Zweiten Erwachsenenalters" bezeichne, dann kann man auch im hohen Alter noch ein aktives Sexualleben genießen.

Mit fünfzig dachten unsere Eltern, daß ihr Sexualleben zwar noch nicht ganz passé, zumindest aber nicht mehr so wichtig sei wie früher. Heutzutage eröffnen sich – was nicht zuletzt auch *Viagra* beweist – für unser Sexual- und Liebesleben ganz neue Möglichkeiten. Es scheint tatsächlich ein enger Zusammenhang zu bestehen zwischen einem langen und gesunden *Leben* und einem gesunden *Liebesleben,* auch wenn dies bisher noch nicht umfassend wissenschaftlich belegt ist.

Eine Altersstudie, die in den siebziger Jahren an der Duke University durchgeführt wurde, ergab, daß bei Männern mit zunehmender *Häufigkeit* des Geschlechtsverkehrs die Sterblichkeit rückläufig war. Bei Frauen dagegen hing die Lebenserwartung davon ab, wie sehr sie ihr Liebesleben *genossen.*[1] In Schweden stellte man fest, daß Männer, die den Sex ganz aufgegeben hatten, eher starben.[2] Eine andere Studie, die 1976 veröffentlicht wurde, besagt, daß bei Frauen sexuelle Unzufriedenheit einen Risikofaktor für Herzanfälle darstellt.[3] Eine erst kürzlich im renommierten

British Medical Journal veröffentlichte Studie hat deutlich bewiesen, daß „das Sterblichkeitsrisiko bei Männern, die weniger als einmal im Monat Sex hatten, doppelt so hoch ist wie bei Männern, bei denen dies zweimal pro Woche oder häufiger der Fall war."[4]

Und so könnte Ihr persönliches Erfolgsrezept aussehen:

1) ernähren Sie sich fettarm
2) machen Sie dreimal die Woche Sport
3) nehmen Sie täglich antioxidative Vitamine und Mineralstoffe zu sich und
4) praktizieren Sie Geschlechtsverkehr, und zwar mindestens zweimal die Woche.

Ein gesundes Sexualleben und eine gesunde Prostata gehören zusammen und werden durch eine fettarme Ernährung mit viel Obst und Gemüse begünstigt. Harvard-Wissenschaftler untersuchten mehr als 51 000 Männer über einen Zeitraum von vier Jahren. Die Ergebnisse waren bemerkenswert. Die Wahrscheinlichkeit, Prostatakrebs zu bekommen war bei den Männern, die das meiste Fett zu sich nahmen, doppelt so hoch wie bei denen, die sich sehr fettarm ernährten.

Aber nicht alle Arten von Fett sind gleich schädlich: tierische Fette wurden mit der Erkrankung in Zusammenhang gebracht, pflanzliche dagegen nicht. Totes Fleisch ist ein wahrer „Übeltäter", was seine Wirkung auf die Prostata betrifft: Bei Männern, die viel Rind, Speck, Schwein und Lamm aßen, war die Wahrscheinlichkeit, an Prostatakrebs zu erkranken 2,6 mal höher als bei Männern, die nur sehr wenig von diesen Fleischsorten aßen.[5]

Also, Jungs! Laßt uns die Fleischportionen rationieren, auf daß unsere Prostata gesund, unser Sexualleben aktiv und unsere Einstellung positiv bleiben möge.

Unsere Eltern dachten nicht im Traum daran, daß sie auch in der zweiten Lebenshälfte noch ihr Sexualleben genießen könnten, und die meisten bezweifelten, daß sie bei guter Gesundheit alt werden würden.

Ich muß immer daran denken, wie mir meine Mutter bei meiner Abschlußfeier am College erzählte, daß sie eigentlich gedacht hatte, sie würde schon meinen High School-Abschluß nicht erleben. (Ich wurde geboren, als sie siebenunddreißig war.) Sie konnte sich nicht vorstellen, daß sie älter als sechzig werden würde.

Die neuere Forschung zur Lebenserwartung und Lebensqualität könnte es schon bald möglich machen, daß wir länger und gesünder alt werden, als wir es je für möglich gehalten hätten. Bei der Auswertung der neuesten Forschungsergebnisse kamen Marvin Cetron und Owen Davies, zwei Experten in der noch jungen Altersforschung, zu den folgenden Ergebnissen:

Der tiefgreifendste Wandel, den die Geschichte je gesehen hat, die fundamentalste Veränderung, welche die Menschheit je erlebt hat, steht uns nun unmittelbar bevor. Vielleicht hat sie sogar schon begonnen. Von nun an wird unser Leben nicht mehr nur siebzig Jahre dauern, sondern viel, viel länger. Die Babyboomer-Generation und vielleicht noch ihre Eltern können ein gesundes und aktives Leben führen und einhunderzehn oder einhundertzwanzig Jahre alt werden. Vielleicht werden einige von uns sogar niemals sterben, es sei denn, durch einen Unfall oder durch Suizid. Medizin, Politik, Wirtschaft, Religion – nicht ein einziger Aspekt der menschlichen Existenz wird bleiben wie er war.[6]

Schlußbemerkung

Ich habe die Wechseljahre als Übergangsphase zwischen der ersten und zweiten Lebensphase beschrieben und dargelegt, daß diese zweite Phase nicht der Anfang vom Ende ist, wie viele fürchten, sondern lediglich das Ende des ersten Aktes anzeigt, auf den hoffentlich noch viele weitere folgen werden, einer interessanter und aufregender als der andere.

Ich habe auf den vorangegangenen Seiten auch gezeigt, daß die Forschung in den letzten Jahren eine Reihe von Behandlungsmethoden und Medikamenten entwickelt hat, die den Männern helfen können, auch den zweiten Lebensabschnitt vital, gesund und sexuell aktiv zu genießen. Der „Wunderpille" *Viagra* – in Verbindung mit einer gesunden Lebensweise – kommt dabei eine bahnbrechende Bedeutung zu. Vielen Männern, die sich während der Wechseljahre in unserem Gesundheitszentrum behandeln ließen, konnte geholfen werden, die negativen Begleiterscheinungen, die während dieser Phase auftreten, in den Griff zu bekommen und dank *Viagra* ihre sexuelle Aktivität wiederzuerlangen. Prominentestes Beispiel sind der Ex-Senator Bob Dole und seine Frau Elisabeth, die *Viagra* öffentlich als ein „großartiges Medikament" lobten. Dole, der sich 1991 einem operativen Eingriff wegen Prostatakrebs hatte unterziehen müssen, hatte an den ersten klinischen Tests von *Viagra* teilgenommen. Für Paare wie die Doles und für alle Paare, deren Sexualleben durch Krankheit beeinträchtigt ist, ist *Viagra* ein wahrer Segen.

Vielen Menschen, die mein Buch gelesen haben, sind die Augen geöffnet worden, daß die Wechseljahre des Mannes eine Tatsache sind, wie eine Fülle von Leserzuschriften aus der ganzen Welt – von Männern und Frauen – mir bestätigt haben. Vor allem aber ist seit dem Erscheinen meines Buches auch bei Medizinern weltweit das Verständnis für die männliche Menopause gewachsen sowie die Anerkennung der Notwendigkeit, daß Männer ebenso wie Frauen eine intensive Gesundheitsfürsorge benötigen, und zwar schon von Jugend an.

Sollten Sie noch Fragen haben, so schreiben Sie mir, teilen Sie mir Ihre Erfahrungen mit, Ihre Briefe machen mir Mut und Freude. Schreiben Sie an:

Jed Diamond
Third Age Wellness Center
34133 Schimmins Ridge Rd.
Willits, CA 95490
USA

oder E-mail me:jedd1221@ aol.com

Nachwort

Jetzt, wo ich fast am Ende meines Buches angelangt bin, mache ich eine kleine Pause, um über die Vergangenheit und die Zukunft nachzudenken. Als ich 1993 anfing, dieses Buch zu schreiben, dachte ich, ich hätte schon eine ziemlich genaue Vorstellung von dem, was ich schreiben wollte. Aber wie ein Kind, das schon seine eigene Weisheit hat, entwickelte das Buch, während es Seite um Seite wuchs, sein eigenes Wesen. So hatte ich zum Beispiel angenommen, daß die Wechseljahre bei Männern und Frauen grundlegend anders verlaufen; ich war so überzeugt von diesen Unterschieden, daß es mir überflüssig erschien, mich mit Frauen über die Veränderungen, die sie erlebten, zu unterhalten. Während des Schreibens wurde mir jedoch bewußt, daß das nicht stimmte. Viele Erkenntnisse, die in diesem Buch ihren Niederschlag gefunden haben, habe ich unter anderem durch Gespräche mit Frauen gewonnen. Noch gibt es viel zu erforschen; noch ist nicht alles gesagt worden, was zu dem Thema Wechseljahre des Mannes zu sagen ist. Ich habe versucht, Ihnen in diesem Buch die neuesten Informationen, Forschungsergebnisse und die Meinungen von Experten zu vermitteln. Darüber hinaus habe ich am Schluß des Buches meine Anschrift angegeben, damit Sie sich jederzeit an mich wenden können, sollten Sie weitere Informationen wünschen. Wertvolle Hinweise, wo Männer Rat für Ihre Probleme finden können, sind in der Broschüre „Männer Projektliste" (© Männerwege 1996) zu finden. Zu bestellen über: männerwege, Paul Nevermann-Platz 2–4, 22765 Hamburg.

Wie immer in einem neuen Forschungsbereich gibt es eine Menge „führender Experten", die Ihnen sagen möchten, was Sie zu tun haben, damit Sie länger leben und sich wohlerfühlen, wenn sie in die Wechseljahre kommen. Ich schlage vor, prüfen Sie alles ganz genau, ob es sinnvoll ist, aber hören Sie letztendlich auf das, was die Heiler in Ihrem Innern zu sagen haben.

Einer meiner Mentoren, Sir Laurens van der Post, rät uns: „Das Zeitalter der Führer gehört der Vergangenheit an. Jeder Mann muß nun sein eigener Führer sein. Vergessen Sie Ihre Projektionen und nehmen Sie den Zeitgeist in ihr eigenes Leben und in Ihr eigenes Wesen auf, denn den alten Weg weiterzugehen und einem Führer zu folgen, ist eine Art geistige Gefangenschaft."[1]

Meine Frau Carlin nahm an einer Mahnwache in einer Stadt ein paar Kilometer nördlich von unserem Wohnort teil. Sie und einige Freunde wollten damit für den Erhalt der letzten alten natürlich gewachsenen Redwood-Bäume eintreten, die es auf der Erde noch gibt. Diese alten Bäume haben uns einiges zu sagen, und ob wir ihnen erlauben, ihr natürliches Lebensalter zu erreichen oder nicht, dürfte auch einiges über unsere eigenen Zukunftsaussichten aussagen.

Dort wo ich lebe, habe ich große Bäume um mich herum, und ich gehe sie oft besuchen, um sie um Rat zu fragen. Irgendwie haben sie einen Zugang zu meinem Innern. Wenn ich in der Lage bin, als Mentor für Männer, die jünger sind als ich, zu wirken, dann liegt es daran, daß ich selbst reife ältere Ratgeber habe, die ihre Weisheit mit mir teilen, so daß ich sie weitergeben kann. Diese Bäume zum Beispiel sind solche Ratgeber, und ich achte ihren Geist, so wie meine Familie und Freunde ihr Bestes geben, um sie vor denen zu schützen, die sie töten wollen, bevor ihre Zeit gekommen ist. Es gibt nicht mehr viele „Ältere". Wir täten gut daran, auf die letzten, die uns geblieben sind, zu hören.

Auch für meinen Freund Joseph Jastrab, ein Naturliebhaber, der Leute durch die Wildnis führt, sind die alten Bäume Mentoren und Ratgeber. „Ich finde mich immer wieder auf denselben Trampelpfaden wieder", erzählt mir Joseph. „So kann ich immer wieder einige Bäume besuchen, die ich sehr gut kenne. Ich schaue zu, wie sie sich im Wind behaupten, ich bewundere, wie fest sie in der Erde verwurzelt sind, die Stärke und Flexibilität ihres Stammes und ihrer Äste. Dadurch haben sie festen Halt. Sie laden mich ein, dasselbe zu tun. Ich wanke. Ich möchte mir alle Optionen offen halten. Ich kann mir nicht vorstellen, daß sie mich darum beneiden, daß ich über die Erde wandern kann auf der Suche nach dem Platz, wo ich hingehöre. Keiner, den ich bis jetzt getroffen habe, hat sich auch nur im geringsten geneigt gezeigt, mit mir den Platz zu tauschen. So ist das mit den Bäumen, sie tauschen keine Plätze. Sie gehören da einfach hin. Sie sind immer zuhause."

Wenn ich etwas beim Schreiben dieses Buches gelernt habe, dann das, daß jeder von uns etwas Besonderes ist und daß jeder von uns seinen Platz finden muß, wo er hingehört. Jede Phase, die wir durchmachen, bietet uns Möglichkeiten, freier zu werden, unser Selbst zu entfalten, den Zweck unseres Daseins zu erkennen und unseren Platz in der Gemeinschaft aller geistbegabten Wesen zu finden.

Wie Joseph sagt, sind die Bäume ältere Ratgeber, die mich wieder zu mir selbst finden lassen, wenn die Angst mich vergessen macht, wer ich bin. Alles an diesen Wesen zeigt mir, daß ich irgendwo hingehören muß, zu irgend etwas, zu irgend jemandem, bevor ich wirklich frei sein kann und wirklich aufgehoben bin."

Die Wechseljahre lehren uns, daß wir beides sind: ältere Ratgeber und jüngere Ratsuchende, Lehrer und Schüler. Lange vor den Experten, lange vor allen Führern gab es die Bäume. Ich biete Ihnen zum Schluß diese Worte meines Freundes und Baum-Bruders Joseph Jastrab an. Mögen sie Sie geleiten, wie sie mich leiten, wenn wir der Vergangenheit ins Angesicht sehen und uns öffnen für die Zukunft:

„Bäume sterben zu Hause. Sie fallen auf den denselben Boden, aus dem sie hervorgegangen sind. Wie ein König aus alter Zeit, der sich als Opfer darbrachte, damit sein Blut die Erde erneuerte und reiche Ernte als Nahrung für seine Untertanen hervorbrächte, so folgen die Bäume ihrer generativen Bestimmung bis an ihr Ende.

Der Anblick eines jungen grünen Baumes, der aus dem Stamm eines alten Baumes hervorsprießt, läßt mich immer nachdenklich innehalten. Ich bin beides, ein junger Baum, der aus dem Opfer derer wächst, die vor mir waren, aber auch ein alter Baum für diejenigen, deren Erfahrungen noch in lichterem Grün stehen als meine. Was habe ich von meinen Vorfahren bekommen, von all dem Leben, das vor mir war? Was kann ich an das noch ungeborene Leben weitergeben?

Irgendwo in der Stille zwischen diesen beiden Fragen liegt mein wahres Ich und die Chance zur Freiheit."[2]

Anhang

1. Anmerkungen

Teil I
Die Wechseljahre des Mannes: Männer, Frauen und die Gesellschaft

1. Der Mann in den Wechseljahren

1 Zitiert nach: Cyra McFadden, Is there really a Male Menopause?, in: New Choices, Juli/August 1994, 45.
2 Walter M. Bortz II, Dare to Be 100, New York 1996, 31.
3 Mark Gerzon, Listening to Midlife. Turning Your Crisis into a Quest, Boston 1996, 5.
4 Rosetta Reitz, Menopause. A Positive Approach, Radnor/PA 1977, 226.
5 Martha Weinman Lear, Is there A Male Menopause?, in: New York Times Magazine, 28. Januar 1973, 19.
6 Ebd.
7 Researchers Certain of Male Menopause and Its Treatment, in: Early Prime, CNN, 27. November 1995.
8 Bureau of the Census, Statistical Abstract, 1996, Washington, D. C., 1996, 16f.
9 Zitiert nach: Reitz, 227.
10 Theresa L. Crenshaw, The Alchemy of Love and Lust. Discovering Our Sex Hormones and How They Determine Who We Love, When We Love, and How Often We Love, New York 1996, 205 (dt. Die Alchemie von Liebe und Lust. Hormone steuern unser Liebesleben, München 1997).
11 Nach: Patricia Skalka, The American Medical Association Guide to Health and Well-Being after Fifty, New York 1984, 88.
12 David G. Bostwick/Gregory T. MacLennan/Thayne R. Larson (im Auftrag der American Cancer Society), Prostate Cancer. What Every Man – and His Family – Needs to Know, New York 1996, 148.
13 Ebd., 154.
14 Stephen B. Strum, Brief an den Autor vom 5. Juni 1997.
15 Zitiert nach: Ronald Klatz/Carol Kahn, Grow Young with HGH. The Amazing Medically Proven Plan to Reverse Aging, New York 1997, 123.
16 Andrew A. Skolnick, Is 'Male Menopause' Real or Just an Excuse?, in: JAMA 18/1992, 2486.
17 Zitiert nach: Skolnick.
18 Crenshaw, 212.
19 William Regelson/Carol Colman, The Super-Hormone Promise. Nature's Antidote to Aging, New York 1996, 131f.

20 Zitiert nach: Regelson/Colman, 132.
21 Regelson/Colman, 133.
22 Zitiert nach: Regelson/Colman, 133.
23 Nach: Thomas D. Fahey, The Male Mid-Life Crisis. Viropause – Myth or Reality, in: Muscle and Fitness, Mai 1994, 216.
24 Do Men Go Through Menopause, in: Consumer Reports on Health, Oktober 1993, 105.
25 Nach: Klatz/Kahn, 182.
26 Aubrey M. Hill, Viropause/Andropause. The Male Menopause – Emotional und Physical Changes Mid-Life Men Experience, Far Hills/NJ, 1993, xiii.
27 Ebd., xiv.
28 Ebd., ix.
29 Marshall E. Noel, Brief an den Autor vom 9. Juni 1997.
30 Zitiert nach: Regelson/Colman, 128.
31 Jane E. Brody, Hormone Replacement for Men. When Does It Help?, in: New York Times, 30. August 1995, Sec. C, S. 8.
32 Ebd.
33 John J. Medina, The Clock of Ages. Why We Age – How We Age – Winding Back The Clock, Cambridge 1996, 223.
34 Zitiert nach: Brody, 8.
35 Zitiert nach: Benedict Carey, Hooked on Youth. The Latest Anti-Aging Drug is Cheap, Convenient, and Makes Some People Feel Like Kids Again. So What's the Catch?, in: Hippocrates, Februar 1996, 40.
36 Regelson/Colman, 47f.
37 Ebd., 48.
38 Henry A. Feldman u. a., Impotence and Its Medical and Psychosocial Corelates. Results of the Massachusetts Male Aging Study, in: The Journal of Urology 151, Januar 1994, 54–61.
39 The Aging Male. Can Hormones Help?, in: Harvard University Men's Health Watch I, Nr. 12, Juli 1997, 1ff.
40 Richard Berger, New Name, Treatments for Impotence, in: Health News 17/1996, 3f.
41 Stephen M. Auerbach, Vortrag auf der Men's Health Conference, Scottsdale, AZ, 18.–19. November 1996.
42 Steven Lamm/Gerald Secor Couzens, Younger at Last. The New World of Vitality Medicine, New York 1997, 59.
43 Ebd., 64f.
44 Robert Ivker/Edward Zorensky, Thriving. The Complete Mind/Body Guide for Optimal Health and Fitness in Men, New York 1997, 218.
45 Zitiert nach: Ivker/Zorensky, 218.
46 Kenneth Goldberg, How Men Can Live as Long as Women. Seven Steps to a Longer and Better Life, Fort Worth/TX 1993, 169.
47 Frank Kendig/Richard Hutton, Life Spans. Or How Long Things Last, New York 1979, 11.
48 Ronald Klatz/Robert Goldman, Stopping the Clock, New York 1996, 5.
49 David Gutmann, Reclaimed Powers. Toward a New Psychology of Men and Women in Later Life, New York 1987, 4f.

50 James Hillman, The Soul's Code. In Search of Character and Calling, New York 1996, 120f.
51 Michael Gurian, The Wonder of Boys. Ein Interview mit Michael Gurian, interviewt von Bert H. Hoff, in: M.E.N. Magazine, Oktober 1996.
52 Zalman Schachter-Shalomi/Ronald S. Miller, From Age-ing to Sage-ing. A Profound New Vision of Growing Older, New York 1995, 12.
53 Ebd.

2. Die persönliche Erfahrung der Männer mit der Menopause und wie die Frauen, die sie lieben, damit umgehen

1 Germaine Greer, The Change. Women, Aging and the Menopause, New York 1991, 11–12 (dt. Wechseljahre, Düsseldorf 1991).
2 Bei 'Men Alive' handelt es sich um eine Theaterproduktion, die ich gemeinsam mit einer Reihe von Männern aus der Gemeinde aufführte – zum Teil als Reaktion auf eine Aufführung, die Carlin mit Frauen inszeniert hatte –, um über die Wahrheit über unsere Erfahrungen als Männer zu berichten. Viele der Frauen sahen die Aufführung und zeigten heftige Reaktionen, sowohl positive als auch negative.
3 American Cancer Society, Facts on Prostate Cancer, Broschüre Nr. 2654, 1996.
4 Daniel J. Levinson, The Seasons of a Man's Life, New York 1978, ix (dt. Das Leben des Mannes. Werdenskrisen, Wendepunkte, Entwicklungschancen, München 1982).
5 Ebd.
6 Ebd.
7 Richard Ford, Independence Day, New York 1995, 91 (dt. Unabhängigkeitstag, Berlin 1995).
8 Ebd.
9 Ebd.
10 Ebd., 92f.
11 Ebd., 93.
12 Levinson, x.
13 Robert Bly, The Gifts of Growing Old. Ein Interview mit Robert Bly, in: Utne Reader, Mai/Juni 1996, 60.
14 Der Terminus wurde zuerst von dem Psychologen Robert Moore verwendet, um eine Gesellschaft zu beschreiben, in der Vaterschaft entwertet wurde und keine Übergangsriten für männliche Adoleszenten mehr existieren. Vom Autor zum ersten Mal gehört in Diskussionen mit Dr. Moore auf der Wingspan Leadership Conference, Chicago/Ill., November 1995.

3. Die Verleugnung der männlichen Wechseljahre und der Siegeszug einer „Monsterjungen-Männlichkeit"

1 Mike A. Males, The Scapegoat Generation. America's War on Adolescents, Monroe /ME 1996, 4f.
2 June Stephenson, Men Are Not Cost-Effective, New York 1995, 40.

3 Ebd., 39f.
4 Ebd., 34.
5 Ebd.
6 Ebd.
7 James Patterson/Peter Kim, The Day America Told the Truth. What People Really Believe About Everything That Really Matters, New York 1991, 6.
8 Ebd., 120.
9 Ebd.
10 Ebd.
11 T. M. Smeeding, Children and Poverty. How the U.S. Stands, in: Forum for Applied Research and Public Policy, Sommer 1990, 65–70.
12 Males, 7.
13 Ebd.
14 James Gilligan, Violence. Our Deadly Epidemic and Its Causes, New York 1996, 32.
15 Ebd., 33.
16 Ebd., 105f.
17 Ebd., 110.
18 Ebd.
19 Ebd., 111.
20 Ebd.
21 Ebd., 112.
22 Vom Gannett News Service, nach: Marin Independent Journal, 22. März 1991.
23 Zitiert nach: Patterson/Kim, 129.
24 Myriam Miedzian, Boys Will Be Boys. Breaking the Link Between Masculinity and Violence, New York 1991, 5.
25 Robert Bly, The Sibling Society, Reading/MA 1996, 49 (dt. Die kindliche Gesellschaft. Über die Weigerung, erwachsen zu werden, München 1997).
26 Elizabeth Janeway, Man's World, Woman's Place. A Study in Social Mythology, New York 1971, 44.
27 Ebd., 45.
28 Zitiert nach: Stephenson, 37.
29 Patterson/Kim, 130.
30 Ebd., xxiv.
31 Department of Justice, Federal Bureau of Investigation, Uniform Crime Reports, 1989. Bureau of Census, Statistical Abstracts of the United States, 1985, 1990.
32 Department of Justice, Federal Bureau of Investigation, Uniform Crime Reports, 1996.
33 Gilligan, 175.
34 Ebd.
35 Ebd., 174.
36 Stephen Donaldson, Brief an den Autor. Donaldson ist Schriftsteller und Präsident der nationalen Organisation „Stop Prisoner Rape".
37 Ariska Razak, Toward a Womanist Analysis of Birth, in: Reweaving the World. The Emergence of Ecofeminism, hrsg. von Irene Diamond/Gloria Feman Orenstein, San Francisco 1990, 165.

38 Sam Keen, Fire in the Belly. On Being a Man, New York 1991, 120 (dt. Feuer im Bauch. Über das Mann-Sein, München 1992).
39 Zitiert nach: Anuradha Vittachi, Earth Conference One, Boston 1989, 18.
40 Ebd.
41 Ebd.
42 White Male Paranoia, in: Newsweek, 29. März 1993, Umschlag.
43 David Blankenhorn, Fatherless America. Confronting Our Most Urgent Social Problem, New York 1995, 142.
44 Ebd., 1.
45 Ebd.
46 Andrew Kimbrell, The Masculine Mystique. The Politics of Masculinity, New York 1995, 9.
47 New York Times, The Downsizing of America. The Reporters of the New York Times, New York 1996, 4.
48 Ebd., 5.
49 Bly, viii.
50 Alexander Mitscherlich, Society Without the Father. A Contribution to Social Psychology, New York 1969, 269–270 (dt. Auf dem Weg zur vaterlosen Gesellschaft. Ideen zur Sozialpsychologie, München 1996).
51 Bly, 237.
52 Ebd.

Teil II
Zum Verständnis der biologischen, psychischen, zwischenmenschlichen und sozialen Realitäten der männlichen Wechseljahre

4. Er funktioniert nicht mehr so gut wie früher: der Körper des Mannes in der Lebensmitte

1 Walter M. Bortz II, Dare to Be 100, New York 1996, 46.
2 Ebd.
3 Ebd.
4 National Institute of Health, Older and Wiser. The Baltimore Longitudinal Study of Aging, NIH Publikation Nr. 89–2797, Washington, D. C., September 1989.
5 Erst seit 1978 wurden 700 Frauen angeworben. Daher liegen leider weniger Informationen über die weiblichen Freiwilligen vor.
6 Die Namen der Teilnehmer wurden geändert.
7 Nach: Leonard Hayflick, How and Why We Age, New York 1994, 140f. (dt. Auf ewig jung. Ist unsere biologische Uhr beeinflußbar?, Köln 1996).
8 Viele der Informationen über die folgenden Änderungen des Körpers stammen aus Leonard Hayflicks sehr gutem Buch: How and Why We Age. Ebenso gut: John Medina, The Clock of Ages. Why We Age, How We Age, Winding Back the Clock, Cambridge 1996, und: The Baltimore Longitudinal Study of Aging.
9 Hayflick, 180.
10 Ebd.

11 Ebd.
12 Ebd., 167.
13 Ebd., 181.
14 Ebd.
15 Ebd., 184.
16 Ebd., 160.
17 Ebd., 165.
18 Will H. Courtenay, Behavioral Factors Associated with Male Disease, Injury, and Death. Evidence and Implications for Prevention, in: American Journal of Preventative Medicine.
19 Ebd.
20 Die Daten über die folgenden zehn Faktoren, die zum Verlust der Gesundheit beitragen, wenn Männer älter werden, stammen aus dem Artikel von Will H. Courtenay, Behavioral Factors Associated with Male Disease, Injury, and Death. Evidence and Implications for Prevention. Die Quellen in den Anmerkungen 22–54 wurden in diesem Artikel zitiert.
21 American Cancer Society, Cancer Facts and Figures 1994, Atlanta 1994. Kenneth Goldberg, How Men Can Live as Long as Women. Seven Steps to a Longer and Better Life, Fort Worth/TX 1993. S. J. Winawer/M. Shike, Cancer Free. The Comprehensive Cancer Prevention Program, New York 1995.
22 J. S. Rossi, Stages of Change for 15 Health Risk Behaviors in an HMO Population (Aufsatz vorgelegt auf der 13. jährlichen Scientific Session der Society of Behavioral Medicine, New York, März 1992).
23 National Stress Survey, März 1995. M. H. Redaihs/J. S. Reis/N. S. Creason, Sleep in Old Age. Focus on Gender Differences, in: Sleep 13, 5/1990, 410–424. A. Reyner/Horne, Gender- and Age-Related Differences in Sleep Determined by Home-Recorded Slep Logs and Actimetry from 400 Adults, in: Sleep 18, 2/1995, 127–134. L. M. Verbrugge, Unveiling Higher Morbidity for Men. The Story, in: Social Structures and Human Lives, hrsg. von W. Riley, Newbury Park/CA 1988.
24 D. Leger, The Cost of Sleep Related Accidents. A report for the National Commission on Sleep Disorders Research, in: Sleep 17, 1/1994, 84–93.
25 J. Hung u.a., Association of Sleep Apnea with Myocardial Infarction in Men, in: The Lancet 336/1990, 261–264. M. Irwin u.a., Partial Sleep Deprivation Reduces Natural Killer Cell Activity in Humans, in: Psychosomatic Medicine 56/1994, 493–498. H. Moldofsky u.a., Effects of Sleep Deprivation on Human Immune Function, in: Federation of American Societies for Experimental Biology Journal 3/1989, 1972–1977.
26 American School Health Association, The National Adolescent Student Health Survey. A Report on the Health of America's Youth, Oakland/CA 1989. G. Block/W. F. Rosenberger/B. H. Patterson, Calories, Fat and Cholesterol. Intake Patterns in the U.S. Population by Race, Sex, and Age, in: American Journal of Public Health 78, 9/1988, 1150–1155. Centers for Disease Control, Hepatitis Surveillance, Report Nr. 56, Atlanta 1995. Centers for Disease Control, Selected Tobacco-Use Behaviors and Dietary Patterns Among High School Students. United States 1991, in: Morbidity and Mortality Weekly Report 41, 14/1992, 760–772. D. Gilroy (Hg.), How

Men Stay Young, Emmaus/PA 1991. W. Rakowski, Personal Health Practices, Health Status, and Expected Control over Future Health, in: Journal of Community Health 11, 3/1986, 189–203. J. S. Rossi, Stages of Change for 15 Health Risk Behaviors in an HMO Population. L. V. Van Horn u. a., Diet, Body Size, and Plasma Lipids-Lipoproteins in Young Adults. Differences by Race and Sex, in: American Journal of Epidemiology 133, 1/1991, 9–23.

27 J. P. Leigh/J. F. Fries, Associations Among Healthy Habits, Age, Gender, and Education in a Sample of Retirees, in: International Journal of Aging and Human Development 36, 2/1993, 139–155. T. R. Prohaska u. a., Health Practices and Illness Cognition in Young, Middle Aged and Elderly Adults, in: Journal of Gerontology 40/1985, 569–578. M. K. Serdula u. a., Relationship Between Drug Use and Sexual Behaviors and the Occurrence of Sexually Transmitted Diseases Among High-Risk Male Youth, in: Sexually Transmitted Diseases 20, 6/1993, 307–313. L. V. Van Horn u. a., Diet, Body Size, and Plasma Lipids-Lipoproteins in Young Adults.

28 Department of Health and Human Service, Highlights from Wave 1 of the National Survey of Personal Health Practices and Consequences, United States 1979, DHHS Publication Nr. 81–1162, Hyattsville/MD 1981. Department of Health and Human Services, Vital and Health Statistics. Health Promotion and Disease Prevention, United States 1190, DHHS Publication Nr. 93–1513, Hyattsville/MD 1993. D. Gilroy (Hg.), How Men Stay Young. J.D. Lane u. a., Cardiovascular Effects of Caffeine and Stress in Regular Coffee Drinkers, in: Psychophysiology 24/1994, 157–164. P. J. Pascale/W. J. Evans, Gender Differences and Similarities in Patterns of Drug Use and Attitudes of High School Students, in: Journal of Drug Education 23, 1/1993, 105–116.

29 R. Altman, The Prostate Answer Book, New York 1993. American Cancer Society, Cancer. What You Eat Could Put You at Risk, Atlanta 1993. American Heart Association, Heart and Stroke Facts, Dallas 1994. M. A. Denke/C. T. Sempos/S. M. Grundy, Excess Body Weight. An Underrecognized Contributor to High Blood Cholesterol Levels in White American Men, in: Archives in Internal Medicine 153/1993, 1093–1103. J. M. McGinnis/W. H. Foege, Actual Causes of Death in the United States, in: JAMA 270, 18/1993, 2207–2212. M. Oppenheim, The Man's Health Book, Englewood Cliffs/NJ 1994. S. J. Winawer/M. Shike, Cancer Free. The Comprehensive Cancer Prevention Program.

30 Department of Health and Human Services, Vital Health and Statistics. Health Promotion and Disease Prevention, United States 1990. D. Gilroy (Hg.), How Men Stay Young. C. E. Ross/C. E. Bird, Sex Stratification and Health Lifestyle. Consequences for Men's and Women's Perceived Health, in: Journal of Health and Social Behavior 35/1994, 161–178. C. A. Schoenborn, Health Habits of U.S. Adults, 1985. The 'Alameda 7' Revisited, in: Public Health Reports 101, 6/1986, 571–580.

31 S. N. Blair u. a., Body Weight Change, All-Cause Mortality, and Cause-Specific Mortality in the Multiple Risk Factor Intervention Trial, in: Annals of Internal Medicine 119, 7/1993, 749–757. J. Rossi, Stages of Change for 15 Health Risk Behaviors in an HMO Population.

32 R. Andres/D. Muller/J. D. Sorkin, Long-Term Effects of Change in Body Weight on All-Cause Mortality, in: Annals of Internal Medicine 119, 7/1993, 737–743. N. B. Belloc, Relationship of Health Practices and Mortality, in: Preventive Medicine 2/1973, 67–81. N. B. Belloc/L. Breslow, Relationship of Physical Health Status and Health Practices, in: Preventive Medicine 1/1972, 409–421. L. F. Berkman/L. Breslow/D. Wingard, Health Practices and Mortality Risk, in: Health and Ways of Living, hrsg. von L. F. Berkman/L. Breslow, New York 1983. L. Breslow/J. E. Enstrom, Persistence of Health Habits and Their Relationship to Mortality, in: Preventive Medicine 9/1980, 469–483. J. E. Enstrom/L. E. Kanim/L. Breslow, The Relationship Between Vitamin C Intake, General Health Practices, and Mortality in Alameda County, California, in: American Journal of Public Health 76/1986, 1124–1130. G. A. Kaplan u. a., Mortality Among the Elderly in the Alameda County Study. Behavioral and Demographic Risk Factors, in: American Journal of Public Health 77/1987, 307–312. E. B. Rimm u. a., Body Size and Fat Distribution as Predictors of Coronary Heart Disease among Middle-Aged and Older U.S. Men, in: American Journal of Epidemiology 141, 12/1995, 1117–1127.

33 A. Blair u. a., Physical Fitness and All-Cause Mortality. A Prospective Study of Healthy Men and Women, in: JAMA 262, 17/1989, 2395–2401. Centers for Disease Control, Prevalence of Sedentary Lifestyle. Behavioral Risk Factor Surveillance System, United States 1991, in: Morbidity and Mortality Weekly Report 42, 29/1993, 576–579. J. L. Weissfeld/J. P. Kirscht/B. M. Brock, Health Beliefs in a Population. The Michigan Blood Pressure Survey, in: Health Education Quarterly 17, 2/1990, 141–155.

34 Mittleman u. a., Triggering of Acute Myocardial Infarction by Heavy Physical Exertion. Protection against Triggering by Regular Exertion, in: New England Journal of Medicine 328, 4/1993, 253–256. S. N. Willich u. a., Physical Exertion as a Trigger of Acute Myocardial Infarction, in: New England Journal of Medicine 329, 23/1993, 1684–1690.

35 J. A. Berlin/G. A. Colditz, A Meta-Analysis of Physical Activity in the Prevention of Coronary Heart Disease, in: American Journal of Epidemiology 132/1990, 612–628. C. Bouchard u. a., Exercise, Fitness and Health. A Consensus of Current Knowledge, Champaign/IL 1990. J. E. Enstrom/L. E. Kanim/L. Breslow, The Relationship Between Vitamin C Intake, General Health Practices, and Mortality in Alameda County, California. G. A. Kaplan u. a., Mortality Among the Elderly in the Alameda County Study. I. M. Leigh/C. C. Hsieh/R. S. Paffenbarger, Exercise Intensity and Longevity in Men. The Harvard Alumni Health Study, in: JAMA 273, 15/1995, 1179–1184. R. S. Paffenbarger u. a., The Association of Changes in Physical-Activity Level and Other Lifestyle Characteristics with Mortality Among Men, in: New England Journal of Medicine 328/1993, 538–545. R. R. Pate u. a., Physical Activity and Public Health. A Recommendation From the Centers for Disease Control and Prevention and the American College of Sports Medicine, in JAMA 273, 5/1995, 403. K. E. Powell u. a., Physical Activity and Chronic Diseases, in: American Journal of Clinical Nutrition 49/1989, 999–1006.

36 L.F. Berkman/L. Breslow/D. Wingard, Health Practices and Mortality

Risk. Centers for Disease Control, Public Health Focus. Physical Activity and the Prevention of Coronary Heart Disease, in: Morbidity and Mortality Weekly Report 42, 35/1993, 669–672. K. E. Powell u. a., Physical Activity and the Incidence of Coronary Heart Disease, in: Annual Review of Public Health 8/1987, 253–287.

37 Department of Health and Human Services, Vital Health Statistics. Health Promotion and Disease Prevention, United States 1990. D. S. Haisin/B. F. Grant/J. Weinflash, Male/Female Differences in Alcohol-Related Problems. Alcohol Rehabilitation Patients, in: International Journal of the Addictions 23, 5/1988, 547f. R. F. Huselid/M. L. Cooper, Gender Roles as Mediators of Sex Differences in Adolescent Alcohol Use and Abuse, in: Journal of Health and Social Behavior 33/1992, 348–362. R. C. Kessler u. a., Lifetime and 12-Month Prevalence of DSM-111-R Psychiatric Disorders in the United States. Results from the National Comorbidity Survey, in: Archives of General Psychiatry 51/1994, 8–19. B. W. Lex, Some Gender Differences in Alcohol and Polysubstance Users, in: Health Psychology 10/1991, 121–132. National Institute on Drug Abuse, National Household Survey on Drug Abuse. Population Estimates 1991, DHHS Publication Nr. 92–1887, Washington, D. C., 1992. L. N. Robins u. a., Lifetime Prevalence of Specific Psychiatric Disorders in Three Sites, in: Archives of General Psychiatry 41/1984, 949–958.

38 American Cancer Society, Cancer Prevention Study 11. Fact Card, Atlanta 1988. American Heart Association, Heart and Stroke Facts. C. E. Bartecchi/T. D. MacKenzie/R. W. Schrier, The Global Tobacco Epidemic, in: Scientific American, Mai 1995, 44–51. Centers for Disease Control, Surveillance for Smoking-Attributable Mortality and Years of Potential Life Lost, by State, United States 1990, in: Morbidity and Mortality Weekly Report 43, Nr. SS-1/1994, 1ff., 6f. J.M. McGinnis/W. H. Foege, Actual Causes of Death in the United States. S. J. Winawer/M. Shike, Cancer Free. The Comprehensive Cancer Prevention Program.

39 American Cancer Society, Cancer Facts and Figures, 1994.

40 Department of Health and Human Services, Advance Report of Final Mortality Statistics 1991, in: Monthly Vital Statistics Report 42, Nr. 2, Hyattsville/MD 1993. J. A. Farrow/P. Brissing, Risk for DWI. A New Look at Gender Differences in Drinking and Driving Influences, Experiences and Attitudes Among New Adolescent Drivers, in: Health Education Quarterly 17, 2/1990, 312–321. National Safety Council, Accident Facts, Itasca/IL 1994. D. F. Preusser/A. F. Williams/A. K. Lund, Characteristics of Belted and Unbelted Drivers, in: Accident Analysis and Prevention 23, 6/1991, 475–482. M. Zuckerman, Behavioral Expressions and Biosocial Bases of Sensation Seeking, New York 1994.

40 M. Zuckerman, Sensation Seeking. A Comparative Approach to a Human Trait, in: The Behavioral and Brain Sciences 7/1984, 413–471. M. Zuckerman, Sensation Seeking and Sports, in: Personality and Individual Differences 4, 3/1983, 285–293.

41 J. F. Kraus/C. Conroy, Mortality and Morbidity from Injuries in Sports and Recreation, in: Annual Review of Public Health 5/1984, 163–192. National Safety Council, Accident Facts, Itasca/IL 1992. F. P. Rivara u. a.,

Epidemiology of Childhood Injuries, in: American Journal of Diseases of Children 136/1982, 502–506. M. Zuckerman, Behavioral Expressions and Biosocial Bases of Sensation Seeking. M. Zuckerman, Sensation Seeking. A Comparative Approach to a Human Trait. M. Zuckerman, Sensation Seeking and Sports.

42 Centers for Disease Control, Selected Behaviors that Increase Risk for HIV Infection, Other Sexually Transmitted Diseases, and Unintended Pregnancy Among High School Students, United States 1991, in: Morbidity and Mortality Weekly Report 41, 50/1992, 945–950. EDK Associates, The ABCs of STDs, New York 1995. K.P. Ericksen/K.F. Trocki, Behavioral Risk Factors for Sexually Transmitted Diseases in American Households, in: Social Science and Medicine 34, 8/1992, 843–853. K.P. Ericksen/K.F. Trocki, Sex, Alcohol, and Sexually Transmitted Diseases. A National Survey, in: Family Planning Perspectives 26/1994, 257–263. B. C. Leigh/M.T. Temple/K.F. Trocki, The Sexual Behavior of U.S. Adults. Results from a National Survey, in: American Journal of Public Health 83, 10/1993, 1400–1408. J.M. McGinnis/W.H. Foege, Actual Causes of Death in the United States. M. Zuckerman, Behavioral Expressions and Biosocial Bases of Sensation Seeking.

43 EDK Associates, The ABCs of STDs. K.P. Ericksen/K.F. Trocki, Behavioral Risk Factors for Sexually Transmitted Diseases in American Households. K.P. Ericksen/K.F. Trocki, Sex, Alcohol, and Sexually Transmitted Diseases. A National Survey. B.C. Leigh/M.T. Temple/K.F. Trocki, The Sexual Behavior of U.S. Adults. Results from a National Survey. M.A. Shafer u.a. Relationship Between Drug Use and Sexual Behaviors and the Occurrence of Sexually Transmitted Diseases Among High-Risk Male Youth, in: Sexually Transmitted Diseases 20, 6/1993, 307–313.

44 Department of Justice, National Crime Victimization Survey. Criminal Victimization 1993, Publication Nr. NCJ-151658, Washington, D.C., 1995. Department of Justice, Sourcebook of Criminal Justice Statistics 1993, Publication Nr. NCJ-148211, Washington, D.C., 1994.

45 Centers for Disease Control, Physical Fighting Among High School Students, United States 1990, in: Morbidity and Mortality Weekly Report 41, 6/1992, 91–94. Department of Health and Human Services, Healthy People 2000. National Health Promotion and Disease Prevention Objectives, DHHS Publication Nr. 91–50212, Washington, D.C., 1991. Department of Justice, Sourcebook of Criminal Justice Statistics 1993. R.J. Gelles/M.A. Straus, Intimate Violence, New York 1988.

46 J.L. Annest u.a., National Estimates of Nonfatal Firearm-Related Injuries. Beyond the Tip of the Iceberg, in: JAMA 273, 22/1995, 1749–1755. Centers for Disease Control and Prevention, Emergency Department Surveillance for Weapon-Related Injuries, Massachusetts November 1993 – April 1994, in: JAMA 273, 22/1995, 1746f. National Safety Council, Accident Facts, 1994 Edition.

47 T. C. Antonucci/H. Akiyama, An Examination of Sex Differences in Social Support Among Older Men and Women, in: Sex Roles 17, 11–12/1987, 737–749. R. H. Corney, Sex Differences in General Practice Attendance and Help Seeking for Minor Illness, in: Journal of Psychosomatic Research

34, 5/1990, 525–534. D. Levinson, The Seasons of a Man's Life, New York 1978 (dt. Das Leben des Mannes. Werdenskrisen, Wendepunkte, Entwicklungschancen, München 1982). M. E. McGill, The McGill Report on Male Intimacy, New York 1985. M. K. O'Neil/W.J. Lance/J. J. Freeman, Sex Differences in Depressed University Students, in: Social Psychiatry 20/1985, 186–190. L. B. Rubin, Intimate Strangers, New York 1983. D. Sherrod, The Bonds of Men, in: The Making of Masculinities, hrsg. von H. Brod, Winchester/MA 1987. D. Umberson/C. B. Wortman/R. C. Kessler, Widowhood and Depression. Explaining Long-Term Gender Differences in Vulnerability, in: Journal of Health and Social Behavior 33/1992, 10–24. D. G. Williams, Gender, Masculinity-Femininity, and Emotional Intimacy in Same-Sex Friendship, in: Sex Roles 12, 5–6/1985, 587–600.

48 L.F. Berkman, Assessing the Physical Health Effects of Social Networks and Social Supports, in: Annual Review of Public Health 5/1984, 413–432. L.F. Berkman/L. Breslow (Hgg.), Health and Ways of Living. The Alameda County Study, New York 1983. D.G. Blazer, Social Support and Mortality in an Elderly Community Population, in: American Journal of Epidemiology 115, 5/1982, 684–694. T.C. Camaho/J. Wiley, Health Practices, Social Networks, and Changes in Physical Health, in: Health and Ways of Living, hrsg. von L.F. Berkman/L. Breslow, New York 1983. N.H. Gottlieb/L.W. Green, Life Events, Social Network, Life-Style, and Health. An Analysis of the 1979 National Survey of Personal Health Practices and Consequences, in: Health Education Quarterly 11/1984, 91–105. S. C. Ho, Health and Social Predictors of Mortality in an Elderly Chinese Cohort, in: American Journal of Epidemiology 133, 9/1991, 907–921. J. S. House/K. R. Landis/D. Umberson, Social Relationship and Health, in: Science 241/1988, 540–545. J. S. House/C. Robbins/H. L. Metzner, The Association of Social Relationships and Activities with Mortality. Prospective Evidence from the Tecumseh Community Health Study, in: American Journal of Epidemiology 116, 1/1982, 123–140. M. Kandrack/K. R. Grant/A. Segall, Gender Differences in Health Related Behavior. Some Unanswered Questions, in: Social Science and Medicine 32, 5/1991, 579–590. V.J. Schoenbach u.a., Social Ties and Mortality in Evans County, Georgia, in: American Journal of Epidemiology 12, 4/1986, 577–591. T. E. Seeman u.a., Social Network Ties and Mortality Among the Elderly in the Alameda County Study, in: American Journal of Epidemiology 126/1987, 714–723. D. Shye u.a., Gender Differences in the Relationship Between Social Network Support and Mortality. A Longitudinal Study of an Elderly Cohort, in: Social Science and Medicine 41, 7/1995, 78ff. D. Umberson, Gender, Marital Status and the Social Control of Health Behavior, in: Social Science and Medicine 34, 8/1992, 907–917.

49 R.B. Williams u.a., Prognostic Importance of Social and Economic Resources Among Medically Treated Patients With Angiographically Documented Coronary Artery Disease, in: JAMA 267, 4/1992, 522f.

50 V.E. Bovbjerg u.a., Spouse Support and Long-Term Adherence to Lipid-Lowering Diets, in: American Journal of Epidemiology 141/1995, 451–460. J.M. Cwikel u.a., Mechanisms of Psychosocial Effects on Health. The Role of Social Integration, Coping Style, and Health Behavior, in: Health

Education Quarterly 15/1988, 151–173. R. Fleming u.a., Mediating Influences of Social Support on Stress at Three Mile Island, in: Journal of Human Stress 8/1982, 14–22. U. J. Gruninger, Patient Education. An Example of One-to-One Communication, in: Journal of Human Hypertension 9, 1/1995, 15–25. H. B. Kaplan, Social Psychology of the Immune System. A Conceptual Framework and Review of the Literature, in: Social Science and Medicine 33, 8/1991, 909–923. C. Kirschbaum u.a., Sex-Specific Effects of Social Support on Cortisol and Subjective Responses to Acute Psychological Stress, in: Psychosomatic Medicine 57/1995, 23–31. S. J. Lepore/K. A. Allen/G. W. Evans, Social Support Lowers Cardiovascular Reactivity to an Acute Stressor, in: Psychosomatic Medicine 55/1993, 518–524. L.E. Lonnquist/G.L. Weiss/D.L. Larsen, Health Value and Gender in Predicting Health Protective Behavior, in: Women and Health 19, 2–3/1992, 69–85. D. Meichenbaum/D.C. Turk, Facilitating Treatment Adherence. A Practitioner's Guidebook, New York 1987 (dt. Therapiemotivation des Patienten. Ihre Forderung in Medizin und Psychotherapie – ein Handbuch, Bern 1994). A.F. Muhlenkamp/Sayles, Self-Esteem, Social Support, and Positive Health Practices, in: Nursing Research 35, 6/1986, 334–338. M.K. O'Brien/K. Petrie/J. Raeburn, Adherence to Medication Regimens. Updating a Complex Medical Issue, in: Medical Care Review 49, 4/1992, 435–454. S.J. Winawer/M. Shike, Cancer Free. The Comprehensive Cancer Prevention Program.

51 Bureau of Labor Statistics, Employment and Earnings, Januar 1991, Washington, D.C., 1991. Department of Justice, Sourcebook of Criminal Justice Statistics 1993.

52 National Institute for Occupational Safety and Health, Fatal Injuries to Workers in the United States, 1980–1989. A Decade of Surveillance, NIOSH 93–108, Cincinnati 1993.

53 I.L. Abraham/H.V. Krowchuk, Unemployment and Health. Health Promotion for the Jobless Male, in: Nursing Clinics of North America 21, 1/1986, 37–47. M. Boor, Relationships Between Unemployment Rates and Suicide Rates in Eight Countries, 1962–1976, in: Psychological Reports 47/1980, 1095–1101. G.H. Elder/J.K. Liker, Hard Times in Women's Lives. Historical Influences Across Forty Years, in: American Journal of Sociology 88/1994, 481–489. A. Hammarstrom, Health Consequences of Youth Unemployment. Review from a Gender Perspective, in: Social Science and Medicine 38, 5/1994, 699–709. P.C. Holinger, Violent Deaths Among the Young Recent Trends in Suicide, Homicide, and Accidents, in: American Journal of Psychiatry 136, 9/1979, 1144–1147. G. Vidgerhouse/G. Fishman, The Impact of Unemployment and Familial Integration on Changing Suicide Rates in U.S.A., 1920–1969, in: Social Psychiatry 13/1978, 239–248.

54 W. H. Courtenay (in revision for publication), Constructions of Masculinity and Their Influence on Men's Well-Being. A Theory of Gender and Health, in: Social Science and Medicine.

55 Hayflick, 155.

56 Ebd., 156.

57 Theresa L. Crenshaw, The Alchemy of Love and Lust. Discovering Our

Sex Hormons and How They Determine Who We Love, When We Love, and How Often We Love, New York 1996, 16 (dt. Die Alchemie von Liebe und Lust. Hormone steuern unser Liebesleben, München 1997).

58 Ebd., 123.

59 Ebd.

60 Ebd., 124.

61 Barbara Bartlik/Helen Singer Kaplan, Einleitung zu: Susan Rako, The Hormone of Desire, New York 1996, 14.

62 Crenshaw, xviii.

63 Zitiert nach: Jane E. Brody, Restoring Ebbing Hormones May Slow Aging, in: New York Times, 18. Juli 1995, Sec. B, S. 5.

64 Winnifred Cutler, Love Cycles. The Science of Intimacy, New York 1991, 89, enthält graphische Darstellung des Testosteronspiegels im Blutplasma.

65 Ebd.

66 Ebd., 97.

67 A. C. Kinsey/W. B. Pomeroy/C. E. Martin, Sexual Behavior in the Human Male, Philadelphia 1948 (dt. Das sexuelle Verhalten des Mannes, Berlin 1955).

68 Henry A. Feldman u. a., Impotence and Its Medical and Psychosocial Correlates. Results of the Massachusetts Male Aging Study, in: Journal of Urology 151, Januar 1994, 54–61.

69 Ebd.

70 Crenshaw, 211.

71 Übernommen von: Crenshaw, 218.

72 Cutler, 107–108.

5. Die Verbindung zwischen Körper, Geist und Seele: zurück zu einer ganzheitlichen Betrachtung des Mannes

1 Vgl. Patrick C. Walsh/Janet Farrar Worthington, The Prostate. A Guide for Men and the Women Who Love Them, Baltimore 1995, 1–15.

2 Ebd.

3 Ebd.

4 Ebd.

5 John Irving, The Water Method Man, New York 1972, 12, (dt. Die wilde Geschichte vom Wassertrinker, Zürich 1992).

6 Zitiert nach: Bradley R. Hennenfent, The Prostatitis Syndromes, Bloomington/IL 1996, 2.

7 Hennenfent, 2.

8 Theresa L. Crenshaw, The Alchemy of Love and Lust. Discovering Our Sex Hormones and How They Determine Who We Love, When We Love, and How Often We Love, New York 1996, 227 (dt. Die Alchemie von Liebe und Lust. Hormone steuern unser Liebesleben, München 1997).

9 Leonard Hayflick, How and Why We Age, New York 1994, 159 (dt. Auf ewig jung. Ist unsere biologische Uhr beeinflußbar?, Köln 1996).

10 Thomas M. Bruckman, Vortrag auf der Men's Health Conference, Scottsdale, AZ, 18.–19. November 1996.

11 Ebd.
12 Richard Alexander, Aussage vor dem House Subcommittee on Labor, Health and Human Services, and Education. 29. Februar 1996, zitiert nach: Hennenfent, iii.
13 Nach: Tom Cruse, Direktor der Prostatitis Foundation auf der Men's Health Conference, Scottsdale, AZ, 18.–19. November 1996.
14 Ebd.
15 Hennenfent, 13.
16 Zitiert nach: Phil Jackson/Hugh Delehanty, Sacred Hoops. Spiritual Lessons of a Hardwood Warrior, New York 1995, 18.
17 Jackson/Delehanty, 54.
18 Zitiert nach: Jackson, 70.
19 Jackson /Delehanty, 3.
20 Ebd., 199.
21 Aubrey M. Hill, Viropause/Andropause. The Male Menopause. Emotional and Physical Changes Mid-Life Men Experience, Far Hills/NJ 1993, 17.
22 Ebd., 18.
23 Ebd., 22.
24 Ebd.
25 Anzeige in: Pacific Sun, 17. Juli 1996.
26 Harry A. Wilmer, Practical Jung. Nuts and Bolts of Jungian Psychotherapy, Wilmette/IL 1987, 199.
27 Ebd., 200.
28 Ebd.
29 Ebd., 201.
30 David Gutmann, Reclaimed Powers. Toward a New Psychology of Men and Women in Later Life, New York 1987, 4.
31 Ebd., 7.
32 Mark Gerzon, Listening to Midlife. Turning Your Crisis into a Quest, Boston 1996, 10.
33 Deepak Chopra, Return of the Rishi. A Doctor's Search for the Ultimate Healer, Boston 1988, 24 (dt. Die Rückkehr des Rishi. Ein Arzt auf der Suche nach dem, was uns wirklich heilt, München 1997).
34 David Van Biema, Emperor of the Soul, in: Time, 24. Juni 1996, 67.
35 Ebd.
36 Deepak Chopra, Ageless Body, Timeless Mind. The Quantum Alternative to Growing Old, New York 1993, 6 (dt. Die Körperzeit. Mit Ayurveda jung bleiben, ein Leben lang, München 1996).
37 Zitiert nach: Jon Kabat-Zinn, Moment to Moment. Ein Interview mit Jon Kabat-Zinn, interviewt von Virginia Lee, in: Common Ground, Frühjahr 1997, 147.
38 Ebd.
39 Herbert Benson/Mark Stark, Timeless Healing. The Power and Biology of Belief, New York 1996, 16f. (dt. Heilung durch Glauben. Selbstheilung in der Neuen Medizin, München 1997).
40 Herbert Benson, Interview mit dem Autor, 13. August 1996.
41 Winnifred B. Cutler, Love Cycles. The Science of Intimacy, New York 1991, 101.

42 Ebd., 99.
43 Benson, 264 f.
44 Ebd.

6. Ihr Wechsel/sein Wechsel: Ähnlichkeiten und Unterschiede zwischen der männlichen und der weiblichen Menopause

1 Rosetta Reitz, Menopause. A Positive Approach, Radner/PA 1977, 226.
2 Anne Fausto-Sterling, Myths of Gender. Biological Theories about Women and Men, New York 1985, 78 ff. (dt. Gefangene des Geschlechts? Was biologische Theorien über Mann und Frau sagen, München 1985).
3 Ebd., 80.
4 Michael Gurian, The Wonder of Boys. What Parents, Mentors and Educators Can Do to Shape Boys into Exceptional Men, New York 1996, 10.
5 Reitz, 226 f.
6 Theresa L. Crenshaw, The Alchemy of Love and Lust. Discovering Our Sex Hormones and How They Determine Who We Love, When We Love, and How Often We Love, New York 1996, 31 (dt. Die Alchemie von Liebe und Lust. Hormone steuern unser Liebesleben, München 1997).
7 Barbara Bartlik/Helen Singer Kaplan, Einleitung in: Susan Rako, The Hormone of Desire. The Truth about Sexuality, Menopause, and Testosterone, New York 1996, 25.
9 Ebd., 25.
10 Zitiert nach: Reitz, 228.
11 Ebd.
12 Winnifred B. Cutler, Love Cycles. The Science of Intimacy, New York 1991, 88.
13 Ebd., 89.
14 Ebd., 90.
15 Ebd., 91.
16 Ebd.
17 Crenshaw, 10.
18 Ebd.
19 Carol Tavris, The Mismeasure of Woman. Why Women Are Not the Better Sex, the Inferior Sex, or the Opposite Sex, New York 1992, 148.
20 Ebd.
21 Zitiert nach: Tavris, 148.
22 John R. Lee/Virginia Hopkins, What Your Doctor May Not Tell You about Menopause. The Breakthrough Book on Natural Progesterone, New York 1996, 8 f.
23 Susan M. Love/Karen Lindsey, Dr. Susan Love's Hormone Book, New York 1997, 3 (dt. Das Hormonbuch. Was Frauen wissen sollten, Frankfurt/M. 1997).
24 Ebd., 4.
25 Nach: Patricia Skalka, The American Medical Association Guide to Health and Well-Being after Fifty, New York 1984, 88.

26 Daniel J. Levinson, The Seasons of a Man's Life, New York 1978, 213 (dt. Das Leben des Mannes. Werdenskrisen, Wendepunkte, Entwicklungschancen, München 1982).
27 Germaine Greer, The Change. Women, Aging and Menopause, New York 1991, 124 (dt. Wechseljahre, Düsseldorf 1991).
28 Sandra Coney, The Menopause Industry. How the Medical Establishment Exploits Women, Alameda/CA 1994, 19.
29 Nach: Natalie Angier, Male Menopause, in: New York Times, 23. Oktober 1992.
30 Center for Medical Consumers, Inc., 1995.
31 Nach: Frank Kendig/Richard Hutton, Life Spans. Or How Long Things Last, New York 1979, 11.
32 Walter M. Bortz II, Dare to Be 100, New York 1996, 14.
33 Ebd., 16.
34 Ebd., 19.
35 Zitiert nach: John J. Medina, The Clock of Ages. Why We Age – How We Age – Winding Back the Clock, Cambridge 1996, 313.
36 Zitiert nach: Bortz, 21.
37 Bortz, 76f.
38 Ebd., 56.
39 Ebd.
40 Ebd., 56f.
41 Ebd., 57.

7. Die Evolution der Sexualität, Männer und die Menopause

1 Helen Fisher, The Sex Contract. The Evolution of Human Behavior, New York 1982, 23f.
2 Ebd., 24.
3 Helen Fisher, Anatomy of Love. The Natural History of Monogamy, Adultery, and Divorce, New York 1992, 11 (dt. Anatomie der Liebe, München 1995).
4 Brian Swimme/Thomas Berry, The Universe Story. From the Primordial Flaring Forth to the Ecozoic Era. A Celebration of the Unfolding of the Cosmos, San Francisco 1992, 7.
5 Ebd., 107.
6 Thomas Berry, Interview mit dem Autor, 24. Juni 1996.
7 Richard Dawkins, The Selfish Gene, Oxford 1976, 24f. (dt. Das egoistische Gen, Reinbek bei Hamburg 1996).
8 Matt Ridley, The Red Queen. Sex and the Evolution of Human Nature, New York 1993, 20 (dt. Eros und Evolution. Die Naturgeschichte der Sexualität, München 1995).
9 Zur Diskussion über die Dominator Cultures vgl. Riane Eisler, The Chalice and the Blade, San Francisco 1988.
10 Anne Moir/David Jessel, Brain Sex. The Real Difference Between Men and Women, New York 1991, 5.
11 Kalman Glantz/John K. Pearce, Exiles from Eden. Psychotherapy from an Evolutionary Perspective, New York 1989, 93.

12 Meredith F. Small, What's Love Got to Do With It? The Evolution of Human Mating, New York 1995, 110f.
13 Ridley, 4.
14 David M. Buss, The Evolution of Desire. Strategies of Human Mating, New York 1994, 7 (dt. Die Evolution des Begehrens. Geheimnisse der Partnerwahl, München 1997).
15 Ridley, 248.
16 Zitiert nach: Ridley, 249.
17 Buss, 128.
18 Ebd., 130f.
19 Ebd., 4.
20 Ebd., 39.
21 Ebd., 22–25, 46.
22 Ebd., 28.
23 Ebd., 41ff.
24 Ebd., 51.
25 Ebd.
26 Ebd., 53.
27 Ebd., 54.
28 Ebd., 58.
29 David Gutmann, Reclaimed Powers. Toward a New Psychology of Men and Women in Later Life, New York 1987, 190.
30 Ebd., 190f.
31 Vgl. Ken Wilber, Sex, Ecology, Spirituality. The Spirit of Evolution, Boston 1995, 153–162 (dt. Eros, Kosmos, Logos. Eine Vision an der Schwelle zum nächsten Jahrtausend, Frankfurt/M. 1996); Ken Wilber, World According to Wilber, interviewt von David Guy, in: New Age Journal, Juli/August 1995, 76–79.
32 Jared Diamond, Why Women Change, in: Discover, Juli 1996, 131f.
33 Ebd.
34 Ebd., 135.
35 Ebd.
36 Ebd.
37 Ebd.
38 Ebd., 136.
39 Malidoma Patrice Somé in Gesprächen mit dem Autor, 1995, und: Of Water and the Spirit. Ritual, Magic, and Initiation in the Life of an African Shaman, New York 1994, 19f. (dt. Vom Geist Afrikas. Das Leben eines afrikanischen Schamanen, München 1996).
40 Gutmann, 7.
41 Ebd., 4.
42 Ebd., 7.

Teil III
Das Zweite Erwachsenenalter oder der Tod: wie man behält, was man schon hat, wiederbekommt, was verloren war, und wie man die Quelle des Lebens findet

8. Gesund und sexuell vital bis ins hohe Alter

1 Simone de Beauvoir, The Coming of Age, New York 1972, 539.
2 Psalm 31: 9–12.
3 Sharon R. Curtin, Nobody Ever Died of Old Age, Boston 1972, 195 f.
4 Benedict Carey, Hooked on Youth. The Latest Anti-Aging Drug Is Cheap, Convenient, and Makes Some People Feel Like Kids Again. So What's the Catch?, in: Hippocrates, Februar 1996, 39.
5 Ebd., 40.
6 Ebd., 42.
7 Walter M. Bortz II, Dare to Be 100, New York 1996, 18.
8 Zitiert nach: Michael Lynberg, The Path with Heart, New York 1989, 20.
9 Ebd., 17.
10 Ebd.
11 Zalman Schachter-Shalomi/Ronald S. Miller, From Age-ing to Sage-ing. A Profound New Vision of Growing Older, New York 1995, 107.
12 Donovan Webster, Erections 'R' Us, in: Men's Health, Juni 1996, 108.
13 Henry A. Feldman u. a., Impotence and Its Medical and Psychosocial Correlates. Results of the Massachusetts Male Aging Study, in: Journal of Urology 151, Januar 1994, 58. Steven Lamm/Gerald Secor Couzens, Younger at Last. The New World of Vitality Medicine, New York 1997, 59.
14 Wilhelm Stekel, Impotence in the Male, New York 1927, 1.
15 Kenneth Goldberg, How Men Can Live as Long as Women. Seven Steps to a Longer and Better Life, Fort Worth/TX 1993, 172–173. Feldman, 54–61.
16 Webster, 108, 110.
17 Feldman, 54–61.
18 Nach: Jane E. Brody, Impotence. More Options, More Experts, More Success, in: New York Times, 9. August 1995.
19 Ebd.
20 Stephen M. Auerbach, Vortrag auf der Men's Health Conference, Scottsdale, AZ, 18.–19. November 1996.
21 Alan P. Brauer, Brief an den Autor, 19. Juni 1997.
22 Ebd.
23 Theresa L. Crenshaw, The Alchemy of Love and Lust. Discovering Our Sex Hormones and How They Determine Who We Love, When We Love, and How Often We Love, New York 1996, 286 (dt. Die Alchemie von Liebe und Lust. Hormone steuern unser Liebesleben, München 1997).
24 Ebd., 287.
25 Ebd., 286 f.
26 Ebd.
27 Joan Borysenko, A Woman's Book of Life. The Biology, Psychology, and Spirituality of the Feminine Life Cycle, New York 1996, 251 f.

28 Crenshaw, 288.
29 Ebd., 288 f.
30 Ebd., 291.
31 Ronald Klatz/Carol Kahn, Grow Young with HGH. The Amazing Medically Proven Plan to Reverse Aging, New York 1997, 11.
32 Zitiert nach: Crenshaw, 291.
33 William Regelson/Carol Colman, The Super-Hormone Promise. Nature's Antidote to Aging, New York 1996, 210.
34 Ebd., 201.
35 Crenshaw, 291.
36 Russel J. Reiter/Jo Robinson, Melatonin Revolution. Your Body's Natural Wonder Drug, New York 1996, 4 (dt. Melatonin. Die neue Waffe gegen Alter und Krankheit, München 1996).
37 Ebd., 129.
38 Ebd., 6.
39 Ebd.
40 Regelson/Colman, 221 f.
41 Crenshaw, 211.
42 Ebd., 212.
43 Regelson/Colman, 40 f.
44 Crenshaw, 80.
45 J. F. Flood/J. E. Morely/E. Roberts, Pregnenolone sulfate enhances post-training memory processes when injected in very low doses into the limbic system structures. The amygdala is by far the most sensitive. Proceedings National Academy of Sciences, 1995, 92: 10806–10810.
46 Will Block, Questions and Answers, in: Life Enhancement, März 1997, 27.
47 Regelson/Colman, 103.
48 Zitiert nach: Greg Gutfeld, Test-Driving Testosterone, in: Men's Health, November 1994, 50.
49 Regelson/Colman, 25.
50 Zitiert nach: Geoffrey Cowley, Attention Aging Men. Testosterone and Other Hormone Treatments Offer New Hope for Staying Youthful, Sexy and Strong, in: Newsweek, 16. September 1996, 70.
51 Nach: Gutfeld, 50.
52 Ebd., 51.
53 Ebd., 50 f.
54 Ebd., 52.
55 Regelson/Colman, 17.
56 Ebd.
57 The Aging Male. Can Hormones Help?, in: Harvard University's Men's Health Watch I, Nr. 12, Juli 1997.
58 Andrew Weil, Protecting Your Prostate, in: Andrew Weil's Self Healing Newsletter I, 4/1995, 2 f.
59 Nach: Leon Jaroff, The Man's Cancer, in: Time, 1. April 1996.
60 Patrick C. Walsh/Janet Farrar Worthington, The Prostate. A Guide for Men and the Women Who Love Them, Baltimore 1995, xv, xvi.
61 Zitiert nach: Prostate Cancer, in: Washington Post, 1. Januar 1997, Sec. A, S. 2.

62 National Institute of Health Press Release, 21. November 1996, reported by Men's Healthline.
63 Andrew Weil, Protecting Your Prostate, in: Andrew Weil's Self Healing Newsletter I, 4/1995, 2f.
64 Michael B. Schachter, Brief an den Autor, 17. April 1997.
65 Michael B. Schachter, The Natural Way to a Healthy Prostate, New Canaan/CT 1995.
66 Als eine exzellente Zusammenfassung einfacher Methoden zur Gesunderhaltung der Prostata ist Dr. Weil's Newsletter Self Healing, besonders Vol. I, no. 4, zu empfehlen.
67 Zitiert nach: Armin Brott, Getting to the Heart of the Men's Health Crisis. Genetics, Ignorance, and Fear Are a Prescription for Early Death, in: San Francisco Examiner, 24. Mai 1994, Sec. C, S. 1.
68 Goldberg, 136.
69 Ebd., 139.
70 Ebd., 172f.
71 Ebd., 174.
72 Ebd., 180.
73 Ebd., 168.
74 Kenneth Goldberg in einem Gespräch mit dem Autor am 7. September 1996.
75 University of California, Berkeley, Wellness Letter, September 1996, 2.

9. Sex und die Liebe auf dem zweiten Gipfel: die Freuden der Intimität in der zweiten Lebenshälfte

1 Zitiert nach: Brian Chichester/Perry Garfinkel u.a., Stress Blasters. Quick and Simple Steps to Take Control and Perform under Pressure, Emmaus/PA 1997, 94.
2 Für exzellente Diskussionen über die Evolution der Unterschiede zwischen Männern und Frauen vgl. David M. Buss, The Evolution of Desire. Strategies of Human Mating, New York 1994 (dt. Die Evolution des Begehrens. Geheimnisse der Partnerwahl, München 1997) und: Helen E. Fisher, Anatomy of Love. The Natural History of Monogamy, Adultery, and Divorce, New York 1992 (dt. Anatomie der Liebe, München 1995).
3 David Gutmann, Reclaimed Powers. Toward a New Psychology of Men and Women in Later Life, New York 1987, 185–214.
4 Ebd., 203.
5 Ebd., 85.
6 Zitiert nach: Gutmann, 87.
7 Gutmann, 203.
8 Theresa L. Crenshaw, The Alchemy of Love and Lust. Discovering Our Sex Hormones and How They Determine Who We Love, When We Love, and How Often We Love, New York 1996, 172 (dt. Die Alchemie von Liebe und Lust. Hormone steuern unser Liebesleben, München 1997).
9 William Regelson/Carol Colman, The Super-Hormone Promise. Nature's Antidote to Aging, New York 1996, 159.

10 Ebd.
11 Germaine Greer, The Change. Women, Aging and the Menopause, New York 1991, 53–55 (dt. Wechseljahre, Düsseldorf 1991).
12 Angeles Arrien, The Four-Fold Way. Walking the Paths of the Warrior, Teacher, Healer and Visionary, San Francisco 1993, 54 (dt: Der vierfache Weg. Der Pfad des Kriegers, Lehrers, Heilers und Sehers, Freiburg ^{2}1996).
13 Ebd.
14 Zitiert nach: Arrien, 55.
15 Gutmann, 114.
16 Ebd.
17 Ebd., 115.
18 Arrien, 56.
19 Ebd.
20 Ebd.
21 George Leonard, The End of Sex. Erotic Love after the Sexual Revolution, New York 1984, 11.
22 Ebd., 98.
23 Ebd., 13.
24 David M. Buss, The Evolution of Desire. Strategies of Human Mating, New York 1994, 2 (dt. Die Evolution des Begehrens. Geheimnisse der Partnerwahl, München 1997).
25 Paul Pearsall, Sexual Healing. Using the Power of an Intimate, Loving Relationship to Heal Your Body and Soul, New York 1994, 103.
26 Ebd., 1 f.
27 Ebd., 3.
28 Ebd., 5 ff.
29 Zitiert nach: Pearsall, 6.
30 Ebd., 6 f.
31 Ebd., 7.
32 Ebd., 208.
33 S. Boyd Eaton/Marjorie Shostak/Melvin Konner, The Paleolithic Prescription. A Program of Diet and Exercise and a Design of Living, New York 1988, 7.
34 Ebd., 45.
35 Ebd., 74 f.
36 Paul Shepard, The Tender Carnivore and the Sacred Game, New York 1973, 128.
37 Women's Health Advocate, Februar 1996.
38 Andrew Weil, Protecting Your Prostate, in: Andrew Weil's Self Healing Newsletter I, 1/1995.
39 Eaton/Shostak/Konner, 168.
40 Ebd., 179.
41 Zitiert nach: Bert Trott, Flex Appeal, in: Men's Confidential. Health, Sex, and Fitness News for Men, August 1994, 1.
42 Ebd.
43 Ebd., 2.
44 Walter Bortz II, Dare to Be 100, New York 1996, 235.
45 Aus James Greens Vortrag in San Francisco und weiter ausgeführt in sei-

nem Buch: The Male Herbal. Health Care for Men and Boys, Freedom/CA 1991, 115.

46 Ebd., 9.

47 Ebd., 4.

48 Ebd., 41.

49 Kathleen Norris, Celibate Passion, in: The New Age Journal, August 1996, 44.

50 Vgl. Timothy Miller, How to Want What You Have. Discovering the Magic and Grandeur of Ordinary Existence, New York 1995, als ein Buch, das beim Praktizieren dieser verlorenen Kunst hilft.

51 Zitiert nach: Pearsall, 88.

52 Ebd., 171.

53 Mike Samuels/Hal Bennett, The Well Body Book, New York 1973, 1.

10. Das Ende der Geschwistergesellschaft und die Rückkehr des „verlorenen" Vaters

1 J.M. Barrie, Peter Pan, London 1928, 9f. (dt. Peter Pan, Hamburg1988).

2 David Gutmann, Reclaimed Powers. Toward a New Psychology of Men and Women in Later Life, New York 1987, 7.

3 Malidoma and Sobonfu Somé, Vortrag auf einem Workshop in Fairfax/CA am 14. November 1995.

4 Ebd.

5 Malidoma Patrice Somé, Of Water and the Spirit. Ritual, Magic, and Initiation in the Life of an African Shaman, New York 1994, 2 (dt. Vom Geist Afrikas. Das Leben eines afrikanischen Schamanen, München 1996).

6 Ebd., 3.

7 Malidoma Patrice Somé, Ambassador of the Ancestors. Ein Interview mit Malidoma Somé, interviewt von Virginia Lee, in: Common Ground, Frühjahr 1996, 144.

8 Ebd.

9 Eugene O'Neill, Long Day's Journey into Night, New Haven/CT 1989, 153f. (dt. Eines langen Tages Reise in die Nacht, Stuttgart 1989).

Teil IV
Viagra – Pro und contra

11. Die Viagra Story: Chemie für besseren Sex

1 Bruce Handy, The Viagra Craze, in: Time Magazine, 4. Mai 1998, 50.

2 Nach: Steven Lamm, in: The Virility Solution, New York 1998, 65f.

3 Ebd., 78f.

4 Aus einem persönlichen Gespräch mit Dr. Auerbach am 28. April 1998.

5 Lamm, 79.

6 Ebd., 67.

7 Die Informationen stammen von der Pfizer Company, vom 16. Mai 1998.

8 Lamm, 67.
9 Die Informationen stammen von der Pfizer Company, vom 16. Mai 1998.
10 Ebd.
11 Ebd.
12 Ebd.
13 Gina Kolata, Drugs That Deliver More Than Promised, in: New York Times, 5. April 1998.
14 Ebd.
15 John Morgenthaler/Dan Joy, Better Sex Through Chemistry, Smart Drugs, 1995.
16 Ebd., 33.
17 Ebd., 32.
18 Andrew Weil, Ask Dr. Weil. Vitamins and Minerals, New York 1997, 40.
19 Louise Ann Gittleman, Super Nutrition for Men, M. Evans 1996, 106.
20 Aus einem persönlichen Gespräch mit John Morgenthaler vom 19. Mai 1998.
21 Nach: Lamm, 70.
22 Ebd., 78.
23 Ebd., 80 f.
24 Nach: Third Age Media am 6. Mai 1998.
25 Aus einem persönlichen Gespräch mit Dr. Auerbach vom 28. April 1998.
26 Maggie Fox, Reuters News Service, 28. April 1998.
27 Aus einem persönlichen Gespräch mit Dr. Auerbach vom 28. April 1998.
28 Jenifer Joseph, ABC News.com., 29. April 1998.
29 Ebd.
30 Aus einem persönlichen Gespräch am 13. Mai 1998.

12. Die Hormonsubstitution für Sie und für Ihn: die Therapie der Zukunft?

1 Nach: Third Age Media, Thirdagemedia.com, 13. März 1998.
2 Ebd.
3 Ebd.
4 Ebd.
5 Dr. Malcolm Carruthers, Maximising Manhood. Beating the Male Menopause, London 1997.
6 Ebd., 51.
7 Ebd., 106–116.
8 Ebd., 130.
9 Ebd., 151.
10 Ebd.
11 Ebd., 156.
12 F. H. Schroder, Androgens and Carcinoma of the Prostate, in: E. Nieschlag/H.M. Behre (Hgg.), Testosterone. Action, Deficiency, Substitution, Heidelberg 1990, 245–260.
13 Theresa L. Crenshaw, The Alchemy of Love and Lust. Discovering Our Sex Hormones and How They Determine Who We Love, When We Love, and How Often We Love, New York 1996, 241 (dt. Die Alchemie von Liebe und Lust. Hormone steuern unser Liebesleben, München 1997).

14 Carruthers, 148.
15 Ebd., 90.
16 Aus einem persönlichen Gespräch mit Dr. Carruthers am 13. Mai 1998.
17 Carruthers, 91.
18 Ebd.
19 Eugene Shippen/William Fryer, The Testosterone Syndrome, New York 1998, 48.
20 Ebd., 51.
21 Ebd.
22 Ward Dean, Vitamin Research Update, 1. Februar 1998, 1.
23 Ebd., 3.
24 Ebd.
25 Ebd.

13. Depression: der Tod kommt auf leisen Sohlen

1 Ward Dean, 3.
2 Robert Ivker/Edward Zorensky, Thriving, New York 1997, 13.
3 United States Department of Statistics of the United States, National Center for Health Statistics, in: Vital Statistics of the United States, Tabelle 8–5.
4 Peter C. Whybrow, A Mood Apart, New York 1997, 61.
5 Demitri Papolos/Janice Papolos, Overcoming Depression, New York 1997, 3.
6 Terrence Real, I Don't Want to Talk About It, New York 1997, 34.
7 Ebd., 34.
8 Whybrow, 7.
9 Ebd., 23.
11 Joel Robertson, Natural Prozac, New York 1997, 10.
12 Crenshaw, 239.
13 Real, 24.
14 Joel Robertson, Natural Prozac, San Francisco 1997, 3–4.
15 Life Enhancement News, Dezember 1996, 1.
16 John Morgenthaler, Smart Publications Update, 18. Mai 1998, 15.
17 Ebd.

14. Sex und das Leben auf dem Gipfel des Zweiten Erwachsenenalters: Wer würde nicht gerne so weitermachen?

1 Mind/Body Health Newsletter, Vol. VII, 1/1998, 1.
2 Ebd.
3 Ebd.
4 Ebd.
5 Harvard Men's Health Watch, Vol. II, Nr. 10, Mai 1988, 1.
6 Marvin Centron/Owen Davies, Cheating Death, New York 1998, 5.

Nachwort

1 Aus einem Gespräch mit Sir Laurens van der Post, in: New Dimensions, Oktober-Dezember 1994.

2 Die Zitate von Joseph Jastrab stammen aus einem Gespräch mit Joseph Jastrab und sind erschienen in: Wingspan. Journal of the Male Spirit, August 1996.

2. Bibliographie

Ins Deutsche übersetzte Titel aus der Originalbibliographie:

Ardell, Donald B.: Gesundheit fängt im Alter an. Eine Alternative zu Ärzten, Medikamenten und Krankheiten, Darmstadt 1983

Arrien, Angeles: Der vierfache Weg. Der Pfad des Kriegers, Lehrers, Heilers und Sehers, Freiburg [2]1996

Barbach, Lonnie: Die dritte Weiblichkeit. Frauen in den Wechseljahren, Frankfurt/M. 1995

Barnard, Neal: Iß dich fit. Die verjüngende Kraft natürlicher Ernährung, Reinbek bei Hamburg 1997

Barrie, J.M.: Peter Pan, Hamburg 1988

Barry, Dave: Achtung, vierzig, los. Die komischen Erlebnisse eines Mannes in den besten Jahren, München 1997

Batten, Mary: Natürlich Damenwahl. Die Paarungsstrategien in der Natur, München 1994

Benson, Herbert: Heilung durch Glauben. Selbstheilung in der Neuen Medizin, München 1997

Bly, Robert: Die kindliche Gesellschaft. Über die Weigerung, erwachsen zu werden, München 1997

Bly, Robert: Eisenhans. Ein Buch über Männer, München 1993

Borysenko, Joan: Für den Körper sorgen – die Seele entfalten, München 1991

Bridges, William: Ich & Co. Wie man sich auf dem neuen Arbeitsmarkt behauptet, Hamburg 1996

Burger, Julian: Die Wächter der Erde. Vom Leben sterbender Völker, Reinbek bei Hamburg 1991

Buss, David M.: Die Evolution des Begehrens. Geheimnisse der Partnerwahl, München 1997

Castleman, Michael: Der erotische Mann. Liebesprobleme und wie man(n) ihnen begegnet, München 1982

Cheever, John: Tagebücher, Reinbek 1994

Chopra, Deepak: Die Körperzeit. Mit Ayurveda jung bleiben – ein Leben lang, München 1996

Chopra, Deepak: Die Rückkehr des Rishi. Ein Arzt auf der Suche nach dem, was uns wirklich heilt, München 1997

Cousins, Norman: Der Arzt in uns selbst. Wie Sie Ihre Selbstheilungskräfte aktivieren können, Reinbek bei Hamburg 1996

Crenshaw, Theresa: Die Alchemie von Liebe und Lust. Hormone steuern unser Liebesleben, München 1997

Dawkin, Richard: Das egoistische Gen, Reinbek bei Hamburg 1996

Diamond, Jed: Der dritte Schimpanse. Evolution und Zukunft des Menschen, Frankfurt/M. 1994

Farrell, Warren: Warum Männer so sind, wie sie sind, München 1991
Fausto-Sterling, Anne: Gefangene des Geschlechts? Was biologische Theorien über Mann und Frau sagen, München 1985
Fisher, Helen: Anatomie der Liebe, München 1995
Ford, Richard: Unabhängigkeitstag, Berlin 1995
Friday, Nancy: Die Macht der Schönheit, Gütersloh 1997
Friedan, Betty: Mythos Alter, Reinbek bei Hamburg 1997
Gordon, James: Manifest der Neuen Medizin. Das Handbuch für ein neues Verhältnis zwischen Patient und Arzt, München 1998
Greer, Germaine: Wechseljahre, Düsseldorf 1991
Hayflick, Leonard: Auf ewig jung. Ist unsere biologische Uhr beeinflußbar?, Köln 1996
Kabat-Zinn, Jon: Gesund und streßfrei durch Meditation. Das große Buch der Selbstheilung, München 1991
Kabat-Zinn, Jon: Stark aus eigener Kraft. Im Alltag Ruhe finden – das umfassende Meditationsprogramm für alle, Bern 1995
Keen, Sam: Feuer im Bauch. Über das Mann-Sein, München 1992
Keyes, Ken: Das Handbuch zum Glücklichsein. Höheres Bewußtsein und ganzheitliche Lebensplanung, München 1998
Kinsey, Alfred C. u. a.: Das sexuelle Verhalten des Mannes, Berlin 1955
Kipnis, Aaron/Herron, Elizabeth: Wilder Frieden. Das Experiment einer neuen Partnerschaft zwischen Frauen und Männern, Reinbek bei Hamburg 1997
Lawlor, Robert: Die Seele des Mannes. Der spirituelle Weg zu einer neuen männlichen Sexualität und Identität, München 1993
Levay, Simon: Keimzellen der Lust. Die Natur der menschlichen Sexualität, Heidelberg 1994
Levine, Judith: Geliebter Feind. Frauen sehen Männer, München 1994
Levinson, Daniel J.: Das Leben des Mannes. Werdenskrisen, Wendepunkte, Entwicklungschancen, München 1982
Love, Patricia: Wenn Kinder unter der Liebe leiden. Beziehungsfalle Familie, München 1994
Love, Susan: Das Hormonbuch. Was Frauen wissen sollten, Frankfurt/M. 1997
Masters, William: Heterosexualität. Die Liebe zwischen Mann und Frau, Wien 1996
Mead, Margaret: Mann und Weib, Berlin 1992
Meichenbaum, Donald/Turk, Dennis: Therapiemotivation des Patienten. Ihre Forderung in Medizin und Psychotherapie – ein Handbuch, Bern 1994
Michael, Robert T.: Sexwende. Liebe in den 90ern – Ein Report, München 1994
Mitscherlich, Alexander: Auf dem Weg zur vaterlosen Gesellschaft. Ideen zur Sozialpsychologie, München 1996
Montagu, Ashley: Körperkontakt. Die Bedeutung der Haut für die Entwicklung des Menschen, Stuttgart ^{8}1995
Moore, Robert/Gillette, Douglas: Der Magier im Mann. Wege zum inneren Schamanen, Solothurn 1995
Myss, Carolyn: Geistkörper – Anatomie. Die sieben Zentren von Kraft und Heilung, München 1997

Nesse, Randolph/Williams, George C.: Warum wir krank werden. Die Antworten der Evolutionsmedizin, München 1997
Ornstein, Robert/Sobel, D.: Gesund durch Lebensfreude, München 1994
Ornstein, Robert: Evolution des Bewußtseins. Ursprünge und Perspektiven, Freiburg/Br. 1996
Pierpaoli, Walter/Regelson, William: Melatonin. Schlüssel zu ewiger Jugend, Gesundheit und Fitneß, München 1996
Reiter, Russel J.: Melatonin. Die neue Waffe gegen Alter und Krankheit, München 1996
Ridley, Matt: Eros und Evolution. Die Naturgeschichte der Sexualität, München 1995
Sand, Gayle: Ist es heiß hier drin, oder bin ich das? Erlebnisse einer Frau in den Wechseljahren, München [2]1996
Schaef, Anne Wilson: Botschaften der Urvölker. Texte zur täglichen Besinnung, Fulda 1996
Sheely, Gail: Die neuen Lebensphasen. Wie man aus jedem Alter das Beste machen kann, München 1998
Sheely, Gail: In der Mitte des Lebens. Die Bewältigung vorhersehbarer Krisen, München 1992
Sheely, Gail: Wechseljahre – na und?, München 1992
Somé, Malidoma Patrice: Vom Geist Afrikas. Das Leben eines afrikanischen Schamanen, München 1996
Sterling, A. Justin: Männer! Eine Gebrauchsanweisung für souveräne Frauen, München 1995
Tannen, Deborah: Du kannst mich einfach nicht verstehen! Warum Männer und Frauen aneinander vorbeireden, München 1993
Terkel, Studs: Die Alten sind doch nicht wir. Lebensspuren durch unser Jahrhundert, Berlin 1996
Travis, John/Ryan, Regina Sara: Mir geht's einfach gut. Wohlfühl-Übungen für jeden Tag, München 1997
Weil, Andrew: Heilung und Selbstheilung. Über konventionelle und alternative Medizin, Weinheim 1988
Wilber, Ken: Eros, Kosmos, Logos. Eine Vision an der Schwelle zum nächsten Jahrtausend, Frankfurt/M. 1996

Weiterführende Literatur zum Thema „Gesundheit“:

Arnold, Patrick M.: Männliche Spiritualität. Der Weg zur Stärke, München 1994
Baerwald, J. Michael: Und plötzlich bist Du fünfzig. Männer zwischen Aufbruch und Resignation, Reinbek bei Hamburg 1996
Bahr, Robert/Kuppermann, Herbert: Testosteron. Der Männlichkeitsfaktor. Was neueste Hormontherapie beim Mann zu bewirken vermag, Genf 1994
Behnke, Cornelia: „Frauen sind wie andere Planeten“. Das Geschlechterverhältnis aus männlicher Sicht, Frankfurt/M. 1997
Betcher, William: Die Ferse des Achilles. Vom antiken Heldenmythos zum neuen Männerbild, München 1995

Beyersdorff, Dietrich: Biologische Wege zur Krebsabwehr. Mittel und Möglichkeiten zur Vorbeugung und zur Verbesserung der Heilungschancen. Mit 6 Tabellen, Heidelberg [9]1996
Block, Berthold: HIV-Infektion und Aids. Ein Ratgeber für Betroffene, Angehörige und Betreuer, Stuttgart 1993
Bopp, Annette: Wechseljahre. Ängste abbauen, Hormone – ja oder nein. Den eigenen Weg finden, Signale bei Männern, Berlin 1997
Brewer, Sarah: Das große Gesundheitsbuch für Männer, München 1998
Carper, Jean: Jungbrunnen Nahrung. Mit der richtigen Ernährung jung, fit und gesund bleiben, Düsseldorf 1996
Culbertson, Philip: Alter Adam – neuer Mann. Aufbruch zur Spiritualität, München 1995
Evatts, Cris: Männer sind vom Mars, Frauen von der Venus, Landsberg am Lech 1997
Farrell, Warren: Mythos Männermacht, Frankfurt/M. 1995
Gaylin, Willard: Die Helden sind müde. Das männliche Ich, Düsseldorf 1993
Gottman, John: Laß uns einfach glücklich sein. Der Schlüssel zu einer harmonischen Partnerschaft, München 1998
Guggenbühl, Allan: Männer, Mythen, Macht. Was ist männliche Identität?, Stuttgart 1994
Haas, Reinhard: Das neue Männerbuch: Karriere, Frauen, Gesundheit, Mode, Auto, Kultur, München 1994
Haneder, Luise/Liebeg, Erwin: Die besten Tips für das goldene Lebensalter, Wien 1995
Hobert, Ingfried: Das Handbuch der natürlichen Medizin. Ein praktischer Führer zu ganzheitlichem Heilwesen, München 1997
Hofmann, Rainer: Prostataleiden. Was Männer wissen sollten, Baierbrunn 1995
Ikinger, Uwe/Kratzmeier, Heinrich: Wenn die Prostata zum Problem wird, Heidelberg 1996
Jäckel, Karin: Der gebrauchte Mann. Abgeliebt und abgezocket – Väter nach der Trennung, München 1997
Kaplan, Leon: Ein Mann bleibt ein Mann. Lösungen für sexuelle Probleme, 5. überarb. Aufl., Genf 1995
Kobusch, Helmut: Männer über fünfzig, München [3]1995
Köster, Helga: Boss-Diät. 18 Wochenend-Kuren für Männer, München 1988
Kühne, Thomas: Männergeschichte – Geschlechtergeschichte. Männlichkeit im Wandel der Moderne, Frankfurt/M. 1996
Lehmann, Wolfgang E.: Leben schützt vor Alter nicht, Frankfurt/M. 1995
Lezear, Jonathan: Sei wieder du selbst. Tägliche Meditationen für gestreßte Männer, München 1995
Luce, Gay Gaer: Liebe, Lust und langes Leben. Methoden, um in den Jahren der Reife gesund, glücklich und bewußt zu leben, Salzhausen 1996
Maier, Karl F.: Kursbuch Blase und Nieren, Leoben 1998
Moody, Harry: Sinnkrisen in der Mitte des Lebens. Spiritualität und Erfüllung. Ein Prozeß in 5 Schritten, München 1997
Moore, Robert L.: König, Krieger, Magier, Liebhaber. Die Stärken des Mannes, München 1992

Mosse, George L.: Das Bild des Mannes. Zur Konstruktion der modernen Männlichkeit, Frankfurt/M. 1997

Müller-Commichau, Wolfgang: Leben statt Lamento. Männer auf der Suche nach sich selbst, Mainz 1998

Müller-Luckmann, Elisabeth: Männer um 50. Erfahrungen, Selbstverständnis, Träume, intime Protokolle, München 1988

Mylander, Maureen: Der vitale Mann. Das umfassende Gesundheitsbuch für Männer und ihre Frauen, München 1989

Orzechowski, Peter/Griesbeck, Robert: Die Wechseljahre des Mannes. Aufbruch in ein neues Leben, München 1993

Nichols, Michael P.: 40 werden. Die zweite Lebenshälfte als Chance zur Veränderung, Reinbek bei Hamburg 198

Pighin, Gerda/Dauerlein, Isabella: Trau keinem über 40. Tücken und Chancen der Lebensmitte. Wie man die Neuorientierung meistert und intensiver lebt, München 1993

Prétat, Jane R./Polkinhorn, Christa: Dem Alter entgegenreifen. Chancen einer Übergangszeit, Düsseldorf 1996

Przyklenk, Andrea/Schnäbele, Gisela: Mit Lebenslust durch die besten Jahre. Genießen, handeln, Neues wagen, München 1997

Pusch, Hans H.: Wie kommt der Mann zum Kinde? Potenz, Zeugungsfähigkeit, Diagnose und Therapie von Störungen, München 1996

Raphael, Ray: Vom Mannwerden. Übergangsrituale im westlichen Kulturkreis, München 1993

Rauschenbach, Erich: Kann den Fünfzig Sünde sein?, München 1997

Rauschenbach, Erich: Vollkommen fix und vierzig, Frankfurt/M. 1989

Schnack, Dieter: Die Prinzenrolle. Über die männliche Sexualität, Reinbek bei Hamburg 1993

Schnack, Dieter: Hauptsache Arbeit. Männer zwischen Beruf und Familie, Reinbek bei Hamburg 1996

Schneider, Sylvia: Männer leben. Sexualität, Beziehungen, Gesundheit, München 1990

Schraud, Peter: Endlich 50!, München 1991

Stengel, Franziska: Von der goldenen Hälfte des Lebens, Stuttgart 1992

Wartenweiler, Dieter: Männer in den besten Jahren. Von der Midlife-Crisis zur gereiften Persönlichkeit, München 1998

Weil, Andrew: Heilung aus eigener Kraft. Die Selbstheilungskräfte des Körpers aktivieren, München 1997

Williams, Warwick: Wenn die Liebe erlahmt. Potenzstörungen – Psychische und körperliche Ursachen der Versagensängste, München 1993

Witkin-Lanoil, Georgia: Männer unter Streß. Symptome, Gefahren, Überlebensstrategien, München 1987

Zebroff, Kareen: Yoga über 40, Niedernhausen/Ts. 1997

4. Stichwortverzeichnis

Danksagung

Mein Dank gilt meiner Frau Carlin, meinen Kindern Jemal, Angela, Aaron, Evan, Dane und meinen Enkelkindern Jacob, Cody, Shelby, Sierra und Teanna. Und meinen Eltern. Ohne Euch hätte ich es nicht geschafft.

Meiner Agentin, Nancy Ellis, für ihre Treue, Kreativität und ihr Durchhaltevermögen. Du hast alles in Gang gesetzt und die Dinge am Laufen gehalten.

Meiner Männergruppe: John Robinson, Dick Ridenour, Ken Petron, Tom Sipes, Denis Sutro und Tony Black.

Der Gemeinschaft der Sterling Men: Howard La Garde, Randy Listman, James Thomas, Justin Sterling, Peter Rosomoff, Dave Masciorini, Jeff Franklin, Mitch De Armon, John Fleishhauer, Don Wolff, Mike Frey, Roy Cornett, Mike Street, Phil Chapman, Scott Banks, Jeff Crawford, Doug Firefeather, Carl Pinsky, Ben Troedel, Ron Woosey und vielen anderen.

Der asiatisch-amerikanischen Männergruppe: Lindsey Jang Mike Wong, John Oda, Steven Suzuki, Prahlada und Ray Chung.

Den Mentoren, Lehrern und allen Pionieren der Männerarbeit: Robert Bly, Robert Morre, Warren Farrell, Angeles Arrien, Douglas Gillette, Theresa Crenshaw, Helen Fisher, Mark Gerzon, David Gilmore, Ken Goldberg, John Gray, Germaine Greer, David Gutmann, Richard Strozzi Heckler, Richard Heinberg, Joseph Jastrab, Sam Keen, Bert Hoff, Aaron Kipnis, Shepherd Bliss, Michael Kimmel, John Lee, George Leonard, Daniel Levinson, Gail Sheehy, Malidoma Somé, James Hillman, John Enright, Bob Frenier, Herb Goldberg, Will Courtenay, Bill Kauth, Daniel Quinn, John Stokes, Betty Friedan, Sidney Kramer, John Robbins, Marilyn Milos, Peter Asop, John Bradshaw und vielen anderen.

Für die Vorbereitung und Produktion dieses Buches: Dominique Raccah, Herausgeberin, Visionärin und mein Leitstern. Karen Bouris, die an meine Vision glaubte und mir half, ihr eine Form zu geben. Todd Stocke, der das Buch so ausgezeichnet redigierte, daß es ohne ihn nie und nimmer so gut gelungen wäre.

Ree Calomino, die der Auffassung war, daß die ganze Welt unbedingt mein Buch lesen sollte. Michael Ritte, der alles dafür tat, damit jeder, der wollte, es auch lesen konnte. Connie Fritsche für ihre editorielle Führung und ihre sorgfältigen Recherchen. Scott Theisen für das Cover-Design und alle anderen künstlerischen Beiträge zu diesem Buch. Beth Peluso für das Seiten-Layout. Lisa Boehm für ihre Recherchen und die Überprüfung der Fakten. Peter Carni für seine photographische Exzellenz. Elizabeth Deahl für ihre weltweiten Recherchen, Barbara Taylor für ihre bibliographische und technische Hilfestellung, Laurie Gann, die mir mit Wörterbüchern zur Hand ging und der Media Consulting Group (Jeff Harris, Jim Johnson, Peggy Parlee und Virginia Avery) für Medien-Betreuung und -Training.